인문한국불교총서 9

테마Thema 한국불교 9

* 이 저서는 2011년 정부(교육과학기술부)의 재원으로 한국연구재단의 지원을 받아 수행된 연구임(NRF-2011-361-A00008)

인문한국불교총서 ❾

테마 Thema
한국불교 9

**동국대학교 불교문화연구원
HK연구단 엮음**

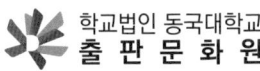
학교법인 동국대학교
출판문화원

머리말

불교는 지금부터 약 2500년 전에 인도에서 성립된 이래 중앙아시아와 중국을 거쳐 1700년 전 무렵 한반도에 들어왔다. 인도불교는 수행의 과정을 거쳐 세상의 이치(Dharma)에 대한 깨달음을 추구하였고 생사윤회의 길에서 벗어나고자 하였다. 인도불교의 이러한 지향점은 이질적 세계인 중국에 수용된 뒤에 토착화를 거쳐 새로운 변용의 과정을 경험해야 했다. 붓다와 시간적·공간적으로 멀리 떨어진 중국인들이 스스로 붓다가 되기 위해서는, 누구나 붓다가 될 수 있는 성품을 본래 가지고 태어났다는 강한 확신이 필요했다. 그 결과 중국불교에서는 깨달음이 '본래 깨달아 있음(本覺)'으로, 붓다가 '붓다의 성품(佛性)'으로 변형되어 이해되었다. 또한 세상의 이치인 다르마도 '조건들의 일어남(緣起)'에서 '본성의 일어남(性起)'으로 다르게 인식하였다. 이러한 양상은 중국적 사유 방식인 본성론적 사고에서 비롯되었다. 중국불교에서는 이를 바탕으로 교학에서는 천태종과 화엄종, 실천에서는 정토종과 선종이 독자적 성격을 띠며 발전하였다.

이처럼 본성론에 의거해 성립된 중국불교의 교리와 사상은 같은 한자 문화권인 한국과 일본에도 영향을 미쳤다. 다만 한국의 경우 그 수용

방식에서 조금 다른 양상을 보였는데, 여러 학파 및 교파의 이론과 각각의 대립적 주장들을 융합하고 조화시키려는 통섭적 경향이 두드러졌다. 한국불교의 사상적 독창성을 상징하는 원효는 여러 학설의 화쟁을 주장하였고, 한국 선불교의 대표자인 지눌은 간화선과 화엄으로 요약되는 선과 교의 일치를 추구하였다. 조선 후기 불교 전통에서 나타난 선, 화엄, 염불의 결합 시도 또한 한국불교 특유의 융섭적 특성을 보여 주는 사례이다. 본성론에 기초하여 다양한 학파와 종파가 성립된 것은 중국에서였지만, 종합과 통섭의 사고는 한국에서 보다 분명히 나타난 한국불교의 특성이라고 할 수 있다.

동국대학교 인문한국(HK)연구단은 한국불교가 갖는 로컬의 특성을 글로벌한 시각에서 조명하고 글로컬리티의 확장성을 구현하기 위한 연구를 수행하고 있다. 본 연구단의 아젠다는 '글로컬리티의 한국성: 불교학의 문화 확장 담론'으로서, 2011년 9월부터 2021년 8월까지 총 10년간 HK사업을 수행하고 있으며, 현재 3단계 4년차 사업이 진행되고 있다. 1단계 3년간은 한국불교의 '원형의 고유성'을 탐색하여 연간 9개씩 총 27개의 주제를 다루었고 그 결과물로『테마 한국불교』1~3을 출간하였다.

2단계에서는 한국불교의 '소통의 횡단성'에 초점을 맞추어, 〈문헌과 사상〉에서 '텍스트'와 '콘텍스트', 〈종교와 문화〉에서 '권력과 종교', '문화와 의례'로 유형화하여 특성화 연구를 하였다. 텍스트로는 원효의『기신론소』와『금강삼매경론』, 의상의『법계도기』, 경흥의『삼미륵경소』와 둔륜의『유가론기』, 일연의『삼국유사』를 선정하여 한국적 사유의 독창적·보편적 특징을 도출하였다. 콘텍스트에서는 사본과 금석문, 과문과 교판, 교관과 선교 겸수를 테마로 하여 횡단 문화의 교차적 시각에서 한국불교의 융합적 성격을 추출하였다. 권력과 종교는 승역·승군, 호국·

호법, 정교, 정토, 지옥, 윤회의 주제를 다루었고 문화와 의례에서는 불교설화, 어록, 언해불서, 불탑, 감마, 청규를 주제어로 불교의 한국적 변용과 전개 과정을 살펴보았다.

본서 『테마 한국불교』 9는 로컬과 글로벌이 융합된 한국불교의 글로컬한 특성을 '변용의 확장성'이라는 관점에서 접근하는 3단계 아젠다 연구의 세 번째 결실이다. 본 『테마 한국불교』 9에서는 〈인물과 문헌〉 영역에서 사상가 균여와 지눌, 석마하연론과 주석서의 텍스트, 〈종교와 문화〉 영역에서는 종교와 미래 유형으로 교단과 불교명상, 문화와 의례에서 불교미술과 상장례, 이렇게 8개의 테마를 선정하여 '확장성의 전개'라는 관점에서 다루었다. 이는 『테마 한국불교』 8에서 대현과 승랑, 『법화경』과 대장경, 수행과 템플스테이, 불교건축과 의례집을 통해 확장성의 생성을 다룬 성과를 이은 것이다.

『테마 한국불교』 시리즈는 다양한 영역과 주제를 포괄하여 한국불교의 전체상을 입체적으로 그려 보는 동국대학교 HK연구단의 공동 기획 연구서이다. 이번 3단계에서는 글로컬리티의 시각에서 한국불교의 장기 지속 및 시대적 변화상은 물론 인도 이후 동아시아 세계 속에서의 횡단 문화적 지형과 그로부터 도출된 한국적 특성을 동시에 조명해 보려 한다. 10년간의 HK 아젠다 연구의 성과물이 모두 10권의 책으로 모이게 되면, 한국불교의 다채로운 양상과 융합적 특성을 한눈에 조망하면서 의미 있는 문명사적 담론을 제기할 수 있을 것이다.

2021년 3월
동국대학교 불교문화연구원장·HK연구단장
김종욱

차 례

머리말_ 김종욱·5
총 설_ 김용태·14

제1부 인물과 문헌

사상가

균여均如 _사토 아츠시(佐藤厚) ● 39

 Ⅰ. 중국과 한국의 화엄 사상 … 40
  지엄 40/ 법장 40/ 의상 41/ 의상계 화엄 42
 Ⅱ. 균여의 생애와 저작 … 47
  자료 47/ 삶과 시대 48/ 저작 54
 Ⅲ. 균여의 화엄 사상 … 58
  교판 58/ 진부진관盡不盡觀 66/ 오척성불五尺成佛 68
 Ⅳ. 균여에 대한 평가 … 71
  의천에 의한 비판 71/ 천기天其에 의한 현창 72/ 현대의 균여 평가 73
 ■ 균여의 화엄학이 지닌 글로컬리티 • 77

지눌知訥　　　　　　　　　　　　　　　　　　　　　_ 이수미 ● 81

  Ⅰ. 지눌의 행적과 저술 … 82

    전기와 행적 82/ 정혜결사와 선교일치 85/ 지눌의 저술 87

  Ⅱ. 지눌의 선 사상과 수행 체계 … 89

    돈오점수 89/ 삼문수행론 92/ 무심합도문 97

  Ⅲ. 동아시아의 지눌 선 사상 계승 … 98

    조선시대 지눌 사상의 수용 98/ 근현대 한국에서의 지눌의 영향 100/ 지눌 저술의 중국·일본 전래 102

  Ⅳ. 지눌 사상에 대한 논쟁과 과제 … 104

    돈점논쟁 104/ 조계종 법통 논쟁 106/ 혜심의 간화선과 지눌 109

  ■ 지눌, 깨달음과 닦음의 화두를 던지다 • 112

텍스트

석마하연론釋摩訶衍論　　　　　　　　　　　　　　_ 김지연 ● 115

  Ⅰ. 『석마하연론』의 성립 문제 … 116

    저술 시기의 이설異說 116/ 용수 진찬과 위찬 논쟁 119/ 신라 월충 저술설 122

Ⅱ. 동아시아에서 『석마하연론』의 유통 … 124

  둔황 사본과 종밀의 인용 124/ 의천과 『고려대장경』 127/ 일본 진언종의 구카이와 주석서 129

Ⅲ. 『석마하연론』의 독창적인 사상 … 131

  33법문 체계와 불이마하연不二摩訶衍 131/ 위의경의 창작 136/ 열 가지 심량과 염법상 137/ 주요 개념의 세분화 144/ 특이한 문자와 다라니 146

Ⅳ. 『석마하연론』과 신라불교의 연관성 … 148

  원효『기신론소』의 영향 148/ 『금강삼매경론』과의 관계 152/ 의상계 화엄과의 관련성 154

■ 『대승기신론』 해석에 새로운 시각을 더하다 • 157

주석서註釋書 _김천학 ● 163

Ⅰ. 인도 불교 문헌의 주석서 … 164

  주석서란 무엇인가 164/ 경전의 주석서 168/ 논서의 주석서 169

Ⅱ. 중국과 한국 불교주석서의 특징 … 171

  중국의 학파적 특징 171/ 신라의 포괄적 경향 177/ 고려·조선의 제한적 계승 181

Ⅲ. 신라 불교 문헌의 주석서 … 184

  주석의 계보 184/ 신라 문헌의 주석서 187/ 신라 추정 문헌의 주석서 201

Ⅳ. 고려 및 조선 불교 문헌의 주석서 … 203

주석의 현황 203/ 고려 문헌의 주석서 204/ 조선 문헌의 주석서 206

- 한국 찬술 불교 문헌 동아시아를 횡단하다 • 208

제2부 종교와 문화

종교와 미래

교단 _ 이자랑 • 215

Ⅰ. 불교 교단의 성립과 분열 … 216
교단의 정의 216/ 시마sīmā와 현전승가 218/ 아쇼까왕과 제3결집 220/ 부파 교단과 대승 222

Ⅱ. 중국·일본에서 교단의 성립과 발전 … 225
광률廣律의 번역과 사중四衆의 완성 225/ 교단과 권력의 밀착 228/ 승제僧制 231/ 남도육종과 종파 233

Ⅲ. 신라시대 교단의 형성 … 237
자장과 교단 정비 237/ 의상의 화엄 교단 240/ 종파의 형성 241

Ⅳ. 고려·조선 시대 교단의 전개 … 243
보호와 통제의 운영 243/ 교종과 선종의 공존 246/ 교단의 위축과 재기의 노력 248

- 교단, 국가, 그리고 종파적 분기 • 251

불교명상 _김호귀 ● 257

   Ⅰ. 명상의 출현과 불교 … 258
      명상의 기원 258/ 붓다의 명상 261/ 명상과 선정 264

   Ⅱ. 불교의 수행과 명상 … 267
      위빠사나 명상 267/ 만트라 명상 272/ 염불 명상 276

   Ⅲ. 신라·고려 및 조선 시대 불교와 명상 … 283
      참회 명상 283/ 화두수행과 명상 287/ 경전 염송과 명상 291

   Ⅳ. 근대 및 현대의 명상과 미래 … 295
      명상의 대중화 295/ 명상과 자아 성취 300/ 불교명상의 미래 305

   ■ 자아 발견의 길, 명상 ● 310

문화와 의례

불교미술 _최선아 ● 317

   Ⅰ. 불교미술의 시작과 동전東傳 … 318
      불상佛像의 탄생 318/ 석굴사원 321/ 중국화 된 불상 324

   Ⅱ. 삼국·통일신라의 불교미술 … 327
      고졸함에서 완숙함으로 327/ 왕실의 염원 331/ 추복 불사 334/ 지방으로의 확산 339

   Ⅲ. 고려의 불교미술 … 342
      거석불의 유행 342/ 단아함의 추구 345/ 원 간섭기의 이국적 미감 349/ 불복장佛腹藏의 세계 354

Ⅳ. 조선의 불교미술 … 357

이념과 실제의 갈등 357/ 재건의 시대 360/ 의식 공간의 확장 363/ 근대로 가는 길목에서 366

■ 불상과 불화, 이미지로 나투신 부처 •370

상장례 _ 김성순 ● 377

Ⅰ. 임종의례 … 378

중국불교의 임종행의臨終行儀 379/ 한국불교의 임종염불臨終念佛 383/ 중세 일본 천태 교단의 임종행의 387

Ⅱ. 불교의 빈소의례 … 389

초기 불교의 송종의送終儀 389/ 중국불교의 빈소의례 392/ 한국불교의 빈소의례: 시다림尸陀林 394

Ⅲ. 장례 절차 … 399

중국불교의 다비 절차 400/ 일본불교의 『제종장례차제諸宗葬禮次第』 403/ 한국불교의 장례 절차 408

■ 한국불교 상장례의 역사와 전개 •412

찾아보기 _ 419
저자 소개 _ 435

총 설

한국불교 확장성의 전개: 글로컬리티의 확산

김용태(HK교수)

1. 한국불교의 '확장성'을 펼치다

동국대학교 인문한국(HK)연구단의 아젠다는 '글로컬리티의 한국성: 불교학의 문화 확장 담론'이다. 이는 글로벌과 로컬을 조합한 글로컬리티glocality의 개념을 통해 세계적 보편성과 지역적 특수성을 아우르며, 한국학으로서 한국불교의 특징을 도출하려는 구상에서 출발하였다. 이를 위해 1단계 '원형의 고유성'(로컬), 2단계 '소통의 횡단성'(글로벌), 3단계 '변용의 확장성'(글로컬)을 단계 목표로 설정하여, 중심과 주변의 이원적 구도를 넘어서는 '융합적 지역성'의 관점에서 불교를 매개로 한 '한국성'을 추출하고 있다.

아젠다 연구의 목표는, 첫째로 한국 역사의 시공간을 통시적으로 종단하고 아시아 차원의 문화 횡단을 시도하여 복합적 정체성을 모색하는 것이다. 둘째로 특수와 주변(로컬), 보편과 중심(글로벌)의 길항 관계를 통해 양자의 갈등과 변용, 교차와 융합을 통한 탈영역적 트랜스 지역성

(글로컬)을 찾는 것이다. 이는 글로컬리티의 한국성이 갖는 다면적 중층 구조를 분석하여 불교를 매개로 한국성이 내포하는 본질적 에토스가 무엇인지를 밝히려는 것이다. 이를 통해 한국형 문명 패러다임이 가능한지를 탐색해 보려 한다.

3단계 '변용의 확장성'은 〈인물과 문헌〉, 〈종교와 문화〉의 두 영역으로 구성된다. 이를 다시 사상가와 텍스트, 종교와 미래 및 문화와 의례의 유형으로 나누어, 불교가 걸어온 아시아의 시·공간의 궤적 속에서 한국불교의 글로컬리티를 추구한다. 특히 불교를 축으로 하여 한국 역사 문화 전통의 특징인 '한국성'을 보편사적으로 이해하는 데 초점을 맞추었다. 나아가 한국형 문명 패러다임의 도출을 위해 현대와 미래 사회에서 불교가 어떤 역할을 하고 있고 또 어떤 전망을 가질 수 있는지 고찰한다. 3단계 4년간의 영역별 유형과 32개의 테마는 다음과 같다.

3단계 〈변용의 확장성〉

연차	인물과 문헌				종교와 문화			
	사상가		텍스트		종교와 미래		문화와 의례	
1	원효	원측	범망경	고승전	영험	디지털 인문학	불교가사	재회
2	대현	승랑	법화경	대장경	수행	템플스테이	불교건축	의례집
3	균여	지눌	석마하연론	주석서	교단	불교명상	불교미술	상장례
4	의천	휴정	밀교경전	불교잡지	여성	생태환경	불교음식	범패

〈인물과 문헌〉은 사상가와 텍스트 유형으로 구분된다. 사상가는 한국불교를 빛낸 대표적 학승과 선승을 엄선하였는데, 1단계 때 신라불교의 틀을 정립한 자장, 해동화엄의 창시자 의상, 중국 선종의 주류인 임제종

법통을 전래한 태고 보우와 나옹 혜근을 다루었고, 3단계 연구까지 포함하면 한국의 대표적 고승들을 망라하게 된다. 원효와 원측, 대현과 승랑, 균여와 지눌, 의천과 휴정은 중관과 유식, 계율과 기신론, 화엄과 천태, 선 등 주요 교학과 선종의 이론 및 수행 체계를 정립하고 실천한 이들이다. 텍스트에는 3단계에서 특성화 주제로 연구 중인 동아시아 찬술 불전 『범망경』·『석마하연론』이 포함되며, 한국과 동아시아에 큰 영향을 미친 『법화경』과 밀교경전, 그리고 고승전·대장경·주석서·근대 불교잡지도 다루게 된다. 이 영역에서는 동아시아의 관련 인물이나 연관 텍스트와의 비교 연구를 통해 한국불교의 확장적 사유를 도출해 내고 있다.

〈종교와 문화〉에서는 종교와 미래, 문화와 의례로 나누어 전통문화의 현대적 해석과 미래 가치의 탐색을 도모하고 있다. 종교와 미래에서는 영험, 수행, 교단, 여성의 테마와 함께 최근 크게 주목받고 있는 디지털인문학, 템플스테이, 불교명상, 생태환경 문제를 다룰 것이다. 문화와 의례에서는 불교가사, 불교건축, 불교미술, 불교음식의 역사성과 현재적 의의를 살펴보고, 재회, 의례집, 상장례, 범패가 갖는 종교·문화적 함의를 추구하고 있다. 이는 불교가 현대 사회에서 어떠한 역할을 하고 어떤 의미를 갖는지를 진단하고, 새로운 문명 패러다임의 창출에 이바지할 수 있는지 탐색해 보는 것이다.

2. '고유성'과 '횡단성'을 딛고 : 로컬리티와 글로벌리티의 융합

1단계 '원형의 고유성'에서는 한국적 고유성의 재발견을 연구 목표로 하여 로컬리티의 특수성을 기반으로 한 글로컬리티의 적용 가능성을 모색해 보았다. 〈사유와 가치〉, 〈종교와 국가〉, 〈문화와 교류〉의 세 영역에서 영역별로 세 개씩 특화된 주제어를 설정하였다. 〈사유와 가치〉는 사상, 윤리, 내세, 〈종교와 국가〉는 권력, 전쟁, 재화, 〈문화와 교류〉는 사람, 문자, 의례를 주제어로 하였다. 1단계 3년간 수행한 총 27개의 테마는 다음과 같다.

1단계 〈원형의 고유성〉

연차	사유와 가치			종교와 국가			문화와 교류		
	사상	윤리	내세	권력	전쟁	재화	사람	문자	의례
	전수	공동체	계세	왕권	기원	생산	수용	표기	재회
1	유식	충의	하늘	제정일치	원력	사전	자장	변체한문	팔관회 연등회
2	화엄	신의	조상	왕즉불	위령	사노	의상	향찰	수륙재
3	선	세간	무격	불국토	계율	사장	태고 나옹	구결 현토	향도 결사

1단계 아젠다 연구의 수행 결과 한국불교는 인도는 물론 동아시아의 중국, 일본과도 다른 독특한 문화적 원형을 형성하였고, 그러한 특성이 장기 지속적·내재적으로 전개되고 발전되었다는 점에서 고유성을 찾을 수 있었다. 그 특징은 불교 수용 이전부터 있던 토착적 사유 및 관습과의 접점과 융합, 국가권력과의 연대와 상생, 외래문화의 적극적 수용과 자국화로 집약된다. 또 독선과 배제, 갈등과 대립, 타율적 이식 및 정체 등과 대비되는 개념으로 포용과 융화, 절충과 조화, 주체적 수용과 발전이라는 키워드로 접근해 보았다. 한국불교의 고유성은 수용과 접변, 토착적 기반에 뿌리를 둔 연속적 측면과 외래문화의 내재적 확산을 매개로 성립되고 전개되었다. 그 과정에서 타자와 주체, 특수와 보편 사이의

대립과 마찰이 생겨나기도 했지만, 연속적이고 계기적인 질적 도약을 거치며 또 다른 차원의 한국적 고유성을 빚어냈다. 또한 축적된 문화적 기반 위에 각 시대의 도전과 과제가 더해지면서 중층의 새로운 스펙트럼이 생겨났다. 이러한 전개 과정을 거치며 결국 특수와 보편이 교차 융합된 제3의 한국적 로컬리티를 형성하게 되었다.

2단계 '소통의 횡단성'에서는 동아시아 차원의 횡단성 추출을 연구의 목표로 하여 글로벌리티의 보편성을 찾고, 그로부터 글로컬리티의 적용 가능성을 모색해 보았다. 이를 위해 영역을 〈문헌과 사상〉, 〈종교와 문화〉로 대별하여 체계적 연구를 수행하였다. 〈문헌과 사상〉에서는 텍스트와 콘텍스트의 연계를 통해 문헌과 사상의 수용 및 변용 과정을 설명하고, 인도와 동아시아 세계의 횡단 문화적 접변을 통한 글로벌리티의 실현 양상을 살펴보았다. 〈종교와 문화〉에서는 권력과 종교, 문화와 의례에 나타난 변화 양태와 역사적 전개 과정을 구체적 사례를 들어 비교사적 관점에서 바라보았다. 내세관과 가치의 전환 문제, 의례와 문학의 발현 양상을 아시아 차원의 문화 교류 및 상호 영향의 틀 속에서 조명하고, 그 결과로 나타난 글로벌 지역성을 집중적으로 고찰하였다. 2단계의 영역과 유형, 24개의 세부 주제는 다음과 같다.

2단계 〈소통의 횡단성〉

연차	문헌과 사상				종교와 문화			
	텍스트		콘텍스트		권력과 종교		문화와 의례	
1	기신론소	삼미륵경소	사본	교관	승역·승군	정토	불교설화	불탑
2	법계도기	금강삼매경론	금석문	교관	호국·호법	지옥	어록	갈마
3	유가론기	삼국유사	과문	선교	정교	윤회	언해불서	청규

〈문헌과 사상〉의 텍스트에서는 신라 원효의 『기신론소』와 『금강삼매경론』, 의상의 『법계도기』, 경흥의 『삼미륵경소』와 둔륜의 『유가론기』, 고려시대 일연의 『삼국유사』처럼 사상은 물론 불교사와 관련된 대표 문헌을 선정하여 한국적 사유의 본질을 탐색하고, 중국·일본과의 비교 연구를 수행하였다. 콘텍스트에서는 한국불교 전체를 관통하는 주요 기록유산인 사본, 금석문, 과문에 주목하여 그 자료적 가치를 동아시아적 관점에서 조망해 보았다. 또한 교학 및 경전의 단계를 분류하는 교판, 교학과 관행의 일치, 선과 교의 겸수를 대립이나 갈등이 아닌 동아시아 횡단 문화의 교차적 관점에서 융합과 공존의 구조로 설명하였다.

〈종교와 문화〉의 권력과 종교에서는 승역·승군, 호국·호법, 정치·종교 문제를 구체적으로 검토하고, 불교와 국가의 관계나 전쟁과 폭력에 대한 대응 및 인식을 중점적으로 다루었다. 또한 불교가 동아시아 세계에 미친 가장 큰 영향 중 하나인 내세관과 관련하여 정토, 지옥, 윤회를 매개로 한국인의 가치관과 정체성 형성 문제를 천착해 보았다. 문화와 의례에서는 불교설화, 어록, 언해불서를 주제로 한 문자 및 언어 생활, 문학으로 확산된 불교적 세계를 발굴해 냈다. 이어 불탑, 갈마, 청규를 테마로 하여 인도에서 중국을 거쳐 한국에 이르기까지 불교 신앙과 계율이 어떻게 전개되고 변천되었는지를 살펴보았다.

3. '인물과 문헌'에서의 글로컬리티의 전개

본 『테마 한국불교』 9에 수록된 〈인물과 문헌〉 영역의 4개 테마를 사상가(균여, 지눌)와 텍스트(석마하연론, 주석서)로 나누어 '확장성의 전개'라는 시각에서 글로컬리티의 확산 과정을 살펴보았다.

1) 사상가

균여

고려의 화엄 사상가 균여(923~973)의 생애와 저작, 화엄 사상을 다루고, 중국과 한국 화엄 사상사의 흐름 속에서 그의 위상과 역할, 후대의 인식에 대해 살펴보았다. 먼저 중국 화엄의 이론을 만든 지엄과 법장, 해동 화엄의 초조인 의상과 그의 사상을 계승한 의상계 화엄을 기술하였고, 이어 균여에 대한 기초 자료를 바탕으로 그의 삶과 살았던 시대를 조명하고 저작을 정리하였다. 다음으로 균여의 화엄 사상을 교판, 진부진관, 오척성불로 나누어 검토하였다. 끝으로 대각국사 의천의 비판과 천기의 현창 등 후대의 인식과 아울러 현대의 균여 평가를 소개하였다.

한국은 '화엄의 나라'로 불릴 정도로 불교 전래 후 오랫동안 그 사상의 중심에는 화엄이 있었다. 한국의 화엄은 7세기 중반 신라의 의상에서 시작되었고, 의상계로 불리는 그의 문도와 문손들에 의해 계승되었다. 고려가 개창되고 불교계도 전환의 시기를 맞이했을 때 화엄종은 여전히 교종의 주류였지만 새로 부상한 선종에 제대로 된 대응을 하지 못했다. 더욱이 『균여전』에 기록된 것처럼 남악파와 북악파로 분열되어 있었다. 이 시기를 살았던 균여는 당시 최고의 화엄학자로 명성이 높았는데 승과 시험에서 그의 학설이 평가 기준이 될 정도였고, 무엇보다 그는 북악과 남악의 분열과 사상적 차이를 해소하고자 하였다.

중국과는 다른 신라 의상 및 의상계 화엄의 특징으로는 불교의 진리를 자신의 몸으로 표현한 것과 해인론海印論으로 상징되는 『화엄경』이론의 심화를 들 수 있다. 의상계 화엄의 정통 후계자인 균여의 교학은 교판론과 함께 실천론적 이론에 장점이 있다. 그는 교판론에서 화엄의 우월성을 강조하는 별교일승別敎一乘을 내세워 자신의 색채를 담은 해석을 제시하였고, 실천론에서는 의상계 화엄의 진부진盡不盡과 오척성불五尺成佛 이론을 계승하였다. 이뿐 아니라 화엄 신중신앙을 강조하고 향가를 지어 대중 교화에도 큰 몫을 담당하였다.

균여에 대한 이후의 평가는 크게 갈리는데, 의천은 균여에 대해 날선 비판을 했던 반면 천기는 그를 추숭하여 강의록을 간행하였다. 또한 조선시대에는 거의 주목받지 못하다가 근대에 와서 향가의 작자로 알려졌고 그의 사상은 현대에 재조명되기 시작했다. 한국에서는 김지견, 일본에서는 가마타 시게오가 균여 화엄 연구의 길을 열었다. 1000년의 세월이 흐른 뒤에야 그에 대한 연구가 한국과 일본에서 본격화되며 균여 사상이 재발견되기에 이른 것이다.

신라와 고려의 화엄, 특히 의상계 화엄은 중국이나 일본과는 사상적 경향과 결이 다르다. 한국에서는 화엄이 단순한 학문적 대상만은 아니었고 신앙이자 종교이기도 했다. 그렇기에 중국이나 일본처럼 교학은 화엄으로 하고 실천은 선과 밀교를 통해서 할 필요가 없었고 화엄 자체가 교학이자 실천이었다. 이것이 동아시아 화엄에서 의상계 화엄이 가지는 독특한 위상이며, 그것을 계승하고 심화 발전시킨 균여 화엄 사상의 독자적 특징이다. 학문과 종교의 결합이야말로 균여의 화엄이 오늘날 다시 주목된 중요한 이유일 것이다.

지눌

지눌(1158~1210)은 고려뿐 아니라 한국 선종사에서 가장 뛰어난 이름난 선승이다. 지눌의 전기 및 행적과 함께 정혜결사와 선교일치의 지향을 소개하고 저술을 정리하였다. 또 그의 선 사상과 수행 체계를 돈오점수, 삼문수행, 무심합도문으로 나누어 분석하였다. 이어 조선시대 지눌 사상의 수용과 영향, 근현대 연구사에서의 위상을 살펴보았고 그의 저술이 중국과 일본에 전래된 사실도 확인하였다. 지눌과 그의 사상은 논쟁을 불러일으키기도 했는데, 바로 조계종 법통 논란과 돈점 논쟁, 그리고 간화선을 누가 수용하였는지의 문제가 쟁점이 되었다.

고려 후기에 활동한 지눌은 선정禪定과 지혜를 함께 닦는 정혜쌍수의 실천 수행법을 중시했다. 그는 이를 통해 선정에 맹목적으로 빠져드는 것, 수행 없이 개념적으로 이해하는 것을 동시에 배제하려 했다. 그가 추구한 선정은 법에 대한 통찰을 바탕으로 함으로써 무조건적 좌선과는 달랐으며, 그가 제시한 지혜는 반조返照를 수반해야 했기에 문자 이해에 얽매인 언어적 분별과는 차이가 있었다. 지눌의 정혜쌍수는 그 자신의 깨침의 경험을 바탕으로 한 것으로, 선과 교의 합일점을 찾으려는 노력의 결과였다. 이러한 수행법과 선교일치의 경향은 당시 선과 교로 나뉘어 있던 고려 불교계의 문제점을 해결하기 위한 것이었다. 또한 지눌의 선 사상은 조선시대에도 큰 영향을 미쳐서 그의 유풍을 계승하려는 움직임이 있었다.

지눌의 선교일치 사상은 간화선 위주의 현대 한국불교에 큰 시사점을 주고 있다. 성철에 의해 제기된 돈점 논쟁, 조계종의 법통을 둘러싼 종조 논란은 역으로 한국불교사에서 차지하는 지눌의 위상을 잘 보여준다. 간화선은 기본적으로 교외별전의 특성을 중시하는데, 이러한 시각에서 선과 교의 일치를 내세운 지눌의 선 사상은 비판의 대상일 수밖에 없다. 그런데 문제는 지눌 자신이 정혜쌍수, 선교합일의 수행법 외에 마지막 단계로 간화경절문을 제시했다는 점에 있었다. 즉 최고의 수행법으로 간화선의 경절문을 통해 들어가는 무심합도문을 제시한 것이다. '맛이 없는 말'을 통해 깨치는 간화경절문은 언어의 흔적을 끊어 버린 교외별전의 길이었고, 그것을 통해 들어가는 무심합도문은 생각 자체를 끊은 수행 방안이었다.

이처럼 지눌이 제시한 두 가지 상이한 수행법은 현대에 와서 닦음과 깨달음에 관한 화두를 던져 주었다. 지눌의 사상 체계 안에서 두 수행 방법을 온전히 이해하려면 선교합일과 교외별전의 두 입장이 어떻게 정합적으로 공존할 수 있는지를 설명해야 한다. 반면 둘이 상충한다고 본다면 지눌이 최종적으로 선택한 것이 과연 무엇이었는지를 증명하고 밝혀야 한다. 논쟁은 여전히 진행 중이지만, 그 과정에서 다각도의 심도 있는 지눌 연구가 계속 나와야 한다. 또 육조 혜능과 대혜 종고 외에도 지눌 사상의 형성에 영향을 미친 이통현의 화엄 사상, 종밀의 융합적 사상의 수용 문제도 중요한 주제이다.

2) 텍스트

석마하연론

『대승기신론』의 주석서인 『석마하연론』은 저술 시기와 저자에 대한 논란이 있는 의문의 논서여서 그 성립 문제를 제일 앞에서 다루었다. 이 책은 둔황 사본도 있고 종밀도 인용하였으며, 고려 의천의 교장과 『고려대장경』에도 수록되었다. 또 일본 진언종의 구카이와 주석서에서도 활용하는 등 동아시아에 널리 유통된 논서이다. 성립 경위와 함께 이 책의 독창적 사상도 일찍이 주목되었는데, 33법문 체계와 불이마하연不二摩

詞術 등이 대표적이다. 이와 함께 위의경, 특이한 문자와 다라니 문제를 다루었고, 이 책이 신라불교와 어떤 연관성을 가지는지 검토하기 위해 원효의 『기신론소』와 『금강삼매경론』, 의상계 화엄과의 관련성 등을 추적해 보았다.

『석마하연론』이 사료에 처음 등장하는 것은 779년 일본 승려 가이묘가 당에서 이 책을 가지고 왔다는 기록이 최초이다. 저술 시기에 대해서는 확정된 것은 없지만 7세기 말에서 8세기 말 사이에 성립된 것은 분명하다. 그런데 이보다 더 논란이 많고 아직 결정적 증거가 나오지 않은 것은 바로 저자 문제이다. 『석마하연론』은 전통적으로 저자가 용수, 번역자는 벌리마다로 알려져 왔지만, 일본 전래 이후 그 진위 여부가 계속 논란이 되었다. 구카이는 이를 용수의 진찬이라고 하여 진언종의 주요 논서로 지정하였다.

그런데 이 책의 인용 경전을 검토한 결과 용수 이후의 대승경전과 중국 찬술 경전이 들어가 있어서 용수 찬술설은 사실이 아님이 밝혀졌다. 이는 번역자와 번역 시기에 대한 논란에도 적용할 수 있다. 그래서 일본 문헌에 등장하는 월충 등 신라 찬술설이 다시 힘을 얻게 되었다. 『석마하연론』은 중국에서도 널리 유통되었는데, 당나라 이후 많은 주석서가 나왔고 둔황과 방산석경에도 들어갔다. 한국에서는 의천의 『신편제종교장총록』에 기재되어 있고 고려대장경에 입장되면서 일본에도 새로운 영향을 주었다. 일본에서는 진언종에서 가장 많은 연구를 해 왔고 다수의 사본과 판본, 주석서가 전해진다.

『석마하연론』이 주목되고 인기를 끈 것은 이 책이 갖는 독창적 사상 때문일 것이다. 이 책에서는 진여·무명·여래장 등 주요 개념에 대해 여러 의미와 명칭을 부여하였고, 『기신론』을 해석하면서 독특한 33법문 체계를 세웠다. 33법문은 16능입문·16소입법·불이마하연으로, 불이마하연은 이 논서의 가장 핵심적이며 독자적인 개념이다. 이 외에도 심식설에서 '다일식심-일체일심식'을 내세우며 구조적 정합성을 이루는 등 다른 책에서 보기 어려운 독특한 내용이 나온다. 또한 여러 경론에 의거하여 논의의 타당성을 입증하였는데, 전체 100부 127종 가운데 81부, 100여 종의 불서가 이 책에만 등장한다는 점도 눈여겨볼 필요가 있다.

이런 점 때문에 이 책이 신라와 특별한 관계 속에서 성립된 것으로 보는 연구자가 많다. 내용을 검토하면 『법장소』의 영향이 크지만 『원효소』를 인용한 문장들도 보이고 원효의 『금강삼매경론』과도 연관성이 있다. 또 신라 의상계 화엄에서만 사용되는 '신심'이나 신라 전승으로 보이는 『고사』와의 공통점 등 몇 가지 이유로 꾸준히 신라 찬술설이 제기되어 왔다. 비록 현재까지 저자 및 찬술지에 관한 논란이 종지부를 찍은 것은 아니지만, 『석마하연론』은 색다른 시각으로 『기신론』을 바라보는 기회를 제공해 준다는 점에서 중요한 가치가 있다.

주석서

불교의 가르침은 경률론 삼장을 기반으로 한다. 불교 연구도 이를 주요 대상으로 하는데, 축약과 요점 정리, 해석 등을 한 저술을 주석서라고 한다. 주석서의 형태는 다양하며 명칭도 많은데, 논·소·초·기·장·주·의 등이 쓰였다. 여기서는 인도와 동아시아 주석서의 특징을 개관하고 신라와 고려, 조선의 불교 문헌과 대표적 주석서를 시대별로 살펴보았다. 주석서의 의미와 경론의 주석서, 중국의 학파적 특징과 한국의 포괄적 경향, 한국 주석서의 계보와 현황, 한국 불교 문헌에 대한 주석서 등을 서술하였다.

불교 문헌에 대한 주석은 인도에서 처음 시작되었다.『법화경』,『무량수경』등 널리 알려진 대승경전에 대한 주석서도 나왔는데,『법화경』주석서는 50종이 넘을 정도로 크게 인기를 끌었다. 논장에 해당하는 주석서도 만들어졌는데, 유식 사상을 담은『중변분별론』을 비롯한 인도의 논서는 동아시아불교에 큰 영향을 미쳤다. 불전의 한역 이후 주석서 저술이 급증하였고 분야도 매우 다양해졌다. 중국불교는 강한 학파적 분위기에서 주석이 활발히 이루어졌는데, 구마라집이 한역한『대지도론』에 대한 주석서가 그의 문하에서 저술된 것이 하나의 사례이다. 중국에서는 지론학파를 비롯해 많은 학파가 성립되는데, 천태학·화엄학·법상학은 이후 큰 영향을 미쳤다.

신라에서는 학파나 종파의 제한 없이 거의 모든 전래 문헌에 대한 주석서가 폭넓게 만들어졌다. 현재 47인의 72종에 이르는 신라 주석서 명칭이 확인된다. 주제별로는 당시의 관심사를 반영하여 신유식에 관한 것이 가장 많고, 반야와 정토,『기신론』과 계율 등 다양한 주제가 망라되어 있다. 고려와 조선 시대에는 신라의 주석 전통이 제한적으로 계승되었고, 대신 의례와 선 등의 실천 수행이 중시되는 모습을 보인다.

신라는 물론 고려, 조선에서 찬술된 문헌도 중국, 일본에서 주석서가 만들어진 경우가 있다. 신라는 원측, 원효, 의상, 태현, 불가사의 등 11인의 저술에 대한 여러 주석서가 전한다. 특히 의상의『법계도』는 조선시대까지 1000년 이상 중시되며 주석이 이루어졌다. 원효는 일본에서 큰 인기를 끌고 주석서도 나왔는데『유심안락도』의 저자를 원효에 가탁한 것이나 원효의 전기가 만들어진 것도 일본에서 주석을 통해 원효가 재탄생했음을 말해 준다. 태현은 가마쿠라시대 계율부흥운동에서 주목되었고 그의 저술에 대한 주석서도 90여 종이나 된다. 밀교의『대일경』

을 해설한 불가사의의 『대비로자나경공양차제법소』도 일본에 8종의 주석서가 남아 있다.

고려 출신 제관이 쓴 『천태사교의』는 동아시아에 널리 유통된 저술로서, 관련 주석서가 100종이 넘는다. 『천태사교의』의 중국 주석서를 다시 주석한 복주서가 일본에서 많이 만들어진 것도 특징이다. 한편 고려시대 찬술 문헌 가운데 지눌의 저술은 조선시대에도 중시되며 유통되었다. 또 조선의 청허 휴정이 쓴 『선가귀감』은 에도시대에 일본에서 몇 차례 간행되고 2종의 해설서가 만들어졌다. 이처럼 주석서는 중국과 한국, 일본 등 동아시아불교 세계의 횡단 문화적 특성을 잘 보여 주며, 이를 통해 한국불교의 확장성과 역동성을 엿볼 수 있다.

4. '종교와 문화'에서 글로컬리티의 전개

본 『테마 한국불교』 9에 수록된 〈종교와 문화〉 영역의 4개 테마를 종교와 미래(교단, 불교명상), 문화와 의례(불교미술, 상장례)로 나누어 '확장성의 전개'라는 시각에서 글로컬리티의 확산 문제를 검토해 보았다.

1) 종교와 미래

교단

불교 교단은 사중으로 이루어진 집단, 또는 비구·비구니만으로 구성된 승가 집단을 말한다. 먼저 교단의 정의에 이어 시마와 현전승가, 아쇼까왕과 결집, 부파 교단과 대승으로 항목을 나누어 인도불교의 교단

성립과 분열 문제를 다루었다. 이어 광률의 번역과 사중의 완성, 교단과 권력의 밀착, 승제, 남도육종과 종파를 대상으로 중국·일본의 교단 성립과 그 전개 과정을 정리하였다. 한국은 신라의 자장과 교단 정비, 의상의 화엄 교단, 종파의 형성에 대해 살펴보았고, 고려·조선은 보호와 통제, 교종과 선종의 공존, 교단의 위축과 재기 노력을 언급하였다.

인도에서 승가로서의 교단은 율이라 불리는 규범 아래 자치적으로 운영되는데, 시마(경계)의 설정을 통해 만들어진 현전승가를 기준으로 적용된다. 사방승가는 의식주의 분배나 의식 실행을 하는 각각의 현전승가를 포괄하는 이념적 개념이며 교단에 기부된 승원이나 토지 등을 소유하는 주체이다. 중국에서 불교는 국가권력과 밀접한 관련을 맺었고 불교에 대한 지원과 통제는 동시에 이루어졌다. 불교는 국가로부터 막대한 후원을 얻기도 했지만 간혹 폐불의 위기에 직면하기도 했다. 일본도 불교 수용 후 국가불교의 색채를 강하게 띠게 되었다.

신라의 경우 자장이 대국통이 되어 수계의식을 가다듬고 교단 체제를 정비하였다. 화엄을 일으킨 의상은 부석사를 창건하고 붓다의 초기 교단처럼 평등과 화합을 실천하려 했다. 천인 신분의 제자를 차별 없이 받아들인 것이 그 사례이다. 신라 하대에는 선종이 본격적으로 수용되면서 화엄·유식으로 대표되는 기존의 교학불교와 다른 새로운 흐름이 생겨났다. 고려 또한 불교를 중시하고 보호하는 한편 국가가 교단과 승려를 관리하고 통제하는 이중적 양상을 보였다.

고려 왕실은 원찰과 진전사원을 지정하여 토지를 지급하는 등 사찰 재정에 많은 도움을 주었다. 반면 국가는 승록사를 설치하여 승려의 승적 관리, 인사 문제 등을 담당하게 했고, 과거시험과 승과의 동시 시행, 대우 및 상벌의 동일한 적용에서 보듯이 관료와 승정의 이원체제가 성립되었다. 또한 당시 정식 승려가 되기 위해서는 관에서 지정한 관단에서 구족계를 받아야 했다. 고려불교는 화엄업·유가업·선종이 중심이 되다가 11세기에 의천이 천태종을 개창하면서 화엄종과 법상종, 조계종과 천태종의 4대 종파가 교종과 선종 교단을 이끌었다.

조선 초기에는 불교 종파가 11종에서 7종으로 줄었고 세종대에는 선교양종으로 통합되었다. 1516년『경국대전』의 도승조가 폐지되면서 승정체제는 공식적으로 막을 내리고 방임과 교화의 기조로 전환되었다. 다만 명종대에 일시적으로 선교양종과 승과가 재개되어 인적 재생산의 기반이 마련되었지만, 폐지 이후 국가 공인 종파는 더는 존재하지 않았다. 임진왜란 이후 조선 후기에는 국가에서 승역 등을 국역 체계 내에서 활용하였고, 불교 교단은 임제 태고 법통을 내세워 선종으로서의 정체성을 이어 갔다. 19세기에는 수계의식의 정비와 계맥의 회복이 적극적으로 시도되었고 이를 통해 교단 존속의 노력이 가시화되었다.

불교명상

불교명상은 서구에서도 큰 인기를 끌고 있고 현대인들의 지친 삶에 위안을 주고 있다. 명상의 기원과 붓다의 명상, 선정에 대해 정리하고 불교의 수행 명상으로 위빠사나 명상, 만트라 명상, 염불 명상에 대해 소개하였다. 한국의 경우 신라·고려에서 조선시대까지 이어져 온 참회명상, 화두 수행, 경전 염송의 전개 양상과 내용을 구체적으로 서술하였고, 근현대 명상의 대중화와 자아 성취, 불교명상의 미래에 대해 생각해 보았다.

불교의 선정禪定에는 사유라는 의미가 담겨져 있다. 불교의 성립부터 지금까지 사마타와 위빠사나를 비롯해 선종의 묵조선, 간화선 등 다양한 수행법이 전개되면서 점차 보편성을 확보하게 되었다. 현대 사회에서는 불교를 특별히 내세우지 않더라도 불교수행을 응용하고 변용한 갖가지 수행이나 명상이 성행하고 있다. 다시 말해 명상은 불교의 색채를 벗어 내고 특정 종교와는 무관한 방식으로 실천되고 있다. 이는 한국도 마찬가지여서 명상이 붐을 이루고 있지만 동양과 서양을 굳이 구분한다거나 종교적 전통을 따지는 일은 거의 의미가 없게 되었다.

그럼에도 불교 전통에서 유래한 명상의 요소는 대단히 풍부하여 불교를 떠나서 명상을 이해하는 일은 쉽지 않다. 현대의 명상에 끼친 불교의 영향력과 내용상의 지분은 아주 크다고 할 수 있다. 다만 명상과 선정의 차이점을 말하자면, 명상은 기본적으로 번뇌를 잠재우는 행위에 중점을 둔다. 이에 비해 선정은 번뇌를 잠재우고 나서 깨달음으로 향하는 수행이 뒤따르며, 궁극의 목표는 마음의 안정을 초월한 성불이다. 그렇기에 선정은 명상을 포함하면서도 깨달음을 추구한다는 점에서 명상을 벗어나 있고, 불교명상에는 반드시 선정이 포함되어 있다. 결론적으로 불교명상은 불교의 신행과 수행법에 기반을 두며, 명상적 측면과 수행적 측면을 아우르는 개념이다. 따라서 여기에는 신앙적 요소가 있고 깨달음의 궁극적 목표를 위한 행위이기도 하다.

명상은 몸과 마음의 안정을 도모하여 행복한 삶을 추구하는 일상의 행위로서 누구나 가능하다. 이에 비해 선정은 전문적 교육과 훈련이 필요하며, 깨달음의 목표로 나아가기 위한 정해진 규범과 점검이 요구된다. 이는 붓다에게서도 확인되는데 붓다의 깨달음 과정은 명상에서 벗어난 것이 없고, 또 그로부터 비롯된 모든 불교 수행은 선정을 기초로 전개되었다. 불교에 뿌리를 둔 명상은 염불, 호흡, 좌선, 걷기, 다도, 자애 등 매우 다양한 형태가 있다. 이들 명상은 감각과 마음, 몸과 호흡을 조절하며 계속 새로운 명상법이 개발되고 있다. 명상의 행위는 자신, 지금, 바로 여기에서 일어나는 일상의 행위이며 매우 현실적이고 즉각적인 속성을 지닌다. 불교명상의 궁극적 지향은 심신을 안정시켜 일상생활에서 행복을 맛보는 것이면서 다른 한편 깨달음을 목표로 한 선정과 만나는 구조이다.

2) 문화와 의례

불교미술

불상과 불화는 부처의 이미지를 형상화한 것으로, 불교를 떠올리거나 다가서려 할 때 가장 친숙하면서도 대중적인 매개체이다. 여기서는 불교미술의 시작과 중국화, 삼국에서 조선까지 한국의 불교미술에 대해 개관해 보았다. 먼저 인도에서의 불상 탄생과 석굴사원, 중국의 불상을 살펴보았고, 이어 한국 불교미술을 다루었다. 시대별 항목을 들자면, 삼국·통일신라는 고졸함에서 완숙함으로, 왕실의 염원, 추복 불사, 지방으로의 확산이고, 고려는 거석불의 유행, 단아함의 추구, 원 간섭기의 이국적 미감, 불복장의 세계이며, 조선은 이념과 실제의 갈등, 재건의 시대, 의식 공간의 확장, 근대로 가는 길목에서이다.

기원전 6세기 무렵 고타마 싯다르타는 모든 번뇌와 구속에서 벗어나 깨달은 자인 붓다가 되었다. 이처럼 모든 것에서 해방된 부처를 원래의 육신을 가진 모습으로 표현하는 것은 해탈의 경지에 든 그의 이상을 위반하는 행위였을지 모른다. 그래서인지 부처 열반 후 500년간은 무불상 시대였다. 하지만 부처에 대한 신앙이 생기고 확대되면서 기원후 1세기에 부처는 결국 인간의 모습으로 조형되었다. 코샴비국의 우다야나왕이 부처를 그리워하며 병이 나자 신하들이 부처를 대신하는 상을 만든 것이 불상의 시초라는 설화처럼, 불상이 제작된 데에는 그에 대한 존숭의 마음이 개재되어 있었다.

대승불교의 성립 또한 불상 제작의 정당성과 필요성을 높였을 것이다. 공덕과 중생 제도의 방편이자 예불의 대상이며, 부재한 부처를 대신하는 존재로서 불상은 그 당위성과 의미를 더해 갔다. 육계와 나발, 백호와 광배 등 평범한 사람과는 다른 특별한 신체적 특징이 생겨났고, 시무외인, 여원인, 항마촉지인 등 다양한 수인을 통해 자비와 구원의 메시지를 전하는 등 시각적 장치들도 고안되었다. 인도에서 탄생한 불상은 중앙아시아와 동아시아, 동남아시아로 전해지면서 각 지역의 풍토와 시대적 특성에 맞게 다양하게 바뀌며 토착화되었다. 전파와 수용, 변용과 창조를 거쳐 불교는 각 지역에서 고유한 예술성을 꽃피운 것이다.

인간의 형상을 한 불상은 친밀함과 명료함이 장점이었지만 다양한 물질로 재현되어 만들어졌기 때문에 부처의 몸에서 나온 사리만큼은 권위를 인정받지 못했다. 육계에 사리를 넣거나 안에 장기 모형을 넣은 불상은 이러한 한계를 극복하려는 시도였다. 한국에서도 고려시대부터 의식을 통해 다양한 성물을 불상 안에 넣었다. 한국의 복장 의례는 점안 의식과 함께 불상의 의미를 변화시키는 중요한 절차로서 불상 제작 과정의 일부가 되었다.

불상은 부처를 떠올리는 가장 효과적 시각물이자 예불과 의식의 구심점 역할을 해 왔다. 부처를 그림으로 그린 불화도 고려시대까지는 단독으로 예불의 대상이 되었을 것이다. 그런데 조선시대에는 후불 불화가 성행하면서 불상과 불화의 의미론적 관계에 변화가 발생하였다. 불상 뒤편에 걸려 있는 후불탱화에는 앞에 모셔진 존상을 다시 묘사하고 관련된 수많은 권속이 등장하여 보다 확장된 세계를 열어 보인다. 이러한 불상과 불화의 이원 구조는 각각의 장점을 극대화하면서 공간에 의례적 의미를 부여하는 역할을 해 왔다.

상장례

불교는 지난 2500년간 인도에서 출발하여 아시아 각지로 퍼지며 토착화를 거쳐 세계종교화 되었다. 이는 불교가 삶과 죽음의 난제에 대한 나름의 해결책을 제시해 주었음을 의미하며, 그 안에는 물론 상장례 의식도 포함되었을 것이다. 먼저 중국, 한국, 일본의 임종 의례를 살펴보고, 다음으로 인도의 초기 불교, 중국, 한국으로 나누어 빈소 의례를 정리하였다. 그리고 동아시아 각국의 장례 절차에 대해 구체적으로 검토해 보았다.

불교가 전래된 후 인도의 화장법(다비)이 중국의 사원에서 보편화되었고, 상의喪儀에 사용되는 각종 상장喪葬 제도가 정비되었다. 중국의 선종 사원에서 행해진 상장례는 주로 사원 청규에 의거했는데, 『선원청규』는 당에서 북송까지, 『칙수백장청규』의 장의법은 남송 말부터 원대까지 통용되었다. 장례법은 화장과 함께 전신입탑 방식이 병행되었고, 입적한 다음 날이나 그다음 날에 장례와 다비를 한 것으로 보인다.

한국불교의 다비법은 전래 이래 여러 변천을 거치며 전해져 왔다. 삼국시대에 불교식 장례법인 화장이 유입되었지만 초기에는 승려들도 전통적 방식으로 안장하였다. 문헌 기록에서 최초로 다비장법을 행한 이는 7세기 중반의 자장이었다. 승려뿐 아니라 『삼국사기』와 『삼국유사』에는 문무왕을 비롯해 8명의 신라 왕들을 화장한 사실을 적고 있다. 다비법이 더욱 확산된 것은 고려시대였는데 묘지명 중에 다비를 행한 52명의 기록이 발견된다. 고려의 화장법은 다비 후 수습된 유골을 바로 매장하거나, 함에 유골을 담아 둔 채 일정 기간이 지나서 매장하는 2차장 방식을 취하기도 했다. 12세기까지는 화장과 매장 방식이 함께 쓰였으며, 후대로 갈수록 승려의 장례에는 대개 다비장법이 쓰였다.

화장에서부터 습골拾骨 그리고 매장에 이르는 장례 전반의 내용도 기록에 상세히 전한다. 화장 후 3일부터 9일 사이에 습골을 했는데 습골과 관련된 용어도 다양하게 사용되었다. 화장한 유해를 담은 장골 용기는 유골을 담은 내함, 그리고 내함과 묘지석 등을 담는 외함으로 이루어져 있다. 매장을 할 때는 목관 외부에 실담문자로 적었으며, 망자의 명복을 빌기 위한 '묘장다라니'가 쓰였다. 불교식 상장례법을 전하는 문헌은 조선 세종대에 간행된 『다비작법』을 필두로, 17세기에 나온 불교 상례집인 『석문상의초』, 『승가예의문』, 『석문가례초』, 그리고 19세기의 『작법귀감』 등이 있다. 이는 중국의 상장례 예법을 그대로 받아들인 것이 아니라 조선식 예법으로 재생산했다는 점에 의미가 있다. 상장례와 관련해서는 한국이 중국불교와 공유하는 지점이 보다 많았고 일본은 조금 달랐다.

지금까지 '한국불교 확장성의 전개: 글로컬리티의 확산'이라는 아젠다 연구 목표를 설정한 3단계 3년차 8개 테마 내용을 정리해 보았다. 〈인물과 문헌〉 영역에서는 한국불교의 대표적 사상가인 균여와 지눌, 텍스트로는 『석마하연론』과 주석서를 살펴보았고, 〈종교와 문화〉에서는 종교와 미래 유형으로 교단과 불교명상, 문화와 의례는 불교미술과 상장례를 다루었다. 다음에 나올 『테마 한국불교』 10은 3단계 4년차의 8개 주제를 모은 것으로, '변용의 확장성'이라는 3단계 아젠다 연구의 네 번째이자 최종 결과물이다. '확장성의 발현'을 연구 목표로 하는 10년차에는

〈인물과 문헌〉에서 고려와 조선 불교를 대표하는 의천과 휴정을 사상가로, 밀교경전과 불교잡지를 텍스트 테마로 선정하였고, 〈종교와 문화〉는 종교와 미래에서 여성과 생태환경, 문화와 의례에서 불교음식과 범패를 주제로 성과를 낼 것이다.

본 HK연구단의 3단계 아젠다 목표는 '변용의 확장성'이다. 불교는 1700년 전에 한국에 전래된 이래 토착적 전통과의 마찰과 대립, 포용과 융합을 거치며 변화를 거듭해 왔고 장기 지속의 내재적 고유성을 창출해 냈다. 시간적으로는 불교의 탄생 이후 현대까지, 공간적으로는 인도에서 동아시아로 연결되는 불교 문화권의 거대한 종횡의 네트워크 속에서 교류와 소통의 역사와 세계사적 보편화 과정을 오랜 기간 경험하였다. 이는 로컬리티(특수성)가 글로벌리티(보편성)와 만나 한국이라는 시공간의 제한을 넘어서 문명 접변의 코드를 생성해 냈음을 의미한다. 이러한 기반 위에서 글로컬리티의 한국성을 발견하고 한국형 문명 패러다임에 관한 새로운 담론을 제기하고자 한다.

제1부
인물과 문헌

사상가

균여

지눌

텍스트

석마하연론

주석서

사상가

균여 均如

· 사토 아츠시

I. 중국과 한국의 화엄 사상

　　지엄/ 법장/ 의상/ 의상계 화엄

II. 균여의 생애와 저작

　　자료/ 삶과 시대/ 저작

III. 균여의 화엄 사상

　　교판/ 진부진관盡不盡觀/ 오척성불五尺成佛

IV. 균여에 대한 평가

　　의천에 의한 비판/ 천기天其에 의한 현창/ 현대의 균여 평가

■ 균여의 화엄학이 지닌 글로컬리티

I. 중국과 한국의 화엄 사상

지엄

지엄智儼(602~668)은 천수天水(지금의 감숙성甘肅省) 출신으로 대업大業 9년(613)에 두순杜順(557~640)에게 가서 종남산終南山 지상사至相寺에서 공부하였고 인도승에게도 가르침을 받았다. 사상적으로는 섭론종攝論宗과 지론종地論宗의 교학을 계승하고 있다. 정관貞觀 2년(628)에 육상六相을 관찰하여 27세 때 깨달음을 얻고 『화엄경華嚴經』의 주석서인 『수현기搜玄記』를 저술하였다. 이후 장안長安의 운화사雲華寺에 머물렀다. 만년에는 청정사淸淨寺에 주석하였고, 그곳에서 입적하였다. 저술로 『오십요문답五十要問答』, 『공목장孔目章』 등이 있다.

법장

법장法藏(643~712)의 조상은 강거국康居國 사람이다. 조부祖父대부터 중국에서 살았다. 법장은 17세 때 법을 찾아 태백산太白山에 머물던 지엄 문하로 들어갔다. 지엄은 임종 즈음하여 도성道成과 박진薄塵 두 제자에게 법장을 부탁하였다고 한다. 670년(함형咸亨 원년) 측천무후則天武后(624~705)가 태원사太原寺를 짓고 법장을 이곳에 머물게 하였다. 법장은 『화엄경』을 30여 차례 강의했으며 실차난타實叉難陀(652~710)의 팔십화엄 번역을 도왔다. 선천先天 원년(712)에 시적했다. 저작으로는 『화엄경』주석서인『탐현기探玄記』, 화엄학의 강요서인『화엄오교장華嚴五敎章』(또는『교분기敎分記』라고도 함) 등이 있다. 제자로 혜원慧苑(673~?)과 문초文超(생몰년 미상) 등이 있다.

법장은 의상과 법형제이며, 사제師弟이다. 의상의 사상이 법장에게 영향을 미치고 있음은『오교장』에『일승법계도』와 동일한 문장이 인용된 데서 알 수 있다. 법장은 의상이 신라에 귀국한 후 편지와 저작을 보내 자신의 저작에 대한 비평을 구하고 있다. 이것은 선후배 사이의 좋은 관계를 말해 주는 것이다. 이 편지의 원본으로 알려진「당법장치신라의상서唐法藏致新羅義湘書」가 일본 덴리(天理)대학 도서관에 소장되어 있다.

의상

의상義相(625~702)은 신라인으로 20세 때 출가하였다. 진덕여왕眞德女王 4년(650) 원효元曉(617~686)와 함께 입당하려다 실패했다. 문무왕文武王 원년(661)에 다시 입당을 시도하여 중국에 도착했으며, 종남산의 지엄 아래에서 화엄교학을 수학하였다. 문무왕 8년(668) 7월에 주요 저서인『일승법계도一乘法界圖』가 완성되었다. 그해 10월에 지엄이 입적하고, 그로부터 3년 후인 문무왕 11년(671)에 의상은 신라로 귀국하였다. 부석사浮石寺를 창건하여 화엄교학을 신라에 전파하였다. 이로써 해동화엄의 시조로 불리게 되었다. 저술로는『일승법계도』외에『백화도량발원문白花道場發願文』,『의상화상사례義相和尙師禮』가 전한다.『아미타경소阿彌陀經疏』도 저술했다고 전하지만 현재『일승법계도』만이 확실한 저작으로 인정된다.

의상계 화엄

신라시대의 승려들 가운데 『화엄경』을 주석하거나 화엄학 문헌을 저술하는 경우가 많으며 여러 계통이 있다. 신라 화엄의 계보에 대해서는 김지견 박사의 의상계와 비의상계의 구별 등 다양한 제안이 있다. 최연식은 신라 화엄과 관련된 승려들을 8세기 중반 이전과 이후로 분류한다.[1] 이에 따르면 8세기 중반 이전에는 원효·태현太賢·의적義寂(681~?) 등이 주류를 이루었으며, 이들의 공통된 특징은 『화엄경』뿐 아니라 다른 경전과 『대승기신론大乘起信論』의 연구도 수행한 종합적인 불교라는 것이다. 한편 8세기 중반 이후가 되면 의상계義相系와 진표계眞表系가 주류를 이루게 된다. 이 중 의상계의 인물에 대해서는 아래에서 기술한다. 그리고 같은 8세기 중반 이후로서 의상계 이외의 화엄 승려들이 있었는데, 이를 비의상계 화엄이라 부르고 있다. 여기에는 저작이 현존하지는 않지만 『화엄경의강華嚴經義綱』, 『심원장心源章』을 저술한 가귀可歸와 역시 저작이 현존하지 않지만 『화엄경개종결의華嚴經開宗決疑』, 『화엄경요결華嚴經要決』 등을 저술한 연기緣起, 그리고 『화엄경문의요결문답華嚴經文義要決問答』을 저술한 표원表員이 있다. 이들은 공통적으로 『화엄경』과 『대승기신론』을 중시한다. 이들 의상계 화엄의 계보와 특징은 다음과 같이 정리할 수 있다.

먼저, 계보이다. 의상 계통의 인물과 저작은 많다.[2] 여기에서는 그 대강을 〈표 1〉과 같이 정리한다. 이는 10세기 균여均如(923~973)의 저술

---

[1] 최연식, 「八~九世紀における新羅華嚴の動向」, GBS実行委員会編, 『論集-新羅仏教の思想と文化: 奈良仏教への射程』, 2018, pp.17~32 참조.
[2] 佐藤厚, 『新羅高麗華嚴教學の研究·資料編』, 東洋大學博士學位論文, 1998, 부록.

문헌, 13세기경 성립된 것으로 추정되는 『일승법계도』의 주석과 관련된 문헌을 집성한 편자 미상의 『법계도기총수록法界圖記叢髓錄』에서 발췌한 것이다. 대강 세 시기로 분류했다.

〈표 1〉 의상의 계통

1	의상과 직제자의 시대(약 680~약 750)
	도신道身의 『도신장道身章』, 지통智通의 『지통문답智通問答』, 전전법장法藏의 『화엄경문답華嚴經問答』, 표훈表訓, 오진悟眞, 진정眞定, 양원良圓, 상원相元, 상원常元, 의적義寂, 순범純梵, 윤형綸逈, 대정각간大正角干
2	신림神琳과 그 제자들의 시대(약 750~약 800)
	신림, 순범順梵, 행장行將, 장將, 대승형공大乘泂公, 융순融順, 『십구장十句章』, 질응質應, 대운법사군大雲法師君, 숭업嵩業, 각윤覺潤, 융수融秀, 범체梵體, 윤현潤玄, 숭업崇業의 『숭업사관석崇業師觀釋』, 융융, 법융法融의 『법융기法融記』(*일승법계도주석)
3	신림 주변 이후부터 균여 이전(약 800~약 900), 기타 사승관계가 분명하지 않은 경우들
	융질融質, 영관靈觀, 『남악관공기南岳觀公記』, 결언決言, 진수眞秀의 『진기眞記』(*일승법계도주석), 사유思惟, 수업秀業, 『대기大記』(*일승법계도주석), 법웅法雄, 가덕伽德, 시덕時德, 생생, 영거靈炬, 체융體融, 보해普解, 보해普海, 논금論金, 교윤巧潤, 행원行遠, 『고기古記』, 『간장簡章』, 『사대상전법륜관四大常轉法輪觀』, 『자체불관론自體佛觀論』, 『심륜초심륜鈔』, 『개종기開宗記』

이하 〈표 1〉에 대해서 간략히 설명한다.

제1기의 의상과 직제자의 시대(약 680~약 750 정도)는 의상의 교학이 신라에 수용되는 첫 시기이다. 제자들 문헌 가운데 단독으로 존재하는 것은 없지만, 도신道身의 『도신장道身章』, 지통智通의 『지통문답智通問答』 단편이 일문으로 전해진다. 또한 종래 법장 저술로 인식되어 온 『화엄경문답華嚴經問答』은 그 내용이 도신·지통의 저술과 공통되므로, 신라 찬술 문헌이며 의상의 강의록이라는 견해가 제창되었고 현재 정설이 되었다.[3]

직제자의 말을 전하는 일문逸文 가운데는 『법계도』 해석도 있는데 이들 내용을 통해 관법觀法으로서 『법계도』를 해석한 것도 알 수 있다.

제2기인 신림神琳과 그 제자들의 시대(약 750~약 800)는 의상의 손제자인 신림과 그의 제자가 활약하던 시기이다. 이 시대부터 의상계 화엄학의 성격이 농후해진다. 이 시기를 대표하는 문헌이 『십구장十句章』이다. 『십구장』은 지엄이 『약소略疏』(『화엄경수현기』)를 완성했을 때 표지에 십구[4]를 적고 여기에 법융法融과 신림 등이 주석을 붙였다고 전해진다. 여기에 다시 주석을 붙인 것이 균여의 『십구장원통기十句章圓通記』이다. 이와 같이 성립부터 특이한 문헌이지만 내용도 특이하다. 화엄교학의 내용이 주제이지만 통상적인 교리와는 달리 실천풍이 강하다. 이 시기에는 신림의 제자 법융의 『법계도』 주석도 저술되었다.

제3기 신림 주변 이후부터 균여 이전(약 800~약 900)까지는 『법계도』 주석 외에 여러 가지 의상 계통의 문헌이 저술되었다. 우선, 『고기古記』는 의상계의 다양한 논의를 수록한 것이며, 『사대상전법륜관四大常轉法

---

3 石井公成, 『華嚴思想の硏究』, 東京: 春秋社, 1996, pp.270~291. 또한 김상현은 「『錐洞記』와 그 異本 『華嚴經問答』」, 『韓國學報』 22-3, 일지사, 1996, pp.28~45에서 단편적으로 남아 있는 지통의 『추혈기錐穴記』와 『화엄경문답』의 해당 부분을 발견하여, 지통의 저술이 『화엄경문답』의 이본異本이라고 주장하였다. 근년의 『화엄경문답』 연구는 금강대학교불교문화연구소 편, 『華嚴經問答을 둘러싼 諸問題』, 서울: 씨아이알, 2012; 김상현, 『교감번역: 화엄경문답』, 서울: 씨아이알, 2013.

4 십구는 다음과 같다. ① 不思議以成陀羅尼顯地法, ② 隨文取義有五種過, ③ 教義二大有五重, ④ 因果相形現義無盡, ⑤ 廻文別屬以現義融, ⑥ 寄因陀羅彰義邊際, ⑦ 総三三轉現際無窮, ⑧ 無生佛法寄位升沈, ⑨ 微細相容以明極勝, ⑩ 隔越科文成義自在. 그런데, 최근에 이 십구를 기록한 『수현기』가 존재하는 것이 밝혀졌다.(佐藤厚, 「新羅華嚴の智儼傳承をめぐる一つの謎: 湖北省博物館藏『華嚴経略疏』に記される「十句」」, 『印度學佛教學研究』 67-2, 日本印度學佛教學會, 2019, pp.182~189)

輪觀』은 지수화풍 4대가 법을 설파한다는 특이한 내용이다. 『자체불관론自體佛觀論』은 자신 안에 존재하는 부처에 대한 관법을 서술한다.

다음으로, 의상계 사상의 특징은 세 가지로 서술할 수 있다. 첫째는 『화엄경』 중심주의이다. 의상계에서는 원효 등의 종합불교와는 달리 『화엄경』 이외의 문헌에는 관심을 보이지 않는다. 『화엄경』에 주목할 뿐만 아니라 『화엄경』의 깊은 뜻을 체득하려고 한다. 그와 같은 경향을 상징하는 것이 오중해인설五重海印說이다.[5] 해인이란 『화엄경』의 근본 삼매인 해인삼매를 말한다. 의상계에서는 해인삼매에 다섯 단계가 있다고 한다. ① 망상해인忘像海印, ② 현상해인現像海印, ③ 불외향해인佛外向海印, ④ 보현입정관해인普賢入定觀海印, ⑤ 보현출정재심중普賢出定在心中 및 현어언해인現語言海印이다. 각각의 명칭은 부처에서 보현보살로 교법이 이행하는 과정을 분절화한 것임을 알 수 있다. 통상적인 화엄 교리에서는, 예를 들어 법장의 『오교장』에서는 '인분가설因分可說, 과분불가설果分不可說'로 표현하며, 보현보살 단계에서는 언어가 가능하지만 부처 단계에서는 언어가 불가능하다고 한다. 이와 같은 설명과 비교하면, 의상계 화엄은 과분果分을 분절화하고 그 내면의 깊은 뜻을 감득하려 한다는 의도를 읽을 수 있다.

둘째는 진리를 구체적으로 파악하려고 한다.[6] 이것은 진리를 구체적

---

5 오중해인설을 다룬 논문으로는 木村淸孝, 「『十句章圓通記』について―韓國華嚴思想の發展に關する一考察―」, 『華嚴學硏究』 創刊号, 華嚴學硏究所, 1987, pp.7~32가 있다.(佐藤厚, 「『大記』の五重海印說について」, 『印度學佛敎學硏究』 88, 日本印度學佛敎學會, 1996, pp.286~288; 佐藤厚, 「義湘系華嚴文獻に見える論理-重層的教理解釋」, 『韓國佛敎學SEMINAR』 7, 韓國留學生印度學佛敎學會, 1998, pp.136~157)
6 佐藤厚, 「義湘系華嚴の基本思想と『大乘起信論』批判」, 『東洋学硏究』 37, 東洋学硏究所, 2000, pp.51~82

인 사물 속에서 찾아내는 것을 말한다. 특히 자신의 몸에서 진리를 찾아낸다. 법성法性, 법계法界 등 추상적일 수 있는 개념을 구체적인 존재로 파악한다. 즉, 진리 개념을 다양한 현상의 배후에 있는 본체적인 것으로 이해하지 않고, 눈에 보이는 존재로 파악하는 것이다. 이것이 구체적 진리라는 뜻이다. 더욱이 구체적인 진리가 드러나는 장소를 자신의 몸과 마음으로 삼는다. 즉 자신의 몸과 마음을 나타내는 오척五尺이라는 용어를 사용하여, 법성·법계 등이 오척이라는 구체적인 형태로 존재한다고 설명한다. 다시 말하면, 자기 자신이 법성·법계 그 자체임을 말하고 있는 것이다. 더 나아가서 의상계에서는 종종 자신의 심신에 삼종의 세간이 다 포함된다고 설명하는데,[7] 이것도 이러한 진리관을 전제로 한 것으로 생각된다. 그리고 현상의 배후에 있는 본체적인 것, 즉 추상적인 진리를 설정하는 입장을 비판한다. 이것이 『대승기신론』에 대한 비판이며, 원효 및 원효의 계통과 상위하는 사상이다.

셋째, 구전을 통해 교리를 상승시키는 것을 중시한다. 위에서 언급한 지엄의 십구나 오중해인설이 그러하다. 의상계에는 중국 화엄에서 볼 수 없는 독자적인 교설이 있고, 『고기』 등은 그러한 문헌이며 권위가 부여되어 계승된다.

지금까지 논의한 것과 같이 의상계에서는 첫째, 『화엄경』을 절대시한다. 둘째, 자신이 세계와 동일화되어 있음을 감득한다. 셋째, 중국에서는 볼 수 없는 특수한 가르침을 구전 등으로 계승하며, 어떤 의미에서 종교성이 큰 집단이라고 할 수 있다.

---

[7] 『법계도』의 주석서 『법계도기총수록』 卷上之一에는 "삼세간을 자신의 심신으로 삼는다.(三世間法是自身心)"라고 표현된다.(『大正藏』 45, 717a)

II. 균여의 생애와 저작

자료

균여의 생애를 전하는 자료는 고려 문종文宗(재위 1047~1082)대의 혁련정赫連挺이 함옹咸雍 11년(1075)에 저술한 『대화엄수좌원통양중대사균여전병서大華嚴首座圓通兩重大師均如傳幷序』(이하 『균여전』이라 약칭)가 유일한 자료이다.[8] 서문에서는 간행 경위를 다음과 같이 설명한다.[9]

화엄을 선양한 인물로는 남천南天의 철탑에서 『화엄경』을 낸 용수龍樹, 신라에 화엄을 전한 의상, 그리고 고려의 균여가 있다. 의상의 전기傳記는 최치원崔致遠(857~?)의 것이 있는데, 균여의 전기가 없으니, 나는 이를 아쉬워하였다. 그러던 차에 전중내급사殿中內給事인 강유현康惟顯이 전기를 만들었다. 다만 그것은 글은 좋으나 많은 사적事蹟이 빠진 불완전한 것이었다. 이후 함옹咸雍 10년(1074)에 창운 대사昶雲大師가 『실록구고實錄舊稿』라는 균여의 전기를 보이고 이를 토대로 균여의 전기를 써 줄 것을 요청했다. 나는 이것을 받아들이고 약 반년에 걸쳐 전기를 작성했다.

전기의 구성과 간단한 내용은 다음과 같다.

① 「강탄영험분降誕靈驗分」: 균여의 출생을 기록함.
② 「출가청익분出家請益分」: 출가의 상황을 기록함.

---

[8] 『三寶章圓通鈔』에는 「海東僧史」라는 문헌이 있었다고 하나 전하지 않는다.
[9] 『大華嚴首坐圓通兩重大師均如傳幷序』(『韓佛全』 4, 511a)

③「자매제현분姉妹齊賢分」: 균여의 누이가 뛰어남을 기록함.

④「입의정종분立義定宗分」: 신라 말에 화엄종이 남악과 북악으로 분열되었고, 균여가 이것을 통합하였음과 「선공초先公抄」에 주석한 것을 기록함.

⑤「해석제장분解釋諸章分」: 균여의 저작을 기록함.

⑥「감통신이분感通神異分」: 균여가 영적 능력을 보인 예를 듦.

⑦「가행화세분歌行化世分」: 균여가 지은 향가를 기록함.

⑧「역가현덕분譯歌現德分」: 균여가 지은 향가를 최행귀崔行歸가 한문으로 번역한 것을 기록함.

⑨「감응항마분感應降魔分」: 균여의 영적 능력을 기록함.

⑩「변역생사분變易生死分」: 균여의 시적과 제자들에 대해서 기록함.

삶과 시대

『균여전』 및 균여 저작의 간기에 나오는 정보를 바탕으로 균여의 약전을 구성하면 다음과 같다.[10] 이하 출생, 수학, 기도승으로서의 활약, 강의, 말년으로 나누어 서술하고자 한다.

출생: 균여는 천우天祐 20년(923) 8월 8일에 황해도 황주군에서 태어

---

10 균여전 번역에는 이병주 역, 『균여전』, 서울: 이우출판사, 1987이 있다. 균여전의 연구에는 이영수의 일련의 연구가 있다. 李永洙, 「均如大師傳의 研究(上)」, 『東洋學研究』 7, 東洋學研究所, 1973; 李永洙, 「均如大師傳의 研究(中)」, 『東洋學研究』 8, 東洋學研究所, 1974; 李永洙, 「均如大師傳의 研究(下一)」, 『東洋學研究』 14, 東洋學研究所, 1978; 李永洙, 「均如大師傳의 研究(下二)」, 『東洋學研究』 18, 東洋學研究所, 1983; 김영태, 「균여전의 중요성과 그 문제점」, 『불교학보』 31, 동국대학교 불교문화연구원, 1994, pp.5~27; 김지견, 「균여전 재고-망명의 혼-」, 『화엄사상과 선』, 서울: 민족사, 2002

났다. 속성은 변씨이고 아버지는 환성煥性, 어머니는 점명占命이다. 균여는 태어날 때부터 외모가 추하여 양친은 키우기를 포기하고 길가에 버렸는데, 두 마리의 새가 날개를 나란히 펼쳐서 균여의 몸을 감쌌다. 그곳을 왕래하던 사람들이 이것을 이상하게 여겨 부모를 찾아가 다시 양육하게 했다고 한다. 또 균여는 어렸을 때부터 원만게(『화엄경』인가?)를 잘 외웠고, 아버지가 말로 전달하는 내용을 대부분 습득했다고 한다(①「강탄영험분」). 또 수명秀明이라는 누나가 불교에 정통하였다.(③「자매제현분」)

수학: 938년 고려 왕조가 한반도를 통일하고 2년 뒤 15세[학문에 뜻을 둔 때(志學之歲)] 때 균여는 출가하여 부흥사復興寺 식현識賢에게 사사했다. 이후 고려의 수도인 개성開城 영통사靈通寺의 의순義順에게 나아가 공부하였다. 균여의 사상적 계보는 '④「입의정종분」'을 통해 알 수 있다. 해인사의 화엄학이 견원甄萱을 복전으로 하는 관혜觀惠와 고려 태조의 복전이었던 희랑希朗으로 나뉘어, 각각 남악파·북악파라고 칭하며 대립하고 있었을 때, 균여는 북악파의 입장에서 이를 통합하였다고 전한다. 또한 균여는 선공先公이 저술한 화엄교학에 관한 30여 개의 주제 연구에 대하여 글이 번거로운 것을 요약하고 의미가 세밀한 것은 연구를 거듭하여 그 뜻을 밝혔다고 한다.[11]

기도승으로서의 활약: 균여는 20대 후반에서 30대 초반까지 기도승으로 활약했다. '⑥「감통신이분」'에는 세 가지 이야기가 전해진다. 첫째, 949년(27세)에 고려 왕 광종光宗(재위 949~975)의 비빈인 옥문玉門에게 생긴 종기를 법력으로 치료한 이야기이다. 둘째, 953년(31세)에는 송나

---

[11] 이에 관한 최신 연구로는 甘沁鑫, 『高麗均如華嚴學體系研究-先公鈔三十餘義를 중심으로-』, 동국대학교 박사학위논문, 2020이 있다.

라가 광종을 대성대왕大成大王으로 책봉하려 할 때 장마로 사절단이 내 방하지 못했지만, 균여가 원음圓音을 한 번 연설하자 하늘이 맑아졌다고 한다. 셋째, 958년(36세)에 불일사佛日寺에 괴이 현상이 나타나자 이를 진정시키기 위해 균여가 강연하였는데, 강연하자마자 그것이 없어졌다고 한다. 그때 오현悟賢이 자신보다 후배이면서 뛰어난 균여를 탐탁지 않게 여겨 균여를 비방하려 하자 한 거사가 말렸다. 거사는 "균여는 법조 의상의 제7대 화신이며, 대교를 널리 펼치기 위해 다시 인간 세상으로 온 것이다."라고 말했다. 이를 들은 오현이 대중에게 참회했다는 이야기이다.

강의: 균여에게는 10부의 저술이 있었다(⑤「해석제장분」). 그 가운데 현존하는 저작의 간기에 따르면 강의 기록은 다음과 같다.

〈표 2〉 균여의 강의 기록

강의 시기	강의 장소	강의 내용
958년(35세)	마하갑수摩訶岬藪 백운방白雲房	『일승법계도』, 『오교장』「건립승建立乘」에서「시설이상施設異相」까지
960년(37세)	법왕사法王寺	『오교장』「소전차별所詮差別」
962년(39세)		『오교장』「의리분제義理分齊」

다른 저술들도 거의 이 시기에 강의된 것으로 보인다. 즉 30대 후반에서 40대 초반까지는 균여가 자신의 화엄에 대한 이해를 강의를 통해 설파하는 시기였다. 이 밖에 민중 포교를 위해 향가를 지었다(⑦「가행화세분」, ⑧「역가현덕분」).

만년: '⑨「감응항마분」'에 따르면 말년에도 신이승으로서의 성격을 볼 수 있다. 균여가 40대인 개보開寶 연간(968~975)에 광종이 귀법사歸法寺 정수正秀의 참언讒言을 믿고 균여를 살해하려 했다가 균여의 태도

를 보고 생각을 바꾸었다. 그날 밤 광종의 꿈에 신인이 나타나 "거짓을 믿고 법왕을 욕보였으니 나쁜 일이 일어나리라."라고 예언했다. 과연 괴이한 일이 일어났고, 광종은 성 안에 식재도량息災道場을 설치하고 정수를 베고 그 형을 주살했다고 한다.

균여의 시적에 대해서는 다음의 이야기가 전해진다(⑩ 「변역생사분」). 개보開寶 6년(973) 김해부사金海府使가 다음과 같은 일을 알렸다. 어떤 날에 바닷가에서 이승異僧을 만나 그 이름과 거처를 물었더니 스스로 비바시불毘婆尸佛이라 하였으며, 이승은 "반도에서 삼한은 하나가 되었지만, 불교는 아직 일어나지 못했기 때문에 오래된 인연으로 잠시 송악 아래(고려의 개성)에 왔다."라고 하면서 "지금부터 일본으로 가겠다."라고 했다고 한다. 광종은 이 보고를 기이하게 여겨 조사를 시켰고 균여가 시적했음을 알았다고 한다.

이상으로 균여의 약전을 서술하였다. 균여의 시대는 신라 말에서 고려 왕조로의 변혁기였고, 불교계 역시 마찬가지였다. 그 내용을 화엄종과 불교 일반에 대해 나누어 살펴본다.

첫째, 화엄종의 변혁기란 균여전에 기록된 남악·북악이라는 신라 화엄의 분열이다. 기존에 그 실체를 찾는 연구가 있었지만, 정설은 아직 없다.[12] 그러나, 균여가 직면한 것은 그런 상황에 대한 새로운 방침을 내

---

12 이영수는 남악을 화엄사, 북악을 부석사로 비정하고 사상적으로는 연기계와 의상계의 대립을 상정한다.(李永洙, 앞의 논문, 1973, pp.21~48) 최병헌도 이영수와 같은 견해이다.(최병헌, 「고려시대 화엄학의 변천-균여파와 의천파의 대립을 중심으로」, 『한국사연구』 30, 한국사연구회, 1980, pp.61~76) 허흥식은 이와 같은 견해를 비판한다.(허흥식, 『고려불교사 연구』, 서울: 일조각, 1986, p.186) 김두진은 수전법을 남악으로, 「선공초삼십의기」를 북악으로 비정한다.(김두진, 『균여화엄사상연구』, 서울: 일조각, 1983, pp.53~56) 김상현은 의상계와 법장계의 대립이라 해석한다.(김상현, 『신라화엄사상사연구』, 서울: 민족사, 1991, pp.253~261) 김복순

세우는 일이었다.

둘째, 불교 일반의 변혁기는 10세기 중반 강남의 오월국吳越國에서 크게 융성한 법안종法眼宗, 천태종天台宗과의 교류이다. 고려에서 오월국으로 간 승려로는 석초釋超(912~964), 지종智宗(930~1018), 영준英俊(932~1014) 등이 있다. 또 천태와의 관계에서는, 오월국에 가서 천태학을 수학하고 그곳에서 입적한 의통義通(927~?)이 광종대에 오월국으로 파견된다. 『천태사교의天台四敎儀』를 저술한 제관諦觀(생몰년 미상) 등도 빼놓을 수 없을 것이다. 이러한 새로운 불교가 화엄종에도 영향을 주었을 것으로 보인다.

이와 같이 균여는 시대의 변혁기인 10세기에 활약하였다. 그의 공적은 첫째, 분열된 신라 화엄종의 통합이라는 불교계에 대한 공헌, 둘째, 영적 능력의 발휘를 통한 왕권에 대한 공헌, 셋째, 향가의 제작을 통한 민중 교화에 대한 공헌을 들 수 있다. 그는 이와 같은 것들을 실행에 옮긴 카리스마가 있었던 인물로 간주되며, 이러한 공적은 후대에 균여를 찬양하는 계기가 된 것으로 보인다.

은 해인사 내의 항쟁으로 해석한다.(김복순, 『신라화엄종연구』, 서울: 민족사, 1990, pp.126~130) 전해주는 대립의 상세한 내용을 알 수 없다고 한다.(전해주, 『의상화엄사상연구』, 서울: 민족사, 1993, pp.114~115)

〈표 3〉 균여 연표

약호
(刊記)=저서의 간기
(普)=『보원사법인국사보승탑비普願寺法印國師寶乘塔碑』
(景)=『경덕전등록景德傳燈錄』
(麗)=『고려사高麗史』

서력(연령)	균여	탄문坦文, 기타
923(0)	탄생.	
		927 탄문이 대덕에 임명됨.(普)
938(15)	이 시기에 구족계를 받음. 부흥사復興寺의 식현識賢에게 사사함. 영통사靈通寺의 의순義順에게 수학함.	936 신라 멸망.(麗)
		944 혜종惠宗 즉위.(麗)
949(26)	황후의 병을 고침.	
		950 광종 즉위.(麗)
953(30)	송조의 사절이 왔을 때, 비를 그치게 함. 그 공적으로 대덕에 임명됨.	
		955 귀법사 창건.(普)
958(35)	불일사에서 괴변을 멈춤. 마하갑수摩訶岬藪 백운방白雲房에서 『일승법계도』를 강의. 『오교장』「건립승」에서 「시설이상」을 강의함.(刊記)	
960(37)	법왕사法王寺에서 『오교장』「소전차별」을 강의함.(刊記)	960 광종, 오월국에 사절을 파견하고 법안종을 배우게 함.(景)
962(39)	『오교장』「의리분제」를 강의함.(刊記)	
		963 귀법사 창건.(麗)
		967 최행귀가 균여의 향가를 한문으로 번역함.
968(45)~973(50)	개보연간(968~975)에 광종이 귀법사 정수의 참언을 믿고 균여를 살해하려 함. 그러나 균여의 태도를 보고 이를 멈춤.	968 혜거惠居를 국사로, 탄문을 왕사로 추천함.(麗)
973(50)	시적. 팔덕산八德山에 묻음.	

저작

균여의 저작은 화엄 문헌과 향가로 나눌 수 있다. 화엄 문헌 목록은 『균여전』 '⑤「해석제장분」'에서 확인할 수 있고, 실물은 고려대장경보판에 수록되어 있다. 『균여전』 '⑦「가행화세분」'에는 향가의 원문이, '⑧「역가현덕분」'에는 한문으로의 번역이 실려 있다.

균여의 저작은 『균여전』 '⑤「해석제장분」'에 아래의 〈표 4〉와 같이 10종의 저작이 기록되어 있다.

〈표 4〉 균여 저작 일람

No	서명과 권수	비고	존부
1	『수현방궤기』 10권	지엄의 『수현기』에 대한 주석	×
2	『오십요문답기』 4권	지엄의 『오십요문답』에 대한 주석	×
3	『공목장기』 8권	지엄의 『공목장』에 대한 주석	△
4	『입법계품초기』 1권	지엄의 『입법계품초』에 대한 주석	×
5	『십구장원통기』 2권	전傳지엄의 『십구장』에 대한 주석	○
6	『석화엄교분기원통초』 10권	법장의 『오교장』에 대한 주석	○
7	『석화엄지귀장원통초』 2권	법장의 『화엄지귀』에 대한 주석	○
8	『화엄삼보장원통기』 2권	법장의 『화엄삼보장』에 대한 주석	○
9	『탐현기석』 28권	법장의 『탐현기』에 대한 주석	×
10	『일승법계도원통기』 3권	의상의 『일승법계도』에 대한 주석	○

위와 같이 현존하는 것은 5종이다. No. 3 『공목장기』에는 △ 표시를 했는데, 이는 일부만 남아 있다는 뜻이다.[13] 이어서 간기를 통해 저작 간행 경위를 살펴본다. 현재 남아 있는 저작은 고려대장경보판에 수록된 것으로 13세기 승려이며 본강화상本講和尚이라고도 불리는 해인사 주지

---

13 이것은 『大正藏』 45, 766a~767a에 걸쳐 인용되는 「圓通首座記」이다. 이 가운데 『공목장』의 한 구절이 인용문으로 나온다.(佐藤厚, 「新羅高麗華嚴敎學の硏究」, 東洋大學博士學位論文, 1998, p.167)

천기天其가 고려말을 한문으로 번역하여 입장한 것이다.

No. 5 『십구장원통기』 2권은 법융이 저술했다고 전해지는 『십구장』에 대한 주석이다. 『십구장』이란 지엄이 『약소』의 말미에 적었다고 알려진 십구에 대해 신라 법융 등이 주석한 것으로 한반도에만 전해지는 화엄 문헌이다. 『십구장』 자체는 존재하지 않고 균여 주석에 인용된 것만 전해진다. 이 책은 천기가 개띠 해(1226 혹은 1238) 봄에 계룡갑사鷄龍岬寺의 옛 서고에서 이 책을 발견하고 고려말을 삭제하여 한문 2권으로 정리한 것을 제자들이 고려 고종 39년(1250)에 간행한 것이다.[14]

No. 6 『석화엄교분기원통초』 10권은 법장의 『오교장』에 대한 주석이다. 균여가 958년부터 962년에 걸쳐 마하갑수, 법수사에서 강의한 것을 제자가 기록하였다. 이를 고종대에 천기가 ① 개태사開泰寺에 전하는 고려말본, ② 광교사光敎寺에 전하는 본, ③ 가야산 법수사에 전하는 고려말본 등의 사본을 발견하여 교정한 것을 1251년에 제자들이 정서淨書하여 대장도감大藏都監 강화본사江華本司에서 간행한 것이다.[15]

No. 7 『석화엄지귀장원통초』 2권은 법장의 『화엄지귀』에 대한 주석이다. 천기가 고종 24년(1234)에 개태사에 거처하면서 987년에 서사된 고려말 사본을 옛 서고에서 꺼내어 제자들에게 보여 주고, 제자들이 고려 글을 삭제하여 1251년에 간행한 것이다.[16]

No. 8 『화엄삼보장원통기』 2권은 법장의 『화엄삼보장』에 대한 주석이다. 천기가 고사본을 발견하고 제자들이 고려말을 삭제하여 한문으로

---

14 『十句章圓通記』卷下(『韓佛全』4, 81a~b)
15 『釋華嚴敎分記圓通鈔』卷1(『韓佛全』4, 270a~b);『釋華嚴敎分記圓通鈔』卷4(『韓佛全』4, 368a)
16 『釋華嚴旨歸章圓通鈔』卷下(『韓佛全』4, 159a~b)

간행한 것이다.¹⁷ 간행 연차는 모른다.

No. 10 『일승법계도원통기』 3권은 의상의 『일승법계도』에 대한 주석이다. 광종 9년(958) 균여가 마하갑수 백운방에서 강의한 것을 필록한 것이다. 고려말본 한역본이 유통되었는데, 반룡사盤龍寺 왈당曰幢이 이 두 편을 교정하여 2권을 만들었다. 현재 유통되는 것은 지원至元 24년(1287)에 간행되었는데, 이는 해인사 주지 천기가 교정한 것이다.¹⁸ 이 중 현존하는 것은 상하 2권이며 중권은 전해지지 않는다.

이상의 화엄학 저술 외에 『균여전』 '⑦ 「가행화세분歌行化世分」'에 수록된 『보현십종원왕가寶賢十種願往歌』가 있다. 이것은 40권 『화엄경』 말미에 나오는 보현보살이 설한 십수十首의 대원을 향가의 형식으로 읊은 것으로 화엄 사상뿐만 아니라 국어학 연구 자료로도 중요하다. 이에 대한 연구는 1929년에 오구라 신페이(小倉進平)가 연구에 착수한 이후 현재까지 계속되고 있다.¹⁹

『보현십종원왕가』 11수의 제목은 다음과 같다. ① 〈예경제불가禮敬諸佛歌〉, ② 〈칭찬여래가稱讚如來歌〉, ③ 〈광수공양가廣修供養歌〉, ④ 〈참회업장가懺悔業障歌〉, ⑤ 〈수희공덕가隨喜功德歌〉, ⑥ 〈청전법륜가請轉法

---

17 『華嚴經三寶章圓通記』 卷下(『韓佛全』 4, 239a~b)
18 『一乘法界圖圓通記』 卷下(『韓佛全』 4, 38a~39a)
19 小倉進平, 『鄕歌及び吏讀の硏究』, 京城: 近澤商店出版部, 1929. 최근의 연구로는 다음과 같은 논문이 있다. 박재민, 「구결로 본 보현십원가 해독」, 연세대학교 석사학위논문, 2002; 김유범, 「균여의 향가 〈광수공양가〉 해독」, 『구결연구』 25, 구결학회, 2010; 김성주, 「균여향가 〈보개회향가〉의 한 해석」, 『구결연구』 27, 구결학회, 2011; 河崎啓剛, 「균여향가 해독을 위한 한문 자료의 체계적 대조와 거시적 접근」, 『구결연구』 29, 구결학회, 2012; 김지오, 「균여전 향가의 해독과 문법」, 동국대학교 박사학위논문, 2012; 김기종, 「〈普賢十願歌〉의 구조와 주제의식」, 『고전문학연구』 44, 한국고전문학회, 2013; 김기종, 「최행귀의 〈普賢十願頌〉 연구-〈보현십원가〉와의 비교 검토를 중심으로」, 『한국시가문화연구』 33, 한국시가문화학회, 2014

輪歌〉, ⑦〈제불주세가諸佛住世歌〉, ⑧〈상수불학가常隨佛學歌〉, ⑨〈항순중생가恒順衆生歌〉, ⑩〈보개회향가普皆廻向歌〉, ⑪〈총결무진가總結無盡歌〉, 그리고 첫머리에 서문이 있다. 균여와 동시대인 한림학사翰林學士 최행귀崔行歸는 이 향가 11수를 한시로 번역하고 이에 서문을 붙였다. 한문으로 번역된 원왕가는 송나라에 전해져 한 부처가 세상에 나온 것이라고 높이 평가받았다고 한다.

이상으로 균여 저술의 특징을 화엄학 문헌과 향가로 나누어 서술하였다. 화엄학 문헌의 특징은 첫째, 모두 주석이라는 점과 주석 대상이 지엄·법장·의상 세 사람의 저작이라는 점이다. 즉 한국 화엄의 초조인 의상, 의상의 스승 지엄, 형제 제자 법장 등, 의상을 둘러싼 인물로 한정되어 있다. 균여의 활동은 10세기이므로 징관澄觀(738~839)이나 종밀宗密(780~840) 등의 저술도 충분히 주석 대상이 될 수 있었는데, 균여의 저술 가운데 인용이 될 뿐이다. 앞에서 균여가 불교계 개혁을 추진하였다고 했는데, 그 개혁의 내용이 이러한 저작과 관련된 듯하다. 즉 균여가 의상을 포함한 초기 화엄종 조사들의 교학을 연구함으로써 화엄종 교학을 재구축한 것이 바로 개혁의 내용이었다고 생각한다. 그리고 그 개혁의 구체적인 내용은 '교판론'의 재구축이었다고 생각한다. 이에 대해서는 사상을 다루는 다음 장에서 구체적으로 다루고자 한다.

향가는 민중 교화를 위한 것이다. 균여는 서문에서 다음과 같이 말한다. "사뇌詞腦는 세상 사람들을 즐겁게 하는 도구이며, 왕생을 서원하는 것은 보살 수행의 기둥이다. 그러므로 얕은 곳을 건너 깊은 곳으로 돌아가고, 가까운 곳에서 먼 곳에 이르게 하려면, 세상의 도리를 따르지 않고서는 낮은 근기의 사람을 구제할 수 없으며, 세속의 거친 언어에 의하지 않고서는 보현 인행의 길을 나타낼 수 없다고 한다."[20] 즉 『원왕생가』

는 근기가 낮은 백성들을 교화하기 위해 만들었음을 알 수 있다. 또 이를 한역하는 이가 있었다는 것은 당시 균여의 불사佛事를 인정하고 협력하는 사람들도 많았음을 이야기해 준다.

이처럼 균여의 저작은 승려의 세계와 민중의 세계라는 두 방향으로 제작되고 있었다. 그야말로 상구보리하화중생上求菩提下化衆生을 실천한 것이다.

III. 균여의 화엄 사상

교판

균여의 화엄 사상의 특징은 '교판론의 구축'에 있다고 본다. 균여의 교판론 재구축을 밝히기 위해서는 『일승법계도』와 그 주석서들의 사상을 언급할 필요가 있다. 『일승법계도』 주석에서는 특히 『대기』라는 『법계도』의 주석에 주목한다. 이는 『법계도기총수록』에 수록된 세 개의 『법계도』 주석 중 하나이고 작자는 알 수 없으나, 균여의 『법계도』 주석과 겹치는 부분이 많아 균여가 『법계도』를 주석할 때 참고로 한 것은 확실하다.[21] 따라서 『대기』와의 비교를 통해 균여의 특징을 밝힐 수 있다.

먼저 의상의 스승 지엄의 교판에 대해 설명한다. 지엄의 교판은 점교,

---

20 『大華嚴首坐圓通兩重大師均如傳幷序』, 『韓佛全』 4, 513a).
21 여기에는 『圓通記』와 『大記』가 대응되는 부분이 12곳 발견된다. 이것은 『圓通記』 분량의 16%를 넘는다.(佐藤厚, 「均如『一乘法界圖圓通記』と『大記』との關連」, 『印度學佛敎學研究』 86, 日本印度學佛敎學會, 1994, p.236)

돈교, 원교의 삼교판이 기본이 된다. 『수현기』 현담에서는 동시구족상응문同時具足相應門 등 화엄 교리 가운데 중요한 열 가지 가르침(십현문十玄門)에 부합하면 그것이 일승원교와 돈교라고 설명한다. 이것은 지론종地論宗의 전통이다. 이어서 『오십요문답』에서는 일승·삼승·소승 교판이 많이 나온다. 이는 섭론종攝論宗의 전통이다. 이 일승·삼승·소승과 지론종의 삼교판이 결합하여 소승교·대승시교·대승종교·돈교·원교의 오교판이 완성된다. 여기에 일승과 삼승을 연결시키는 가르침으로서 동교와 별교의 이교판이 있다. 즉, 일승에는 삼승과 동일한 면과 삼승과는 다른 측면의 두 가지가 있다. 『화엄경』은 양자를 겸비하고 있기 때문에 모든 가르침을 포괄함과 동시에 초월하고 있다고 말한다.

이처럼 화엄의 교판은 복잡하다. 의상이나 법장 등 지엄 제자들의 교판도 마찬가지로 복잡하였는데, 스승인 지엄의 교판을 계승하면서 자신들만의 교판적 구성을 추구했기 때문이다.

지엄의 제자 의상의 교판을 『일승법계도』를 통해 설명하겠다. 『법계도』는 도인圖印과 주석註釋으로 구성된다. 도인은 7언 30구로 만들어진 210개의 한자를 가운데에서 시작해서 굴곡을 거쳐 마지막에는 다시 가운데로 돌아오는 형태이며, 그 위를 붉은 선으로 이었다(그림 1). 7언 30구는 자리행, 이타행, 수행자 방편, 득이익得利益 의 네 부분으로 나뉜다(〈표 5〉). 도인은 『화엄경』의 가르침이 중생들에게 편만하게 도달하고, 이 가르침을 얻은 중생들이 발심하여 깨달음의 세계로 들어가는 과정을 나타낸다.

이 도인을 설명한 것이 주석이다. 주석은 우선 총석인의總釋印意와 별해인상別解印相으로 나누어 도인에 대해 설명한다. 총석인의에서는 종합적인 입장에서 도인의 의미를 묻고 삼종세간(기세간, 중생세간, 지정각

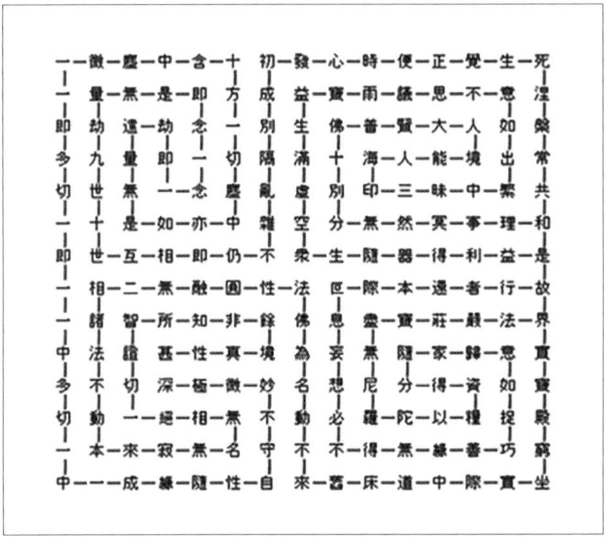

그림 1 『일승법계도』 도인

〈표 5〉 7언 30구와 의상의 과문

義相의 科文		三十句
自利行	證分	法性圓融無二相 諸法不動本來寂 無名無相絶一切 證智所知非餘境
	緣起分	眞性甚深極微妙 不守自性隨緣成 一中一切多中一 一卽一切多卽一 一微塵中含十方 一切塵中亦如是 無量遠劫卽一念 一念卽是無量劫 九世十世互相卽 仍不雜亂隔別成 初發心時便正覺 生死涅槃常共和 理事冥然無分別 十佛普賢大人境

義相의 科文		三十句
利他行		能人海印三昧中 繁出如意不思議 雨寶益生滿虛空 衆生隨器得利益
修行方便及 得利益	修行方便	是故行者還本際 叵息妄想必不得 無緣善巧捉如意 歸家隨分得資糧
	得利益	以陀羅尼無盡寶 莊嚴法界實寶殿 窮坐實際中道床 舊來不動名爲佛

세간)이 해인삼매로부터 나타남을 보인다. 해인삼매는 『화엄경』의 근본적 삼매이다. 말하자면 우주 모두가 이 『법계도』 속에 나타나 있음을 뜻한다.

별해인상에는 세 가지 문답이 있다. 첫째, 도인의 문양에 대해서 설명한다. 여기에서는 도인의 문자 위에 그어진 선의 의미에 대해서 여래의 일음一音이 삼승의 근기에 널리 이르는 것을 나타낸다고 설명한다. 둘째, 문자의 양상을 밝힌다. 여기에서는 문자에 시종이 있으며, 그 처음과 마지막 문자가 한가운데에 있는 의미에 대해서 묻는다. 이것이 바로 『법계도』의 중심 과제다. '문자에 시종이 있다'는 것은 인과를 따로 보는 시각이며, '처음과 마지막 문자가 한가운데에 있다'는 것은 인과를 하나로 보는 시각이다. 이것을 중도라고 한다. 이와 같이, 어떤 사물에 대해서 별도로 보는 것은 삼승의 견해, 일체로 보는 것은 일승의 견해이다. 그리고 이 일승과 삼승을 화엄의 육상론에서 총상과 별상의 관계로 설명한다. 총상은 개별의 전체상, 별상은 개별이다. 그것이 서로 연결되어 있음을 교판으로써 말하는 것이다. 이와 같은 설명으로부터 『일승법계도』의 교판은 일승과 삼승을 육상으로 결합한 것이라 할 수 있다. 동별이교판同別二教判으로 말하면 동교적 교판이라고 말할 수 있을 것이다.

셋째는 석문하의釋文下意이다. 이것은 7언 30구의 해석이다. 의상은 과문을 설정하여 해석한다. 그리고 마지막으로 수를 세는 법(연기다라니법)을 설하고, 다음으로 십현문을 설하여 끝을 맺는다.

이 마지막 십현문 부분에는 교리가 십현문과 상응하면 일승원교와 돈교라는 교판이 있다. 이것은 지엄의 『수현기』와 같은 규정이다. 그런데 전체적으로 보면 『법계도』 교설의 중심은 앞에서 언급한 바와 같이 일승의 세계관과 삼승의 세계관을 대비시켜 설명하는 데 있다.

이상이 『법계도』의 교판인데, 앞으로 의상 계통의 『법계도』 해석을 이해하기 위해서는 또 하나의 관점이 필요하다. 그것이 7언 30구의 과정, 즉 교법의 발생 과정에 주목하는 발생론적 해석이다.

다음은 의상계의 교판을 검토한다.[22] 『법계도』 연구는 의상 귀국 후부터 제자들에 의해 이루어졌다. 초기 제자들과의 문답에서는 7언 30구와 관법을 연결한 오관석五觀釋 등을 볼 수 있다. 이 오관석부터 『법계도』를 발생론적으로 해석한다.

그런데 균여 이전의 『법계도』 주석으로 현재 우리가 볼 수 있는 것은 『총수록』에 수록된 법융의 『법기』(8세기 중반), 진수의 『진기』(9세기 전후?), 그리고 균여의 『법계도』 주석에 영향을 미쳤다고 생각되는 저자 미상 『대기』(9세기 중반?)의 단편이다.

---

[22] 근년의 의상계 교학 연구에는 김천학, 「법융 화엄사상의 일고찰」, 『동방학』 33, 한서대학교 동양고전연구소, 2015, pp.227~252; 최연식, 「표훈의 일승세계론과 불국사·석굴암-8세기 중엽 신라 화엄학 이해 서설」, 『불교학보』 70, 동국대학교 불교문화연구원, 2015, pp.95~120 등이 있다.

이들 주석 중 주목할 것은 제목 '일승법계도'에 대한 여러 해석 가운데, 일승의 교판적 속성을 묻는 논의가 없다는 것이다. 즉, 일승의 속성이 별교인지 동교인지, 오교와의 관계는 어떤지, 그 경중은 무엇인지 하는 각 교판의 정합성을 묻는 논의가 없다.

『법기』에서는 1승에서 '1'의 의미를 실천적 입장에서 해석하고, '관찰하는 '1'과 '관찰되는 '1'로 구분한 후에 그것을 합일한 입장을 설한다.[23] 『진기』에서는 '일', '승', '법', '계' 등 각각에 대해 일승과 삼승을 대비시켜 그 교리 내용의 차이를 설명한다.[24] 균여가 참고한『대기』에서는 오중해인五重海印과 7언 30구의 구조를 중층적으로 한다.[25] 즉 〈표 6〉과 같이, 오중해인을『법계도』의 30구에 배당하고, 거기에 근기·교敎·육상 등을 대입하고 있다.

〈표 6〉『大記』의 오중해인 체계

『법계도』			오중해인	근기	교	육상
自利行	證分	法性圓融無二相諸法不動本來寂無名無相一切證智所知非餘境	忘像海印 現像海印 (初二重)	(上根)	×	×
	緣起分	眞性甚深極微妙不守自性隨緣成一中一切多中一一即一切多即一一微塵中含十方一切塵中亦如是無量遠劫即一念一念即是無量劫九世十世互相即	佛外向海印 (第三重)	普賢菩薩 (中根)	無住別教	緣起六相

---

23 『法界圖記叢髓錄』卷上之一(『大正藏』45, 716c~717a)
24 『法界圖記叢髓錄』卷上之一(『大正藏』45, 717c~718a)
25 『法界圖記叢髓錄』卷上之一(『大正藏』45, 716bc)

		『법계도』	오중해인	근기	교	육상
自利行	緣起分	仍不雜亂隔別成 初發心時便正覺 生死涅槃常共和 理事冥然無分別 十佛普賢大人境	佛外向海印 (第三重)	普賢菩薩 (中根)	無住 別教	緣起 六相
利他行		能人海印三昧中 繁出如意不思議 雨寶益生滿虛空 衆生隨器得利益	普賢入定觀 海印 (第四重)	威光太子 善財同時	同教 別教	×
修行方 便及 得利益	修行方便	是故行者還本際 叵息妄想必不得 無緣善巧捉如意 歸家隨分得資糧	普賢出定在 心中及現語 言海印 (第五重)	所流・所目 機根 (下根)	所目 別教	方便 六相
	得利益	以陀羅尼無盡寶 莊嚴法界實寶殿 窮坐實際中道床 舊來不動名爲佛	×	×	×	×

위의 표 가운데 교교의 부분에 주목하면, 예를 들면, 별교別教에도 단계에 따라 교설이 다르다는 것을 알 수 있다. 즉 자리행自利行의 연기분緣起分에서는 무주별교無住別教라는 이름이고, 이타행利他行에서는 동교와 별교가 병립한다. 그리고 수행방편修行方便에서는 소목별교所目別教 등의 조합이다. 자세한 내용은 생략하지만, 이른바 법장 교학 등에서 말하는 별교는 동교와 대치되는 별교인데, 그 별교보다 더 깊은 부분에 있는 것이 무주별교이고, 낮은 부분에 있는 것이 소목별교이다.

이와 같이 『대기』의 교판은 『일승법계도』 7언 30구의 발생론적 구조와 『십구장』에 보이는 오중해인을 결합하고, 더 나아가 다른 교리를 배당한 것이다. 이른바 의상계 교리의 집대성이라고 말할 수 있을 것이다.

균여는 『대기』의 교학을 바탕으로 했음에도 불구하고, 『대기』의 중심 사상인 해인설에 의한 『법계도』 해석은 수용하지 않았다. 여기에 균여의 의도가 있다고 생각한다.

『일승법계도원통기』, 즉 균여의 『법계도』 주석을 보면 가장 먼저 알 수 있는 것은 『대기』의 오중해인 교설을 수용하지 않은 것이다. 7언 30구의 어구 해석을 하되, 『대기』에 나타난 것과 같이 전체적인 해석은 하지 않는다. 그렇다면 균여는 어떻게 교판을 논하고 있는가. 제목 『일승법계도』의 해석 부분에서 균여는 일승에 대해서 자문한다.[26] 균여는 ① 선교무이善巧無二의 일승, ② 동별을 갖춘 일승, ③ 오직 별교만의 일승의 3설을 제시하며, 이 중에 ③을 자설로 한다.

①의 '선교무이의 일승'은 오교五教(소승교, 대승시교, 대승종교, 돈교, 원교) 외에 일승이 있다는 설이다. 이것을 『법계도』, 법장의 『오교장』, 지엄의 『공목장』을 인용하여 증명한다. 이는 일견 온당한 설인 것처럼 보이지만, 그렇게 되면 원교가 다른 사교와 동등한 교설이 된다. ② '동별을 갖춘 일승'은 일승 안에 동교와 별교가 있다는 설이다. 이것은 『법계도』로 증명한다. 그리고 ③ '오직 별교만의 일승' 역시 『법계도』로 증명한다. 그 후 선교무이의 일승설과 왕복문답이 반복된다.

여기서 주목되는 것은, 우선, '일승'의 기준이 교판과의 관련을 문제로 한다는 점이다. 이와 같은 논의를 통해 『법계도』의 일승이 오교판에서는 제5원교라는 것과 이교판에서는 별교라는 것을 증명한다. 이렇게 교판 상호 간의 관계를 문제 삼는 '교판론'은 균여 이전에는 찾아볼 수 없다. 이 문답이 균여의 자문자답이 아니라 당시 현장에서 이루어진 대론이었다면, 이것은 화엄종 내부의 대론이 될 것이다. 또한 앞에서 언급한 화엄종 내 남악·북악의 대립과 관련이 있을 것이다. 둘째, 결론적으

---

[26] 均如,『一乘法界圖圓通記』卷上(『韓佛全』4, 1c~2c)

로 일승을 원교 혹은 별교만으로 한정하는 것은 『화엄경』을 여타의 경전보다 높게 규정하겠다는 생각이다. 이것은 『화엄경』 이외의 가르침과 동떨어진 일승을 추구하는 중국 화엄의 법장과 비슷한 일승관이다.

이상과 같이 의상, 지엄, 법장을 바탕으로 교판의 체계를 세우는 것과 『화엄경』을 높게 평가하는 것이 균여 교판 체계의 특징이다. 그러나 『대기』에게 많은 영향을 받았음에도 그의 오중해인설은 수용하지 않았다. 여기에서 신라 교학 전통과의 단절과 새로운 시대에서의 교학 확립 의지를 추측할 수 있다.

진부진관 盡不盡觀

균여 사상의 두 번째 개념으로 진부진관을 들 수 있다. 화엄 사상을 특징하는 말로는 '일중일체, 일즉일체'가 있다. 이것은 우주의 모든 것이 서로 관련되어 있음을 표현하는 것이다. 이 이론적인 언설을 실천의 형태로 발전시킨 것은 중국이나 일본의 화엄 사상에서는 찾아볼 수 없고, 오직 한국에서만 볼 수 있다. 그것이 균여의 진부진관이다. 이 관법에서는 '나요'라고 말하면 자기 주변의 모든 사람이 '나요'라고 대답한다. 이렇게 세계와 서로 감응하는 세계관을 한국의 화엄, 균여의 화엄에서 볼 수 있으며, 균여는 이것을 '진부진관'이라고 명명한다.[27]

균여의 진부진관의 근본에는 의상의 중도 개념이 자리한다. 중도는 『일승법계도』의 중심 개념이다. 『일승법계도』에서 중도는 "두 변을 융합한다."라고 정의되는데, 사람들이 분별하여 만든 대립 개념을 융합한 것

27　佐藤厚,「朝鮮華嚴における實踐の一考察－高麗均如の盡不盡観」,『東洋学研究』42, 東京: 東洋大学東洋学研究所, 2005, pp.181~194

이 중도이다. 예를 들면 언어(교설)와 깨달음(증득)의 관계에 대한 일반적인 생각은 언어와 깨달음이 분리되어 있다는 것이다. 이것은 상식적 생각인 동시에 『법계도』에서 말하는 삼승의 견해이다. 이에 반해 일승의 입장에서는 양자가 본래 일체인 '구래중도일무분별舊來中道一無分別'이라고 정의된다. 이렇게 융합된 것이 언어(교敎)에 존재한다고 한다. 즉, 일승의 입장에서 보면 현실 세계가 그대로 깨달음의 세계를 포함하고 있는 것이다. 이처럼 『일승법계도』에서는 현실 속에 깨달음이 존재한다는 사상을 거듭해서 설명하고 있다. 여기에 더하여 『법기』에서는 '중도'에 대해서 "삼종의 세간을 자신의 신심으로 삼으니, 한 물건치고 신심 아닌 것은 없기 때문에"라고 주석한다.[28]

균여 역시 자신의 몸에서 진리를 파악하는데, 그것이 진부진관이다. 사람이 어떤 물건의 이름을 부르면, 주위의 모든 물건이 그 이름으로 된다는 사상이다. 예를 들어 '나'라고 소리 냈을(발성發聲) 때, 주위의 모든 것이 '나'가 되고 내 안에 우주 전체가 포함된다는 것이다. 이러한 사유의 근본에는 화엄의 일즉일체 사상이 존재한다. '발성'을 계기로 그 자체가 될 수 있다는 실천은 중국이나 일본의 화엄 사상에서는 찾아볼 수 없는 독특한 것이다. 균여는 이를 '진부진관'이라 이름 붙이고 있다.[29]

만약 진부진관을 배운다면, 한번 '사나불舍那佛'이라고 외우면, 일체 제불과 모든 중생은 모두 '사나舍那'이다. 그러므로 자신의 몸도 그대로인 사나불이 되는 것이다. 그래서 사나불을 보고 있는 것이다. 또 '내 몸'을 외치면 일체 제불과 모든 중생이 모두 내 몸 속에 구족하므로, '일념'

---

28 『法記』;『法界圖記叢髓錄』卷上之一(『大正藏』45, 730a)
29 佐藤厚, 「朝鮮華嚴における實踐の一考察－高麗均如の盡不盡觀」, 『東洋學硏究』 42, 東京: 東洋大學東洋學硏究所, 2005, pp.181~194

을 옮기지 않고 '오척'을 떠나지 않은 채 순간적으로 부처의 바다를 보는 것이다.[30] 이러한 것은 실천 측면에서도 독특하다. 흥미로운 것은 진언 등의 신비한 주문이 아니라 일상의 언어라는 점이다.

오척성불 五尺成佛

중도와 밀접한 관련이 있는 또 하나의 실천적 사상이 '오척성불'이다. 오척, 즉 인간의 몸이 세계를 내포하고 있어 그대로 성불한다고 하는 사유이다.[31] 다음 글은 『법계도』 첫머리의 법성에 대한 진수의 주석이다. 통상, 법성은 현실 세계의 배후에서 현실을 성립시키는 것이라고 생각하기 십상이다. 그러나 의상의 계통에서는 법성에 대해서 철저하게 현실 속에서 자신의 몸으로 해석한다.

'법성'에는 미세한 법성, 수미산의 법성, 일척의 법성, 오척의 법성이 있다. 만약 오늘날 오척의 법성으로 요약하여 논하면, 미세한 법성, 수미산의 법성 등이 자신의 위치를 움직이지 않고도 오척에 일치하여 성립된다. 작은 위치를 높이지 않고도 큰 위치를 줄이지 않고도 능히 이루어진다.[32]

---

30 均如, 『釋華嚴教分記圓通鈔』 卷8(『韓佛全』 4, 463a)
31 '五尺'에 대해서 필자가 처음 논문을 쓴 것은 2001년이다. 이때는 보조사상연구소에서 발표하여 해주 스님과 토론했던 기억이 있다.(佐藤厚, 「의상계 화엄학파의 사상과 신라불교에서의 위상」, 『보조사상』 16, 보조사상연구원, 2001, pp. 125~164) 그 후 김천학, 「의상 후기사상의 실천론-내 몸을 중심으로」, 『禪學』 35, 한국선학회, 2013, pp.169~196; 박서연, 「의상의 五尺身思想 연구」, 『한국불교학』 67, 한국불교학회, 2013, pp.427~453 등의 연구가 있다.
32 『眞記』: 『法界圖記叢髓錄』 卷上之一(『大正藏』 45, 721c)

먼저 법성에는 미진微塵의 법성, 수미산須彌山의 법성, 일척一尺의 법성, 오척의 법성이 있다고 하였다. 이 정의가 우선 특징적이다. 미진·수미산은 각각 작은 것·큰 것이고, 일척·오척은 길이를 측정하는 단위이다. 즉 법성이란 추상적인 무엇이 아니라 현실에 나타난 형태로 존재함을 말한다. 또 미진, 수미산, 일척의 법성은 각각을 움직이지 않고서도 오척의 법성에 일치하여 성립한다고 한다. 오척이란 인간의 키를 일컫는 말인데, 이것은 세계의 개체個體가 각자의 형상으로 자신의 몸을 성립시킨다는 것이다. 이 경우의 성립이란 연기를 말한다. 그러므로 이것은 화엄의 세계관으로서 하나와 개체의 상즉적 관계를, 자신의 몸으로 표현하였다는 것이 된다. 같은 표현으로 『법계도』의 주석서 『법기』에 나오는 "삼종의 세간을 자신의 신심으로 삼는다."라는 표현이 있다.[33]

그렇다면 균여는 이러한 오척 사상에 대해서 어떻게 계승할까. 이어서 균여의 오척성불을 『석화엄교분기원통초』의 십현문十玄門 해석 부분을 통하여 고찰하겠다. 십현문은 화엄 사상의 대명사라고 할 수 있는 상즉상입 사상을 열 가지 관점에서 정리한 것이다.[34] 법장의 『화엄교분기』(『오교장』)에서 먼저 교의敎義, 이사理事, 경지境智, 인과因果 등의 반대 개념으로 된 십문을 들고, 이어서 이것들이 시간적·공간적으로 서로 융통하고 있는 점 등을 10항목으로 정리한 것이 십현문이다. 균여는 먼저 교의, 이사 등의 십문을 '자신의 신체=오척'으로 설명한다.

첫째는 자신의 오척신이 나타남(表)에 이해를 일으키는 것을 '교敎'라 하고, 그 의의를 '의義'라 한다. 둘째는, 자신의 오척신인 5근根, 4대大 등

---

33 『法記』: 『法界圖記叢髓錄』 卷上之一(『大正藏』 45, 738a) "三世世間爲自信心"
34 均如, 『釋華嚴敎分記圓通鈔』 卷8(『韓佛全』 4, 444ab)

이 분명히 구별되는 것을 '사事'라 하고, 법성과 동등한 것을 '이理'라 한다.

그리고 이것들과 관련된 십현문에도 오척을 도입하여 다음과 같이 설명한다.

이처럼 자신의 신체가 본래 혹은 완전하게 혹은 부분적으로 '교의敎義', '이사理事' 등의 십대보법을 갖추고 있는 것을 '동시구족상응문'이라고 한다. 이 자신의 신체가 오척을 옮기지 않은 채 시방으로 편만하여, 삼세에 이르지 않는 곳이 없는 것을 '광협자재무애문'이라 이름한다.

그리고 마지막으로 이러한 인식과 관법을 통해 자신이 그대로 궁극적인 존재와 동일화됨을 설파한다.

만약 이 관을 한다면, 부동의 자신이 그대로 '무진법문의 바다'이며, 그대로 '자체노사나불自體盧舍那佛'이며, 그대로 '보현법계'이며, 그대로 '화장세계해'이며, 그대로 '대방광불화엄경'인 것이다.

이렇게 궁극적으로 자신과 『화엄경』이 일체화되는 경지에까지 이르게 되는 것이다. 균여의 이와 같은 오척성불설은 자신의 몸에서 진리를 파악하는 진부진관과 유사함을 알 수 있다.

IV. 균여에 대한 평가

의천에 의한 비판

균여 입적 후 102년이 지난 1075년에 혁련정赫連挺이『균여전』을 작성한 것으로 보아 이때 균여를 현창하는 움직임이 있었던 것으로 보인다. 한편 혁련정과 거의 동시대에 활동한 의천(1055~1101)은 균여를 비판한다.

의천은 고려 4대 문종의 왕자로 입송하여 화엄종을 비롯한 여러 종파의 승려들과 교류하였다. 귀국 후 화엄에 관한 사업으로 화엄 문헌의 발췌집인『원종문류』를 간행하였고, 천태종을 개종하였다. 아울러 문헌 집성 사업으로『신편제종교장총록』을 편찬하여 교장敎章의 간행을 주도하였다. 의천은『대각국사문집』에서 균여를 화엄의 가르침을 왜곡한 사람으로 지목하여 비난하고 있다.「상정원법사서上淨源法師書」에서는 의상에게서 비롯된 진실한 종교가 균여에 의해 훼손되었다고 주장한다.[35]「시신참학도치수示新參學徒緇秀」에서는 균여 등이 글을 잘못 쓰고 문장이 성립하지 않았다는 등 통렬히 비판하고 있다.[36]

의천이 균여를 비판한 이유에 대해 세 가지 설이 있다. 첫째, 균여는 성상융회性相融會, 즉 화엄과 법상종의 대립을 화회和會하는 것이 중심적 과제였고, 의천은 교敎와 선禪의 융합이 과제였다는 것이다.[37] 둘째,

---

35 『大覺國師文集』卷10, "雖則義想. 權輿於眞宗. 均如. 斧藻於玄旨. 舟壑已遠. 人琴兩亡. 大義舛是陵遲. 微言幾於泯絶."(『韓佛全』4, 543b)
36 『大覺國師文集』卷16, "世所謂均如梵雲眞派靈潤諸師謬書. 語不成文. 義無通變. 荒蕪祖道. 熒惑後生者. 莫甚於斯矣."(『韓佛全』4, 556b)
37 최병헌,「고려시대 화엄학의 변천-균여파와 의천파의 대립을 중심으로」,『한국사연

균여는 교教의 입장이었고, 의천은 교教와 관觀을 함께 수행하는 입장이었다는 것이다.[38] 셋째, 균여는 화엄 중심인 반면, 의천은 종합 불교를 지향했기 때문이라는 것이다.[39]

천기天其에 의한 현창

균여 입적 후 약 250년이 지난 1200년대 전반에 천기가 균여를 현창했다. 천기는 균여의 저작들을 옛 서고에서 발굴하여 고려말로 베껴 쓰였던 것을 한문으로 번역하여 대장경에 추가하였다. 현대까지 균여의 저작이 전해지는 것은 천기의 이 업적에 의한 것이다. 천기는 본강화상本講和尙으로 불렸으며, 흥왕사興王寺 교학승통을 지냈고, 해인사에 살았던 일 등만 알려질 뿐 자세한 전기는 미상이다. 간기를 통해 알 수 있는 사적을 정리하면 다음과 같다.

〈표 6〉 천기 연대와 천기 관련 사적

연대	사적
1226년	계룡鷄龍 갑사岬寺 주지를 지내면서 고장에서 『십구장원통기』를 발견.
1234년	개태사開泰寺에 거처. 이때 옛 서고에서 987년 옮겨 쓴 『석화엄지귀장원통초』 고려말 사본을 발견.
1234~1248년	흥왕사 교학 승통을 지냈으며 해인사에 거처.
1248년	1248년 이전에 천기 시적.

구』 30, 한국사연구회, 1980, pp.61~76
38 최병헌, 「의천이 균여를 비판한 이유-『대각국사문집』 권16 「示新參學徒緇秀」 조의 분석-」, 대한전통불교연구원, 『제10회 국제불교학술회의 자료집 아세아불교에서의 화엄의 위상』, 1991, pp.147~175
39 吉津宜英·柴崎照和, 「廓心『圓宗文類集解』卷中について」, 『駒澤大學佛敎學部硏究紀要』 52, 1994, pp.54~91

연대	사적
1250년	제자가 『십구장원통기』 간행.
1251년	제자가 『석화엄지귀장원통초』, 『석화엄교분기원통초』 간행.
1287년	제자가 『일승법계도원통기』 간행.

여기서 천기의 생년은 1200년 전후로 볼 수 있을 것이다. 천기와 그 제자들이 균여를 숭상하던 모습은 『삼보장원통기』의 간기에 자세하다.

> 균여 성사는 광종조光宗朝에 신이감통神異感通으로 수행하고 교화하셨으니, 자세히는 학사 혁련정赫連挺이 서술한 행장과 『해동승사海東僧史』에 있는 것과 같다. 성사聖師가 이미 먼 곳으로 가셨으니, 법계종의 광대한 뜻(義)이 땅에 떨어졌다. 아아! 대도는 실천하기 어렵구나. 본강本講 스님 천기는 의상 사후死後 수백여 세 후에 태어났다. 태어나면서부터 숙세宿世에 심어 놓은 인연을 알고, 오로지 의상 문하에 의지하여 신묘한 뜻을 전하였다. 균여 성사가 남기신 뜻은, 말세末世의 오탁五濁에 젖어 있는 세상에서, 홀로 힘을 내어 원종의 옛 뜻을 펼치노라.[40]

위 문장은 천기가 균여를 존숭하고, 의상으로부터의 맥을 소중히 여겼던 점이나, 천기가 살던 시대를 말법末法으로 파악하고, 그러한 시대에 홀로 원종의 옛 뜻을 펼쳤던 것을 서술한다.

현대의 균여 평가

근대 불교학 연구가 본격적으로 시작되었지만 균여의 연구는 활발

---

[40] 『華嚴經三寶章圓通記』(『韓佛全』 4, 239ab)

하지 못했다. 1925년 이능화 등에 의해 한국의 불교 문헌만을 수록하는 『조선불교총서朝鮮佛教總書』의 간행이 계획되었다. 그 간행 예정 목록에 균여의 저작도 들어 있었으나, 실현되지 못한 채 끝난다.[41] 이 시기에 균여에 대한 언급이 없는 것은 아니었으나,[42] 본격적인 연구는 1970년대 김지견의 연구를 기다리지 않으면 안 되었다. 현대에 균여 연구가 성행하는 계기가 된 것은 김지견(1931~2001)에 의한 『균여대사화엄학전서均如大師華嚴學全書』(1975)의 간행이다. 이것은 해제, 상권, 하권의 세 권으로 이루어졌으며, 해제는 ①『균여전서均如全書』의 가치성, ② 균여의 저술에서 발굴한 신자료, ③ 균여의 저술, ④ 균여 작作『향가鄕歌』의『화엄경』으로의 복원, ⑤『균여전均如傳』으로 구성되었다. 상권에는『삼보장원통기』·『지귀장원통초』·『십구장원통기』·『일승법계도원통기』, 하권에는『교분기원통초』와『균여전』이 수록되어 있다. 균여의 저작은 고려대장경 보판補版의 영인이며, 영인본 안에 두주頭注로 인용 전거를 제시하고 있어 그 후 연구에 기여하였다. 이 책은 1977년 일본에서도 간행되어 일본의 균여 연구, 나아가 한국불교 연구에 큰 영향을 미쳤다. 1979년부터 『한국불교전서韓國佛教全書』가 간행되었으며 1982년에 간행된 제4권에 균여의 저작이 수록되었다.[43]

---

41 『조선불교총서』 목록은 국립중앙도서관에서 화상으로 볼 수 있다.『조선불교총서』 간행 계획에 대해서는 佐藤厚,「『朝鮮佛教総書』刊行計画について(1)－目錄の紹介」,『東洋学研究』52, 2015, pp.193~211; 同,「『朝鮮佛教総書』刊行計画について(2)－計画の經緯」,『東洋学研究』53, 2016, pp.95~113을 참조.
42 이 시기 한국인을 연구 대상으로 한 논문을 소개하면 다음과 같다. 白陽桓民,「鄕歌의 解明과 均如大師의 聖蹟」,『佛教』62, 서울: 불교사, 1929, pp.26~33; 文咏善,「均如聖師著述에 對하여」,『金剛杵』23, 東京: 朝鮮佛教總同盟, 1939, pp.12~18
43 김지견의 간행과『한국불교전서』간행의 영향력으로 2000년까지 다음과 같은 연구

그런데 김지견의 연구를 촉발시킨 것은 그 배경에 일본과의 상호 교류가 있었다는 사실을 잊어서는 안 된다. 일본에서 균여 연구를 주도한 학자는 김지견과 친분을 이어 갔던 가마타 시게오(1927~2001)이다. 가마타는 중국불교의 대가로서 한국불교에도 관심을 갖고 『신라불교연구서설新羅佛敎研究序說』, 『조선불교사朝鮮佛敎史』 등을 간행했다. 가마타는 김지견의 『균여대사화엄학전서』 간행을 계기로 도쿄대학교 동양문화연구소에서 균여의 저작 독서회를 시작하였다. 이시이 코세이(石井公成), 고지마 타이잔(小島岱山), 나카조 도쇼(中条道昭) 등이 참여하였다.[44] 가마타가 도쿄대학교를 퇴임하자 요시츠 요시히데(吉津宜英)가 독서회를 계승하여 고마자와(駒澤)대학교에서 실시하게 되었고, 거기에는 요시다 다케시(吉田剛), 사토 아츠시(佐藤厚), 오카토모 잇페이(岡本一平) 등 화엄학에 뜻을 둔 대학원생들이 참가했다. 이 독서회는 일본의 불교 연구자들이 한국 화엄학을 조망하는 중요한 기회가 되었다고 평가할 수 있다. 독서회의 성과는 역주 연구로 간행되었다. 「『석화엄교분기釋華嚴敎分記』의 주석적 연구」라는 제목으로 1981년부터 1987년까지 도쿄대학교 동양문화연구소의 기관지에 6회 간행되었고, 1991년에는 화엄학연구소의 기관지 『화엄학연구』에 1회 간행되었으며, 현재 미완未完이다.

이러한 토양 위에 일본에서도 균여를 주제로 한 학위논문이 나오게

가 진행되었다. 李道業, 『高麗初期華嚴思想の研究: 法界圖圓通記を中心として』, 京都佛敎大學博士学位論文, 1979; 김두진, 『균여화엄사상연구: 性相融會思想』, 서울: 一潮閣, 1983; 최연식, 「균여 화엄사상연구: 교판론을 중심으로」, 서울대학교 박사학위논문, 1998; 김천학, 『均如의 華嚴一乘義 硏究: 根機論을 中心으로』, 한국정신문화연구원 한국학대학원 박사학위논문, 1999

44 이 독서회의 경위에 대해서는 鎌田茂雄, 「『均如大師華嚴學全書』の刊行－金知見博士の業績と韓日仏教学術交流－」, 『東과 西의 思惟世界』, 서울: 민족사, 1991, pp.939~954를 참조.

되었다. 1998년에는 사토 아츠시가 「신라고려화엄교학의 연구-균여 『법계도원통기法界圖圓通記』를 중심으로」라는 논문으로 도요(東洋)대학교에서 박사학위를 받았다.

균여 연구는 한국에서 계속 진행되고 있는데, 바로 위와 같이 김지견과 『한국불교전서』, 가마타 시게오가 뿌려 놓은 토양 위에서 성립한 것이다.[45]

---

[45] 2000년대의 균여 연구는 다음과 같다. 이경희, 「均如『三寶章圓通記』의 '三寶' 硏究」, 동국대학교 석사학위논문, 2009; 이선이, 「均如의 圓通 論理와 그 實踐」, 동국대학교 박사학위논문, 2009; 김윤미, 「均如『一乘法界圖圓通記』의 中道思想 硏究: 七重中道를 中心으로」, 동국대학교 불교대학원 석사학위논문, 2018; 임윤경, 「均如의 普賢行願 硏究」, 동국대학교 박사학위논문, 2019; 감심흠, 「高麗均如華嚴學 硏究先公鈔三十餘義에 대한 均如의 解釋」, 동국대학교 박사학위논문, 2020

균여의 화엄학이 지닌 글로컬리티

한반도에 불교가 전래된 지 1700년, 화엄 사상은 그 중심에 있다. 예나 지금이나 승려 교육 과정의 최고 단계에서 배우는 경전은 『화엄경』이며, 의례에서도 『화엄경약찬게』와 의상의 『법성게』를 독송한다. 한국의 화엄 사상은 신라 7세기 의상義相에서 시작되었고, 그의 제자들에 의해 계승되어 고려시대에 균여(923~973)가 등장한다.

균여가 살았던 10세기는 전환의 시대였다. 왕조는 고려시대로 바뀌었고 불교계도 변화를 맞았다. 화엄종은 신라 이래 중심적 위치에 있었으나, 『균여전』에 남북 분열이 기록되어 있듯이 화엄학파 내의 문제를 안고 있었다. 고려는 화엄종 이외에 오월국과의 교류를 통한 법안종의 전래와 천태의 움직임도 있었다. 그러한 격동의 시대 속에서 균여는 활동하였다.

중국 화엄의 지엄 학풍을 이은 의상과 의상의 학풍을 이은 의상계 화엄은 중국 화엄의 지엄, 법장과 달리 진리를 자신의 몸으로 표현함과 동시에 해인론海印論으로 상징되는 『화엄경』의 심오한 이론을 만들어 냈다. 한국의 의상계 화엄의 대표 인물로서 고려 초기에 활약한 균여의 매력은 변화하는 시대적 상황에서 ① 분열된 화엄교학을 통합하여 불교계에 공헌하였고, ② 영적 능력으로 왕권에 공헌하였으며, ③ 향가를 제작하여 민중 교화에 공헌하였다는 점을 들 수 있다. 이를 실행한 카리스마가 있어 역사에 이름을 남기게 된 것이다. 균여의 화엄교학은 교판론과 실천론적 이론에서 그 특징을 발휘한다. 교판론에서는 전통을 부정하면서 새로운 교판론을 구축하였다. 실천론에서는 의상계 화엄의 진부진盡

不盡 이론과 오척성불五尺成佛 이론의 전통을 계승하고 있었다.

이러한 균여에 대해서는, 균여 입적 후 고려시대 의천義天은 그를 비판하지만, 천기天其는 균여를 숭앙하여 균여의 강설집을 간행한다. 현대에는 한국의 김지견, 일본의 가마타 시게오라는 두 화엄학자가 균여 화엄 연구를 개척하였다. 균여는 1000년을 넘어 한국에서, 그리고 일본에서 연구 대상이 되고 있다. 마치 『균여전』의 끝부분에 일본으로 가는 균여의 모습이 예언처럼 적중한 것처럼 보인다.

신라·고려의 화엄, 특히 의상계의 화엄은 중국이나 일본과는 사상적으로 결이 다르다. 중국이나 일본의 화엄이 학문이라면, 의상계의 화엄은 종교이다. 중국이나 일본의 화엄은 경전이나 조사가 한 말을 존숭하는 데 그치고, 실천적으로는 선이나 밀교가 대신한다. 그에 반해 의상계의 화엄은 그 자체가 실천 형태이므로 선이나 밀교를 필요로 하지 않았다. 이것이 동아시아 화엄에서 의상계 화엄의 의미이며, 그러한 신라 의상계 화엄을 계승, 개혁하고 심화시켰다는 것이 균여 화엄 사상의 독자적인 특징이다. 이러한 균여의 학문적이면서도 종교적인 경향성이 바로 현대의 한국과 일본에서 관심을 받았던 이유일 것이다. 이것이야말로 균여의 화엄이 지닌 글로컬리티성이 충분히 발휘된 것이라고 생각한다.

---

* 필자는 1998년 균여를 주제로 한 논문으로 박사학위를 취득하였다. 이후 여러 가지 사정으로 간행은 이루어지지 않고 있지만, 본고는 균여를 포함한 신라·고려 불교에 대한 필자의 지금까지의 연구를 정리한 것이라고 말할 수 있다. 집필 중 코로나19의 여파로 조사를 제대로 못해 논술에 미흡한 점이 있다. 양해를 구한다.

| 참고문헌 |

김두진,『均如華嚴思想硏究: 性相融會思想』, 서울: 一潮閣, 1983.
김지견,『화엄사상과 선』, 서울: 민족사, 2002.
한국유학생인도학불교학연구회,『일본의 한국불교 연구동향: 1900년에서 2000년 까지, 그 역사와 전망』, 장경각, 2001.

김천학,「均如의 華嚴一乘義 硏究: 根機論을 中心으로」, 韓國精神文化硏究院, 韓國學大學院 박사학위논문, 1999.
최병헌,「고려시대 화엄학의 변천-균여파와 의천파의 대립을 중심으로」,『한국사연구』30, 1980.
최연식,「均如 華嚴思想硏究: 敎判論을 중심으로」, 서울대학교 박사학위논문, 1998.

吉津宜英·柴崎照和,「廓心『圓宗文類集解』卷中について」,『駒澤大學佛敎學部硏究紀要』52, 1994.
木村淸孝,「『十句章圓通記』について—韓國華嚴思想의 發展에 關한 一考察—」,『華嚴學硏究』創刊号, 東京: 華嚴學硏究所, 1987.
佐藤厚,「新羅高麗華嚴敎学の硏究: 均如『一乘法界圖圓通記』を中心として」, 東洋大学博士学位論文, 1998.
佐藤厚,「朝鮮華嚴における實踐の一考察-高麗均如の盡不盡觀」,『東洋学硏究』42, 東京: 東洋大学東洋学研究所, 2005.

사상가

지눌 知訥

• 이
　수
　미

I. 지눌의 행적과 저술

　　전기와 행적/ 정혜결사와 선교일치/ 지눌의 저술

II. 지눌의 선 사상과 수행 체계

　　돈오점수/ 삼문수행론/ 무심합도문

III. 동아시아의 지눌 선 사상 계승

　　조선시대 지눌 사상의 수용/ 근현대 한국에서의 지눌의

　　영향/ 지눌 저술의 중국·일본 전래

IV. 지눌 사상에 대한 논쟁과 과제

　　돈점논쟁/ 조계종 법통 논쟁/ 혜심의 간화선과 지눌

■ 지눌, 깨달음과 닦음의 화두를 던지다

I. 지눌의 행적과 저술

전기와 행적

보조 지눌普照知訥(1158~1210)은 고려 무신 집권 전반기에 활동한 선종 승려로서, 신라 원효元曉(617~686)와 함께 한국불교 전통에 있어서 가장 영향력 있는 두 승려 중 한 사람이다. 지눌의 행적을 가장 상세히 기록하고 있는 자료는 지눌의 「비명碑銘」이다. 지눌이 입적한 후 지눌의 제자 진각 혜심眞覺慧諶(1178~1234)은 희종熙宗(재위 1204~1211)에게 지눌의 행장行狀을 올려 「비명」을 세우기를 청하였고, 이로 인해 왕명에 의해 문인 김군수金君綏(fl. 1216~1220)가 「보조국사비」를 찬술하였다. 원래 세워진 「비명」은 임진왜란 때 파손되었고, 1678년 백암 성총栢庵性聰(1631~1700)이 중건한 비가 현재 송광사松廣寺에 전해 오고 있다.[1]

지눌은 황해도 출신으로서 8세(혹은 16세[2]) 때 당시 구산선문九山禪門 가운데 사굴산闍崛山 계통의 종휘 선사宗暉禪師(생몰년 미상)에게서 구족계를 받고 출가하였다. 하지만 그 후에는 일정한 스승 없이 덕이 높은 스님을 찾아다니며 수학하다가, 수도 개경으로 떠나 25세(1182) 때 승려

---

1 이 「비명」은 비석본 외에 활자본 및 필사본 등 異本이 전해져 오는데 그 내용 및 편집에 다소 차이가 있다. 자세한 논의는 허흥식, 「普照國師碑文의 異本과 拓本의 接近」, 『서지학보』 9, 한국서지학회, 1993 참조. 지눌의 비문 외에 지눌의 행적을 추적할 수 있는 자료로 崔詵(생몰년 미상)의 『大乘禪宗曹溪山修禪社重創記』, 지눌 자신의 저술 내 기록 등이 있다.
2 출가의 시기를 16세로 보는 견해는 이종익, 『大韓佛教曹溪宗中興論』, 서울: 보련각, 1976; 임석진, 『松廣寺誌』, 순천: 불일출판사, 1965 등에 나타난다.

의 과거시험인 승선僧選에 합격하였다. 하지만 당시 승려로서 명리名利를 추구하는 풍토에 환멸을 느끼고, 보제사普濟寺의 담선법회談禪法會에서 만난 10여 명의 동학들과 후일 정혜定慧를 닦는 결사를 맺기를 기약하고 개경을 떠나 수도에 전념하였다. 지눌은 남방南方으로 유행하다가 창평昌平 청원사淸源寺에 머무르면서 일생에서 겪은 세 번의 핵심적 깨달음 가운데 첫 번째를 경험한다. 혜능慧能(638~713)의 『육조단경六祖壇經』에서 "진여자성眞如自性이 생각을 일으켜서 육근六根이 비록 보고 듣고 느끼고 인식하지만(見聞覺知) 무수한 경계에 의해 오염되지 아니하고 진여의 성품은 항상 자재自在하다."³라는 구절에 이르러 진여자성의 자재함에 대한 깨달음을 얻게 된 것이다.

그 후 1185년(28세)부터 지눌은 경상북도 예천 하가산下柯山 보문사普門寺에 거주하면서 두 번째 깨달음을 얻게 된다. 지눌은 항상 선문의 즉심즉불卽心卽佛의 가르침에 마음을 두고 심종心宗(禪)에 계합하는 부처의 가르침(敎)을 구하면서 3년간 대장경을 열람하고 있었다. 마침내 그는 『화엄경華嚴經』「여래출현품如來出現品」 가운데 한 티끌이 대천세계를 머금은 것과 같이 여래의 지혜도 한량이 없고 걸림이 없어 중생들의 몸에 이미 갖추어져 있다⁴는 내용을 확인하고 자기도 모르게 경전을 머리에 이고 눈물을 흘렸다고 한다. 이를 통해 지눌은 선문禪門에 전해 오는 부처님의 마음과 경전에 나타나는 부처님의 말씀이 하나임을 확신하게 된다. 하지만 범부들이 어떻게 최초로 신입信入하는가에 대해서는 여전히 의구심을 가지고 있었는데, 이통현李通玄(635~730)의 『신화엄경론新華嚴經論』에서 십신十信 초위初位에 대한 해석을 읽고 이를 명확히 알게

---

3 慧能, 『六祖大師法寶壇經』(『大正藏』48, 353b).
4 『大方廣佛華嚴經』(『大正藏』10, 272c).

되었고, 동시에 '부처가 입으로 설한 것은 교教요, 조사가 마음으로 전한 것은 선禪'임을 다시금 자각하였다.⁵

1188년, 지난 날 정혜결사를 함께 기약한 동학 득재得才(생몰년 미상)의 초청으로 팔공산八公山 거조사居祖寺에 합류하였고, 1190년(33세)에 이르러『권수정혜결사문勸修定慧結社文』을 짓고 동학 4, 5인과 더불어 정혜결사 활동에 본격적으로 착수하였다. 7년이 지나 결사 공동체의 규모가 수백 명으로 확대되었고, 지눌은 증가된 인원을 수용하기 위해 송광산松廣山 길상사吉祥寺(현재 송광사)를 결사의 중창지로 선정하였다. 하지만 지눌은 중창을 앞두고 자신의 수행을 다시금 점검하기 위해, 1198년(41세) 지리산의 상무주암上無住庵에 다시금 은거하여 삼 년간 참선에 몰두하였다. 이 시기에 지눌은 대혜 종고大慧宗杲(1088~1163)의『대혜보각선사어록大慧普覺禪師語錄』(『대혜어록』)의 "선은 고요한 곳에도 있지 않고 시끄러운 곳에도 있지 않으며, 날마다 반연하여 응하는 곳에도 있지 않고, 생각하고 분별하는 곳에도 있지 않다. 그러나 먼저 고요한 곳이나 시끄러운 곳이나 날마다 반연하고 응하는 곳이나 생각하고 분별하는 곳을 버리고서 참구하지도 말아야 한다. 만일 갑자기 눈이 열리면 비로소 그것이 집안일(屋裏事)임을 알 것이다."⁶라는 구절을 통해 세 번째 깨달음을 얻게 된다. 이 깨달음으로 인해 지눌은 가슴에 걸려 있던 것이 비로소 없어져 후련하였으며 원수가 떠난 것같이 마음이 편안하였다고 한다.

1200년 길상사에 도착한 지눌은 출가자와 재가자의 수행과 교화에 전념하였다. 지눌은 항상『금강경金剛經』을 법으로 삼았고, 교의教義를

---

5 지눌은『華嚴論節要』의 서문에서 이 경험에 대해 기술하고 있다. 知訥,『華嚴論節要』(『普照全書』), 순천: 불일출판사, 1989, p.173 참조.
6 『大慧普覺禪師語錄』(『大正藏』47, 893c~894a).

설함에 있어서는 『육조단경』을 강설하였으며, 이통현의 『화엄론華嚴論』 과 대혜의 『어록語錄』을 양 날개(羽翼)로 삼았다고 한다. 또한 성적등지 문惺寂等持門, 원돈신해문圓頓信解門, 간화경절문看話徑截門이라는 삼종문三種門의 사상 체계를 세웠다고 비명에 기록되어 있다. 1205년(48세) 지눌을 존경했던 희종이 '조계산수선사曹溪山修禪社'라는 편액을 하사함으로써 송광산은 조계산曹溪山으로, 정혜사는 수선사修禪社로 개명되었다. 그 후 1208년 지눌은 51세의 나이로 제자 혜심에게 지도자의 지위를 맡기고 자신은 그 부근의 규봉암圭峰庵에 은둔하였다.

1210년 봄, 지눌은 모친을 천도하기 위한 법회를 연 후 자신의 죽음을 예감하고 대중들에게 정진을 당부하였고, 그로부터 수십 일 후 곧 병을 얻어 8일 만인 4월 22일에 입적하였다. 임종 전날 지눌은 평소와 같이 설법과 문답을 이끈 후, 주장자柱杖子를 내리치면서 "천 가지 만 가지가 모두 이 속에 있다."라고 말하고 법상에 걸터앉아 입적하였다고 한다. 희종은 지눌에게 불일보조국사佛日普照國師라는 시호를 하사하였다.

정혜결사와 선교일치

지눌이 전념한 정혜결사 운동은 무신 집권기 고려 불교계의 침체 상황하에서 당시 불교계의 문제점을 해결하기 위한 지눌 자신의 노력이었다. 정치계의 주도권 쟁탈전과 사회적 혼란이 지속되는 가운데, 불교계에서는 교학 불교가 고려 문벌귀족의 비호 아래 주도권을 잡고 있었고, 이에 따라 선종과 교종 간에 대립과 반목이 형성되어 있었다. 신라 말 9세기경 불립문자不立文字, 교외별전敎外別傳에 충실하였던 홍주종洪州宗 계통의 선종이 중국에서 대거 유입된 이래 고려 개국 초에는 한때 선법이 성행하기도 하였다. 하지만 고려 광종光宗(재위 949~975) 때 균여均如 (923~973)의 화엄학과 숙종肅宗(재위 1095~1105) 때 의천義天(1055~1101)의 천태종天台宗이 부흥한 이래 고려 불교계는 점차 교종이 우세하게 되었다. 특히 의천이 교관겸수敎觀兼修를 기치로 선의 폐단을 지적하면서 천태종을 개창한 이래 다수의 선종 승려가 천태종으로 전향하였고 이에 따라 선종은 점차 침체기를 맞이하였다. 그 결과 고려 중기에는 화엄과 천태 중심의 교학 불교가 문벌귀족의 비호를 받으면서 성행하게 된 것이다. 이후 교종 사찰과 왕실 및 문벌귀족과의 관계가 밀접해짐에 따라 이들 교종 집단은 점차 종교 본연의 기능을 상실하고 세속적으로 전락하게 되었다. 이러한 상황에서 새로운 지배세력인 무신들이 집권하게 되자 교종 사찰들은 무신들과 극심한 대립 구도를 형성하였고, 심지어 유혈항쟁을 일으키기도 하였다.

이와 같은 정·교계의 혼란과 침체 속에서, 지눌은 경전만 읽고 있는 세속화된 교학 불교의 '문자법사文字法師'들과, 경전 공부를 무조건 배격하고 좌선에만 몰두하는 '암증선사暗證禪師'들을 모두 대치할 수 있는 수행법을 제시해야 하였다. 지눌은 『권수정혜결사문』을 지음으로써 침묵만 지키는 '치선痴禪'과 경문에만 매달리는 '광혜狂慧'를 비판하면서 선정과 지혜의 쌍운(定慧雙運)을 주장하였다.[7] 이런 점에서 정혜결사는 당시 진실한 수행이 결여된 교종의 경전 공부와 무조건적 교학 배격이라는 선종의 병폐를 지적하고, 나아가 이들 간의 대립을 해결하기 위한 수행 운동이었다고 볼 수 있다. 정혜결사 운동을 통해 교종과 선종 각각의 편향적 폐단을 지적하는 한편, 선과 교의 측면 모두에서 정과 혜를 함께

---

7 知訥, 『勸修定慧結社文』(『普照全書』), 순천: 불일출판사, 1989, p.12

닦아야 함을 주장한 것이다.

지눌의 저술

지눌의 저서로 알려진 것으로는 『권수정혜결사문』, 『수심결修心訣』, 『진심직설眞心直說』, 『계초심학인문誡初心學人文』, 『화엄론절요華嚴論節要』, 『법집별행록절요병입사기法集別行錄節要幷入私記』, 『육조단경발문六祖壇經跋文』(혹은 『법보기단경발法寶記壇經跋』), 『원돈성불론圓頓成佛論』, 『간화결의론看話決疑論』, 『염불요문念佛要門』, 『목우자법어송牧牛子法語頌』, 『상당록上堂錄』, 『법어가송法語歌頌』 등이 있다. 이 중 『염불요문』과 『목우자법어송』은 지눌의 진작 여부가 확실하지 않으며, 『진심직설』은 전해 오는 판본의 편집상 이유로 인해 조선시대 이래 지눌 저술로 오인되어 왔다는 근래의 주장이 받아들여지고 있다.[8] 이 외에 『상당록』, 『법어가송』, 『임종기臨終記』 등은 지눌의 「비명」에는 언급되고 있으나 현재 전해지지 않는다.

주요 저술들을 살펴보면, 『권수정혜결사문』은 지눌이 1190년(33세) 거조사에서 정혜결사 활동을 본격적으로 시작하면서 수행자들의 수도 방향을 제시한 선언서이다. 서문에 이어지는 여섯 차례의 문답을 통해 정혜쌍수와 성적등지를 기본 원칙으로 하여 정법正法을 추구해야 함을 주장한다. 길상사로 이주한 후 1203년과 1205년 사이에 지은 저술로 추정

---

8 남권희·최연식, 「『眞心直說』의 著者에 대한 再考察」, 『한국도서관정보학회지』 31-2, 한국도서관정보학회, 2000; 최연식, 「眞心直說の著者の再檢討」, 『印度學佛敎學研究』 51-2, 日本印度學佛敎學會, 2003; 손성필, 「『眞心直說』의 판본 계통과 普照知訥 찬술설의 출현 배경」, 『한국사상사학』 38, 한국사상사학회, 2011 참조. 이들 연구에 따르면 『眞心直說』은 金代 政言(생몰년 미상)이라는 승려의 저술로 추정되고 있다.

되는 『수심결』은, 대부분의 수행자에게 가장 적절한 수행법으로서 돈오점수頓悟漸修를 제시하는 동시에, 자성自性의 체體인 정定과 용用인 혜慧를 함께 닦는 수행을 핵심적인 불교 수행법으로서 상세히 설명하고 있다. 『계초심학인문』은 1205년 정혜사가 수선사로 불리게 된 이후에 지은 저술로서, 초심학인의 승려들이 지켜야 할 일상생활 및 수행의 규범을 제시한 일종의 청규이다. 『화엄론절요』는 이통현의 『신화엄경론』 40권을 지눌이 3권으로 절요한 것이다. 30대 초반 지눌은 『화엄경』의 「여래출현품」과 『신화엄경론』을 통하여 선과 화엄이 둘이 아니라는 깨우침을 얻었는데, 50세(1207)에 이르러 『신화엄경론』을 절요함으로써 대심범부大心凡夫가 화엄의 원돈문圓頓門에 의해 깨달음으로 들어가는 것에 대한 지침을 설명하고 있다. 『육조단경발문』은 수선사의 수좌 승려 담묵湛黙(생몰년 미상)이 송나라 계숭契嵩(생몰년 미상)이 편찬한 혜능의 『육조단경』을 1207년 12월에 중간하면서 지눌에게 발문을 요청하여 쓰인 것이다. 지눌이 52세(1209) 때 저술한 『법집별행록절요병입사기』는 제목에 명시되어 있듯이 규봉 종밀圭峰宗密(780~841)의 『법집별행록法集別行錄』을 절요하고 자신의 의견인 사기私記를 추가한 것이다. 하지만 단순히 『법집별행록』의 요약과 평가에만 그친 것이 아니라 지눌 자신의 선 사상의 집대성이라고 볼 수 있다. 이 저술에서 지눌은 먼저 대표적인 네 선종 학파인 북종北宗, 홍주종洪州宗, 우두종牛頭宗, 하택종荷澤宗을 종밀의 『법집별행록』을 바탕으로 비교·평가하고, 다음으로 법法과 인人, 즉 실재와 이 실재에 이르는 길이라는 두 문門에 대해서 상세히 논의한 후, 끝으로 언어를 떠난 깨달음에 들어가는 간화경절문을 소개하고 있다. 『원돈성불론』과 『간화결의론』은 지눌 입적 후 제자 혜심에 의해 발견되어 간행된 저술로서 지눌의 만년 작으로 추정되고 있다.[9] 『원돈성불론』

에서는 이통현의 『신화엄경론』을 바탕으로, 범부는 자신의 무명분별無明分別의 종자가 원래 제불의 부동지不動智임을 단박에 깨쳐(頓悟) 믿음을 가지고 발심해야 함을 설하고 있다. 『간화결의론』에서는 화두에 의해 언어와 생각의 자취를 떠나 단박에 원융한 덕을 갖추는 수행법을 상근기上根機 수행자를 대상으로 설명하고 있다.

II. 지눌의 선 사상과 수행 체계

돈오점수

지눌의 선 수행 체계를 나타내는 대표적 이론 중 하나는 돈오점수이다. 지눌의 돈오점수 사상은, 하택종 계열 선종과 교종인 화엄종 모두에서 제5조로 추앙되고 있는 규봉 종밀의 돈오점수 입장을 바탕으로 한다. 지눌은 닦음과 깨달음의 문제에 있어서 돈頓과 점漸의 이치 및 경우는 복잡하지만 그 가운데 가장 중요한 것을 가려낸다면 돈오頓悟와 점수漸修에 지나지 않는다고 한다.[10]

지눌과 종밀이 돈오와 점수의 양문을 '천성千聖의 궤철軌轍'로 받아들인 것은[11] 법과 인, 다시 말해 실재와 실재에 이르는 수증론에 대한 이들의 기본적인 이해에 바탕을 두고 있다. 이들이 받아들이는 하택종의 설

---

9 아래에 설명되듯이, 이 저술들이 지눌 사후 발견되어 간행되었다는 사실과 관련하여 지눌의 친작 여부가 의문시되어 왔으며 이 저술들을 혜심과 관련짓는 시각도 있다.
10 知訥, 『法集別行錄節要幷入私記』(『普照全書』, p.118)
11 知訥, 『牧牛子修心訣』(『普照全書』, p.33)

명에 따르면, 법에는 불변不變과 수연隨緣의 두 이치가 있고 인人에는 돈오와 점수의 두 문이 있다.[12] 절대적 불변과 현상적 수연이라는 실재의 두 성질로 인해 이 각각에 대해 사람은 돈오와 점수를 행함으로써 실재에 이를 수 있다는 것이다. 즉, 돈오란 심체心體, 즉 법의 절대적 불변성에 대한 깨달음이며, 점수는 법의 현상적 변화성에 대한 접근법으로서의 닦음이다.

수행자는 먼저 돈오를 통해 자신의 마음이 본래 항상 고요하며 성품도 모양도 없는 법의 몸이고 따라서 부처와 다르지 않음을 깨달아야 한다.[13] 즉, 돈오란 범부가 자신의 본성은 원래 번뇌가 없으며 완전한 지혜의 성품이 갖추어져 있어 부처의 성품과 다르지 않음을 깨닫는 것을 말한다.[14] 부처와 다르지 않은 범부의 마음이란 공적하면서도 신령스러운 앎을 지닌 마음, 즉 공적영지심空寂靈知心이다. 하지만 자신의 '마음이 부처'라는 깨달음, 즉 공적영지심에 대한 깨달음은 지적인 이해가 아니다. 마음을 깨달은 사람이란 단지 공적영지라는 개념으로만 이해하는 자가 아니라, 이 개념을 매개로 하여 마음을 반조返照함으로써 마침내 개념적 분별심을 떠나 마음의 본체를 얻은 사람이다.[15] 언어적 개념을 통한 이해(解)를 매개로 심체를 깨닫는 것이므로 이 깨달음은 해오解悟이다. 또한 이 깨달음은 점진적 수행을 통해 얻어지는 것이 아니므로 돈오이다.

비록 범부가 자신의 공적영지심에 대한 깨달음을 얻었다 할지라도

---

12 知訥, 『法集別行錄節要幷入私記』(『普照全書』, p.109)
13 知訥, 『法集別行錄節要幷入私記』(『普照全書』, p.116)
14 知訥, 『牧牛子修心訣』(『普照全書』, p.34)
15 知訥, 『法集別行錄節要幷入私記』(『普照全書』, p.159)

무수의 시간 동안 쌓아 온 습기는 쉽게 제거되지 않는다. 따라서 돈오 이후에도 차츰 닦는 점수의 수행이 필요하다.[16] 하지만 이 수행은, 번뇌가 원래 공하고 자신의 마음이 원래 청정한 것이라는 깨달음을 바탕으로 하기 때문에 비록 끊는다 해도 끊음이 없고(斷而無斷) 닦는다 해도 닦음이 없는(修而無修) 수행이 된다.[17] 지눌은 '깨달음이 철저하지 못한데 어떻게 그 닦음이 참되겠는가'라고 하면서[18] 참된 닦음에는 반드시 철저한 깨달음이 전제되어야 함을 말한다. 지눌에게 있어서 깨달음 이후의 닦음(悟後修)은 '원점圓漸'이지 '점원漸圓'이 아니고, 생각이 일어나도 이 생각이 공임을 바로 깨닫기 때문에 곧 없어지게 되는 '생각 없는 닦음', 즉 '무념수無念修'이다.[19]

지눌은 돈오점수의 과정을 비유를 통해 설명하고 있다. 마치 아기가 태어났을 때에 비록 어른의 가능성은 모두 갖추어져 있으나 완전한 어른이 될 때까지는 많은 시간과 노력이 필요한 것과 마찬가지로, 돈오로 인해 성불의 조건은 갖추는 것이지만 완전한 성불은 점수 이후에 이룰 수 있다.[20] 또한 태양이 떠오르는 것은 일순간이지만 이로 인해 아침 이슬이 없어지는 데에는 시간이 걸리는 것[21]과 마찬가지로, 미망으로부터 깨어남은 단박에 일어나는 것이지만 범부로부터 성인이 되는 것은 점차적이라고 한다.[22]

---

16 知訥, 『法集別行錄節要幷入私記』(『普照全書』, p.117)
17 知訥, 『法集別行錄節要幷入私記』(『普照全書』, pp.117~118); 『牧牛子修心訣』(『普照全書』, p.34)
18 知訥, 『法集別行錄節要幷入私記』(『普照全書』, p.105)
19 知訥, 『法集別行錄節要幷入私記』(『普照全書』, p.126)
20 知訥, 『牧牛子修心訣』(『普照全書』, p.34)
21 知訥, 『法集別行錄節要幷入私記』(『普照全書』, p.130, 137)
22 知訥, 『法集別行錄節要幷入私記』(『普照全書』, p.116)

삼문수행론

지눌의 선 수행 체계를 설명하는 또 하나의 이론은 지눌이 경험한 세 차례의 깨달음을 근거로 한 성적등지문, 원돈신해문, 간화경절문의 삼문이다. 돈오점수라는 수증적 구도를 실현하기 위해 지눌은 세 종류의 수행법을 제시한 것이다. 이 중 정과 혜를 내용으로 하는 성적등지문은 지눌 저술 가운데『권수정혜결사문』과『수심결』과 같은 초기 저술에 나타나며, 성기性起 사상을 내용으로 하는 원돈신해문은『원돈성불론』과『화엄론절요』에, 간화선을 밝히는 간화결의문은『간화결의론』에 나타난다. 또한 일반적으로 지눌 사상의 집대성으로 여겨지는『법집별행록절요병입사기』에는 삼문 모두가 포괄적으로 다루어져 있다.

지눌이『육조단경』을 통해 얻은 첫 번째 깨달음과 관련되는 성적등지문은 '깨어 있음(惺)'과 '고요함(寂)'을 동등하게 유지하는 수행법으로서, 바로 선정과 지혜를 함께 닦는 정혜쌍수定慧雙修의 수행법을 가리킨다. 지눌은 법에 들어가는 문은 수천 가지이지만 모두 정혜를 벗어나지 않는다고 하고,[23] 정과 혜는 계戒·정定·혜慧·삼학三學의 약어라고도 한다.[24] 이런 점에서 지눌은 정혜를 불교 수행의 기본으로 보고 있음을 알 수 있다.

정과 혜를 함께 닦는 이유는 선정은 내 마음의 본체(體)요, 지혜는 내 마음의 작용(用)이어서, 이 둘은 서로 떠나지 않기 때문이다.[25] 즉, 정혜쌍수란 서로 분리될 수 없는 마음의 체와 용을 함께 닦는 것이다. 지눌

---

23 知訥,『法集別行錄節要幷入私記』(『普照全書』, p.119)
24 知訥,『勸修定慧結社文』(『普照全書』, p.12)
25 知訥,『法集別行錄節要幷入私記』(『普照全書』, p.122)

은 이 자성의 체와 용인 정혜는 바로 공적영지라고 한다.[26] 고요하여 변치 않는 선정과 분별 없는 앎인 지혜를 함께 닦는다는 것은 바로 공적영지의 마음을 닦는 것을 의미한다.

정혜의 수행은 두 가지로 나뉜다. 하나는 깨친 후의 돈문頓門의 수행법으로서 노력 없는 노력(無功之功)으로 자성을 닦는 자성정혜自性定慧이고, 다른 하나는 깨치기 이전의 점문漸門에 속하는 하근기인의 수행법으로서 대치를 위한 노력(對治之功)을 통해 의혹을 끊고 고요함을 취함을 수행으로 삼는 수상문정혜隨相門定慧이다.[27] 수상문정혜는 마음의 번뇌를 제거하기 위한 노력을 함으로써 정과 혜를 닦는 보다 일반적이고 관행적인 수행법이며, 자성정혜는 마음의 본래적인 성품으로서의 정과 혜를 닦는 절대적 차원에서의 수행법이다. 지눌의 돈오점수의 수증 구도에서 정혜의 수행은 자성정혜를 가리킨다. 왜냐하면 돈오점수에서는 수행 이전에 이미 자신의 마음에 정과 혜가 이미 갖추어져 있다는 깨달음을 전제하기 때문이다. 자신의 마음이 원래 공적영지의 성질을 갖추고 있다는 깨달음을 바탕으로 하므로 자신의 마음에서 체와 용에 해당하는 정과 혜를 닦는 것이다. 하지만 지눌의 돈오점수의 구도에서 수상문정혜의 수행법이 완전히 배제된 것은 아니다. 지눌은 돈문에도 수행인의 근기에 차등이 있기 때문에 비록 돈오 이후일지라도 남아 있는 습기로 인해 번뇌가 생겨날 수 있으며 이 경우 수상문정혜의 방법 또한 취할 수 있음을 명확히 한다.[28]

---

26 知訥, 『牧牛子修心訣』(『普照全書』, p.39)
27 知訥, 『牧牛子修心訣』(『普照全書』, p.41). 지눌은 『貞元疏』(『貞元新譯華嚴經疏』)를 인용하여 淸凉澄觀(738~839)이 漸門과 頓宗의 수행법으로 각각 離垢定慧와 自性定慧를 제시함도 언급하고 있다.[知訥, 『法集別行錄節要幷入私記』(『普照全書』, p.120)]
28 知訥, 『牧牛子修心訣』(『普照全書』, pp.41~42)

이통현의 『신화엄경론』에 의한 지눌의 두 번째 깨달음을 나타내는 원돈신해문은 화엄의 원돈문에 의해 믿음(信)과 이해(解)를 얻는 것을 의미한다. 교학 불교에 속하는 화엄의 원돈문을 선의 수행 구도에 포섭한 것은 선과 교가 서로 다르지 않다고 보는 지눌의 관점을 반영하고 있는 것이다.

돈오점수의 구도에서 볼 때 화엄 원돈문에서 신해信解의 획득이란 바로 범부 자신의 성품이 부처의 완전한 지혜의 성품과 전혀 다르지 않음에 대한 돈오를 가리킨다. 지눌은 『원돈성불론』에서 『신화엄경론』의 취지를 소개하기를, "말세의 대심범부大心凡夫로 하여금 생사의 땅에서 제불의 부동지不動智를 돈오하게 함으로써 초발심의 원천으로 삼게 한 것"이라고 설하고 있다.[29] 여기서 부동지란 제불이 지니는 과지果智인 근본보광명지根本普光明智를 가리키는데, 이것은 또한 대심大心의 중생이 마음을 반조하여 발현시켰을 때에는 그 중생 자신의 마음에 내재하는 보광명지불普光明智佛이자 부동지불不動智佛이다.[30] 결국 원돈신해문이란 "모든 부처님의 근본지根本智가 중생들의 무명심無明心과 본래 하나"인 것이고 범부의 마음에서는 "번뇌가 없는 지혜의 성품이 본래 갖추어져 있는 것을 단박에 깨쳐"[31] 수행의 근본으로 삼는 것을 말한다.

이 원돈신해문의 돈오는 돈오점수의 구도에서 돈오, 즉 해오에 해당한다. 지눌은 돈오를 선문의 영역에만 국한하지 않고 화엄의 원돈문에 의한 해오를 또한 돈오로 본다. 하지만 이 해오는 앞서 논의했듯이 단순히 이론적 차원에 머무는 것이 아니라 반조에 의해 이루어지는 것이

29　知訥, 『圓頓成佛論』(『普照全書』, p.70)
30　知訥, 『圓頓成佛論』(『普照全書』, p.71)
31　知訥, 『圓頓成佛論』(『普照全書』, p.83)

다.³² 문자의 덫에 걸려 명리를 추구하는 학자들이 자기 마음의 분별하는 본성이 부동지불임을 말하고는 있지만 자신의 마음을 반조하지는 않음에 대해 지눌이 비판하는 것³³은 바로 이런 맥락에서이다.

지눌의 세 번째 깨달음이 반영되어 있는 간화경절문은 화두를 잡아(看話) 마음의 본체에 단박 계합하는 지름길(徑截)을 의미한다. 간화 수행법에 대한 지눌의 설명은 그의 말기 저술인 『법집별행록절요병입사기』와 사후 유작인 『간화결의론』에만 나타난다. 지눌은 『법집별행록절요병입사기』의 말미에서 언어를 떠나 깨달음에 들어가는 이들을 위한 경절의 방편에 대해 소개하고 있다. 즉, 지금까지 언어 이해를 바탕으로 깨달음에 들어가는 이들을 위해 불변과 수연이라는 법의 이치와 돈오와 점수라는 사람의 이치를 상세히 설명하였지만, 이 설명을 문자로만 받아들이고 몸을 굴림을 알지 못하는 경우 분별적 이해(知解)에 속박될 것이라고 염려하면서 언어를 떠나 깨달음에 들어가는 수행으로서 경절의 언구들을 덧붙인다고 한다.³⁴ 다시 말해, 간화선은 언어를 매개로 깨닫는 이들이 처할 수 있는 지해智解의 속박에 대한 대치법으로 제시되고 있는 것이다. 이런 맥락에서 지눌은 간화 수행을 행하기 전 '여실如實한 지해'를 얻어야 한다고 주장한다. 즉, 말세의 수도인은 먼저 여실한 지해로 자신의 마음을 명확히 한 후, 그다음에 '못을 베고 쇠를 끊는 말(斬

---

32 대심범부가 자심의 근본보광명지인 일진법계를 반조할 때 비로소 모든 부처들이 다만 자심의 보광명지의 모양과 작용에 다름 아니라는 것을 깨닫게 된다고 한다. [知訥, 『圓頓成佛論』(『普照全書』, p.74)]
33 知訥, 『華嚴論節要』(『普照全書』, p.406). 바로 다음 구절에서 지눌은 진정한 깨달음의 경험을 결여하고 단지 편안해진 마음을 반조하기만 하며 무위에 빠져 있는 암중선객들 또한 비판하고 있다.(若唯返照安心無爲. 而不加決擇不修願行. 是爲闇證禪客.)
34 知訥, 『法集別行錄節要幷入私記』(『普照全書』, p.159)

釘截鐵之言, 즉 화두)'로써 세밀히 참구하라고 하고 있다. 하지만 만일 '쇠를 끊는 언구'로 지견知見을 씻어 버리는 것만을 추구한다면 구중현句中玄을 얻지 못할 것이라고 한다.[35] 『법집별행록절요병입사기』에서 지눌이 '여실한 지해'와 '쇠를 끊는 말' 가운데 어느 한쪽을 더 중요시하고 있는 것으로 보이지는 않는다. 다른 한편으로 지눌은 만일 수행자가 지견의 지배를 받게 된다면 그 수행자는 체중현體中玄을 깨닫지 못할 것이라고도 지적하고 있기 때문이다.[36]

『법집별행록절요병입사기』의 입장과 비교해 볼 때 『간화결의론』에서는 지해의 지취를 벗어난 간화선의 중요성이 더욱 강조되고 있다. 지눌에 따르면, 초심자들은 경절문의 활구活句를 감당할 수 없으므로 원돈신해의 언교로써 수행하는데, 비록 여실한 언교라 할지라도 이에 대해 지해의 장애를 일으킬 때에는 사구死句가 되어 버린다. 따라서 경절문의 '맛이 없는 말(無味之談)'은 지해의 병에 걸리지 않는 상근기인만이 감당할 수 있다고 한다.[37] 한편 지눌은 선종의 교외별전에서 경절의 문은 형식과 분별을 초월한 것이므로 교학자들뿐만이 아니라 선종의 하근기인들 또한 깨우치지 못한다고 하면서 경절문은 다만 상근기의 수행법임을 명확히 한다.[38] 또한 화두 수행의 두 유형에 대한 지눌의 설명에서도 그가 간화의 활구를 매우 중요시했음을 알 수 있다. 즉, 지눌은 화두의 뜻을 관하는 참의參意와 그 화두 자체를 관하는 참구參句라는 두 가지 유형의 화두 수행을 소개한 후, 참구를 얻지 못했기 때문에 참의를 살피는

35　知訥, 『法集別行錄節要幷入私記』(『普照全書』, p.164)
36　知訥, 『法集別行錄節要幷入私記』(『普照全書』, p.164)
37　知訥, 『看話決疑論』(『普照全書』, p.92)
38　知訥, 『看話決疑論』(『普照全書』, p.97)

당시 대부분의 화두 수행인들은 다만 원돈문에 의거하여 바른 이해를 밝혀낸 사람과 마찬가지라고 한다.³⁹ 여기서 지눌이 참의보다 참구를 더욱 수승한 수행법으로 강조하고 있음을 알 수 있다.

무심합도문

지눌은 선문의 수행법에 정혜를 닦는 것 이외에 다시 무심합도문無心合道門이 있다고 한다.⁴⁰ 정혜의 두 문은 수행의 요체이고 부처와 조사의 큰 뜻이며 경과 논의 공통된 가르침이기는 하지만, 조사의 가르침에 근거한 가장 간결하고 핵심적인 또 하나의 문이 바로 무심無心이라고 한다.⁴¹

앞서 논의했듯이 지눌은 법에 들어가는 문은 정과 혜를 벗어나지 않는다고 하였다. 하지만 돈오(해오) 후 닦는 자성정혜라 할지라도 여전히 노력이 수반되어야 하며, 또한 의미 작용의 자취(義用之地)에 걸릴 수도 있다고 한다.⁴² 비록 깨달음 이후의 닦음(悟後修)을 '생각이 없는 닦음(無念修)'이라고 하지만, 이때의 '생각 없음'은 단지 본체를 통달하였다는 의미에서의 없음(體達之無)을 가리키는 것이지 생각 자체가 없음(斷滅之無)을 말하는 것은 아니라는 것이다.⁴³ 이에 반해 무심을 깨달아 걸림이 없는 사람은 장애 없는 해탈의 지혜를 지니게 되므로 의도적 노력은 더 이

---

39 知訥, 『看話決疑論』(『普照全書』, p.102)
40 知訥, 『法集別行錄節要幷入私記』(『普照全書』, p.122)
41 知訥, 『法集別行錄節要幷入私記』(『普照全書』, p.122)
42 지눌은 定을 공부하는 자는 理에 맞추어 산란함을 제어하면서 인연을 잊으려는 (忘緣) 노력을 하며, 慧를 공부하는 자는 法을 간별하고 空을 관하여 번뇌를 씻어내려는(遺蕩) 노력을 한다고 한다.[知訥, 『法集別行錄節要幷入私記』(『普照全書』, p.123)]
43 知訥, 『法集別行錄節要幷入私記』(『普照全書』, p.126)

상 행할 필요가 없다. 이런 점에서 지눌은 자성정혜보다 무심합도를 더욱 높은 경지의 수행문으로 보았다. 지눌에 따르면, 정과 혜의 수행을 논할 필요조차 없이 무심에 계합하는 이러한 경지는 경절문을 통해 들어갈 수 있는 것이다.[44]

III. 동아시아의 지눌 선 사상 계승

조선시대 지눌 사상의 수용

지눌의 정혜결사 운동 이후 수선사는 고려불교의 중심지가 되어 16명의 국사國師가 배출되었다. 지눌이 수선사에서 시행하였던 수행법은 조선 초기에 이르러 승가의 전례로 받아들여졌다. 1397년 흥천사興天寺 주지 상총尙聰(생몰년 미상)은 당시 불교계의 폐단을 개선하고자 선과 교를 겸수하는 수선사의 규율과 관행을 모든 선종 사찰에서 채택해야 한다고 태조太祖(재위 1392~1398)에게 상소하였고, 이에 따라 지눌의 선 수행법은 한국 불교사찰의 전형으로 정착하였다.

이후 성리학性理學 중심의 유교儒敎가 새로운 정치 이념으로 정착됨에 따라 조정에서는 불교를 억압하는 정책을 시행하였다. 하지만 억불 정책이 전개되는 중에도 벽송 지엄碧松智嚴(1464~1534)과 같은 선사는 수선사의 선풍을 계승하여 선교겸수의 수행법을 진작하였다. 초학자들의 수행 지도를 위해 벽송은 승려들의 교육 과정을 두 단계로 제시하였다. 먼저 종밀의 『선원제전집도서禪源諸詮集都序』와 지눌의 『법집별행록

---

[44] 知訥, 『法集別行錄節要幷入私記』(『普照全書』, p.123)

절요병입사기』를 통해 불법에 대해 여실如實한 지견知見을 세우게 하였고, 다음으로 고봉 원묘高峰原妙(1238~1295)의 『선요禪要』와 대혜의 『서장書狀』을 바탕으로 지해知解의 병통을 제거하도록 하였다. 지엄이 승려의 교과 과정을 위해 선택한 이 네 가지 문헌은 현재 한국불교 강원 과정의 첫 단계인 사집과四集科의 효시가 된 것으로 알려져 있다.

지엄의 선교겸수 사상은 부용 영관芙蓉靈觀(1485~1571)을 거쳐 법손인 청허 휴정淸虛休靜(西山, 1520~1604)에게 이어졌다. 서산西山은 그의 대표 저술인 『선가귀감禪家龜鑑』에서, 수행자는 먼저 교학을 바탕으로 입문하되 그 후 지해를 벗어나기 위해 화두를 참구해야 한다고 했다. 서산은 선과 교는 법에 있어서 차별이 있는 것이 아니며 근기에 따른 접근 방식에 차이가 있을 뿐이라고 하면서 선 수행을 중시하였으나, 지엄과 마찬가지로 교학의 필요성 또한 강조하였다. 서산과 함께 부용의 제자였던 부휴 선수浮休善修(1543~1615) 또한 송광사에 주석하면서 지눌의 선풍을 따랐고, 특히 화두선을 강조하면서 수백 명의 문도를 양성하였다.

조선 전기에 면면히 이어져 온 지눌의 선교겸수 수행 체제는 17세기 전반에 정비된 승가의 교과 체계인 이력履歷 과정에도 반영되었다. 이때 수립된 사집四集, 사교四敎, 대교大敎의 이력 가운데 사집과는 지눌의 선풍을 계승한 지엄이 승려 교육을 위해 채택한 네 문헌인 『선원제전집도서』·『법집별행록절요병입사기』·『선요』·『서장書狀』으로 구성되었고, 『원각경圓覺經』·『금강경金剛經』·『능엄경楞嚴經』·『법화경法華經』으로 구성된 사교과와 『화엄경』·『전등록傳燈錄』·『선문염송禪門拈頌』으로 구성된 대교과도 선과 교의 문헌을 모두 포함하여 정비되었다. 이 중 『선문염송』은 지눌의 제자 혜심이 편찬한 저술이다.[45]

---

45 이후 四敎科에 『法華經』 대신 『大乘起信論』이 채택되고 입문 과정인 沙彌科가 정

조선 후기에는 지눌의 삼문 체계에서 성적등지문이 염불문으로 대체되어 염불문念佛門, 원돈문圓頓門, 경절문徑截門의 삼문 수행 체계가 성립되었다.[46] 지눌의 삼문 체계가 조선 후기 삼문 수행 체계의 근간이 된 것이다. 또한 이 시기에 백파 긍선白坡亘璇(1767~1852)은 『수선결사문修禪結社文』을 짓고 정혜를 닦는 결사를 주도함으로써 지눌의 선 수행 정신을 계승하였다.

근현대 한국에서의 지눌의 영향

근대 한국불교의 중흥자로 평가받는 경허 성우鏡虛惺牛(1846~1912)는 스스로를 청허의 11대손이라고 칭하면서 지눌의 선 사상을 계승하였다. 경허는 지눌의 선 사상에 근간을 두고 선문 승려들의 수행 지침을 마련하였다. 중국과 한국 고승들의 법어를 모아 1907년에 간행한 경허의 선학 지침서인 『선문촬요禪門撮要』에는 『수심결』, 『진심직설』, 『권수정혜결사문』, 『간화결의론』이 포함되어 있다. 이후 『선문촬요』가 선 수행의 준칙으로 널리 보급됨에 따라 근현대 한국 선 수행자들에게 지눌의 선풍이 정착되었다. 또한 경허는 1899년 해인사海印寺의 조실로 있을 당시 보조의 정혜결사 이념하에 수선사를 결성하여 선 수행을 이끌기도 하였다.

경허의 제자로서 1897년 21세의 나이로 지눌의 『수심결』을 통해 깨달음을 얻었다고 전해지는 한암 중원漢巖重遠(1876~1951)은 「해동초조海東初祖에 대하야」(1930)를 발표하여 지눌을 한국 조계종曹溪宗의 중흥조로

비되는 등 약간의 변동이 있었다.
46 조선 후기의 三門은 鞭羊彦機(1581~1644)의 『鞭羊堂集』 권2에 수록된 「禪敎源流尋劍說」이나 振虛捌關(?~1782)의 『三門直指』에 체계적으로 설명되어 있다.

보았다.⁴⁷ 이후 한암은 지눌의 저술들을 편집·현토하고 서문을 작성하여 『보조법어普照法語』(1937)를 간행하기도 하였다. 또한 한암의 문도들이 간행한 한암의 법어집인 『한암일발록漢巖一鉢錄』(1996)에 실린 「선문답이십일조禪問答二十一條」에는 선의 근본적 수행법으로서 지눌이 강조한 '간화看話'와 '반조返照'의 상호 보완과 조화의 중요성이 강조되고 있다.⁴⁸ 경허와 마찬가지로 한암도 보조의 정혜쌍수의 기치를 계승하여 건봉사乾鳳寺에서 수선결사를 조직하여 대중의 수행을 이끌었다.

대한불교조계종의 초대 종정이었던 효봉 학눌曉峰學訥(1888~1966)은 지눌이 활동한 송광사에 주석하면서 지눌의 사상을 계승하였다. 일찍이 전국을 유행하며 수행 정진하던 효봉은 1937년 송광사에 이르렀는데 그 이듬해에 수선사 16번째 국사인 고봉화상의 법문을 듣는 꿈(夢中法門)을 꾸었다. 그 후 자신의 법명과 법호인 원명元明과 운봉雲峰을 각각 학눌學訥('지눌을 배우다')과 효봉曉峰('고봉을 계승하여 새벽을 열다')으로 개명하고 송광사에서 10년간 주석하였다. 이 기간 동안 효봉은 정혜결사를 조직하는 등 지눌의 정혜쌍수 선풍의 진작에 힘썼다.⁴⁹

효봉의 사법 제자인 구산 수련九山秀蓮(1909~1983)은 1937년 송광사에서 출가한 후 지눌의 간화선법을 충실히 계승하였다. 효봉의 유훈을 받들어 구산은 1969년 조계총림을 발기하고 초대 방장으로 추대된 후 송광사를 지눌의 선풍에 따라 재건하는 불사에 진력하였다. 이 과정에서 '제2 정혜결사운동'을 전개하였으며, 송광사의 중창과 함께 보조의 시

---

47 이 글에서 한암은 道義(783~821)를 해동불교의 초조로, 지눌을 중흥조로 보았다. 한암, 「海東初祖에 대하야」, 『佛敎』 70, 불교사, 1930 참조.
48 한암, 「禪問答二十一條」, 『漢巖一鉢錄』, 서울: 민족사, 1996, pp.37~69
49 효봉문도회, 「효봉대종사 행장과 연보」, 『효봉법어집』, 순천: 불일출판사, 1996, p.331

호를 딴 신도 조직인 불일회佛日會를 전국적으로 결성하였고, 1973년에는 국내 최초의 국제선원인 불일국제선원을 개원하였다.[50] 이와 같은 노력의 일환으로 구산의 사후 1987년에 송광사에서 설립한 보조사상연구원은 이후 지눌 사상 연구의 기폭제 역할을 하였다.[51]

이 외에, 조계종 종정을 역임한 석우石友(1875~1958)는 1912년에 『수심결』을 통해 깨달음을 얻었다고 전해진다. 지눌을 조계종의 초조로 보았던[52] 동산 혜일東山慧日(1890~1965) 또한 간화십종병看話十種病과 참의 및 참구에 대한 입장 등 지눌의 간화선의 가르침을 수용하였다.[53] 근현대 한국불교의 대표적 고승 중 한 사람인 경봉 정석鏡峰靖錫(1892~1982)도 한암이 편찬한 『보조법어』를 통해 수행에 정진함으로써 지눌 선풍을 계승하였다.

지눌 저술의 중국·일본 전래

지눌의 당대 및 사후에 그의 선 사상이 중국 및 일본의 불교계에 어떠한 영향을 주었는지를 보여 주는 명확한 자료는 거의 남아 있지 않다. 하지만, 지눌의 저술들은 원대元代에는 중국에 전해져 유통되고 있었던 것으로 보인다. 왜냐하면 한국과 중국 간의 불교 교류가 활발하지 않았

---

50 이러한 영향하에 현재 구미권 한국불교학의 선도자로 활동하고 있는 Robert E. Buswell은 당시 慧明이라는 법명으로 송광사에서 출가 수행하였고 이후 구산의 유지에 따라 지눌의 영문 법어집인 *The Collected Works of Chinul*(Honolulu: University of Hawaii Press, 1983)을 출간하여 영어권에 지눌 사상을 알리는 계기를 마련하였다.
51 九山門徒會, 『九山禪門』, 순천: 불일출판사, pp.442~444
52 東山門徒會, 『東山大宗師文集』, 서울: 불광출판부, 1998, p.221
53 東山門徒會, 『東山大宗師文集』, p.80, 142; 이덕진, 「東山慧日의 禪法에 대한 一考察」, 『한국불교학』 43, 한국불교학회, 2005 참조.

던 명대에 간행된 『만력북장萬曆北藏』(1584, 『대명속입장제집大明續入藏諸集』 혹은 『속입장경續入藏經』)에 『고려국보조선사수심결』과 『계초심학인문』이 편입되어 있기 때문에 그 이전 원대에 이미 이 저술들이 중국으로 전래되었을 것으로 추정되기 때문이다.[54] 이 저술들의 서문 및 발문에 의하면, 이들은 각각 유통되고 있다가 1447년에 간행되었고 이후 『북장』에 입장된 것으로 보인다.[55] 이후 이 두 저술은 『가흥대장경嘉興大藏經』(『경산장徑山藏』)과 청대淸代의 『용장龍藏』 등에도 입장되어 있는 것으로 보아 이 당시까지 중국 불교계에 유포되고 있었던 것으로 보인다. 1681년 중국 선박이 우연히 조선에 표착함에 따라 『가흥장』의 일부가 전해지게 되었다. 비록 중국 불교계에서의 지눌 저술에 대한 평가를 현재 남아 있는 자료들에 의해 알 수 있는 것은 아니지만, 고려 승려의 저술이 중국 대장경에 편입되었다는 것은 매우 드문 사례로 보인다.[56]

지눌의 저술은 당시 일본으로 빠르게 유입되어 학습된 것으로 보인다. 지눌의 저술 가운데 1207년에 간행된 『화엄론절요』가 가마쿠라시대의 화엄승 묘에(明惠, 1173~1232)의 1212년 저술인 『사이자린(摧邪輪)』에 인용되어 있다. 현재 일본 가나자와문고(金澤文庫)에 『화엄론절요』의 필사본이 전해지고 있는데, 이 필사본에는 화엄승 엔슈(圓種, 1254~1377)가 1295년에 『화엄론절요』 3권에 구두점句讀點(朱字)을 찍고 재독하였다는

---

54 敦字函에 포함되어 있는데 敦八에는 『수심결』이, 敦九에는 『계초심학인문』이 『진심직설』과 함께 편입되어 있다.
55 『北藏』의 판본 외에 『진심직설』과 『수심결』이 합본으로 간행된 중국 開元寺 목판본(1598)도 존재한다. 손성필, 「『眞心直說』의 판본 계통과 普照知訥 찬술설의 출현 배경」, 『한국사상사학』 38, 한국사상사학회, pp.6~14 참조.
56 석길암, 「高麗時代 海東佛敎 典籍의 中國 流通에 대하여」, 『불교학연구』 17, 불교학연구회, 2007, p.175

기록이 있다. 엔슈는 송에 유학한 후 귀국하여 많은 경론에 구두점을 찍었던 것으로 알려진 승려이다.[57] 이러한 자료들로 볼 때 지눌의 『화엄론절요』는 일본 화엄승들에 의해 전승되어 연구되어 왔음을 추정할 수 있다.

한국에서 『화엄론절요』는 지눌 입적 후 유실되었으나, 1941년 당시 일본에 유학 중이던 이종익(1912~1991)이 가나자와문고에서 『화엄론절요』(3권)의 필사본을 발견한 것을 계기로 한국에 전해지게 되었다. 이종익이 당시 필사하여 전한 『화엄론절요』는 송광사에 보관되었는데 한국전쟁 때 소실되었다. 이후 1968년 김지견(1931~2001)이 일본에서 원본을 다시 복사하고 결손 부분을 보완하여 교주본을 완성하였다. 이 교주본은 도쿄대학교 문학부에서 영인본으로 간행되었고, 이후 한국에 전해지게 되었다.

IV. 지눌 사상에 대한 논쟁과 과제

돈점논쟁

1981년 당시 조계종 종정이었던 퇴옹 성철退翁性徹(1912~1993)이 『선문정로禪門正路』를 발표하여 지눌의 돈오점수설을 비판함을 계기로 깨달음과 수행의 방법론을 둘러싼 '돈점논쟁'이 시작되었다. 성철은 지눌의 돈오점수 사상을 신봉하는 자는 지해종도이자 이단 사설에 현혹된 자

---

57 김지견, 「華嚴論節要」, 『한국민족문화대백과사전』(http://encykorea.aks.ac.kr/Contents/Index?contents_id=E0064783)

들이라고 비판하면서 돈오돈수설을 주창하였다.⁵⁸ 성철의 비판은 12세기 이후 현대에 이르기까지 한국 선불교 조계종의 종조 혹은 중흥조로 여겨져 왔던 지눌을 겨냥한 것이었기 때문에 더욱 이례적이었다. 당시 성철의 지눌 비판에 대해 반대 의견을 개진한 학자와 승려들이 있었지만⁵⁹ 성철의 지눌 비판에 대한 보다 본격적인 학술 검토와 논의는 1990년 보조사상연구원⁶⁰의 주최로 송광사에서 열린 '불교 사상에서의 깨달음과 닦음'이라는 주제의 국제학술대회를 계기로 전개되기 시작하였다.

성철의 비판의 요지는 지눌의 돈오점수설에서 돈오는 해오이기 때문에 지해를 벗어나지 못하며, 따라서 궁극적 깨달음일 수 없다는 것이다. 그리고 돈오돈수의 돈오인 증오證悟만이 진정한 깨달음이라고 한다. 비록 보조가 규봉의 해오 사상을 지해라고 비판하였지만, 『법집별행록절요병입사기』와 『원돈성불론』 등에서는 해오 사상을 버리지 못하였다고 성철은 비판한다.⁶¹ 성철에 따르면, 지눌은 비록 초년에는 원돈신해와 돈오점수를 설했으나 만년에 이르러 입장을 전환하여 선의 경절문으로

---

58 성철은 돈오점수설은 荷澤이 원조이고 圭峰이 계승하였으며 普照가 역설하였는데, 『법집별행록절요병입사기』의 서두에서 보조 자신도 荷澤을 知解宗師라고 단언한 것과 같이 돈오점수를 신봉하는 자는 전부 知解宗徒라고 주장하였다.(성철, 『禪門正路』, 서울: 불광출판사, 1981, p.3)
59 이종익, 「보조선과 화엄」, 『한국화엄사상연구』, 서울: 동국대학교출판부, 1986, p.237; 법정, 「권두언」, 『보조사상』 1, 보조사상연구원, 1987, pp.4~5. 한편, 『禪門正路』의 입장을 지지하는 학계의 발표도 있었다. 예를 들어, 목정배, 「『선문정로』의 돈오관」, 『수다라』 3, 해인사, 1988; 「현대한국선의 위치와 전망」, 『한국선사상연구』, 서울: 동국대학교출판부, 1984 등이 있다.
60 보조사상연구원은 1987년에 발족한 이후 매년 학술회의를 개최하고 학술지 『보조사상』을 발간하였을 뿐 아니라, 1989년에는 『보조전서』를 간행함으로써 이후 현대 지눌 연구의 구심점 역할을 하였다.
61 성철, 위의 책, 1981, pp.208~209

돌아왔다고 한다.[62] 즉, 성철은 돈오점수와 경절문(돈오돈수)을 근본적으로 상충되는 입장으로 보고 지눌의 돈오점수설을 비판하였다.

이러한 성철의 주장을 반박하는 불교학자들은 지눌이 돈오점수만을 인정한 것이 아니라 돈오돈수도 인정하였음을 지적한다. 다만, 지눌이 돈오점수를 중시한 것은 소수의 최상근기를 대상으로 한 돈오돈수보다는 중·하근기에 해당하는 대다수의 수행자를 고려했기 때문이라고 한다.[63] 이런 맥락에서 그들은 또한 돈오점수와 돈오돈수는 상충되는 입장이 아니며, 지눌이 만년에 입장을 전환하였다는 성철의 입장을 반박한다.[64] 또한 수행자가 금생에 돈오하는 것은 이전의 여러 생에서 점수를 이루었기 때문이라는 지눌의 설명[65]을 바탕으로 돈오돈수 또한 돈오점수의 구도 내에서 설명될 수 있다고 주장한다.[66]

조계종 법통 논쟁

지눌의 선 사상이 한국 선불교에 끼친 영향은 지대하였지만, 17세기의 법통 논쟁의 결과 정착된 '태고법통설太古法統說'에는 지눌이 배제되어 있었다. 태고법통설에 내재된 이러한 문제점은 근대에 이르러 또 한

---

62 성철, 앞의 책, 1981, pp.202~204, 208~209
63 예를 들어, 김호성, 「돈오점수의 새로운 해석」, 『한국불교학』 15, 한국불교학회, 1990 참조.
64 예를 들어, 심재룡, 「普照禪과 臨濟禪: "죽은 말귀 살려내기"」, 『보조사상』 8, 1994, p.116; 김방룡, 「한국 근현대 看話禪師들의 普照禪에 대한 인식」, 『불교학보』 58, 2011, pp.200~202 등.
65 知訥, 『法集別行錄節要幷入私記』(『普照全書』, pp.137~138); 『牧牛子修心訣』(『普照全書』, p.33)
66 예를 들어, 김호성, 위의 논문, 1990, pp.428~429.

번 법통 논쟁이 점화되는 계기가 되었다. 일제강점기와 해방 이후 전개되었던 '불교정화운동'의 과정에서 법맥 및 종조가 여러 번 교체되는 일이 일어났고, 이러한 가운데 법통 및 종조에 대한 논쟁이 다시 일어나게 된 것이다.

17세기 전반 선종 내부에서는 계파 및 문파 인식이 형성되기 시작하였는데, 이러한 시기에 청허의 입적을 계기로 법통설이 대두되었다. 청허 본인은 중국 임제종臨濟宗의 대혜 종고와 고봉 원묘의 선풍을 이은 벽송 지엄의 가르침을 부용 영관을 거쳐 전수받았다고 전하였다고 했을 뿐 구체적인 법통설을 제시하지는 않았다. 하지만 청허 입적 후에 문도들은 지엄 이전으로 거슬러 올라가는 계보의 설립을 시도하였고, 그 결과 마침내 '나옹법통설懶翁法統說'과 '태고법통설'이 제시되었다. 나옹법통설은 청허의 제자인 사명 유정泗溟惟政(1544~1610)의 사후에 그 문도들이 허균許筠(1569~1618)에게 의뢰하여 지은 「청허당집서淸虛堂集序」와 「사명비四溟碑」에 나타나고 있다. 이 법통설에 의하면, 나말여초 도봉 영소道峯靈炤(생몰년 미상)가 중국의 법안 문익法眼文益(885~958)과 영명 연수永明延壽(904~975)로부터 전수 받은 법이 고려 말 나옹 혜근懶翁慧勤(1320~1376)에게 전해지고 마침내 청허에게 이어진 것이라고 한다. 또한 이 과정에서 지눌이 포함된다. 이후 새로이 대두된 태고법통설은 청허의 말년 제자인 편양 언기鞭羊彦機(1581~1644)의 「봉래산운수암종봉영당기蓬萊山雲水庵鍾峰影堂記」(1625)에 처음 나타나 있다. 이 법통설에 의하면, 원나라의 석옥 청공石屋淸珙(1272~1352)에게서 직접 임제종을 전수한 태고 보우太古普愚(1301~1382)의 법이 마침내 청허로 전해졌다고 한다. 이 두 법통설을 둘러싸고 논쟁이 일어난 결과 마침내 태고법통설이 정통으로 받아들여졌고, 이후 근대까지 이 법통설이 수용되었다. 하지만 앞서 언급했듯이, 한국 선불교 전통에 지대한 영향력을 끼친 지눌이 배제된 태고법통설은 근대에 이르러 다시금 법통 논쟁이 일어날 내재적 요인을 지니고 있었다.

근대 일제강점기에 이르러 한국불교의 정체성을 구축하려는 노력이 바로 이러한 법통설 재정비의 필요성에 대한 인식으로 이어졌다. 한암 중원은 태고 보우가 한국 선불교의 중흥조일 수는 있지만 초조는 될 수 없다고 함으로써 태고법통설을 비판하고, 신라에 처음으로 선을 전한 도의 국사道義國師(783~821)를 초조로 하는 도의종조설道義宗祖說을 주장하는 동시에, 도의에서 지눌 그리고 청허로 전해지는 새로운 법맥설을 주장하였다.[67] 한암 이후 법맥에 대한 논란은 해방 후까지 계속되었고 이에 따라 여러 차례의 법맥 변경이 일어나게 되었다. 법맥에 대한 이러한 지속적인 논쟁 상황을 반영하여, 1962년에 출범한 대한불교조계종에서는 도의 선사를 개조로 하고 보조 지눌을 중천조로, 태고 보우를 중흥조로 하는 일종의 절충적 종조 체계를 표방하는 종헌宗憲을 발표하였다. 하지만 1983년, 당시 조계종 종정이었던 성철은 『한국불교의 법맥』(1983)에서 지눌이 부각되는 기존의 법통설을 비판하면서 태고법통설의 정당성에 대한 논증을 시도하였다.[68] 이러한 성철의 주장은 당시 조계종의 종헌과 배치하는 주장으로서 큰 파장을 불러일으켰다.

이후 1980년대 중반부터 조계종 법맥에 대한 기존의 주장들은 학계를 중심으로 비판적으로 검토되기 시작하였다. 그 결과 나옹법통설과 태고법통설을 포함한 여러 종조론과 법통설들이 역사적으로 정당화되기 어려운 주장들임이 논증되었다. 예를 들어, 나옹법통설은 명확히 임

---

67 한암, 앞의 논문, 1930 참조.
68 성철, 『한국불교의 법맥』, 합천: 장경각, 1983, p.18

제종 계통에 속하는 지엄과 청허 등을 법안종의 계보에 연결시키는 문제점을 지니고 있으며, 태고법통설의 경우 이 법통설에 포함되는 환암 혼수幻庵混修(1320~1392)와 귀곡 각운龜谷覺雲(생몰년 미상)은 오히려 지눌이 활동한 송광사와 밀접한 관계를 가진 인물들임이 지적되었다. 게다가 두 법통설에 등장하는 인물들의 실존성이나 활동 기간의 연대기적 정합성이 증명되기 어렵다는 한계 또한 지적되었다.[69] 결국 기존의 법통 및 종조에 대한 주장들은 선종의 입실면수入室面授의 원칙에 따른 역사적 사실을 기반으로 하는 것이 아니라, 시대적인 요구에 따른 각자의 정체성을 수립하기 위해 시도된 노력의 산물로 여겨지게 되었다.

혜심의 간화선과 지눌

지눌의 사상 가운데 선과 교를 모두 중시하는 선교일원론과 교외별전教外別傳적인 간화선 사상 간의 이질성을 어떻게 설명할 수 있는가의 문제와 관련하여, '지눌이 과연 간화선을 주창하였나'라는 의문이 현대 학계에서 제기되었다.[70] 선교의 일원론에 근거한 지눌의 정혜쌍수설과 화엄과 선이 결코 다르지 않음을 바탕으로 하는 원돈신해의 이론이, 『간화결의론』에서 언어의 지취旨趣를 떠난 간화 수행을 강조하는 지눌

---

[69] 각 법통설의 문제점에 대한 상세한 논의는 박해당, 「조계종의 법통설에 대한 비판적 검토」, 『철학사상』 11, 서울대철학사상연구소, 2000; 「성철의 법맥론에 대한 비판적 검토」, 『퇴옹성철의 깨달음과 수행: 성철의 선사상과 불교사적 위치』, 서울: 예문서원, 2006 참조.

[70] 대표적으로 권기종, 「看話禪과 '無字'公案考」, 『동국대논문집』 20, 동국대학교대학원, 1981; 「혜심의 선사상 연구: 지눌의 선사상과 비교하면서」, 『불교학보』 19, 동국대학교 불교문화연구원, 1982가 있다.

의 입장과 모순적이라는 것이다. 이러한 시각은, 『간화결의론』이 『원돈성불론』과 더불어 지눌 사후 제자 혜심에 의해 편찬된 사실과 연결되어 『간화결의론』의 진위에 대한 의심으로 이어졌다. 다시 말해, 『간화결의론』을 지눌이 아니라 제자인 혜심과 연결시켜 이해하려는 관점을 낳았다. 같은 맥락에서, 비록 보조국사의 「비명」에 지눌의 선 사상 체계를 나타내는 성적등지문, 원돈신해문, 간화경절문의 삼종문이 기록되어 있지만, 이 「비명」 또한 혜심의 주선으로 제작되었고, 「비명」 이외에 지눌 저술에는 삼문의 단어가 나오지 않는다는 사실이 지적되기도 하였다.[71]

실제로 혜심의 선 사상은 간화선에 초점이 맞추어져 있음이 알려져 있다. 수행의 요점을 정과 혜로 본 것은 지눌과 마찬가지이지만, 혜심은 정과 혜가 간화일문看話一門에 포함된다고 하면서 간화에 보다 중점을 두고 있는 것이다.[72] 또한 선교일원이나 선교합일을 강조하기보다는 선을 우위에 두고 간화 참구를 최선의 수행법으로 삼았다. 이러한 혜심의 선 중심의 관점은 그의 현존 저술 대부분이 선에 관한 것이라는 점에서도 나타나 있으며, 이 점에 있어서도 지눌과 차별성을 지닌다.[73]

지눌의 사상 체계인 돈오점수와 삼문의 관계를 어떻게 이해해야 하는가, 또는 삼문 내에서 각 문의 관계를 어떻게 해석해야 하는가 등의

---

71 권기종, 앞의 논문, 1982, p.24; 「知訥思想의 再照明」, 『보조사상』 31, 보조사상연구원, 2009, p.7.
72 권기종, 위의 논문, 1982, pp.26~30
73 혜심의 저술로는 『禪門拈頌集』, 『曹溪眞覺國師語錄』, 『狗子無佛性話揀病論』, 『無衣子詩集』, 『金剛經贊』, 『禪門綱要』가 전해지고 있다. 지눌의 사상 체계 내 간화선 사상의 이질성을 보는 관점에서, 『간화결의론』뿐 아니라 『법집별행록절요병입사기』와 「비명」 가운데 나타나는 간화선 관련 구절들 또한 혜심에 의해 위조된 것이라는 주장이 제기되기도 하였다.(박건주, 「普照禪에 대한 眞覺慧諶의 看話禪 僞造」, 『진단학보』 113, 진단학회, 2011)

문제는 지눌 사상의 이해에 있어서 핵심적인 문제로서 여전히 학계의 논의가 진행되고 있다.

지눌, 깨달음과 닦음의 화두를 던지다

　　지눌의 선 사상과 수행법은 선과 교로 나뉜 고려 불교계에서뿐 아니라 간화선 일색의 현대 불교계에도 영향력을 지닌다. 800여 년 전 지눌은, 선정과 지혜를 함께 닦는 정혜쌍수의 실천 수행을 통해 지혜 없는 맹목적 선정과 수행 없는 개념적 이해를 동시에 배제함으로써 고려불교의 문제점을 해결하려 노력하였다. 지눌이 추구한 선정은 법에 대한 통찰을 바탕으로 한다는 점에서 당시 암증선사들의 무조건적 좌선과 달랐으며, 지눌이 제시한 지혜는 반조를 수반해야 한다는 점에서 문자법사들이 행했던 언어적 분별과는 차별되었다. 지눌의 정혜쌍수 수행법은 바로 선과 교의 합일점에 대한 지눌 자신의 깨침의 경험을 바탕으로 한 결과였다.

　　현대에 와서 지눌의 선교일치 사상은 간화선을 중심으로 하는 현재의 한국 선불교와의 관계 정립 문제를 둘러싸고 다시 한 번 주목을 받게 되었다. 교외별전적 성격을 강조하는 간화선의 입장에서 지눌의 선과 교를 일치한다고 보는 입장이 비판됨으로써 두 입장의 차이가 논쟁적으로 논의되었다. 이 논쟁이 더욱 심도 있게 진행될 수 있었던 것은 바로 지눌 자신이 선교합일, 정혜쌍수의 수행법 외에 간화경절문 또한 제시하였다는 점에 바탕을 둔다. 지눌은 정혜를 닦는 것 외에 이를 뛰어넘는 수행법으로서 경절문을 통해 들어가는 무심합도문이 있음을 분명히 하였다. '맛이 없는 말'을 통해 단박에 깨치는 간화경절문은 어떠한 언어의 지취도 끊어 버린 교외별전의 길이고, 이를 통해 들어가는 무심합도문은 '생각' 자체를 모두 끊은 수행문이다.

　지눌이 제시한 이 두 상이한 수행의 방향성은 현대에 와서 학계와 종교계에 깨달음과 닦음의 화두를 던져 주었다. 이 두 수행 방법을 지눌의 사상 체계 내에서 설명하고자 하는 진영에서는 어떻게 선교합일과 교외별전의 두 입장이 지눌의 사상 체계 내에서 정합적으로 공존하는지 설명해야 했다. 반면, 이 두 수행법들을 서로 상충하는 것으로 보는 진영에서는 지눌이 최종적으로 어느 한쪽만을 채택하였음을 증명해야 했다. 논쟁은 아직도 진행형이며, 더욱 심도 있는 지눌 이해를 위해서는 다각적인 지눌 연구가 진행되어야 할 것으로 보인다. 지눌에게 지대한 영향을 준 이통현의 화엄 사상에 대한 체계적인 연구나 원효나 의상 등 한국 논사들의 교학 사상에 대한 지눌의 입장 또한 더욱 천착되어야 할 분야이다. 지눌이 던져 준 화두를 바탕으로 깨달음과 닦음에 대한 진지한 성찰은 계속되어야 할 것이다.

| 참고문헌 |

김방룡, 「간화선과 화엄, 회통인가 단절인가: 보조 지눌과 퇴옹 성철의 관점을 중심으로」, 『불교학연구』 11, 불교학연구회, 2005.
_____, 「한국 근·현대 看話禪師들의 普照禪에 대한 인식」, 『불교학보』 58, 동국대학교 불교문화연구원, 2011.
김용태, 「조선후기 근대의 宗名과 宗祖 인식의 역사적 고찰: 曹溪宗과 太古法統의 결연」, 『선문화연구』 8, 선문화연구원, 2010.
김잉석, 「佛日 普照國師」, 『불교학보』 2, 동국대학교 불교문화연구원, 1964.
길희성, 「지눌 선 사상의 구조」, 『보조사상』 12, 보조사상연구원, 1999.
박해당, 「조계종의 법통설에 대한 비판적 검토」, 『철학사상』 11, 서울대철학사상연구소, 2000.
심재룡, 「보조국사 지눌의 중국선 이해」, 『철학논구』 13, 서울대학교철학과, 1985.
_____, 「보조국사 지눌의 『원돈성불론』 상석-그의 선교일치체계를 중심으로」, 『보조사상』 13, 보조사상연구원, 2000.
최연식, 「『法集別行錄節要幷入私記』를 통해 본 普照 三門의 성격」, 『보조사상』 12, 보조사상연구원, 1999.

Buswell, Robert E. Jr., "Chinul's Systemization of Chinese Meditative Techniques in Korean Sŏn Buddhism," *Traditions of Meditation in Chinese Buddhism*, ed. by Peter N. Gregory, Honolulu: University of Hawaii Press, 1986.
_____, "Chinul's Alternative Vision of Kanhwa Sŏn and its Implications for Sudden Awakening/Sudden Cultivation," 『보조사상』 4, 보조사상연구원, 1990.

텍스트

석마하연론 釋摩訶衍論

• 김지연

I. 『석마하연론』의 성립 문제

　저술 시기의 이설異說/ 용수 진찬과 위찬 논쟁/ 신라 월충 저술설

II. 동아시아에서 『석마하연론』의 유통

　둔황 사본과 종밀의 인용/ 의천과 『고려대장경』/ 일본 진언종의 구카이와 주석서

III. 『석마하연론』의 독창적인 사상

　33법문 체계와 불이마하연不二摩訶衍/ 위의경의 창작/ 열 가지 심량과 염법상/ 주요 개념의 세분화/ 특이한 문자와 다라니

IV. 『석마하연론』과 신라불교의 연관성

　원효 『기신론소』의 영향/ 『금강삼매경론』과의 관계/ 의상계 화엄과의 관련성

■ 『대승기신론』 해석에 새로운 시각을 더하다

I. 『석마하연론』의 성립 문제

저술 시기의 이설異說

『석마하연론釋摩訶衍論』(이하 『석론』으로 약칭)은 『대승기신론大乘起信論』(이하 『기신론』으로 약칭)의 주석서로 총 10권으로 구성되어 있다. 『석론』에 대한 최초의 기록은 일본의 승려 카이묘(戒明)에게서 나타나는데, 그가 779년[1]에 당나라에서 귀국하면서 이 논을 일본에 전래하였다고 한다. 이와 같은 기록에 근거한다면 『석론』은 779년 전에 이미 저술되었을 것이지만 정확하게 언제 저술되었는지 알 수가 없다. 그래서 『석론』에 관심을 가진 여러 학자들이 이 논의 성립 시기에 대한 많은 논의를 진행하였고, 대략 7세기 말에서 8세기 말까지 100여 년 사이에 『석론』이 성립되었다고 추정하고 있다.

이와 같은 다양한 설을 정리해 보면 네 가지로 분류할 수 있다. 첫째는 7세기 말에서 8세기 초로 『대방광불화엄경大方廣佛華嚴經』과 무측천武則天에 근거한다. 세이키 류닌(関悠倫)은 『석론』의 본문이 저술된 이후에 지어졌을 「서序」의 저자가 무측천의 정책, 측천문자의 사용, 실차난타實叉難陀(652~710)의 『대방광불화엄경』 번역, 법장의 활동 등을 파악할 수 있는 환경에 있었다고 하였다.[2] 둘째는 700년에서 704년으로 『대승

---

1 카이묘의 전래에도 다양한 설이 제시되는데, 『唯識論同學鈔』・『寶冊鈔』・『日本高僧傳要文抄』에서는 779년(宝亀 10), 『守護國界章』과 『悉曇藏』에서는 781년(宝亀 12), 『本朝高僧傳』에서는 810년(弘仁年間)으로 기록되어 있다.
2 関悠倫, 「『釈摩訶衍論』の成立事情: 序の記述と武則天と則天文字」, 『密教学研究』

입능가경大乘入楞伽經』 번역을 기준으로 한 추정이다. 다니가와 다이쿄(谷川泰敎)는 『석론』이 실차난타가 번역한 『대승입능가경』을 인용하지 않았다는 점에 주목하여 이 경전이 역출되기 전에 성립되었다고 보았다.[3]

셋째는 법장法藏(643~712)의 적년인 712년 이후에 『석론』이 성립되었다는 설로 많은 학자들에 의해 지지되고 있다. 모리타 류센(森田龍僊)[4]은 『석론』에 나타나는 원효元曉의 『기신론소起信論疏』(이하 『원효소』로 약칭)와 법장의 『대승기신론의기大乘起信論義記』(이하 『법장소』로 약칭)의 영향 가운데 『법장소』와의 연관성이 더 높다고 밝혔다. 그는 저술 시기의 하한선을 불공不空(705~774)의 입멸까지로 규정하는데, 이와는 다르게 가가와 에이류(香川英隆)는 종밀宗密(780~841)의 탄생[5]까지로, 시오이리 료추(鹽入亮忠)[6]·이시이 코세이(石井公成)[7]·사토 아츠시(佐藤厚)[8]는 가이묘의 일본 전래(779)까지로 보았다. 이에 대해 김지연은 다라니에 나타나는 반절법反切法에 근거하여 그보다 앞선 766년으로 저술 시기의 하한선을 수정하였다. 『석론』 제9권에서는 다라니를 구성하는 특이한 글자의 음을 '於呼反'과 같이 반절법으로 표기한다. 이 반절법은 대력연간大曆年

50, 日本密敎學會事務局, 2018, pp.93~109

3 谷川泰敎, 「入楞伽經硏究ノート」, 『仏教学会報』 6, 高野山大学仏教学会, 1974, pp.53~66

4 森田龍僊, 「第Ⅲ編 釋摩訶衍論の眞僞」, 『釋摩訶衍論之硏究』, 藤井佐兵衛, 1935

5 香川英隆, 「釋摩訶衍論の史的硏究」, 『密敎硏究』 8, 高野山大學密敎硏究會, 1922, pp.32~44

6 鹽入亮忠, 「釋摩訶衍論解題」, 『國譯一切經』 論集部 4, 大東出版社, 1938, pp.1~19

7 石井公成, 「『釋摩訶衍論』の成立事情」, 『鎌田茂雄博士還曆記念論集』, 鎌田茂雄博士還曆記念論集刊行會, 1988; 김천학 역, 「신라 화엄사상 전개의 일측면」, 『화엄사상의 연구』, 민족사, 2020, pp.542~607; 「『釋摩訶衍論』における架空經典」, 『佛敎學』 25, 佛敎思想學會, 1988, pp.51~73

8 佐藤厚, 「新羅華嚴と『釋摩訶衍論』との關係をめぐる一つの手がかり」, 『東洋學硏究』 44, 驅澤大學東洋學會, 2007, pp.182~189

間(766~779)부터 '反' 자를 '切' 자로 교체하였기 때문에[9] '反'을 사용하는 『석론』은 766년 이후에 출판되었다고 보기 어려울 것이다.

넷째는 선무외善無畏(637~735)·금강지金剛智(671~741)·불공이 당나라에서 활동한 시기를 기준으로 한 추정이다. 모치즈키 신코(望月信亨)는 『석론』에 언급된 6인 마명설과 금강지가 저술한 『마명보살대신력무비험법염송의궤馬鳴菩薩大神力無比驗法念誦儀軌』와의 연관성에 근거하여 선무외·금강지가 입당한 720년에서 779년 사이라고 한다.[10] 나스 세이류(那須政隆)는 『석론』에 나타나는 밀교적 성향에 근거하여 금강지·선무외·불공이 입당하여 활동한 시기인 8세기 중엽에서 말엽으로 추정한다.[11] 하지만 필자는 선무외·금강지·불공의 입당 이전[12]일 것으로 보았다. 세 사람이 번역한 문헌이 언급되거나 인용된 예가 없고, 그들의 밀교적 특색을 드러내는 '대일大日'이나 '금강金剛'이라는 단어도 거의 보이지 않고, 『석론』에 나오는 다라니가 세 사람이 번역한 경전을 포함한 다른 그 어떤 문헌에서도 동일한 다라니가 발견되지 않는 것 등의 사실을 근거로 제시한다. 이시이 코세이도 『석론』에 보이는 다라니가 『대일경大日經』이나 『금강정경金剛頂經』 등의 이른바 순밀의 내용으로 보기 어렵다고 밝혔다.[13]

지금까지 연구된 가설들을 종합해 보면, 『석론』은 7세기 말에서 8세

---

9 김성수, 「석가탑 『無垢淨經』의 陀羅尼에 관한 연구」, 『서지학연구』 20, 2000, pp.313~316 참조.
10 望月信亨, 「釋摩訶衍論の眞僞」, 『佛書研究』 26, 佛書研究會, 1917, pp.1~5 ; 「釋摩訶衍論僞造考」, 『佛敎學雜誌』 2-8, 金尾文淵堂, 1921, pp.1~8
11 那須政隆, 『釋摩訶衍論講義』, 成田山佛敎研究所紀要, 1992
12 김지연, 「인용경전에 근거한 『釋摩訶衍論』의 저술시기 고찰」, 『불교학연구』 45, 불교학연구회, 2015, pp.165~192
13 石井公成, 앞의 논문, 1988, p.360

기 말 사이에 저술되어 널리 유통되었음이 분명하다. 여러 가지 근거들에 기반하여 다양한 설이 제안되었지만 『석론』의 저술 시기를 확정 지을 단서가 너무 부족하여 약 100년의 범위 안에서 더 명확한 선을 긋지 못한 채 가설로 남아 있다.

용수 진찬과 위찬 논쟁

『석론』 10권의 각 권마다 첫 장에는 제명 아래에 "龍樹菩薩造. 姚秦三藏筏提摩多奉. 詔譯."이라고 기록하여, 저자는 용수龍樹이고 번역자는 벌리마다筏提摩多[14]라고 밝히고 있다. 또한 요흥황제姚興皇帝가 저술했다고 하는 『석론』의 「서序」에서는 『석론』의 저자를 용수라고 밝힘과 동시에 번역자가 벌리마다이며 401년부터 2년간 번역했다고 상세하게 기록하고 있다.

> 마명 성인의 빛나는 덕이 이렇게 해서 고스란히 드러나고, 용수보살이 펴신 묘한 법운의 상서가 이렇게 해서 비로소 완전히 열리게 되었다. …… 나는 (『석론』의) 범본이 지난 날 중천축에 있다는 소식을 듣고, 사신을 보내 동쪽으로 모셔 오도록 하였다. 때는 홍시 3년, 세차 성기 9월 초순에 대장엄사에서 친히 받들어 깎아 낼 것은 깎아 내고 보탤 것은 보태면서 이 논을 받들어 번역하도록 하였다. 벌리마다 삼장이 직역을 하

---

14 筏提摩多에 대해서는 남아 있는 기록이 없어서 '벌제마다'와 '벌리마다' 중 어느 쪽인지 확인할 수 없다. 다만 'Digital Dictionary of Buddhism'에서 확정적이진 않지만 'Vṛddhimata(?)'라고 한 부분과 '菩提'도 불교에서는 '보제'가 아닌 '보리'로 읽는 것을 참고하여 '벌리마다'로 표기하기로 한다.[http://www.buddhism-dict.net(검색일자: 2021. 2. 17.)]

고, 유연타 등이 세속에 통용되는 말로 전하는 역할을 맡았으며, 사현금 등이 집필을 맡아서 시작에서 끝날 때까지 2년이라는 시간이 걸렸다.[15]

그러나 이 「서」의 기록을 포함한 『석론』의 저자와 번역자에 대한 진위는 카이묘가 이 논을 일본에 전래한 8세기 말부터 일본에서 제기되었다. 그 시작은 오미노 미후네(淡海三船)로, 그는 『석론』「서」의 저자인 황제의 이름(姚興)과 호(迴天鳳威), 『석론』이 번역된 시기(秦姚 弘始 3, 401)와 『석론』의 『기신론』본문으로 사용된 진제본의 시기, 『석론』 문장의 낮은 품위를 문제로 삼아 『석론』이 용수의 진찬이 아님을 주장했다.[16] 반면에 일본 진언종의 종조 구카이(空海, 774~835)는 『석론』이 용수의 저술임을 인정하여, 진언종 학도가 학습해야 할 경經·율律·논論 목록(眞言宗所學律論目錄)의 '논장論藏'에 『석론』을 포함시켰다. 또한 『변현밀이교론弁顯密二敎論』·『비장보약秘藏寶鑰』·『비밀만다라십주심론秘密曼茶羅十住心論』과 같은 자신의 주요 저작에서 『석론』을 논거로 사용하였다.[17] 하지만 천태종의 사이초(最澄, 767~822)는 『수호국계장守護國界章』에서 일곱 가지 이유를 들어 『석론』이 위론임을 주장한다.[18] 이 외에도 도센(道詮)의 『잠회미방기箴誨迷方記』,[19] 조교(常曉)의 『상효화상청래목록常曉和尚請來目錄』 등은 『석론』을 용수의 진찬으로 보았고, 엔친(圓珍)의 『감로집甘露

---

15 『釋摩訶衍論』(『大正藏』 32, 592a~b)
16 『寶册鈔』, 「釋摩訶衍論眞僞事」(『大正藏』 77, 820c~821a)
17 島村大心, 「『釋摩訶衍論』に說かれる六無明の眞意」, 『印度學佛敎學硏究』 54-1, 日本印度學佛敎學會, 2005, p.93
18 『守護國界章』(『大正藏』 74, 162b)
19 『箴誨迷方記』는 현존하지 않지만 安然의 『眞言宗敎時義』(『大正藏』 75, 375b) 등에서 그 내용을 확인할 수 있다.

集』・『사토통달의四土通達義』, 안넨(安然)의『진언종교시의眞言宗教時義』・
『실담장悉曇藏』, 에이초(永超)의『동역전등록東域傳燈錄』등은 진찬을 부
정하였다.[20]

이와 같은 저자와 번역자의 위찬 논쟁은『석론』에 인용된 경전을 통
해 그 사실을 검증해 볼 수 있다.[21] 우선 저자에 관련해서 살펴보면, 첫
째로『석론』에는 용수 이후에 제작된 후기 대승경전군에 포함되는『능가
경』과『부인경』이 인용되어 있다.『석론』에 인용된『능가경』의 문장 중 일
부는 구나발타라 역『능가아발다라보경』과 보리류지 역『입능가경』과 일
치한다.『부인경』의 문장은 구나발타라가 436년 번역한『승만사자후일
승대방편방광경勝鬘師子吼一乘大方便方廣經』의 문장이다.[22] 둘째로 중국
에서 만들어진 위경으로 판정된『본업경』이 인용되어 있다.『본업경』은
지겸支謙이 3세기 중엽에 번역한『불설보살본업경佛說菩薩本業經』, 섭도
진聶道眞이 4세기 초에 번역한『제보살구불본업경諸菩薩求佛本業經』, 축
불념竺佛念이 4세기 중엽에 번역한『보살영락본업경菩薩瓔珞本業經』이
있는데,『석론』은 축불념의『보살영락본업경』을 인용한다.[23] 그러나 모
치즈키 신코는『보살영락본업경』의 내용을 상세하게 조사하여 양대梁代
이전 중국에서 망작된 위경이라고 하였고, 그 후 이 설이 대체적으로 학
계에서 인정되고 있다.[24] 이 세 가지 경전에 근거한다면 인도의 승려인
용수는『석론』의 저자가 아니라는 사실이 분명하게 드러난다.

---

20 森田龍僊, 앞의 책, pp.757~760 참조.
21 자세한 내용은 주 11과 주 12의 논문 참조.
22 『釋摩訶衍論』(『大正藏』32, 608b, 608c, 625b)은『勝鬘師子吼一乘大方便方廣經』
(『大正藏』12, 221c, 221c, 220a)에 해당한다.
23 『釋摩訶衍論』(『大正藏』32, 648c, 652a~b)은『菩薩瓔珞本業經』(『大正藏』24,
1021b, 1014b~c)에 해당한다.
24 水野弘元 外 3人,『佛典解題事典』, 春秋社, 1993, p.114

다음으로 번역자와 관련하여 살펴보면, 『석론』「서」에 밝힌 401년은 요흥황제가 구마라집鳩摩羅什을 중국으로 모시고 온 시기로, 벌리마다는 구마라집과 동시대에 활동한 인물임과 동시에 요흥황제와도 관계가 있는 인물이다. 하지만 구마라집과는 대조적으로 벌리마다에 대한 기록은 『고승전高僧傳』을 포함한 그 어떤 문헌에도 보이지 않아 의문을 남긴다. 또한 번역 시기에 있어서도, 『석론』에 인용된 『마하마야경摩訶摩耶經』[25]은 담경曇景이 479년에서 502년 사이에 번역하였고, 『부증불감경不增不減經』[26]은 보리류지가 525년에 역출하였다. 이 두 경전의 번역 시기는 『석론』이 번역되었다고 하는 401년보다 늦으므로, 「서」에 기록된 번역 시기도 사실로 받아들이기 힘들다.

신라 월충 저술설

『석론』의 위찬설을 주장한 문헌 가운데 주목해야 할 문헌은 안넨의 『실담장』으로, 그는 용수의 저술이 아니라는 근거로 스승 엔닌(圓仁, 794~864)으로부터 들은 '신라 월충月忠의 저작설'을 제시한다.

> 나의 스승은 대안사 신라 스님 진총의 구설을 근거로 해서, '이는 신라 중조산 스님 월충이 위작한 것'이라고 했다. 『연력사목록』의 주에도 월충이라고 했다.[27]

---

25 『釋摩訶衍論』(『大正藏』 32, 594b)에 해당하는 부분은 『摩訶摩耶經』(『大正藏』 12, 1013c)이다.
26 『釋摩訶衍論』(『大正藏』 32, 608c14~17, 608c23~26, 609a)은 각각 『佛說不增不減經』(『大正藏』 16, 467b, 467c, 467c)에 해당한다.
27 『悉曇藏』(『大正藏』 84, 374c)

『석마하연론』에 대해서는 옛날 카이묘 화상이 당나라로부터 가져왔을 때, 여러 도속이 그 진위를 가려 논쟁하였다. 또 남대사의 신라 스님 진총은 '이 논은 신라 대공산 사문 월충이 찬했다'고 전하였다.[28]

엔닌은 일본 대안사(남대사)에 머물고 있던 신라승 진총珍聰으로부터 『석론』이 신라승 월충의 위작이라는 얘기를 듣고 제자 안넨에게 전하였다. 그리고 안넨은 이 내용을 『실담장』이나 『진언종교시의』 등을 포함한 자신의 저술에 기록하였다. 더불어 시오이리 료추는 『석론』에 사용된 진언 글자가 위작된 글자라고 밝힌 안넨의 설에 근거하여, 『석론』 제9권의 독특한 문자文字와 신라의 관계를 고려하며 신라승 월충의 찬술에 타당성이 많다고 보았다.[29] 하지만 이것은 전문傳聞에 따른 것이기 때문에 『석론』의 저자를 밝히는 확실한 근거는 될 수 없다. 그렇지만 안넨의 저술 외에도 료산(良算) 등의 『유식론동학초唯識論同學鈔』에서 "남대사 신라국 승려 진총의 말에 따르면 이 '『석마하연론』'은 신라국 대공산 사문 월충의 찬술이라고 한다."[30]라든지 에이초의 『동역전등록』에서 "『석마하연론』 10권은 『기신론』의 해석으로 신라 대공산 사문 월충이 지었다고 한다. 용수가 지었다고 하는 것은 거짓이다."[31]라고 하는 등의 서술에서 『석론』의 저자로 월충을 지목하는 점을 고려한다면, 신라승 월충의 저술일 가능성을 완전히 배제할 수는 없을 것이다.

지금까지의 『석론』의 성립에 대한 논의들을 정리해 보면, 이 논의 저

---

28 『眞言宗教時義』(『大正藏』 75, 375b)
29 鹽入亮忠, 앞의 논문, p.1
30 『唯識論同學鈔』(『大正藏』 66, 175b~c)
31 『東域傳燈錄』(『大正藏』 55, 1158c)

자가 용수라는 기록은 사실이 아님이 밝혀졌고 신라의 승려 월충일 가능성이 제시되었다. 번역자인 벌리마다에 대해서는 기록이 없기 때문에 그 진위를 밝히기는 어렵지만, 401년부터 2년간 번역되었다는 『석론』 「서」의 기록은 잘못된 기록임이 판명되었다. 따라서 성립 시기가 새롭게 설정되어야 할 필요성에 따라 여러 연구에서 제시한 다양한 설을 검토하였는데, 7세기 말에서 8세기 중반 사이에 저술되었을 것으로 추론된다.

II. 동아시아에서 『석마하연론』의 유통

둔황 사본과 종밀의 인용

중국에서 가장 처음 '釋摩訶衍論'이 나타나는 것은 종밀의 『원각경략소초圓覺經略疏鈔』이다.[32] 그 이후로 연수延壽(904~975)의 『종경록宗鏡錄』,[33] 지례知禮(960~1028)의 『금광명경현의습유기金光明經玄義拾遺記』,[34] 자선子璿(965~1038)의 『기신론소필삭기起信論疏筆削記』,[35] 지욱智旭(1599~1655)의 『대승기신론열망소大乘起信論裂網疏』[36] 등에 인용되었다. 이와 같이 9세기 초에 종밀이 『석론』을 인용한 이후로 근대에 이르기까지 이것이 지속적으로 인용되었음을 확인할 수 있고, 중국에서 계속 유통되고 있었음을 보여 준다.

32 『圓覺經略疏鈔』(『卍續藏』9, 925c)
33 『宗鏡錄』(『大正藏』48, 422c11, 471a, 491a, 571a, 658a, etc.)
34 『金光明經玄義拾遺記』(『大正藏』39, 21a)
35 『起信論疏筆削記』(『大正藏』44, 314b)
36 『大乘起信論裂網疏』(『大正藏』44, 439c)

중국에서는 여러 종류의 주석서도 저술되었는데, 현존하는 문헌은 주로 『석론』이 저술된 당대唐代와 요遼나라 황제 도종道宗(1032~1101)이 『석론』에 주목하여 활발한 연구가 이루어진 요대와 송대宋代에 만들어졌다. 당대에는 성파(聖法)의 『석마하연론기釋摩訶衍論記』와 파민(法敏)의 『석마하연론소釋摩訶衍論疏』가 있고, 요·송대에는 요나라 파우(法悟)의 『석마하연론찬현소釋摩訶衍論贊玄疏』, 즈푸(志福)의 『석마하연론통현초釋摩訶衍論通玄鈔』, 수웨이전(守臻)의 『석마하연론통찬소釋摩訶衍論通贊疏』, 시안옌(鮮演)의 『석마하연론현정소摩訶衍論顯正疏』, 송나라 푸관(普觀)의 『석마하연론기釋摩訶衍論記』가 있다.

현존하는 텍스트 가운데 중국에서 제작된 본으로는 둔황(敦煌) 사본의 일부, 서하 카라호토(黑水城) 사본 일부, 투르판 사본 일부, 요대에 판각된 『방산석경房山石經』이 있다. 『석론』의 둔황본은 『아라사과학원동방연구소성피득보분소장둔황문헌俄羅斯科學院東方硏究所聖彼得堡分所藏敦煌文獻』 11의 Дx03855(3-1)·Дx03855(3-2)·Дx03855(3-3)에서 확인할 수 있다.[37] 『석론』 제8권의 일부분으로 Дx03855(3-1)는 656c19~29(③)와 656c10~19(②), Дx03855(3-2)는 657a12~19(⑤)와 656b22~c10(①), Дx03855(3-3)는 656a29~657a10(④)에 해당하고,[38] 한 줄에 17자에서 19자로 구성되어 있다.[39] 또한 『둔황막고굴북구석굴敦煌莫高窟北區

---

[37] 俄羅斯科學院東方硏究所聖彼得堡分所·俄羅斯科學出版社東方文學部·上海古籍出版社 編, 『俄羅斯科學院東方硏究所聖彼得堡分所藏敦煌文獻』 11, 上海古籍出版社, 1999, pp.67~68

[38] 國際佛敎學大學院大學附屬圖書館 編, 『大正藏·敦煌出土佛典對照目錄』, 國際佛敎學大學院大學附屬圖書館, 2005, p.233에는 Дx03855(3-2)는 656b22~c10이고, Дx03855(3-1)는 656c19~657a19로 되어 있어 수정이 필요하다.

[39] 둔황본이 순서대로 되어 있지 않아서 괄호 안의 원 기호로 그 순서를 나타내었다.

石窟』의 제2권의 B125:28에, 『석론』 제10권의 668b16~17 부분이 있다. 두 줄만 남은 파편으로, 각 줄에서 상단부의 대여섯 글자만 확인이 가능하다. 『신수대장경新脩大藏經』의 글자와 교감한 결과에 의하면 한 줄에 21자가 있었을 것으로 예상되고, '滿' 자 등의 글자체로 봤을 때 앞의 둔황본과는 다른 사본으로 추정된다. 다음으로 『여순박물관장신강출토한문불경선수旅順博物館藏新疆出土漢文佛經選粹』에서 투르판 사본의 단편을 찾을 수 있는데,[41] LM20_1487_19_04(609c24~610a1), LM20_1487_23_07(609c29~610a3), LM20_1486_31_02(610a5~7)로 『석론』 제2권의 일부분이다. 신수대장경의 글자와 교감한 결과 한 줄에 17자가 있었을 것으로 예측된다. 서하 카라호토 사본은 『아장흑수성문헌俄藏黑水城文獻』 제2권에 있는데, 『석론』 제2권 부분인 TK77 64장과 제8권 부분인 TK78 18장이 있다.[42]

더불어 카라호토에서는 판본도 발견되었는데, 『아장흑수성문헌』 제5권에 『석론』 제3권 부분인 A38 I 40장과 제5권 부분인 A38 II 34장이 포함되어 있다.[43] 또 다른 판본은 『방산석경』 『석론』(Vol. 28, No. 1073)으로 통리 대사通利大師가 1092년에서 1093년에 새겼으며[44] 10권 전권이 남

---

[40] 彭金章 外, 『敦煌莫高窟北區石窟』 第二卷, 文物出版社发行部, 2004, B125:28. 國際佛敎學大學院大學附屬圖書館 編, 위의 책, p.233의 北区3은 北区2로 수정되어야 한다.

[41] 旅順博物館·龍谷大学, 『旅順博物館藏 新疆出土漢文佛經選粹』, 法藏館, 2006, p.196

[42] 俄羅斯科學院東方研究所聖彼得堡分所·中國社會科學院民族研究所·上海古籍出版社 (共)編, 『俄藏黑水城文獻』 2, 上海古籍出版社, 1996, pp.163~203

[43] 俄羅斯科學院東方研究所聖彼得堡分所·中國社會科學院民族研究所·上海古籍出版社 (共)編, 『俄藏黑水城文獻』 5, 上海古籍出版社, 1996, pp.338~375

[44] 김영미, 「高麗와 遼의 불교교류-『釋摩訶衍論』을 중심으로-」, 『韓國思想史學』 33, 한국사상사학회, 2009, p.111, 주 1 참조.

아 있다. 현재는 매우 일부만 남은 『거란대장경契丹大藏經』을 저본으로 하였고, 한 판에 29줄이 있고 한 줄에는 17자가 새겨져 있다.

의천과 『고려대장경』

신라의 승려 월충이 『석론』의 저자로 지목되었음에도 불구하고, 이 논이 한반도에서 기록상에 가장 처음 등장하는 것은 고려시대 의천義天 (1055~1101)의 『신편제종교장총록新編諸宗敎藏總錄』 권제3이다. 의천은 『석론』을 『기신론』 주석서 가운데 가장 먼저 언급하면서 저자를 용수라고 밝힌다.[45] 이어서 요나라의 즈푸·수웨이전·파우에 의해 저술된 『석론』의 주석서를 기록하는데,[46] 요나라의 주석서만을 언급한 점과 동아시아에서 목록을 다루는 문헌 가운데 『신편제종교장총록』에서 처음으로 언급된다는 점은 주목할 만하다. 이와 같은 『석론』에 대한 의천의 관심은 고려와 요의 교류를 통해 나타난 것으로, 1073년에 『거란대장경』이 고려에 전래되어 『석론』과 그 주석서가 고려에 유통되는 계기가 되었다. 다자이노 곤노소치(大宰權師) 후지와라노 스에나카(藤原季仲) 닌난지(仁和寺)의 니힌신노 가쿠교(二品親王覺行, 1075~1105)는 고려로 사신을 보내 『석론』을 가져왔다고 하니,[47] 『고려대장경高麗大藏經』이 조성되기 전에도 이미 고려에 유통되고 있었음을 보여 준다.

고려시대에 나타난 『석론』의 유행은 『초조대장경』에 입장되지 않았던

---

[45] 『新編諸宗敎藏總錄』(『大正藏』 55, 1174c)
[46] 『新編諸宗敎藏總錄』(『大正藏』 55, 1175b)
[47] 吉川太一郎, 「『釈摩訶衍論賛玄疏』における華厳思想の影響」, 『印度學佛敎學研究』 55-2, 日本印度学仏教学会, 2007, pp.568~571 참조.

『석론』이 소실된 대장경을 다시 조성한[1236(고종 23)~1251(고종 38)]『고려대장경』(K. Vol. 37, No. 1397)에 추가적으로 입장되는 결과를 이끌었다. 『고려대장경』의 경판 크기는 가로 70cm, 세로 24cm이며, 한 판에 글자 행수는 23줄이고 한 행에 14자가 새겨져 있다. 1246년(고종 33)에 판각된 대장도감大藏都監 각판(해인사海印寺 소장)을 인출한 본이 월정사와 동국대학교 중앙도서관에 소장되어 있다.

　『고려대장경』은 당시 고려에 유입되어 있던 요나라의『거란대장경』을 저본으로 했을 것으로 추정되지만 이 대장경은 현존하지 않기 때문에 확정 지을 수 없다. 다만『거란대장경』을 저본으로 한『방산석경』과『고려대장경』을 일부분 대조한 결과,『고려대장경』과 약 84%의 일치를 보여『고려대장경』도『거란대장경』을 저본으로 했을 것으로 보인다.[48] 하지만『방산석경』과 글자가 다른 부분이 발견되어,『거란대장경』을 저본으로 하면서도 여러 본을 대교하여 수정한 것으로 판단된다. 정교하게 만들어진『고려대장경』은 일본의 학자들에 의해서도 그 가치를 인정받으면서『신수대장경』을 제작할 때 저본이 되었다. 하지만『신수대장경』의『석론』텍스트는 저본을 밝히지 않고, 이시야마데라본(石山寺本)과 고야산본(高野山本)의 교감 사항만을 각주에 기술하여[49]『고려대장경』과의 관계가 드러나지 않는다. 하지만『고려대장경』과『신수대장경』을 일부분을 대교한 결과 약 88%의 일치를 보여,『신수대장경』의 저본이 된 것이『고려대장경』임을 알 수 있다.

48　『釋摩訶衍論』(『大正藏』32, 591c~592c, 601b~602a); 김지연,「그들은 동일한 텍스트를 보았는가?-『석마하연론』텍스트 교감과 계통-」,『불교학보』88, 2019, pp.64~76 참조.
49　『신수대장경』에서는 각주에 '㊄'과 '㊚'로 표기한다.

일본 진언종의 구카이와 주석서

일본은 동아시아 불교권 중에서『석론』의 연구가 가장 활발하게 이루어져 많은 주석서가 저술되었고 현재에도 많은 연구 논문들이 발표되고 있다. 이 흐름의 중심에는 일본 진언종의 종조인 구카이가 있다. 그는 진위 논쟁이 있었음에도 불구하고『석론』을 용수의 진찬으로 받아들여『대일경』,『금강정경』등과 함께 진언종 교학 체계의 중심에 놓았고, 자신의 저술에 인용함과 동시에 직접 주석서(『석마하연론지사釋摩訶衍論指事』)를 저술하였다.

그의 사상을 계승하여 사이센(濟暹, 1025~1115)의『석마하연론결의파난회석초의釋摩訶衍論決疑破難會釋抄義』, 가쿠반(覺鑁, 1095~1143)의『석마하연론지사釋摩訶衍論指事』, 도한(道範, 1178~1252)의『석마하연론응교초釋摩訶衍論應敎鈔』, 라이유(賴瑜, 1226~1304)의『석마하연론개해초釋摩訶衍論開解鈔』, 라이호(賴寶, 1279~1330)의『석마하연론감주釋摩訶衍論勘注』, 고호(杲寶, 1306~1362)의『석마하연론입의분사초釋摩訶衍論立義分私抄』, 유카이(宥快, 1345~1416)의『석마하연론결택집釋摩訶衍論決擇集』, 인유(印融, 1435~1519)의『석마하연론명목사초釋摩訶衍論名目私鈔』, 운쇼(運敞, 1614~1693)의『석마하연론백조담의釋摩訶衍論百條談義』등 많은 주석서가 만들어졌다.

이와 같이『석론』이 일본에 전래된 8세기 말 이후부터『석론』에 주목하였기 때문에 사본과 판본이 가장 많이 남아 있어, 일본에서 시대별로 어떻게 유통되었는지 또는 주변 국가와의『석론』텍스트의 교류는 어떠했는지를 확인할 수 있는 자료를 제공해 준다. 일본에서 가장 오래된 텍스트는 이시야마데라에 소장된 사본으로『석론』제1권부터 제5권까지 다섯 권만이 현존한다. 절본장折本裝이고, 비지斐紙에 필사하였으며, 가로는 56.8cm, 세로는 24.1cm이며, 묵계墨界가 있고, 1행에 보통 32자가 있다.⁵⁰ 도다이지(東大寺) 소장 사본은 1208년(承元 2)에 만들어졌고, 10권 전권이 도다이지 도서관에 보관되어 있다. 가로는 30.8cm, 세로 23.9cm이며, 한 면에 7줄이 있고, 한 줄에 20~22자가 적혀 있다. 오타니(大谷)대학교 박물관에도 사본이 보관되어 있는데, 제1권과 제9권만 남아 있고 발문跋文을 확인할 수 없어 성립 연대나 필사된 장소를 알 수 없다. 한 면에 7줄이 있고 한 줄에는 17~20자가 쓰여 있다.

　판본은 고야산본이 미노부산(身延山)대학·교토(京都)대학·류코쿠(龍谷)대학·젠츠지(善通寺)·일본국립국회도서관日本國立國會圖書館·나리타(成田)도서관 등에 소장되어 있다. 이들의 대부분은 1256년 고야산에서 조성된 목판본이거나 후대에 1256년본을 다시 판각한 본으로, 고야산본이 가장 활발하게 유통되었음을 말해 준다. 이 가운데 미노부산대학교 도서관에 소장된 『석론』의 판본을 보면, 총 10권이 모두 갖춰져 있고, 호접장胡蝶裝이고, 가로는 16.6cm, 세로는 25cm이고, 한 면에 6줄이 있고, 한 줄에 17자가 새겨져 있다. 간기에 제작자(高野山金剛佛子快賢)와 제작 시기(建長八年二月日)가 기록되어 있다.⁵¹ 이 외에도 도쿄(東京)대학, 규슈(九州)대학, 카가와(香川)대학 등의 대학 도서관, 도지(東寺) 칸치인(觀知院)본, 코우잔지(高山寺)본, 쇼우묘지(称名寺)본, 쇼우치인(正智院)본, 신후쿠지(眞福寺)본 등 다수의 본이 존재하고 있음이 확인되었다.⁵²

50　石山寺文化財綜合調査團,『石山寺古經聚英』, 法藏館, 1985, p.162 참조.
51　중국·한국·일본에 있는 사본과 판본의 사항은 김지연, 앞의 논문, 2019, pp.63~64 참조.
52　'한국찬술 불교문헌의 확장형 서지 DB 및 디지털지형도 제작(AKS-2016-KFR-1230003, 책임자: 김천학 동국대학교 HK교수)'의 자료 참조.

III. 『석마하연론』의 독창적인 사상

33법문 체계와 불이마하연 不二摩訶衍

　『석론』이 다른 『기신론』 주석서와 가장 큰 차이를 나타내는 부분은 『기신론』의 「입의분立義分」을 33법문法門 구도로 해석하는 것이다. 33법문이란 절대적인 과위果位의 불이마하연과 상대적인 인위因位의 32법문으로, 후자는 다시 16소입법所入法과 16능입문能入門으로 나뉜다. 이 두 가지는 각각 전중前重 8법과 후중後重 8법, 전중 8문과 후중 8문으로 구성된다(〈표 1〉). 「입의분」은 『기신론』의 요지를 서술하는 부분이기 때문에 『석론』의 33법문 체계는 결국 『기신론』 전체를 이해하는 『석론』의 기본적인 입장을 드러낸다고 할 수 있다.

　　마하연이란 총설하여 두 가지가 있다. 무엇이 두 가지인가. 첫째는 법法이고 둘째는 의義이다. 법이란 중생심이다. 그 심心은 일체의 세간과 출세간의 법을 포섭한다. 이 중생심(心)에 의해서 마하연의 의를 현시한다. 왜인가? 이 심의 진여상은 즉 마하연의 체를 보이기 때문이다. 이 심의 생멸인연의 상은 충분히 마하연의 자체상용을 보이기 때문이다. 의에는 세 종류가 있다. 무엇이 세 가지인가? 첫째는 체대이다. 일체의 진여를 이른다. 평등으로서 증감하지 않기 때문이다. 둘째는 상대이다. 여래장을 이른다. 무량의 성공덕을 구족하기 때문이다. 셋째는 용대이다. 능히 일체의 세간과 출세간의 선한 인과를 만들기 때문이다.(『기신론』)[53]

---

53 『大乘起信論』(『大正藏』32, 575c~576c)

〈표 1〉『석론』의 33법문 체계

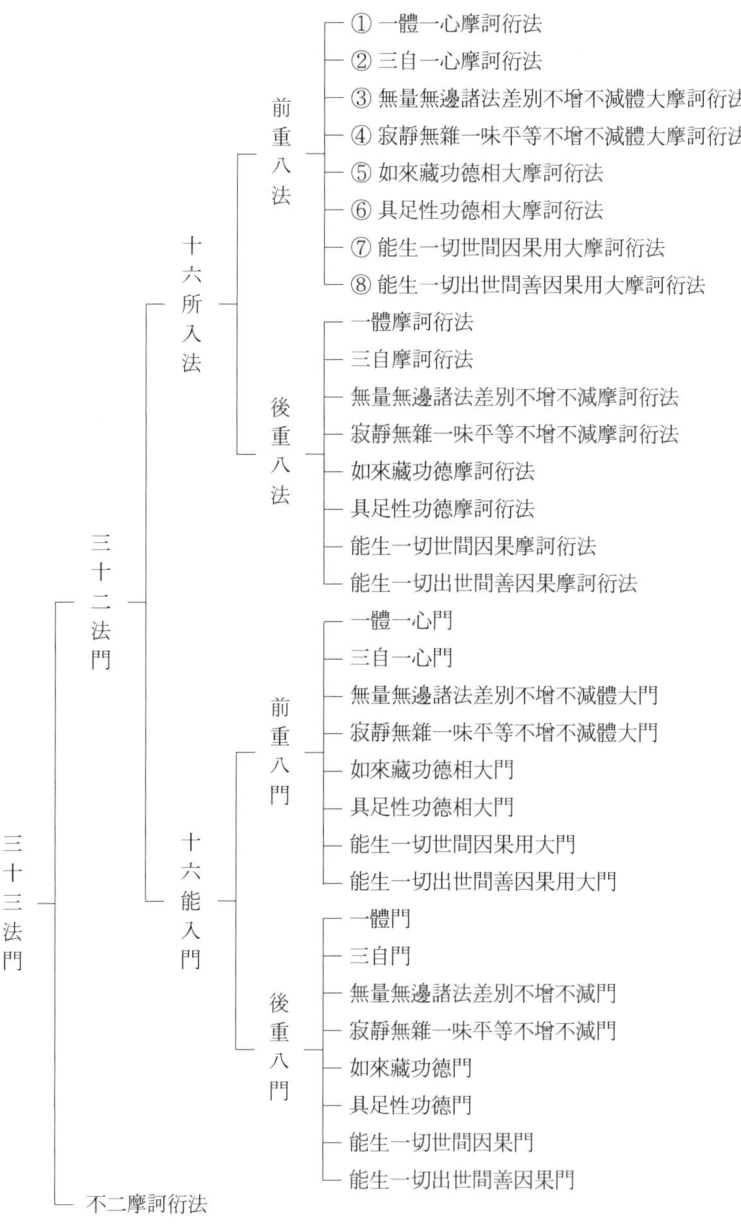

「입의분」 중에서 법문의 명칭 수는 합하여 33가지의 차별이 있다. 무엇이 33가지 차별인가? 이른바 16가지의 소입법과 16가지의 능입문과 불이마하연이 각각 차별되기 때문이다. 어떻게 마하연이 16가지가 되는가? 근본 마하연에서 8가지를 열기 때문이고, 일심법계와 삼대의에서 각각 2가지가 되기 때문이다. 어떻게 능입문이 16가지가 되는가? 일심법계와 삼대의에서 각각 2가지가 되기 때문이다. 혹은 각각 2가지의 문을 열기 때문이다.(『석론』)[54]

『기신론』에서 "마하연이란 총설하여 두 가지가 있다."를 다른 주석서에서는 모두 "마하연이란 총설하여 두 가지가 있다.(摩訶衍者, 總說有二種.)"라고 해석한다. 반면에 『석론』은 "마하연이란 전체이다.(摩訶衍者總) 설하면 두 가지 있다.(說有二種)"라고 분석하는데, 이 독법은 마하연에서 33가지 차별을 나타내기 위한 전제 조건을 마련하는 장치라고 볼 수 있다.[55] 『석론』은 "마하연이란 전체이다."에서 32법문의 근본이 되는 여덟 가지 마하연을 도출한다.(① 일체일심마하연, ② 삼자일심마하연, ③ 무량무변제법차별부증불감체대마하연, ④ 적정무잡일미평등부증불감체대마하연, ⑤ 여래장공덕상대마하연, ⑥ 구족성공덕상대마하연, ⑦ 능생일체세간인과용대마하연, ⑧ 능생일체출세간선인과용대마하연)[56]

용어를 자세히 살펴보면, ③과 ④에서는 『기신론』에서 "첫째는 체대이다. 일체의 진여를 이른다. 평등으로서 증감하지 않기 때문이다.(一者

---

54 『釋摩訶衍論』(『大正藏』32, 600a)
55 船岡芳昭는 「釋摩訶衍論の機根について」, 『密教學研究』2, 日本密教學會, 1970, p.100에서 '전체'의 의미가 '不二總'과 '八法總'을 의미한다고 하였다.
56 『釋摩訶衍論』(『大正藏』32, 600a~b)

體大. 謂一切法眞如平等不增減故.)"라고 한 부분에서 '일체법', '평등', '체대'와 '부증감'을 각각 '제법'(③), '일미평등'(④), '부증불감체대'(③·④)로 표현한다. ⑤와 ⑥은 『기신론』의 "둘째는 상대이다. 여래장을 이른다. 무량의 성공덕을 구족하기 때문이다.(二者相大. 謂如來藏具足無量性功德故.)"에서 '여래장'(⑤), '구족'(⑥), '상대'와 '(성)공덕'(공덕상대, ⑤·⑥)을 가지고 오고, ⑦과 ⑧은 "셋째는 용대이다. 능히 일체의 세간과 출세간의 선한 인과를 만들기 때문이다.(三者用大. 能生一切世間出世間善因果故.)"의 '능생일체'(⑦·⑧), '세간'(⑦), '출세간'(⑧), '(선)인과'와 '용대'(인과용대, ⑦·⑧)를 활용한다. 이와 같은 여덟 가지 마하연의 명칭은 『석론』의 독특한 관점이 반영된 것이지만, 『기신론』 「입의분」에서 체·상·용 삼대三大를 서술하는 부분을 토대로 하고 있음을 확인할 수 있다.

하지만 이 여덟 가지 마하연은 구성적 측면에서는 『기신론』의 구도를 벗어난다. 『석론』에서 ①·③·⑤·⑦은 생멸문의, ②·④·⑥·⑧은 진여문의 특성을 나타내지만, 여덟 가지 본법(마하연)은 근기(機)와 교설(說)이 있다고 하며 수행종인해修行種因海 즉 인위因位로 정의한다.[57] 이것은 여덟 가지 본법의 네 가지에 대응되는 진여문 역시도 기근과 교설이 있음을 의미한다. 이처럼 체·상·용 각각에 진여문과 생멸문의 두 문을 모두 부여하는 것, 그래서 진여문에 일심·체·상·용의 분별이 생기는 것[58]은 『기신론』을 포함한 다른 『기신론』 주석서와는 전혀 다른 해석이다. 『석론』이 이러한 해석을 한 이유는 33법문 체계에서 가장 핵이 되는

---

57 『釋摩訶衍論』(『大正藏』 32, 601c)
58 中島宥忍도 『석론』에서 진여문이 과위의 절대적인 경계가 아니고 상대적인 인위로 파악되고 있음을 밝히고 있다.(中島宥忍, 「釋摩訶衍論因緣分及び立義分の一考察」, 『大正大学大学院研究論集』 12 大正大学大学院, 1988, p.116)

개념임과 동시에 가장 독창적인 사상을 표현하는 개념인 '불이마하연'에서 찾을 수 있을 것이다.

> 무엇 때문에 불이마하연의 법은 인연이 없는가? 이 법은 지극히 묘하고 깊고 깊어서 홀로 존귀하다. 근기를 떠났기 때문이다. 무엇 때문에 근기를 떠났는가? 기機가 없기 때문이다. 어떤 건립을 따르는가? 건립이 아니기 때문이다. 이 마하연의 법은 모든 붓다가 얻는 것인가? 능히 모든 붓다에게서 얻어지는 것이지 모든 붓다가 얻는 것이 아니다. 보살과 이승과 일체의 범부중생(異類)도 마찬가지다. '성덕원만해性德圓滿海'라고 말하는 것이 이것이 된다. 왜냐하면 근기를 떠났기 때문이며, 교설을 떠났기 때문이다.[59]

기근과 교설의 인연을 따르는 32법문과는 다르게 불이마하연은 절대적인 법으로서 기근과 교설을 벗어난 과위의 상태이다. 모든 것이 하나로서 평등하고 청정하며 무량한 공덕을 갖추는 성품이 모든 것을 포용하는 바다와 같으므로 '성덕원만해'라고 한다. 다시 말하면 불이마하연은 『석론』에서 가장 궁극적인 단계를 표현한 단어인 것이다. 그럼에도 불구하고 '불이마하연'이라는 용어는 『석론』의 이 부분을 제외하고는 거의 등장하지 않는다. 『기신론』 「해석분」의 내용이 주로 『석론』의 32법문에 해당하는 부분이기 때문에, 개념적으로 분별하여 파악할 수 있는 대상이 아닌 '불이마하연'은 언어나 교설을 통해서 드러낼 수 없음을 보여주는 『석론』의 서술 경향이라고 볼 수 있다.

---

[59] 『釋摩訶衍論』(『大正藏』 32, 601c)

위의경의 창작

『석론』에는 상당히 많은 경전들의 명칭이 나타나는데, 『석론』에서 제시한 『마하연론摩訶衍論』[60] 즉 『기신론』이 소의로 한 경전 100부[61]와 약 127개의 인용된 경론이 있다. 우선 『기신론』의 소의경전 100부를 살펴보면, ③『금강삼매경金剛三昧經』, ④『제법무행경諸法無行經』, ⑨『대승동성경大乘同性經』, ⑲『유마힐경維摩詰經』, ㉒『무시경無始經』, ㉔『윤전경輪轉經』, ㉚『화엄경華嚴經』, ㉛『대품경大品經』, ㊱『불성경佛性經』, ㊳『능가경楞伽經』, ㊴『본업경本業經』, ㊸『팔덕경八德經』, ㊺『연기경緣起經』, ㊾『무상경無相經』, ㋕『부인경夫人經』, ㋖『법문경法門經』, ㋗『총지경摠持經』, ㋘『부동경不動經』, ㊟『수행도지경修行道地經』의 19종류만이 현재 경전의 존재를 확인할 수 있다.

다음으로는 『석론』에 인용된 경전으로 열 권 전체에 약 127개의 경론이 190회 정도 인용되었다. 이 가운데 위에서 다룬 『마하연론』의 소의경전 100부에 포함된 10종[62]을 제외하면, 『부증불감경不增不減經』, 『마하마야경摩訶摩耶經』, 『대종지현문본론大宗地玄文本論』, 『용왕경龍王經』, 『보적경寶積經』, 『도품경道品經』, 『천자경天子經』, 『포외경怖畏經』, 『세계경世

---

[60] 『석론』에서는 『기신론』을 '마하연론'이라고 명명하는데, 이것은 『석론』의 제명이 '석마하연론'인 것과 관련이 있다. 이것은 '대승'이 '마하연'의 한역어임에도 불구하고 두 개념을 구분하여 '마하연'을 '대승'보다 수승한 의미를 내포한다고 해석하는 『석론』의 사상적인 경향에 따른 것이다. 자세한 내용은 金知妍, 「『釈摩訶衍論』における摩訶衍と大乘-何故『釈摩訶衍論』なのか-」, 『智山学報』 69, 智山勧学会, 2020 참조.

[61] 『釋摩訶衍論』(『大正藏』 32, 593c~594a). 원 안의 숫자는 『석론』에서 제시된 순서를 논자가 임의로 표시한 것이다.

[62] 『大本維摩詰經』, 『般若波羅蜜經』, 『無相經』, 『法門經』, 『華嚴經』, 『菩薩瓔珞大本業經』, 『勝鬘經』, 『總持經』, 『金剛三昧經』, 『楞伽經』.

界經』, 『음성경音聲經』의 11종은 흔적을 찾을 수 있다.63

『석론』이 제시한 『마하연론』의 소의경전 100부 중 위에서 검토한 경전을 제외한 81종의 경전과 『석론』에 인용된 경전 중 남은 100여 종의 경론은 『석론』에서만 보인다. 여러 경록에서도 경명이 기록되어 있지 않고 다른 경전이나 논서에서 언급된 적도 없다. 물론 산실되었거나 일정 지역에서만 유통된 경전일 가능성을 완전히 배제할 수 없다. 하지만 『석론』에서 경전들을 인용하는 경우의 다수는 『석론』에서 처음 소개되는 개념이나 사상의 근거로 제시될 때이며, 인용된 경전의 문장에 사용된 단어들 가운데 상당수가 『석론』에서만 보인다. 이와 같은 사실은 역으로 이 경전들이 『석론』의 저자가 창작한 경전임을 보여 주는데, 『석론』의 독창적인 사상의 타당성을 입증하기 위해 창작된 위의경이라고 추정할 수 있다.

열 가지 심량과 염법상

『석론』 제2권에서는 『기신론』의 "심진여心眞如란 바로 일법계一法界 대총상大總相 법문法門의 체體이다. 이른바 심성은 불생불멸이지만, 일체의 모든 법이 오직 망념에 의지하여 차별이 있다. 만약 망념을 떠나면 바로 일체 경계의 상이 없다. 그러므로 일체 법은 본래부터 언설상言說相을 떠나고, 명자상名字相을 떠나고, 심연상心緣相을 떠난다."64에서 마지막의 "심연상을 떠난다."라는 어구를 설명하면서 열 가지 심량心量을 제시한다.

---

63 『석론』에 언급된 경전은 김지연, 앞의 논문, 2015, pp.168~170 참조.
64 『大乘起信論』(『大正藏』 32, 576a)

심량에 열 가지가 있다. 무엇이 열 가지인가. 첫째는 안식심眼識心이고, 둘째는 이식심耳識心이고, 셋째는 비식심鼻識心이고, 넷째는 설식심舌識心이고, 다섯째는 신식심身識心이고, 여섯째는 의식심意識心이고, 일곱째는 말나식심末那識心이고, 여덟째는 아리야식심阿梨耶識心이고, 아홉째는 다일식심多一識心이고, 열 번째는 일일식심一一識心이다. 이와 같은 열 가지 중에서 앞의 아홉 가지 마음은 진리를 연하지 않는다. 뒤의 한 가지 마음은 진리를 연해서 경계로 할 수 있다. 지금 앞의 아홉 가지를 들어서 이와 같이 "심연의 상을 떠난다."라고 말한다.[65]

심량의 첫 번째 안식심부터 여덟 번째 아리야식심까지는 많은 경과 논에서 언급되는 반면, 아홉 번째 다일식심과 열 번째 일일식심은 『석론』에서 처음 그 존재를 드러낸다. 이 두 가지 식심에 대한 자세한 설명이 없어서 어떤 식심인지 알 수 없지만, 아홉 번째 식심까지만 생멸의 영역이고 열 번째 식심은 진리의 영역이라는 사실은 『석론』의 서술을 통해 파악할 수 있다. 한편, 동일한 『석론』 제2권의 뒷부분에서는 여러 경전에서 건립한 식의 종류를 기준으로 심식설을 열 가지로 분류하는데, 『석론』이 제시한 열 가지 심량과는 다른 부분이 있다.

무릇 일대의 모든 성인이 설하는 가운데 다른 설의 계경을 모으면 총합해서 열 가지가 있다. 한 가지의 식에서 열 가지의 식에 이른다. 무엇을 열 가지 차별의 경이라고 하는가. 첫째는 한 가지 식을 세워서 모든 식을 총섭한다. …… 아홉째는 아홉 가지 식을 세워서 모든 식을 총섭한다. 무엇이 아홉 가지인가. 앞의 여덟 가지에 아마라식唵摩羅識을 더하

---

[65] 『釋摩訶衍論』(『大正藏』 32, 606b)

기 때문이다. 『금강삼매계경』에서 이와 같이 설한다. …… 열 번째는 열 가지의 식을 세워서 모든 식을 총섭한다. 무엇이 열 가지인가. 앞의 아홉 가지에 일체일심식一切一心識을 더하기 때문이다. 『법문계경』에서 이와 같이 설한다.[66]

아홉 가지 식을 세우는 설은 안·이·비·설·신의 다섯 가지 식, 의식, 말나식, 아리야식에 아마라식을 더하고, 열 가지를 세울 때는 아홉 가지에 일체일심식을 추가한다. 심량과 비교해 본다면, 앞의 여덟 가지(안식부터 아리야식)는 동일하지만, 아홉 번째와 열 번째는 각각 명칭이 다르다. 그럼에도 불구하고 『석론』은 심량과 여러 경전에서 설해진 심식설의 관계에 대해 설명하지 않아서, 아홉 번째와 열 번째가 각각 대응하는지 아니면 다른 관계가 있는지를 알기 어렵다. 다만 『석론』의 서술과 주석서의 해석을 통해서 유추해 볼 수 있다.

'아마라식唵摩羅識'이라는 단어는 『석론』 전체에서 위의 인용문 부분에 단 한 번 등장한다. 이 경우는 『금강삼매경』에 근거하기 때문에 『석론』의 이해라고 볼 수 없지만, 『석론』에서 '아리야식'의 열 가지 종류를 말하는 게송[67] 가운데 '백백아마라白白唵摩羅'와 '흑백아마라黑白唵摩羅'가 포함되어 있어 주목된다. 『석론』은 백백아마라는 청정본각아리야식清淨本覺阿梨耶識이고 흑백아마라는 염정본각아리야식染淨本覺阿梨耶識이며,[68] 각각 『기신론』의 성정본각性情本覺[69]과 수염본각隨染本覺[70]에 의

---

66 『釋摩訶衍論』(『大正藏』32, 611a~612a)
67 『釋摩訶衍論』(『大正藏』32, 612b)
68 『釋摩訶衍論』(『大正藏』32, 612b~c)
69 『大乘起信論』(『大正藏』32, 576c)
70 『大乘起信論』(『大正藏』32, 576c)

거한 것이라고 한다.[71] 이와 같이 『석론』에서는 아마라식을 제8심량인 아리야식심으로 이해하고 제10심량인 일일식심은 진리의 영역으로 정의하므로, 생멸의 경계에서는 남은 과제는 제9심량인 다일식심과 여러 가지 심식설의 제10 일체일심식의 관계이다. 다일식심을 해석하는 키워드는 '여래장'으로 『석론』의 문장 "그 다일심은 또한 여래장이라고 이름하기 때문이다."[72]에 근거한다.

주석서인 『석마하연론찬현소釋摩訶衍論贊玄疏』(이하 『찬현소』로 약칭)와 『석마하연론기釋摩訶衍論記』(이하 『보관기』로 약칭)에서는 그 여래장을 『석론』의 열 가지 여래장[73] 가운데 '여행여상여래장與行與相如來藏'으로 구체화한다.[74] 『보관기』에서는 한걸음 더 나아가 열 가지 식을 세우는 심식설의 제10 일체일심식을 여행여상여래장에 대응시키면서, 이 일체일심식을 다일식심과 등치시키는 이해를 보인다.[75]

이와 같이 『석론』은 새롭게 제9식과 제10식을 제시하였지만, 『석론』은 주석하는 대상인 『기신론』과의 관계가 항상 고려되어야 하는 주석서라는 위치에 있다. 『기신론』은 아리야식을 가장 최초에 일어나는 가장 미세한 염법상인 무명업상無明業相[76]에 대응시키고, 이 상을 제거하는 깨달음의 단계를 구경각으로 설정한다. 이와는 다르게 『석론』에서 아리야식보다 상위인 다일식의 존재를 상정한다면 그에 대응되는 상相과 각

---

71 『釋摩訶衍論』(『大正藏』32, 612b)
72 『釋摩訶衍論』(『大正藏』32, 608a)
73 『釋摩訶衍論』(『大正藏』32, 608a~609a). 열 가지 여래장의 명칭은 아래에서 서술한다.
74 『釋摩訶衍論贊玄疏』(『新纂續藏』45, 866a~b); 『釋摩訶衍論普觀記』(『新纂續藏』46, 50b)
75 『釋摩訶衍論普觀記』(『新纂續藏』46, 57c~58a)
76 『大乘起信論』(『大正藏』32, 577a)

覺의 단계를 『기신론』의 체계에 적용할 수 없다는 문제가 발생한다. 비록 『석론』의 저자가 명확하게 밝히지는 않았지만, 『석론』이 제시한 해결법은 업상과 구경각의 세분화라고 추론해 볼 수 있다. 『석론』에서는 생·주·이·멸의 네 가지 상 분류에서 이 무명업상을 생상으로 놓고, 생상을 독력업상獨力業相·독력수상獨力隨相·구합동상俱合動相으로 세분화한다.

> 근본무명이 본각을 훈습할 때 세 가지 상이 생기기 때문에 생상이라고 이름한다. 무엇이 세 가지인가? 첫째는 독력업상이고, 둘째는 독력수상이고, 셋째는 구합동상이다. 독력업상이란 무명의 체를 취하는 것이 아니라 무명의 업을 취하기 때문이다. 독력수상이란 본각의 체를 취하는 것이 아니라 본각의 용을 취하기 때문이다. 구합동상이란 (무명과 진여가) 화합하여 움직이는 상을 취하기 때문이다. 총체적으로 이 세 가지를 들기 때문에 생상이라고 이름한다. 생상의 명칭은 처음 생김을 세우기 때문이다.[77]

이 세 가지 생상은 『석론』만의 독특한 관점에서 창조된 것이다. 독력업상과 독력수상은 공통적으로 '독력獨力'이라는 단어를 사용하고 있는데, 독력업상과 독력수상이 각각 무명과 본각의 '작용'임을 표현한다. 그러나 『석론』은 『기신론』의 무명업상을 세 가지 상으로 재구성한 이유에 대해 밝히지 않는다. 다만 『석론』의 내용이나 전체적인 구도의 측면에서 보면, 미세한 생상을 다시 세 가지 상으로 나눔으로써 미세함 속에서도 거침과 미세한 분위를 재설정하려는 의도가 있었을 것으로 추론된다.

---

[77] 『釋摩訶衍論』(『大正藏』 32, 616c)

이것이 바로 『석론』의 제9심량인 다일식심과 관련이 있을 것이다. 세 가지 상 가운데 독력업상이 가장 미세하고, 본각의 작용인 독력수상은 대치되는 대상에서 제외되고, 구합동상은 가장 거칠다. 그렇다면 구합동상이 『기신론』의 무명업상에 해당되어 아리야식에 대응되고, 구합동상보다 미세한 독력업상은 아리야식보다 상위의 다일식심과 연결되는 상이 된다.

이와 같은 구성은 『기신론』의 시각始覺 위位에서 생상을 끊는 구경각에 대한 이해와도 관련이 있다고 판단된다. 『석론』은 구경각을 다시 인만위因滿位와 과만위果滿位로 나누는 독특한 해석을 제시하기 때문이다. 이 상과 각을 배대하면 '인만위-구합동상'과 '과만위-독력업상'이 되는데, 이에 따라 각각에 해당하는 지地에도 변화가 일어난다.

> 이와 같은 네 가지 상은 지혜의 양에 따라서 증감이 같지 않다. 이 뜻은 무엇인가. 신위의 사람은 하나(멸상)를 빼고 셋(이상, 주상, 생상)을 갖추고, 삼현위의 사람은 둘(멸상, 이상)을 빼고 둘(주상, 생상)을 갖춘다. 십지 중에서 제9지에서는 셋(멸상, 이상, 주상)을 빼고 하나(생상)를 갖추고, 제10지에서는 거친 한 가지(구합동상)를 빼고 미세한 한 가지(독력업상)를 갖추고, 여래지에서는 네 가지 상 전부가 없어서 구경청정이다. 그러므로 증감이 같지 않다고 설한다.[78]

『석론』은 깨달음의 단계와 지를 연결하고 그 단계에서 대치되는 상을 설명한다. 구경각의 인만위는 제10지로 구합동상을 제거하고, 과만위는

---

[78] 『釋摩訶衍論』(『大正藏』 32, 617a)

여래지로 마지막 남은 독력업상을 없앤다. 『석론』이 구경각을 인만위와 과만위로 나누면서 이에 맞춰 제10지 위에 최고의 지위로 대원경지大圓鏡智인 여래지如來地를 설정하여 열한 단계의 체계를 보여 준다.

　지금까지의 논의를 종합해 보면, 『석론』은 아리야식보다 위에 다일식 심을 창조하면서, 아리야식에 대응하는 업상을 독력업상·독력수상·구합동상의 셋으로 나누고, 업상을 대치하는 구경각을 인만위와 과만위의 두 단계로 나눈다. 그래서 『기신론』의 아리야식에 해당하는 '무명업상-구경각'을 '구합동상-인만위-제10지'로 나타내고, 『석론』의 '독력업상-과만위-여래지'와 연결하여, 새로운 식을 설정함에 따라 발생하게 되는 문제를 해결하면서 구조적 논리성을 확립한 것으로 추론된다.

〈표 2〉 『석론』의 覺-相-識 구조

始覺의 四位	四相	『釋論』			
究竟覺	生相	如來地 (果圓滿)	無明業相	獨力業相 [獨力隨相]	多一識 [心]
		十地 (因圓滿)		俱合動相	阿梨耶識
隨分覺	住相	九地		能見相	末那意識
				境界相	
				智相	分別事識
				相續相	
相似覺	異相	三賢位		執取相 計名字相	
不覺	滅相	十信位		起業相 業繫苦相	

주요 개념의 세분화

『석론』은 '진여', '본각', '무명', '여래장', '아리야식' 등의 주요한 개념들에 여러 가지 의미나 명칭을 부여하는 서술적 특징을 나타낸다. 이러한 경향은 두 가지로 분류할 수 있는데, 첫 번째는 단어를 글자 단위로 분석하여 그 의미를 파악한 것이다. 『석론』은 '본각本覺'을 '본'과 '각'으로 분리하여 각 글자가 갖는 열 가지 뜻을 보인다. '본'에는 근根·본本·원遠·자自·체體·성性·주住·상常·견堅·총總의 의미가 있고, '각'에는 경鏡·개開·일一·이離·만滿·조照·찰察·현顯·지知·각覺의 뜻이 있다.[79] 이 외에도 '진여' 등의 단어를 글자별로 나누어 단어가 포함하는 의미의 범위를 넓히고 있다.

두 번째는 다양한 경전에 나오는 여러 가지 설을 정리한 것이다. 『석론』에서는 "경전 중에서 나누어 다르게 설명한 것", "무릇 일대의 여러 가지 경전을 모으면", "무릇 (석가)모니존 일대의 여러 가지 다른 설을 모으면" 등과 같이 서술한 뒤 자세한 설명을 이어 간다.[80] 예를 들면, 『석론』은 무명을 명무명明無明·암무명闇無明·구시무명俱是無明·구비무명俱非無明·공무명空無明·구족무명具足無明의 여섯 가지로 나눈다.[81] 그리고 두 번째의 암무명은 다시 견일처주지見一處住地·보은무진주지報恩無盡住地·무시유종주지無始有終住地·무등등생주지無等等生住地·생득주지生得住地·관만주지觀滿住地·지애주지智礙住地·불각주지不覺住

---

[79] 『釋摩訶衍論』(『大正藏』32, 614a~b).
[80] 『釋摩訶衍論』(『大正藏』32, 608a, 612b), "於契經中別別說故"; 同, (624a), "凡集一代種種契經"; 同, (623a), "凡集牟尼尊一代中種種異說."
[81] 『釋摩訶衍論』(『大正藏』32, 623a~624a).

地·각료주지覺了住地·자장주지子藏住地로 세분화한다.[82] 또한 아리야식을 대섭주아리야식大攝主阿梨耶識·근본무명아리야식根本無明阿梨耶識·청정본각아리야식淸淨本覺阿梨耶識·염정본각아리야식染淨本覺阿梨耶識·업상업식아리야식業相業識阿梨耶識·전상전식아리야식轉相轉識阿梨耶識·현상현식아리야식現相現識阿梨耶識·성진여리아리야식性眞如理阿梨耶識·청정시각아리야식淸淨始覺阿梨耶識·염정시각아리야식染淨始覺阿梨耶識으로 구체화한다.[83] 여래장 역시도 대총지여래장大總持如來藏·원전원박여래장遠轉遠縛如來藏·여행여상여래장與行與相如來藏·진여진여여래장眞如眞如如來藏·생멸진여여래장生滅眞如如來藏·공여래장空如來藏·불공여래장不空如來藏·능섭여래장能攝如來藏·소섭여래장所攝如來藏·은부여래장隱覆如來藏의 열 가지가 제시된다.[84]

『석론』은 이 외에도 정념과 상응하는 열 가지 공덕, 열한 가지 말나식의 명칭, 자성공덕의 열일곱 가지 명칭 등도 이와 같은 형식을 사용하여 자세하게 설명한다. 이와 같이 『석론』은 하나의 용어에 여러 가지 이름을 부여하면서 일반적인 해석과의 차별성을 드러낸다. 각각의 명칭들을 살펴본다면 각각이 어떤 새로운 의미를 나타내기보다는 그 개념이 가진 특성을 명칭화한 것임을 알 수 있다. 다시 말하면, 『석론』은 이와 같은 해석 방식을 통해 그 개념의 의미를 확장하여 폭넓은 이해를 시도하려고 한 의도가 있다고 추론할 수 있다.

---

82 『釋摩訶衍論』(『大正藏』32, 624a~625b)
83 『釋摩訶衍論』(『大正藏』32, 612b~613b)
84 『釋摩訶衍論』(『大正藏』32, 608a~609a)

특이한 문자와 다라니

『석론』의 서술 형식은 먼저 『기신론』의 문장을 제시하고, 본론本論을 주석하는 내용을 간단하게 게송으로 먼저 제시한 후 상세한 풀이를 이어 가는 형식으로 간다. 특히 위에서 설명한 하나의 개념을 여러 가지 명칭으로 나타낼 때는 게송에 명칭들이 우선적으로 나열되는데, 풀이에서 사용되는 단어와는 다른 형태가 제시된다. 예를 들면 『석론』은 '진여문眞如門'의 열 가지 명칭인 여래장문如來藏門·불이평등문不二平等門·일도청정문一道淸淨門·불기부동문不起不動門·무단무박문無斷無縛門·무거무래문無去無來門·출세간문出世間門·적멸적정문寂滅寂靜門·대총상문大摠相門·진여문眞如門을 게송에서 바가바구사婆伽婆俱舍·건차아다나健遮阿多那·필보리바리必菩提婆梨·건하건바나健訶健婆那·아타아지니阿陀阿只尼·아가아시야阿伽阿始耶·도라낙보제度羅諾補帝·막호건나지漠呼健那地·마하표타일摩訶標陀一·바아차니라婆阿叉尼羅로 표기한다. 마치 풀이(論)의 용어들은 산스크리트어를 의역한 것이고, 게송의 용어들은 음역한 것처럼 보인다. 하지만 현 시점에서 이와 같은 음역어는 『석론』에서만 보이기 때문에 산스크리트어의 의역은 아닌 것으로 추정되지만, '무無'는 '아阿'로, '세간世間'은 '라낙보제羅諾補帝'[85]로 등과 같이 동일한 단어로 통일해서 표현하기 때문에 아직 그 정체에 대해서는 판정할 수 없다.

---

[85] 진여문과 함께 생멸문도 藏識門(阿梨耶鍵摩)·如來藏門(婆伽婆俱舍)·起動門(阿伊婆那羅)·有斷有縛門(健訶健只尼)·有去有來門(健伽健始耶)·多相分異門(叉叉筏那羅)·世間門(羅諾補帝門)·流轉還滅門(闍縛多涅槃)·相待俱成門(呵只伽那尸)·生滅門(多跋多健舍)의 열 가지로 표현되는데, 명칭들을 비교해 보면 다른 경우들도 확인된다.

또 다른 특이한 문자는 『석론』 제8권과 제9권에서 설명되는, 밀교의 영향을 받은 것으로 보이는 수행법과 다양한 다라니에서 등장한다. 특히 『석론』 제9권에서는 『기신론』 「수행신심분」에서 선근력이 부족한 수행자가 마구니·외도·귀신에 의해 겪게 되는 여러 가지 혼란 가운데, "혹은 천상天像과 보살상菩薩像을 나타내거나 또한 여래상來像相을 지어 상호를 구족하여"[86]를 해석하면서 외도가 천상·보살상·여래상을 만드는 과정을 자세하게 설명한다. 『석론』에서는 상을 만드는 과정을 머리·얼굴·눈·귀·코·혀·몸·손·발·심식의 순서로 설명하면서, 각 부분을 만들 때 외워야 하는 다라니와 횟수를 상세하게 언급한다. 그 가운데 천상을 조성할 때 마지막에 심식을 불어넣으며 외우는 다라니를 보면 아래와 같다.

보살상[87]

㊉㊉㊉㊉㊉㊉㊉㊉㊉㊉㊉㊉㊉ 隠天反 㺨㺨㺨㺨㺨㺨㺨㺨㺨㺨㺨㺨
於阿反 佮佮佮佮佮佮佮佮佮佮佮佮佮 弗入反 㗹㗹㗹㗹㗹㗹㗹㗹㗹㗹㗹㗹
㗹 去言反 娑婆訶阿訶呵 (23000번).

이 다라니에는 ㊉, 㺨, 佮, 㗹과 같은 특이한 형태의 문자가 활용되는데, 이 외에도 圗, 䛦, 㲻, 凨, 罒, 燃, ㊍, 凵과 같은 글자가 다른 다라니에서 사용된다. 이 글자들은 다른 경전이나 논에서는 발견되지 않고, 㗊(고려대장경 월정사본)과 㒼(일본국립국회도서관 고야산본)같이 『석론』의 텍스트에 필사되거나 판각된 글자의 형태에도 차이가 있어서[88] 정체를 파악

---

86 『大乘起信論』(『大正藏』32, 582b)
87 『釋摩訶衍論』(『大正藏』32, 661b)
88 『신수대장경』에는 특이한 글자의 일부 형태가 대교본과 모양이 다르다는 것을 교감

하기 어렵다. 이에 대해 이시이 코세이는 도교에서 진묘鎭墓의 부적으로 이용되는 『오련경五鍊經』 부록문符錄文의 둔황 사본(P2865)에 보이는 글자와의 유사한 형태 등에 근거하여 도교의 영향을 받아 형성된 것일 가능성을 제시하였다.[89]

IV. 『석마하연론』과 신라불교의 연관성

원효 『기신론소』의 영향

가시와기 히로오(柏木弘雄)[90]와 모리타 시게미쓰(森田竜儼)[91]를 포함한 다수의 연구는 『석론』이 『법장소』의 영향 아래에서 저술되었다고 하면서 『원효소』와의 관계를 간과한다. 하지만 법장이 『원효소』의 많은 부분을 참고하고 있음은 이미 선행 연구를 통해서 입증되었다. 따라서 『석론』도 『법장소』를 의지하면서 동시에 『원효소』를 참고했을 가능성이 크다. 실제로 『석론』을 검토해 보면 『원효소』로부터 직접적으로 영향을 받았음을 보여 주는 부분들이 발견된다. 우선 글자와 관련된 사항으로 『기신론』이

주에 나타내었다. 그리고 김영미도 『석론』(『고려대장경』, 『방산석경』)과 『석론』 주석서(『석마하연론기』, 『석마하연론통찬소』, 『석마하연론통현초』)의 글자 모양이 다름을 밝혔다. 김영미, 「高麗大藏經本 『釋摩訶衍論』의 底本 연구」, 『이화사학연구』 59, 2019, pp.129~158 참조.

[89] 石井公成, 「新羅成立の諸經論」, 『불교학보』 92, 동국대학교 불교문화연구원, 2020, pp.80~81 참조.

[90] 柏木弘雄, 「起信論 註釋書の系譜」, 『印度學佛敎學硏究』 17, 日本印度學佛敎學會, 1969, pp.75~81

[91] 森田竜儼, 앞의 책, 1935

상속식을 해석하는 부분에서 나타난다.

> 『기신론』 "復能成熟現在未來苦樂等報, 無差違故."[92]
> 『원효소』 "又復能起潤生煩惱, 能使業果續生不絶, 故言成就無差違故."[93]
> 『법장소』 "又復能起潤生煩惱, 能使已熟之業感報相應, 故言成熟無差違也."[94]
> 『석론』 "如本復能成就現在未來苦樂等報無差違故."[95]

위의 인용문에서 밑줄로 나타낸 글자는 '熟'과 '就'이다. 『기신론』에서는 성숙의 '숙'을 '熟'으로 나타낸다. 이것을 『원효소』에서는 '就'로, 『법장소』에서는 '熟'으로, 『석론』에서는 '就'라고 적었다. 『기신론』·『원효소』·『법장소』·『석론』의 사본과 판본을 교감하면 다른 해석이 나올 수도 있지만 『신수대장경』을 기준으로 한다면, 『해동소』는 『기신론』의 글자 '熟'을 '就'로 변경하거나 오기하였고 『석론』은 『원효소』와 동일한 글자를 사용했음을 확인할 수 있다. 『석론』이 『원효소』를 참고했음을 보여 주는 근거 중 하나가 된다.[96]

> 『석론』 "一者唯立一藏, 摠攝諸法, 謂法界法輪藏, 圓滿契經中, 作如

---

92 『大乘起信論』(『大正藏』 32, 577b)
93 『起信論疏』(『大正藏』 44, 214a)
94 『大乘起信論義記』(『大正藏』 44, 265b)
95 『釋摩訶衍論』(『大正藏』 32, 630b)
96 김지연, 「『釋摩訶衍論』의 註釋的 硏究」, 동국대학교 박사학위 논문, 2014, p.123 참조.

是說, <u>一切衆生所有言音, 莫非如來法輪聲攝故.</u>"⁹⁷

『원효소』"來實有衆多音聲, <u>一切衆生所有言音, 莫非如來法輪聲攝,</u> 但此佛音無障無礙 一即一."⁹⁸

다음은『석론』이『법장소』에는 없는『원효소』의 문장을 그대로 인용하는 경우이다.『석론』에서는『원각계경圓滿契經』의 문장이라고 하면서 위의 내용을 인용하는데, 일치하는 문장이『원효소』에 서술되어 있다. 다만『원효소』에서는 '원만경'이라고 밝히지 않았고『원만경』은 현존하지 않는 경전이라서 이 문장이『원만경』의 것인지 여부는 가릴 수 없지만, 이 문장은 현 시점에서는『원효소』에서만 보이고 다른 경전이나 논서에는 나오지 않는다. 그렇기 때문에 이 문장은『석론』이『원효소』로부터 차용한 문장일 가능성이 매우 크고,『석론』이『원효소』를 참고했음을 입증해 주는 또 다른 근거가 된다.⁹⁹

---

97 『釋摩訶衍論』(『大正藏』32, 593a)
98 『起信論疏』(『大正藏』44, 205c)
99 『석론』의『능가경』인용도 그 하나의 근거가 될 수 있다.『석론』은 동일한『기신론』부분을 해석하면서『원효소』에는 인용되어 있지만『법장소』에는 없는『능가경』의 문장을 사용한다.
   ①『入楞伽經』(『大正藏』16, 519a), "寂滅者名爲一心 一心者名爲如來藏."
   『起信論疏』(『大正藏』44, 206c), "如經本言, 寂滅者名爲一心 一心者名如來藏."
   『釋摩訶衍論』(『大正藏』32, 604c) "楞伽契經中作如是說, 寂滅者名爲一心, 一心者名如來藏故."
   ②『楞伽阿跋多羅寶經』(『大正藏』16, 483a), "大慧, 譬如明鏡, 持諸色像, 現識處現, 亦復如是."
   『起信論疏』(『大正藏』44, 212b), "譬如明鏡持諸色像, 現識處亦復如是."
   『釋摩訶衍論』(『大正藏』32, 626a), "譬如依明鏡故現諸色像名爲現相."
   하지만 ①은 세 문헌의 문장이 일치하고, ②는『원효소』의 문장이『능가아발다라보경』과 거의 일치하는 것과는 다르게『석론』은 문장의 일부만 취했기 때문에『석론』

마지막은 사상적인 측면으로 심식설과 관련된 제7 말나식末那識에 대한 해석이다. 『기신론』에서는 말나식이 언급되지 않고, 경론마다 이 식을 제7이라는 독립된 위치로 인정할지의 여부에 대해 다른 입장을 표명한다. 『기신론』 주석서에서도 『원효소』는 말나식이 아리야식과 6진塵에 반연함을 밝히면서[100] "지상이란 제7식이다."[101]라고 하며 제7 말나식을 지식과 연결하여 설명한다. 반면에 『법장소』에서는 말나식은 아리야식과 의식에 상응하는 식이고 무명이나 바깥 경계에 의해 식이 일어나지 않아 그 뜻이 순조롭지 못함을 이유로 독립된 식으로 인정하지 않는다.[102]

『석론』은 "이 여섯 가지 '지상·상속상·집취상·계명자상·기업상·업계고상'은 모두 의식지意識地이고 다른 식법識法이 아니다."[103]라고 하여 지상을 의식에 포함시켜 말나식을 인정하지 않는 것처럼 보인다. 하지만 "저 말나식은 바로 의식의 미세한 분위로서 독립된 체를 갖는 것이 아니다."[104]라고 하며 말나식을 독립된 식으로 받아들이지는 않지만 의식의 미세분위로서 그 존재를 인정하고 있음을 볼 수 있다. 그리고 지상을 의식지에 놓으면서 그 의식의 미세한 분위인 말나식을 지상과 연결한다. 비록 제7식이라는 독립된 식으로 세우지는 않지만 의식의 미세한

이 『능가아발다라보경』을 직접 본 것인지 아니면 『원효소』에서 차용한 것인지 알 수가 없다. 다만 다른 부분에서 『석론』이 『능가경』을 인용하면서 본 경전이 아닌 『법장소』의 문장을 사용한 용례에 의한다면, 이 부분에서도 『원효소』의 문장에 의거한 것으로 추론할 수 있다. 다만 『석론』에 인용된 『능가경』의 용례를 모두 검토하여 인용경향을 밝힌 후에 확정 지을 수 있을 것으로 사료되므로 이에 대한 추후의 연구가 필요하다.

100 『起信論疏』(『大正藏』 44, 212c)
101 『起信論疏』(『大正藏』 44, 214a)
102 『大乘起信論義記』(『大正藏』 44, 263a)
103 『釋摩訶衍論』(『大正藏』 32, 626b)
104 『釋摩訶衍論』(『大正藏』 32, 626c)

분위로 말나식을 인정하고 지상에 대응시키는 것은 『원효소』의 관점을 반영한 부분이라고 판단된다.

『금강삼매경론』과의 관계

『석론』 제2권에는 여러 경전에서 건립한 심식설의 종류를 열 가지로 분류하는데, "아홉째는 아홉 가지 식을 세워서 모든 식을 총섭한다. 무엇이 아홉 가지인가. 앞의 여덟 가지에 아마라식을 더하기 때문이다. 『금강삼매계경』에서 이와 같이 설한다."[105]라고 하며, 모든 식을 아홉 가지 식으로 총합하는 설에서 제9식을 '아마라식'으로 놓는 심식설을 소개한다.

'아마라식唵摩羅識'은 산스크리트어 'āśraya-parivṛtti'에 대한 진제의 번역어로 현장은 '전의轉依'로 번역한다. 이것은 무구無垢를 의미하기 때문에 '무구식'이나 '청정식淸淨識'으로 번역하고, '진여식'이라고도 한다.[106] 그리고 '菴摩羅識',[107] '庵摩羅識',[108] '阿摩羅識',[109] '阿末羅識'[110]으로도

---

105 『釋摩訶衍論』(『大正藏』 32, 611c~612a)
106 『國譯一切經』, p.86, 주 179 참조.
107 『大佛頂如來密因修證了義諸菩薩萬行首楞嚴經』, 『妙法蓮華經玄義』, 『金光明經玄義』, 『法華玄義釋籤』, 『妙法蓮華經玄義釋籤』
108 『金剛三昧經』, 『妙法蓮華經玄義釋籤』
109 『決定藏論』, 『轉識論』, 『十八空論』, 『三無性論』, 『大乗義章』, 『淨名玄論』, 『維摩經義疏』, 『維摩經略疏』, 『中觀論疏』, 『大乗玄論』, 『華嚴經內章門等雜孔目章』, 『涅槃宗要』, 『仁王經疏』, 『解深密經疏』, 『瑜伽論記』, 『四分律疏飾宗義記』, 『四分律行事鈔批』, 『大日經疏指心鈔』, 『說無垢稱經疏』, 『成唯識論述記』, 『成唯識論學記』, 『大乘莊嚴經論』, 『佛頂尊勝心破地獄轉業障出三界祕密三身佛果三種悉地真言儀軌』, 『大方廣佛華嚴經隨疏演義鈔』, 『大方廣佛華嚴經疏鈔會本』
110 『瑜伽論記』, 『解深密經疏』, 『成唯識論述記』, 『大乘法苑義林章』, 『成唯識論學記』

표기된다. 아마라식이 사용된 용례를 본다면 '菴摩羅識'과 '阿摩羅識'이 가장 많이 활용되었는데, 『석론』은 네 가지 가운데 사용 빈도가 가장 낮은 '唵[111]摩羅識'을 썼다. 여기에서 주목되는 점은 다음의 〈표 3〉에서 확인되는 것과 같이, 『금강삼매경』에서는 '庵'으로 되어 있고, 그 주석서인 『금강삼매경론』에서는 '唵'으로 되어 있는데, 『석론』은 아마라식의 근거로 『금강삼매경』을 인용하면서 『금강삼매경론』에 인용된 『금강삼매경』의 문장과 동일한 글자인 '唵'을 사용한 것이다. 더욱이 '唵摩羅識'을 사용한 문헌 가운데 『금강삼매경론』만이 『석론』보다 이전에 만들어졌다는 사실에 근거한다면 『석론』은 『금강삼매경론』으로부터 많은 영향을 받았음을 확인할 수 있다.[112] 이시이 코세이 역시도 『석론』의 '불이마하연'이나 '성덕원만해'와 같은 개념 및 오중문답이 서술되는 부분의 전후에서 『금강삼매경론』의 영향이 나타난다고 밝힌다.[113]

〈표 3〉『석론』과 『금강삼매경론』의 비교

『석론』에 인용된 『금강삼매경』	『금강삼매경』	『금강삼매경론』
爾時無住菩薩而白佛言 尊者以何利轉 而轉衆生一切情識入唵摩羅 佛言諸佛如來常以一覺 而轉諸識入唵摩羅故.[114]	爾時無住菩薩而白佛言 尊者以何利轉而轉衆生一切情識入庵摩羅 佛言諸佛如來常以一覺而轉諸識入庵摩羅.[115]	爾時無住菩薩而白佛言 尊者以何利轉而轉衆生一切情識入唵摩羅. …… 經曰. 佛言諸佛如來常以一覺而轉諸識入唵摩羅.[116]

---

111 가장 오래된 사본으로 알려진 이시야마테라 사본은 현재 확인할 수가 없지만, 『석론』의 카라호토 사본(TK77 64-53)과 『고려대장경』, 『방산석경』, 일본국립국회도서관 소장 고야산본의 판본을 확인한 결과는 '唵'으로 동일했다.
112 다만, 본고에서는 불교기록문화유산아카이브(http://kabc.dongguk.edu)의 『금강삼매경』과 『금강삼매경론』의 원본을 확인하지 못하고 『신수대장경』에 근거한 것이기 때문에, 추후 이 두 문헌의 사본이나 판본을 확인할 경우 그 결과에 따라 『석론』과 『금강삼매경론』의 관계는 달라질 수도 있다.
113 石井公成, 김천학 역, 앞의 책, pp.550~558 참조.

의상계 화엄과의 관련성

오래전부터 『석론』의 저자로 신라의 승려 월충이 후보로 떠올랐지만 『석론』과 신라불교 사상의 관계에 대한 연구는 큰 관심을 받지 못하였다. 하지만 이시이 코세이는 『석론』과 신라 의상義湘 계통 화엄 사상의 관계에 주목한 의미 있는 연구를 진행하였다. 그는 『석론』이 당시 『기신론』을 중심으로 일어난 다양한 논쟁들을 회통하는 것을 목적으로 하고, 이것이 원효의 회통 사상으로부터의 영향이라고 보았다. 그리고 위경으로 밝혀진 『금강삼매경』과 원효가 저술한 『금강삼매경론』과 『석론』의 관계를 검토하여 신라 문헌과의 연관성을 높였다. 특히 이시이 코세이는 신라 의상 계통의 화엄 사상과의 관련성을 보여 주는 근거로 세 가지 세간의 명칭과 '신심身心'의 용어 등을 제시한다. 우선 『석론』에서 세 가지 세간을 중생세간衆生世間·기세간器世間·지정각세간智正覺世間으로 정의하는데,[117] 세 가지 세간의 명칭이 경론이나 학파에 따라 다소의 차이가 있지만 『석론』에서 사용된 명칭은 화엄종의 것이라고 이시이 코세이는 해석한다.[118] 이어서 '신심'이라는 용어가 『탐현기』 등에서는 사용되지 않고 『법계도』·『법계도』의 주석·『법계도기총수록法界圖記叢髓錄』과 같은 의상계 화엄 문헌에서만 등장하는 경향을 밝힌다. 『석론』에는 『분류화엄계경』의 "노사나불盧舍那佛은 삼종 세간을 그 신심으로 한다."[119]

---

114 『釋摩訶衍論』(『大正藏』 32, 611c)
115 『金剛三昧經』(『大正藏』 9, 368b)
116 『金剛三昧經論』(『大正藏』 34, 978a)
117 『釋摩訶衍論』(『大正藏』 32, 622a)
118 石井公成, 김천학 역, 앞의 책, p.560
119 『釋摩訶衍論』(『大正藏』 32, 688a)

라는 '신심'을 포함한 문장을 인용하는데, 이 문장은 현존하는 『화엄경』 에서 일치하는 부분을 찾을 수 없으므로 『석론』의 성립은 신라 화엄교학의 동향과 무관하지 않다는 결론을 도출한다.[120] 이시이 코세이는 이와 같이 검토한 내용을 토대로 하여 『석론』의 저자가 원효나 의상과 관련된 신라의 수선자라고 추정한다.[121]

이시이 코세이와 더불어 사토 아츠시도 신라 화엄 사상과의 연관성을 제시하였다.[122] 그는 『대기大記』에 인용된 『고사古辭』와 균여의 저술에 인용된 『고사』를 검토하여, 의상계 화엄 문헌에서 『고사』라고 인용된 문장은 내력이 불분명한 의상계 내에서 생겨나 전승된 교설을 지시하는 경우가 많다는 사실을 밝힌다. 그래서 『고사』의 내용과 『석론』에 인용된 『진수계경眞修契經』의 내용이 유사하다는 점에 착안하여 『석론』이 신라에서 저술된 문헌일 가능성을 제기한다.

〈표 4〉[123]

『석론』의 『진수계경』[124]	『대기』의 『고사』[125]	균여 『일승법계도원통기』의 『고사』[126]
一歲母一時　生五十歲兒 彼五十歲兒　懷妊一歲母 生五十一歲　大丈夫男子 或豈如是有　或豈如是無	一歲女妊　五十年產 得五十歲　大丈夫也	一年母懷　五十年生 五十一年　大丈夫也

120　遠藤純一郎는 石井公成가 제시한 근거들을 검토하여, 石井公成가 제시한 근거들이 『석론』이 신라 논서로부터 영향을 받았다고 해서 성립 지역을 신라로 한정할 필요는 없다고 하였다. 遠藤純一郎, 「『釋摩訶衍論』新羅成立説に関する考察」, 『智山学報』 45, 智山勧学会, 1996, 85~102 참조.
121　石井公成, 앞의 논문, 1988 참조.
122　佐藤厚, 앞의 논문 참조.
123　佐藤厚, 앞의 논문, p.114

사토 아츠시는 『석론』의 『진수계경』, 『법계도기총수록』에서 인용한 『법계도』의 주석서인 『대기』에 언급된 『고사』의 문장, 균여의 『일승법계도원통기一乘法界圖圓通記』에 인용된 『고사』의 문장을 비교한다. 그는 『대기』의 『고사』에서 1세의 여인(초발심보살)이 50세의 대장부(50위)를 얻게 된다는 부분이 『석론』의 『진수계경』과 동일하다고 해석한다. 또한 『일승법계도원통기』의 『고사』에서도 한 살의 어머니(초발심)가 51세의 대장부(등묘이각等妙二覺)를 낳았다는 유사한 내용이 있음을 보인다. 이와 같이 1세의 어머니가 50세 또는 51세의 아들을 낳는다는 문장을 통해 초발심 단계에 뒤에 이어지는 위位가 이미 포함되어 있다는 의미를 나타낸 것이 『석론』의 『진수계경』과 『고사』의 공통점임을 밝힌다. 이와 같은 검토를 토대로 사토 아츠시는 신라 화엄 문헌에 인용된 『고사』라는 문헌의 성격이 신라에서 성립된 전승을 의미할 가능성이 높다는 것을 고려한다면, 『석론』과 다른 두 문헌의 『고사』의 내용적 유사성으로 보았을 때 『석론』의 『진수계경』이 신라 전승으로부터 만들어진 경전일 가능성이 높다고 결론 맺는다.

---

124 『釋摩訶衍論』(『大正藏』 32, 605a)
125 『法界圖記叢髓錄』(『大正藏』 45, 762b)
126 『一乘法界圖圓通記』(『韓佛全』 4, 34a)

『대승기신론』 해석에 새로운 시각을 더하다

　『석론』은 『기신론』의 주석서로 본론인 『기신론』과 마찬가지로 저술된 시기와 저자 및 번역자의 진위 문제가 제기되었고 현재까지 그 해답은 보류 중이다. 그리고 『원효소』나 『법장소』를 포함한 다른 주석서와는 차별된 시각으로 『기신론』을 해석한다. 그래서 본고에서는 『석론』의 성립과 관련된 여러 가지 논의들을 제시하고, 『석론』의 텍스트와 내용을 검토하여 『석론』의 사상적 특징을 고찰하였다.

　『석론』에 대한 최초의 기록은 779년에 일본의 승려 카이묘가 당나라로부터 일본으로 돌아오면서 이 논을 가지고 왔다는 것이다. 하지만 저술 시기에 대한 기록이 없었기 때문에 모치즈키 신코, 다니가와 다이쿄, 모리타 류센, 가가와 에이류, 나스 세이류, 시오이리 료추, 이시이 코세이, 사토 아츠시, 세이키 류닌, 김지연 등이 『석론』의 저술 시기에 대한 논의를 진행하였다. 각 연구들 간에 약간의 차이가 있기는 하지만 종합적으로는 『석론』이 7세기 말에서 8세기 말 사이에 저술되었다는 것에 대해서는 이견이 없다. 다만 이 범위를 좁히기 위해서는 단서가 더 발견되기를 기다릴 수밖에 없을 것이다.

　성립 시기보다 더 이른 시기에 논란의 중심에 선 것은 저자 용수와 번역자 벌리마다였다. 이 논쟁은 카이묘가 일본에 『석론』을 전래한 이후 오미노 미후네로부터 시작되어 사이초로 이어졌다. 반면에 구카이는 이 논을 용수의 진찬이라고 믿고 진언종의 중요 논서로 지정하였다. 이와 같은 저자와 번역자의 위찬 논쟁은 현대에 이르러서는 『석론』에 인용된 경전을 통해 그 사실을 검증해 볼 수 있는데, 우선 『석론』에 『능가경』과

『부인경』 같은 용수 이후의 후기 대승경전군 및 『본업경』과 같은 중국에서 편찬된 경전이 인용되어 있어 저자가 용수라는 기록은 사실이 아님이 증명되었다. 다음으로는 『석론』 「서」에 『석론』의 번역 시기라고 기록된 401년 이후에 번역된 『마하마야경』과 『부증불감경』이 인용되어, 번역자인 벌리마다와 번역 시기에 대한 기록이 명확하지 않음이 밝혀졌다. 용수가 저자가 아님이 드러남에 따라 주목되는 것은 바로 신라 승려 월충의 『석론』 저술설이다. 『실담장』과 같은 여러 일본 문헌에서는 『석론』의 저자가 신라의 승려 월충이라고 한, 일본에 머무르던 신라 승려 진충으로부터 들은 말을 기록하여 『석론』이 신라인에 의해 저술되었을 가능성을 제기하였다.

비록 『석론』이 일본에 전해진 이후부터 진위 논쟁에 휩싸였지만, 중국에서는 『석론』 저자에 대한 의심 없이 지속적으로 유통되었는데, 당나라에서 저술된 성법의 『석마하연론기』를 비롯한 수많은 주석서 및 둔황 사본과 『방산석경』 등의 여러 사본과 판본은 이 사실을 보여 준다. 중국과의 교류가 활발했던 한국에서는 다소 늦은 고려시대에 의천의 『신편제종교장총록』에서 『석론』에 대한 기록이 나타나지만, 『고려대장경』에 입장되면서 일본에도 영향을 주었다. 일본에서는 진언종의 종조인 구카이가 『석론』을 진언종 교학 체계의 중심에 놓으면서, 현대에 이르기까지 가장 활발한 연구를 이어 가고 있다. 이와 같은 경향은 일본에 이시야마데라 사본이나 고야산 판본을 포함한 많은 텍스트를 남겼고, 구카이가 『석론』의 주석서인 『석마하연론지사』를 저술한 이후로 방대한 양의 주석서들이 저술되었다.

『석론』이 오랫동안 명맥을 유지할 수 있었던 이유 중 하나는 이 논만이 가지는 독창적인 사상일 것이라고 생각한다. 『석론』은 『기신론』 「입의분』을 주석하는 과정에서 33법문 체계를 구축하여 『기신론』을 이해하는 자신의 기본적인 입장을 제시한다. 33법문은 16능입문·16소입법·불이마하연으로 구성되어 있는데, '불이마하연'은 과위이면서 『석론』의 가장 핵심에 있는 독창적인 개념이다. 이 외에도 여러 개념이나 사상이 『석론』에서 새롭게 등장하는데, 심식설에서도 『석론』은 '다일식심-일체일심식'을 건립한다. 동시에 업상을 독력업상·독력수상·구합동상으로 나누고 구경각을 인만위와 과만위로 나누어, 다일식심을 독력업상과 과만위에 연결하여 구조적인 정합성을 형성한다. 그런데 『석론』은 자신이 창조한 설을 단순히 제시하는 것이 아니라 경전을 근거로 하여 타당성을 입증한다. 이때 주목되는 부분이 『석론』에 등장하는 여러 종류의 위의경이다. 『석론』에는 『기신론』이 소의로 하는 경전 100부와 약 127개의 경론이 인용되는데, 전자에서는 81부가 후자에서는 100여 종의 경론이 『석론』에서만 등장하여 위의경이 확인되었다. 『석론』의 또 다른 서술적 특징 중 하나는 '진여', '본각', '무명', '여래장', '아리야식' 등의 주요한 개념들에 여러 가지 의미나 명칭을 부여하는 것이다. 단어를 글자 단위로 분할하여 여러 가지 뜻을 부여하는 경우도 있고, 여래장과 같은 하나의 개념에 여러 가지 명칭을 부여하여 그 개념이 가지는 의미를 드러내기도 한다. 이와 같은 『석론』의 독창성은 산스크리트어의 음역인 것처럼 보이는 단어들과 『석론』 제8권부터 등장하는 다라니의 특이한 글자들에서도 발견된다.

　『석론』에서 보이는 독창성은 이 논이 신라 문헌과의 관계 속에서 성립되었을 가능성을 제기해 준다. 『석론』에는 『법장소』의 영향이 많이 나타나지만 『원효소』를 인용한 문장들을 통해 『원효소』의 영향도 확인되었다. 더불어 원효가 저술한 『금강삼매경론』과의 연관성도 제시되었다.

또한 이시이 코세이와 사토 아츠시에 의해 신라 의상계 화엄에서만 사용되는 용어 '신심'의 사용이나, 신라에서 성립된 전승일 가능성이 높은 『고사』와 『석론』의 공통된 내용을 통해 신라 성립의 가능성을 높였다.

지금까지 검토한 바와 같이 신라인이 저술했을 가능성이 있는 『석론』은 매우 색다른 시선에서 『기신론』을 이해한다. 그래서 다른 『기신론』 주석서에는 보이지 않는 차별된 해석을 『석론』 전체에서 확인할 수 있고, 이것은 『석론』의 정체성을 나타낸다. 본고에서 다룬 내용은 그 일부분으로, 아직 드러나지 않은 『석론』만의 독창적인 이해가 『석론』 10권에 가득하다. 앞으로의 연구를 통해 『기신론』에 대한 『석론』만의 새로운 시각의 전체적인 형태를 파악하여, 동아시아불교의 또 다른 하나의 지류를 발견하기를 기대하며 이 글을 마친다. 석론

| 참고문헌 |

石井公成 저, 김천학 역, 「신라 화엄사상 전개의 일측면」, 『화엄사상의 연구』, 민족사, 2020.

김영미, 「고려대장경본高麗大藏經本『석마하연론釋摩訶衍論』의 저본底本 연구」, 『이화사학연구』 59, 2019.

김지연, 「인용경전에 근거한 『釋摩訶衍論』의 저술시기 고찰」, 『불교학연구』 45, 2015.

_____, 「그들은 동일한 텍스트를 보았는가? -『석마하연론』 텍스트 교감과 계통-」, 『불교학보』 88, 2019.

早川道雄, 『釋摩訶衍論の新硏究』, ノンブル社, 2019.

森田龍僊, 『釋摩訶衍論之硏究』, 藤井佐兵衛, 1935.

那須政隆, 『釋摩訶衍論講義』, 成田山佛敎硏究所紀要, 1992.

佐藤厚, 「新羅華嚴と『釋摩訶衍論』との關係をめぐる一つの手がかり」, 『東洋學硏究』 44, 驅澤大學東洋學會, 2007.

텍스트

주석서 註釋書

• 김천학

I. 인도 불교 문헌의 주석서

　　주석서란 무엇인가/ 경전의 주석서/ 논서의 주석서

II. 중국과 한국 불교주석서의 특징

　　중국의 학파적 특징/ 신라의 포괄적 경향/

　　고려·조선의 제한적 계승

III. 신라 불교 문헌의 주석서

　　주석의 계보/ 신라 문헌의 주석서/ 신라 추정 문헌의 주석서

IV. 고려 및 조선 불교 문헌의 주석서

　　주석의 현황/ 고려 문헌의 주석서/ 조선 문헌의 주석서

■ 한국 찬술 불교 문헌 동아시아를 횡단하다

I. 인도 불교 문헌의 주석서

주석서란 무엇인가

주석서의 정의 및 종류를 고찰하기에 앞서 주석의 어의에 대해서 고찰해야 할 것이다. '주석'이란 말은 육조시대에 처음 사용되며, 주로 고서를 대상으로 해석하고 주해하는 것을 지칭한다.[1] 경전을 주석하는 개념은 이미 전傳이나 주注 등의 명칭으로 한나라 때부터 등장했으며, 한편 소통의 의미로는 소疏를 사용하거나 석훈釋訓, 석언釋言 등 '석釋' 자를 사용하였다.[2] 그 외에도 전箋, 해解, 학學, 집해集解, 정의正義 등 다양하다.

주注의 뜻은 본래 물을 붓는다는 의미로서, 고전의 글자를 해석하여 소통시킨다는 뜻으로 이해했는데, 이와 비슷한 의미 및 명칭으로 훈고訓故, 설의說義, 장구章句 등이 있다.[3] 그 외에도 사용하는 용어는 많다.[4]

그렇다면 주석의 이명에는 구체적으로 어떤 뜻이 있을까? 이 가운데 몇 가지를 선택하여 소개하면 다음과 같다.[5] 전傳은 경에 주석을 붙이는 것인데, 공자孔子(B.C. 551~479)의 '술이부작述而不作(조술祖述만 하고 창작하지 않았다.)'도 역시 전傳에 해당한다. 이와 비슷한 말로 학學이 있다.

---

1 왕요남 지음, 신승운 외 옮김, 『주석학개론 1』, 서울: 한국고전번역원, 2004, p.21
2 왕요남 지음, 신승운 외 옮김, 위의 책, 2004, p.22
3 왕요남 지음, 신승운 외 옮김, 위의 책, 2004, pp.23~25
4 왕요남 지음, 신승운 외 옮김, 위의 책, 2004, pp.21~25
5 이하의 내용은 왕요남 지음, 신승운 외 옮김, 위의 책, 2004, pp.99~141

이것은 스승이 전해 준 것을 말한다.

설說은 의리를 해석하되 자신의 견해로 설명하는 것이다. 이와 비슷한 말이 장구章句와 해고解故이다. 장구는 장을 나누고 구를 분별하여 그 대의를 밝히는 것이며, 훈고도 포함하고 있다. 해解는 본래 소의 뿔을 칼로 나눈다는 의미로, 판判(나누다)과 의미가 같다. 즉, 해석하고 분석한다는 의미로 설과 장구보다는 의미가 구체적이다.

집해集解에는 두 가지 뜻이 있다. 첫째는 경전의 의미를 소통시키고 해석한다는 뜻이고, 둘째는 제가의 해석을 모은다는 뜻이다. 전箋은 글에 표시하고 기록하는 것이다. 의義는 의宜의 가차자이며, 이치·도리를 말한다. 이치를 근본으로 소통시키는 것을 의義라고 한다. 소疏는 소통시킨다는 뜻과 기記와 지識의 뜻이 있다. 즉 '소'는 소통과 주기注記를 말한다. 어의를 주해하는 대표적인 명칭으로 음의音義가 있다. 그 외에도 주석에 해당하는 명칭은 다양하며, 이러한 방식으로 저술된 문헌을 통칭하여 주석서라고 부른다.

위의 내용은 중국 전통 문헌의 주석서를 대상으로 한 설명이지만, 불교의 주석서는 중국 전통 문헌 내의 경향성을 벗어나지 않기 때문에 기본적으로 크게 다르지 않다.

그런데, 불교가 한역되는 과정에서 독특하게 나타나는 주석 형태들이 있다. 우선, 초抄라는 형식이 있다. 이것은 경전의 내용을 자신의 의도에 맞게 요약하는 형태이다. 『출삼장기집出三藏記集』에 초抄 형식의 문헌 목록이 다수 실려 있다. 예를 들어 『대지론초大智論抄』가 있다. 이것은 『대지도론』이 번잡하여 여산 혜원廬山慧遠(334~416)이 초출한 것이다. 일명 요론要論이라 한다.[6] 그러나 초抄는 후에 경론 및 장소章疏의 축자 해석 형태로 변한다. 초鈔는 통가자이다. 이와 비슷한 주석 형태가

기記이다.

경전의 의미를 전체적으로 해석하는 것으로 불교 문헌에서도 소疏·초鈔·기記가 대표적이지만, 논論으로 명명하는 경우도 있다. 중국에서는 보통 보살이 주석하는 것을 논論, 일반 승려가 주석하는 것을 소疏라고 하는데 이러한 상식을 따르지 않은 특이한 예가 있다. 대표적인 것이 육조시대 영변靈辯(477~522)과 당唐의 이통현李通玄(617~686)이 저술한 『화엄경론』이며, 신라 원효元曉(617~686)의 『금강삼매경론金剛三昧經論』도 이러한 예에 속한다. 제목에 대해서만 집중적으로 주석하는 현의玄義, 현론玄論 등의 명칭도 나타난다.

주석 방식에 대해서 간략히 언급하겠다. 첫째, 원문 가운데 필요한 부분만을 취하여 주석하는 방법이다. 대체로 주석서들은 이러한 방식을 취한다. 둘째, 경전 원문을 단락 지은 후에 단락별로 주석하는 경우이다. 여기에 두 종류가 있다. 원문 가운데 일부를 취하여 주석하는 경우와 내지乃至를 이용하여 원문의 범위를 보이는 경우이다. 원문을 단락 지워 주석하는 방식을 분명히 보여 주는 주석 명칭이 자주子註일 것이다. 현재 일본의 정창원正倉院과 가나자와문고(金澤文庫)에는 신라인으로 추정되는 원홍圓弘(8세기)의 『법화경론자주法華經論子註』라는 문헌이 있으며, 이것은 원문에 단락을 나누고 단락별로 이에 대한 주를 두 줄 세주로 적은 문헌이다.[7]

『대정신수대장경』에는 주석 대상 본문이 전부 실려 있는 경우가 많지

---

6 『出三藏記集』卷2 "大智論抄二十卷(一名要論) 右一部, 凡二十卷. 晉帝世, 廬山沙門釋慧遠, 以論文繁積, 學者難省, 故略要抄出."(『大正藏』55, 13c)
7 『법화경론자주』에 대해서는, 김천학, 「불교사본」, 동국대학교 불교문화연구원 HK연구단 엮음, 『테마 한국불교 4』, 서울: 동국대학교출판부, 2016, pp.131~132 참조.

만, 이 경우 처음의 형태인지 후대의 편집인지 판단해야 한다. 예를 들어 신라 의적義寂(681~?)의 『보살계본소菩薩戒本疏』는 현재 경의 본문이 전부 있는 것이 유통되지만, 최근에 밝혀진 것처럼 둔황 사본에는 경의 본문이 없다.[8] 가나자와문고에 소장되어 있는 『보살계본소』에도 역시 경의 본문이 없기 때문에 그 이후에 일본에서 편집된 것이 현재 우리가 『대정신수대장경』에서 볼 수 있는 형태인 것이다.

불교의 독특한 주석 형태로 『사기私記』가 있다. '사기'라는 명칭은 이미 중국이나 신라의 저술 명칭에 드물게 보이지만, 일본에서는 헤이안(平安)시대에 일대 유행을 맞이하여 각 종파별로 다수의 사기가 저술된다. 이 경우 개인적인 기록이라는 의미가 있지만, 형식은 기記와 같이 주석 대상의 내용을 축자적으로 분석하고 소통시키는 주석 방식이 주를 이룬다. 조선시대 후기에도 사기가 다수 저술된다. 조선시대 후기의 사기도 기記의 일반적 형식을 벗어나지는 않지만, 기존 사기보다는 주석 대상의 글자의 문제, 독법의 문제를 점검하는 경향성도 보인다. 또한 두 행을 한 짝으로 필사하는 서사 형태도 조선시대 사기의 특징으로 빼놓을 수 없을 것이다. 동아시아불교 주석의 특징으로는 경론의 주석에 대해서 다시 주석을 하는 복주서가 많은 것도 지적할 수 있다. 이와 같은 복주서는 중국에서도 당唐시대부터 저술되지만, 주로 한국과 일본에서 많이 출현한다. 한국에서는 신라시대부터 나타나며, 일본에서는 가마쿠라 이후 많이 저술된다.

---

8 王招國,「敦煌遺書所見新羅義寂『菩薩戒本疏』寫本考述-兼論新羅圓測著作對敦煌佛敎的影響」,『불교학보』82, 동국대학교 불교문화연구원, 2018, pp.31~54

경전의 주석서

불교 문헌에 대한 주석서는 인도에서 처음 시작한다. 인도에서는 경율론 삼장이 일찍이 성립되며, 이에 대한 주석서가 만들어진다. 삼장 가운데 경에 대한 주석서로는 동아시아불교에서 많이 활용된 것으로 『법화경』에 대한 주석서인 『법화경론』, 『십지경』에 대한 주석서인 『십지경론』, 『무량수경』에 대한 주석서인 『정토론』 등이 있다.

『법화경』에 대한 주석서는 인도에 50여 종이 있었다고 할 정도로 인기 있는 경전이었는데, 현재 우리가 볼 수 있는 것은 세친世親(320?~400?)의 『법화경론』뿐이다. 본서의 정식 명칭은 『묘법연화경우파제사妙法蓮華經憂波提舍』이다. 수나라 길장吉藏(549~623)이 주석서(정확히는 복주復註)를 저술한 이후, 동아시아불교에서는 『법화경』을 해석하는 데 반드시 활용될 정도로 중시된 문헌이다. 한역만 존재한다.[9]

『십지경론』은 독립 경전인 『십지경』에 대한 세친의 주석서이다. 중국에서 일시적으로 유행한 십지론사는 『십지경론』에서 유래한 명칭이다. 세친의 주석 가운데 초지와 십지에 세운 과문은 후대의 복주에서도 『십지경론』 해석에 활용된다.[10] 한역만 존재한다.

『십지경』의 주석서로는 여러 종류가 전해진다.[11] 그 가운데 용수龍樹(150?~250?)의 저술로 전하는 『십주비바사론十住毗婆沙論』이 현존하지만, 동아시아불교에서 『십지경론』만큼 중시되지는 못하였다.

---

9 『법화경론』에 대해서는, 김천학, 「법화경」, 동국대학교 불교문화연구원 HK연구단 엮음, 『테마 한국불교 8』, 서울: 동국대학교출판부, 2020, pp.131~132 참조.

10 『십지경론』의 과문에 대해서는, 김천학, 「과문」, 동국대학교 불교문화연구원 HK연구단 엮음, 『테마 한국불교 6』, 서울: 동국대학교출판부, 2018, pp.125~126 참조.

11 大竹晋, 『新國譯大藏經 釋經論部 16 十地経論(1)』, 東京: 大藏出版, 2005, pp.14~15

『정토론』의 정식 명칭은 『무량수경우파제사원생게無量壽經憂波提舍願生偈』이다. 세친의 저술로 『왕생론往生論』, 『무량수경론』 등으로 불린다. 중국 정토종의 비조로 불리는 담란曇鸞(476~542)은 이에 대한 주석서인 『정토론주』를 저술하였다. 이후 『정토론주』는 중국과 일본에 다대한 영향을 미친다. 한역만 존재한다.

논서의 주석서

인도불교 논서에 대한 인도인의 주석서 가운데 동아시아불교에서 자주 활용하는 문헌을 중심으로 소개한다. 우선 『아비달마발지론阿毘達磨發智論』은 설일체유부說一切有部의 논서로서 20권이며 가다연니자迦多衍尼子 존자(B.C. 2세기경) 저술, 현장(602~664) 번역이 주로 활용된다. 구역으로는 『아비담팔건도론阿毘曇八犍度論』이며 승가제바僧伽提婆·축불염竺佛念 공역이다. 설일체유부의 교리를 집대성한 문헌으로 이에 대한 주석서가 『파사론婆沙論』이다. 『파사론』은 주석서이지만, 다른 부파들의 주장도 비판적으로 거론하고 있다.[12] 그러나 방대한 분량이라 설일체유부의 핵심을 간추린 주석서들이 등장했다. 이러한 강요서들 가운데 불교 교학에 가장 많은 영향을 끼친 것이 『구사론俱舍論』이다. 이 논은 설일체유부의 주장을 정리하기도 하고, 사안에 따라서는 경량부 입장에 서기도 하는데, 이 논에 대한 인도의 주석서들이 남아 있고, 동아시아불교에서도 3대소가 전한다.[13]

---

12 김영석, 『아비달마부파의 성립과 주장』, 서울: 씨아이알, 2018, pp.5~6
13 삼대소는 보광普光(7세기), 법보法寶(7세기), 신태神泰(7세기)의 주석서를 지칭한다.(김영석, 앞의 책, 2018, pp.6~7)

대승아비달마 문헌으로는 무착無着(4~5세기경)의 『아비달마집론阿毗達磨集論』이 있다. 여기에 대해서는 안혜安慧(Sthiramati)의 주석서인 『잡집론』이 존재하며, 동아시아불교에서 두 문헌은 『대법론對法論』이란 명칭으로 법상유식뿐 아니라 화엄 등의 학파에서도 빈번히 활용된다.

한편, 인도불교에서도 복주서가 저술된다. 유식 문헌 가운데 구역에 해당하는 『중변분별론(Madhyāntavibhāga)』에 대해서는 안혜의 주석서가 유명하다. 『중변분별론』은 미륵이 설한 것을 무착이 게송으로 정리하였고, 무착의 동생인 세친이 게송에 대한 해설을 붙인 것이기 때문에 그 자체가 정확히는 주석서이다. 여기에 대해 인도 논사 안혜가 복주서인 『중변분별론복주석소(Madhyāntavibhāgaṭikā)』를 저술하였으며, 산스크리트 원본이 현대에 발견되어 티베트 역과 함께 번역되어 활용되고 있다.

『현관장엄론現觀莊嚴論(Abhisamaya-alaṅkāra)』에 대한 안혜의 주석서도 있다. 『현관장엄론』은 『반야경般若經』의 강요서이며 미륵의 저작으로 불리는 일종의 경전 주석서이다. 특히 티베트불교에 큰 영향을 미쳤으며, 여기에 대서도 안혜 석(복주)이 티베트어로 남아 있다.

『십지경론』에 대한 주석서로는 활동 연대가 현장삼장의 시대까지 올라가는 수리야싯디Sūryasiddi가 쓴 주석서가 티베트어로 남아 있어, 『십지경론』을 연구하는 현대 학자들에 의해 활용되고 있다.[14]

율장에 관한 주석서로서 5세기에 활동한 붓다고샤Buddhaghosa의 저술인 『선견율비바사善見律毘婆沙』를 들 수 있다. 이것은 상좌부율장을 주석한 것이다. 팔리어의 이본異本도 여럿 존재하여 그 중요성을 알려 주며,[15] 제齊의 승가발타라僧伽跋陀羅(Saṃghabhadra)의 한역이 존재하고 동

---

14 大竹晋, 앞의 책, 2005, pp.15~16, 35~36
15 森祖道, 『ぱーリ佛敎註釋文獻の硏究』, 東京: 山喜房佛書林, 1984, pp.20~23

아시아불교에서 빈번한 활용이 확인된다.

II. 중국과 한국 불교주석서의 특징

중국의 학파적 특징

중국에서 불전의 한역과 함께 학파가 형성되면서 불전 연구가 활발해지고, 주석서의 범위가 확장된다. 처음에는 아비달마와 반야계 경전이 함께 번역되면서 이른바 대승과 소승이 함께 연구된다.

우선, 아비달마 논서에 대한 주석서로 진제眞諦(499~569)가 『부집이론部執異論』을 번역하고 직접 소疏를 저술한 것을 들 수 있다. 『부이집론소部異執論疏』는 인도의 와수미트라(世友; Vasumitra, 1~2세기경)가 설일체유부의 전승에 의해 부파의 역사와 교리를 다룬 저술이다. 여기에 대해 진제 자신이 번역하고 소를 쓴 것이다. 이 소의 존재는 도쿄대사료편찬소 검색 사이트의 검색 대상 가운데 '나라시대 고문서 풀데이터베이스(奈良時代古文書フルテキストデータベース)'에서 필사 기록이 검색되며,[16] 삼론 계통의 저술에서 『소』의 일문도 확인된다.[17] 구마라집鳩摩羅什이 번역한 『십팔부론十八部論』은 이역에 속한다. 한편, 662년경 현장은 기존 한역의 미비점을 바로 잡아 『이부종륜론異部宗輪論』이란 명칭으로 한역하였으며, 규기窺基(632~682)는 주석서 『이부종륜론술기異部宗輪論述記』를 저술하였다.[18]

---

16 『大日本古文書』17, p.20
17 『三論玄義檢幽集』(『大正藏』70)에 '部執疏' 등으로 검색된다.

반야般若 계통의 경전에 대한 주석은 구마라집의 『대품반야경』에 대한 주석이 있었고,[19] 구마라집 문하 승예僧叡(378?~444?)의 『대품소大品疏』의 일문을 확인할 수 있다.[20] 그러나 중국에서 연구가 활발했던 것은 『대품반야경』의 주석서로 알려진 『대지도론大智度論』에 대한 연구일 것이다. 앞에서 여산 혜원의 『대지도론초』를 소개했다. 『대지도론』에 대한 주석은 이 외에도 『동역전등목록東域傳燈目錄』(1094)에 승조僧肇(384~414), 승간僧侃, 휴사休師, 장법사長法師, 영견靈見, 담영曇影(4~5세기경), 행하行賀 등이 저술한 12편 정도의 주석서가 열거되어 있다. 이 외에 의천義天(1055~1101)의 『신편제종교장총록』에는 연법사衍法師의 주석도 기록되어 있을 만큼 중국불교에서 많은 관심을 받았던 논서이다. 현재는 남북조시대 혜영慧影(?~600)의 『대지도론소』가 일부 남아 있을 뿐이지만, 당시 삼교 논쟁의 상황 등을 볼 수 있다는 점에서 중요한 주석서이다.[21]

이후 중국에서는 열반학파, 지론학파, 섭론학파, 정토학파, 삼론학파, 천태학파, 화엄학파, 법상학파 등의 큰 흐름이 생겼다 사라진다. 중국불교에서는 이러한 큰 학파의 흐름 속에서 학파 중심의 주석서가 만들어진다. 현재 주로 연구되고 활용되는 문헌을 중심으로 간략히 소개하면 다음과 같다.

열반학파는 일반적으로 열반사涅槃師로 호칭된다. 이들의 관심을 집약시켜 놓은 것이 현재 전하는 『열반경집해涅槃經集解』일 것이다. 『열반

---

18 김영석, 앞의 책, 2018, pp.9~10, 27~33
19 『東域傳燈目錄』(『大正藏』 55) 참조.
20 慧均, 『大乘四論玄義記』 卷7(『新纂續藏』 46, 598c)
21 吉津宜英, 「慧影の『大智度論疏』をめぐる問題點」, 『印度學佛教學研究』 31, 東京: 日本印度學佛教學會, pp.134~135

경집해』는 보량寶亮(444~509)의 편집으로 『대정신수대장경』 제37권에 실려 있다. 여기에 거론되는 주석가들은 도생道生(?~434), 승량僧亮, 법요法瑤, 담제曇濟, 승종僧宗, 보량寶亮, 지수智秀, 법지法智, 법안法安, 담준曇准 등 10명이다. 남북조시대 쟁쟁했던 주석가들의 견해를 모아 놓았으며, 당시 『열반경』 해석의 중요한 문헌임은 두말할 필요도 없을 것이다.

지론학파 역시 지론사로 호칭된다. 지론학파에 대한 주석서로 우리가 현재 자주 활용하는 것은 법상法上(490~580)의 『십지경론의소』와 그 제자 혜원慧遠(523~592)의 『십지경론의기』일 것이다. 두 문헌 모두 완본은 아니지만, 지론사의 『십지경론』 해석의 경향을 파악할 수 있다. 다만, 지론사의 관심은 『십지경론』에만 머물지 않는다. 『승만경』, 『본업경』 그 밖의 계율 문헌에 대해 여러 주석서를 남겼다.[22]

섭론학파는 『동역전등목록』에 12편 정도의 주석서가 실려 있어 한때 상당한 발전을 이루었음을 미루어 짐작할 수 있다. 현재 우리가 볼 수 있는 『섭대승론攝大乘論』 주석서는 『대정신수대장경』 제85권에 6편 정도일 뿐이다. 이것들은 완본은 아니지만, 『섭대승론』의 주석 사상을 이해하는 데 중요한 정보를 제공한다.[23]

삼론학파는 고삼론과 신삼론으로 나눈다. 고삼론은 구마라집의 후예들을 일컬으며, 앞에서 언급했듯이 『대품소』를 남긴 승예와 『법화경소』를 남긴 도생道生(?~414)이 있다. 이들 외에 반야 계통의 주석서를 남긴 법요法瑤, 혜통慧通 등이 있다.[24] 이들은 의식적으로 삼론학을 선양하지

---

22 지론사의 문헌 전반에 대해서는, 금강대학교 불교문화연구소 편, 『藏外地論宗文獻集成』, 서울: 씨아이알, 2012; 同, 『藏外地論宗文獻集成續集』, 서울: 씨아이알, 2013 참고.

23 이 중의 일부가 宇井伯壽, 『西域佛典の硏究』, 東京: 岩波書店, 1979에 번역되어 있다.

는 않았다.

고구려 승랑僧朗으로부터 출발한 이른바 신삼론학은 성실론 학자와의 논쟁을 통해 발전하며 승전僧詮, 법랑法朗(507~581)을 거쳐 길장吉藏에 이르러 대성된다. 길장은 중관학의 삼론에 관한 주석서와 『반야경』계통의 주석서를 상당수 남기지만, 여기에 머물지 않고 『화엄경』, 『법화경』, 『유마경』, 『승만경』 등 당시 유행하는 경전에 대해서도 주석서를 다수 남겼다.[25] 하지만, 삼론학파는 길장 이후 유독 계승자가 없다.

중국의 정토학파는 담란曇鸞에서 시작된다. 그는 『관무량수경』에 정통하면서 『정토론주』를 저술했다. 그의 사상은 후에 도작道綽(562~645)과 선도善導(613~681)에게 영향을 미친다. 이 가운데 도작은 『관무량수경』에 근본을 두고 『안락집安樂集』을 저술했으며, 선도는 주석서 『관경소觀經疏』를 저술했다.[26]

천태학은 천태 지의天台智顗(538~597)가 대성하고 장안 관정章安灌頂(561~632)이 계승하였다고 알려져 있다. 관정은 천태 지의의 강의를 정리한 당사자이다. 천태 지의는 천태삼대부(법화현의, 법화문구, 마하지관)라는 명칭이 보여 주듯이 오직 『법화경』의 깊은 뜻과 실천 방법으로 일관한 명실상부한 천태학자이다. 역점은 천태학에 두었지만, 그 역시 당시 유행했던 『유마경』 주석서를 남기며, 보살계에 대한 주석서인 『범망경의기』, 『금광명경』에 대한 주석서인 『금광명경소』 등을 남긴다. 천태 지의를 이은 장안 관정은 스승 천태 지의의 강의를 필록하면서도 자신만의

---

24 히라이 슌에이(平田俊榮) 지음, 강찬국 옮김, 『중국반야사상사연구-길장과 삼론학파』, 서울: 씨아이알, 2020, pp.255~256
25 히라이 슌에이 지음, 강찬국 옮김, 위의 책, 2020, pp.507~511
26 Web版 『新纂淨土宗辭典』 「曇鸞」

저술을 남긴다. 그것이 『열반경소』와 『열반경현의』이다. 천태학파는 훗날 담연湛然(711~782)에 의해 부흥된다. 그는 형계 담연荊溪湛然이라 불리며, 묘락 대사妙樂大師로 존숭된다. 또한 천태종 제6조로 불리며, 중흥의 조라고 일컬어진다. 담연의 저술은 많지만, 그 가운데 『지관보행전홍결止觀輔行傳弘決』, 『법화현의석첨法華玄義釋籤』, 『법화문구기法華文句記』 등 천태 지의의 저술에 대한 복주서를 만든 것으로 유명하다. 천태 지의의 저술에 대한 복주서를 통해 나타난 그의 천태 사상은 당대唐代의 천태불교 부흥운동의 일환으로 평가되기도 한다.[27]

지론종 및 섭론종을 구유식이라고 하는 반면에, 현장의 역경 사업을 통해 형성되는 유식학파는 신유식이라고 부르며, 법상학파 또는 법상유식학파라고도 부른다. 법상학파는 현장玄奘의 제자인 신라 출신 원측圓測(613~696)과 규기窺基를 통해 대성된다. 이 가운데 규기는 중국 법상종의 실질적 초조이다. 주석서로 앞에서 거론한 『이부종륜론술기』가 있지만, 그의 주요한 주석서로는 『성유식론』에 대한 『술기述記』와 『추요樞要』를 들 수 있다. 그 외에 『유가론약찬瑜伽論略纂』, 『백법론소百法論疏』와 같은 유가계 문헌에 대한 주석과 함께, 상갈라주商羯羅主의 불교논리학 저술인 『인명입정리론因明入正理論』의 주석서인 『인명대소因明大疏』가 있다. 한편, 법상종의 입장에서 『법화경』을 풀이한 『묘법연화경현찬妙法蓮華經玄贊』과 『유마경』의 주석서인 『무구칭경소無垢稱經疏』도 저술했다.

중국불교에서 법상유식학파와 동시대에 흥륭했던 화엄학파의 초조 지엄智儼(602~668)은 『화엄경』 주석에 몰두했다. 그의 『수현기』는 『화엄

---

27 池麗梅, 『唐代天台仏教復興運動研究序説-荊渓湛然とその『止観輔行伝弘決』』, 東京: 大藏出版, 2008, pp.5~6

경』문장에 따라 주석한 것인 반면에,『오십요문답五十要問答』,『공목장孔目章』은『화엄경』에 근거해서 자신의 사상을 완성태로 구성한 장章 형식의 주석서이다. 지엄 아래에서 신라 의상義相(625~702)과 법장法藏(643~712)이 각각 신라와 중국에서 화엄학파를 대성시킨다.

그 가운데 법장은 중국에서 화엄 3조로 불리며, 많은 주석서를 저술했다. 우선『화엄경』에 대한 주석서로는『화엄경탐현기』를 대표적으로 들 수 있다. 초기 저작으로『범망경』에 대한 주석서가 있고, 후기 주석서로『대승기신론소』,『대승무차별론소』를 들 수 있다.『능가심현의』는 현담에 해당한다.

이후『화엄경』에 대한 주석은 법장의 제자 혜원慧苑(673?~743?), 문초文超에 계승되고, 이후 징관澄觀(738~839)에 이르러서는『화엄경소』와 그것의 복주인『화엄경수소연의초』를 스스로 작성하여 화엄 사상을 선양한다. 화엄학파의 흐름은 종밀宗密(780~841)에 이르러서는『원각경圓覺經』을 중시하여 징관과 마찬가지로 주석서에 스스로 복주를 저술한다. 종밀은 징관보다 더하여 복주에 또 복주를 만드는 등『원각경』을 극진히 선양하였다. 송대의 자선子璿(965~1038)은 능엄 대사로 불릴 만큼『능엄경』을 중시하여 주석서를 만드는 반면, 종밀을 계승하여『기신론필삭기』를 저술하고, 종밀의『금강경소론찬요金剛經疏論纂要』를 계승하여『간정기刊定記』를 저술하였다. 이 두 가지는 복주서에 해당한다.

중국의 경론에 대한 주석서 및 복주서는 한정된 지면에 다 담기 어렵기에 학파적 특성에 초점을 맞추어 한역 시기부터 송대에 이르는 저술만을 대상으로 간략히 정리하는 데 그친다.

신라의 포괄적 경향

한국의 불교는 중국으로부터 수용했음에도 불구하고 열정적으로 인도에 구법할 정도로 불교의 원점을 찾으려고 노력하였다. 그러한 열정은 많은 불교 저술에 고스란히 반영되었다고 보아야 할 것이다. 동국대학교 불교문화연구소 편 『한국불서해제사전韓國佛書解題事典』에는 백제, 신라, 고려, 조선 시대의 문헌이 실려 있는데, 그 가운데 백제와 신라의 문헌은 대부분이 주석서에 해당한다. 특히 종파에 국한되지 않고 중국에서 수용된 문헌을 거의 망라적으로 포괄하여 주석하고 있다고 해도 과언이 아닐 것이다.

우선, 신라 문헌을 정리하기 앞서 소략하지만 백제 문헌을 소개한다. 백제에는 담욱曇旭과 혜인慧仁의 『율소』가 있으며, 도장道藏(8세기)의 『성실론소』, 의영義榮의 『약사경』과 『유가론』에 대한 주석서가 있다. 특히, 도장의 『성실론소』는 일본의 나라시대부터 오랫동안 『성실론』 연구에 참고서가 되었다. 의영의 오성각별설에 대한 비판도 일본에서 헤이안시대부터 활용되었다. 고구려를 포함하여 백제에는 더 많은 주석서가 있었을 것이지만 현재 기록으로서는 알 수 없다.

『한국불서해제사전』에는 47명의 신라인이 수록되어 있다. 이 가운데 그들이 주석한 경론과 인물을 정리하면 다음과 같다.

〈표 1〉 신라 찬술의 주석서(분야는 필자가 임의로 설정함. 이하의 〈표 2〉, 〈표 3〉도 같음.)

번호	분야	주석 대상 문헌	주석한 인물(편수)	비고
1	경집	부증불감경不增不減經	원효元曉	1
2	경집	약사경藥師經	경흥憬興, 도륜道倫, 태현太賢	3
3	경집	정반왕경淨飯王經	도륜	1

번호	분야	주석 대상 문헌	주석한 인물(편수)	비고
4	기신론	기신론起信論	원효(9), 경흥, 승장勝莊, 태현, 연기緣起(2), 대연大衍, 월충月忠	7
5	대집	대집경大集經	경흥	1
6	밀교	관정경灌頂經	경흥	1
7	밀교	대일경大日經	불가사의不可思議	1
8	밀교	십이문다라니경十二門陀羅尼經	경흥	1
9	밀교	십일면경十一面經	지인智仁, 도륜	2
10	반야	금강반야경金剛般若經	원효, 경흥, 도증道證, 의적義寂, 도륜, 태현(2), 대비大悲	7
11	반야	대반야경大般若經	의적(2), 도륜(2)	2
12	반야	반야경般若經	원효	1
13	반야	반야심경般若心經	원측圓測(2), 원효, 태현(2)	3
14	반야	반야이취분경般若理趣分經	도증, 의적, 도륜, 태현	4
15	반야	방광경方廣經	원효	1
16	반야	인왕반야경仁王般若經	원측, 태현	2
17	법화	무량의경無量義經	원측, 원효	2
18	법화	법화경론法華經論	의적	1
19	법화	법화경法華經	원효(4), 경흥, 순경順璟, 현일玄一, 의적(3), 태현	6
20	보살계	범망경梵網經	원승圓勝, 원효(6), 승장, 현일, 의적(2), 태현(2), 단목端目	7
21	보살계	본업영락경本業瓔珞經	의적	1
22	보살계	유가계본瑜伽戒本	태현	1
23	삼매	반주삼매경般舟三昧經	원효(2)	1
24	선	능가경楞伽經	원효(3)	1
25	성실	성실론成實論	원효	1
26	아비달마	구사론俱舍論	원측, 경흥, 영인靈因	3
27	아비달마	대비바사론大毘婆沙論	순경順璟, 정달淨達	2
28	아비달마	잡집론雜集論	원효, 지인, 승장, 태현	4
29	여래장	승만경	원효, 도륜	2
30	여래장	불성론佛性論	승장	1
31	여래장	보성론寶性論	원효(2)	1
32	여래장	열반경涅槃經	원효(2), 경흥(3), 현일, 의적(4), 태현	5

번호	분야	주석 대상 문헌	주석한 인물(편수)	비고
33	여래장	여래장경如來藏經	원광圓光(2), 대연	2
34	여래장	금강삼매경金剛三昧經	원효, 도륜	2
35	유마	유마경維摩經	원효(2), 경흥, 도륜	3
36	유식	중변분별론中邊分別論	원효(2), 도증, 현일, 태현	4
37	유식	불지론佛地論	지인, 태현	2
38	유식	현유식론顯唯識論	신방, 경흥	2
39	유식	현양론顯揚論	경흥(2), 지인, 태현	3
40	유식	해심밀경解深密經	원측, 원효, 경흥, 영인	4
41	유식	관소연연론觀所緣緣論	원측, 태현	2
42	유식	백법론百法論	원측, 의적(2), 태현	3
43	유식	유식이십론唯識二十論	태현	1
44	유식	유가석론瑜伽釋論(최승자最勝子)	경흥	1
45	유식	성업론成業論	태현	1
46	유식	성유식론成唯識論	원측(2), 신방, 원효, 경흥(2), 순경, 도증(2), 승장, 현일, 의적, 도륜, 태현(2)	11
47	유식	오온론五蘊論	태현	1
48	유식	유가론瑜伽論	원측, 원효(2), 경흥(2), 행달行達, 현일, 도륜, 태현(2)	7
49	유식(구)	섭대승론攝大乘論	원효(3), 도증, 태현(2)	3
50	율	사분율四分律	지명知明, 자장慈藏, 원승(2), 원효, 경흥(2), 지인, 도륜	7
51	율	십송율十頌律	자장	1
52	인명	인명정리문론因明正理門論(진나陳那)	원측, 원효, 경흥, 도증, 승장, 태현	6
53	인명	인명입정리론因明入正理論	원효, 순경, 태현(3)	3
54	전기	마명생론馬鳴生論	의적	1
55	정토	미륵경彌勒經	원측, 원효(2), 경흥(5), 의적, 태현(3)	5
56	정토	아미타경阿彌陀經	자장(2), 원측, 원효(2), 의상, 도륜, 경흥, 현일, 태현	8
57	정토	칭찬정토경稱讚淨土經	태현	1
58	정토	수원왕생경隨願往生經	현일	1
59	정토	무량수경無量壽經	원측, 원효(4), 법위法位, 경흥, 영인, 현일, 의적(2), 태현	8

번호	분야	주석 대상 문헌	주석한 인물(편수)	비고
60	정토	관무량수경觀無量壽經	경흥, 현일, 의적(2), 태현	4
61	중관	장진론掌珍論	원효(2), 태현	2
62	중관	광백론廣百論	원측, 원효(3), 태현	3
63	지장	십륜경十輪經	신방神昉(3)	1
64	호국	금광명경金光明經	원효, 경흥(4), 승장, 도륜, 태현	5
65	화엄	화엄경華嚴經	원효(4), 태현, 연기(3), 의융義融, 범여梵如, 가귀可歸	6
66	화엄	법계도法界圖	진숭珍嵩, 법융法融	2
67	화엄	입법계품入法界品	의상義相	1
68	화엄(복주)	공목장孔目章	진숭	1
69	유식(복주)	법원의림장	오진悟眞	1
70	유식(복주)	성유식론의원成唯識論義苑	오진	1
71	유식(복주)	유식론추요唯識論樞要	경흥, 행달行達	2
72	인명(복주)	인명론비궐因明論備闕	오진	1

이상으로 신라인의 찬술 문헌을 중심으로 정리해 보았다. 47인의 신라인이 복주를 포함하여 72종의 문헌에 대한 주석서를 저술하고 있다. 〈표 1〉을 간략히 정리하면 다음과 같다.

신라불교의 주석적 관심은 당시 유통되었던 경론 전체를 망라하는 가운데 유식 분야에 대한 주석서가 가장 많은 것(36~49, 14종)에서도 알 수 있듯이 신래의 유식학에 관심이 컸다. 단독 저술로는 현장이 번역한 신유식학파의 성전인 『성유식론』(11명)에 가장 관심이 많았다. 진나와 상갈라주의 인명론(각 6인, 3인)에 관심을 보였던 것도 신라의 신유식에 대한 관심도와 관련이 깊다.

정토경전(55~60)에 대해서도 관심이 많다. 『무량수경』(8인), 『아미타경』(8인), 『미륵경』(5인), 『관무량수경』(4인), 기타 2종(2인)으로 중복 포함하여 27인이 관심을 보였다. 신라불교에서 정토 사상의 중요성을 알려 주는 결과이다.

동아시아불교에서 사상적으로 중요한 여래장의 『기신론』(7인), 중관의 반야 사상(8인)에 대해서도 균형 있게 관심을 보이고 있다. 『사분율』(7인)과 『범망경』(7인)에 대해서 공통의 관심을 보였다는 것은 전통 교단의 계율과 대승보살계 사상의 균형적 운영을 보여 주는 단면이라고 해석할 수 있을 것이다.

신라의 불교 저술에서 복주가 많은 것은 아니지만, 신유식 문헌에 집중된다는 것도 유식에 대한 지대한 관심과 맥을 같이한다고 말할 수 있다.

고려·조선의 제한적 계승

열정적이고 화려했던 신라시대의 불교 지식에 대한 관심과는 달리 고려 및 조선에서는 교학적 관심이 위축된다. 고려시대에는 의례 불교에 관심이 높아지고 대신에 교학에 대한 관심이 낮아졌다면, 조선시대에는 숭유정책으로 인해 더욱더 그러한 현상이 두드러진다. 따라서 주석 분야가 제한적이어서 신라시대처럼 많은 경론들을 포괄하지는 못한다. 『한국불서해제사전』의 고려시대 항목에는 46인의 인물이 목록에 올라 있으며, 그 주석서의 실태는 다음 〈표 2〉와 같다.

〈표 2〉 고려시대 찬술 주석서

번호	분야	주석 대상 문헌	주석한 인물(편수)	비고
1	선	능엄경楞嚴經	보환普幻	1
2	선	법집별행록法集別行錄(종밀)	지눌知訥	1
3	선	직지심체直指心體	경한景閑	1
4	선	현중명玄中銘(동산洞山)	종담宗湛	1
5	유식	성유식론成唯識論	의천義天	1

번호	분야	주석 대상 문헌	주석한 인물(편수)	비고
6	정토	아미타경阿彌陀經	원전元傳	1
7	천태	광명구光明句	의통義通	1
8	천태	광명현찬光明玄贊	의통	1
9	천태	천태사교의天台四教儀	의천	1
10	천태(복주)	관무량수경소觀無量壽經疏	의통	1
11	천태(복주)	천태삼대부天台三大部	요세了世	1
12	화엄(복주)	공목장孔目章	균여均如	1
13	화엄	교분기教分記	균여	1
14	화엄	백화도량발원문白花道場發願文	체원體元	1
15	화엄	법계도法界圖	균여	1
16	화엄(복주)	삼보장三寶章	균여	1
17	화엄(복주)	십구장十句章	균여	1
18	화엄(복주)	오십요문답五十要問答	균여	1
19	화엄(복주)	지귀旨指	균여	1
20	화엄(복주)	40화엄경소華嚴經疏(징관澄觀)	체원	1
21	화엄(복주)	수현기搜玄記	균여	1
22	화엄(복주)	입법계품초入法界品抄	균여	1
23	화엄(복주)	탐현기探玄記	균여	1
24	화엄(복주)	화엄론華嚴論(이통현李通玄)	지눌	1

고려시대에는 46인이 24종류의 주석서만 저술하였고, 복주서의 비율이 50%에 달한다. 게다가 같은 저술에 대한 관심도가 중복되는 경우조차 없다. 주석서는 화엄(13), 천태(5), 선(4), 유식(1), 정토(1)이다. 통계로 볼 때 신라시대의 주석서 종류 및 관심 분야와 비교하여 확연히 차이가 난다. 즉, 고려시대에는 각 저술에 대해서는 공통의 관심조차 없다는 점에서 제한적이었다고 말할 수 있다. 더구나 화엄 주석서 13편 중 10편이 균여 저술이라는 점에서는 주석서 편향성마저 보인다. 하지만, 고려불교는 복주서를 통하여 전대의 학문을 착실히 계승하고 있다는 점을 지적할 수 있다. 유식 문헌에 대한 관심이 거의 없어졌다는 것도 고려시대 불교 주석서의 한 특징이라고 말할 수 있다.

한편 조선시대는 선 일변도의 학문적 풍토가 지배적이고, 조선시대 후기에 화엄교학의 발전과 함께 복주서로서의 사기류가 다수 나타나 전대의 학문을 계승하고 있는 양상을 확인할 수 있다. 구체적으로는 아래의 〈표 3〉과 같다.

〈표 3〉 조선시대 찬술 주석서

번호	분야	주석 대상 문헌	주석한 인물(편수)	비고
1	경집	사십이장경四十二章經	각안覺岸	1
2	기신	기신론起信論	유일有一, 의첨義沾	2
3	법화	법화경	설잠雪岑	1
4	선	금강경金剛經	기화己和, 긍선亘璇, 유일, 의첨	4
5	선	능엄경楞嚴經	유일, 의첨	2
6	선	서장書狀	유일, 의첨	2
7	선	선요禪要	유일, 긍선	2
8	선	선원제전집도서禪源諸詮集都序	정원淨源, 추붕秋鵬, 정혜定慧, 유일	4
9	선	십현담十玄談	설잠	1
10	선	선문염송禪門拈頌	유일, 의첨, 긍선	3
11	선	영가집永嘉集	기화	1
12	선	오종강요五宗綱要(지안志安)	긍선	1
13	선	원각경圓覺經	기화, 의첨	2
14	선	육조단경六祖壇經	긍선	1
15	선	조동오위曹洞五位	설잠	1
16	선	치문緇門	성총性聰, 태선太先	2
17	선(복주)	법집별행록절요法集別行錄節要(지눌知訥)	정원, 추붕, 정혜, 유일	4
18	열반	유교경遺教經	각안	1
19	화엄	법계도法界圖	설잠, 유문	2
20	화엄	화엄경華嚴經	설잠	1
21	화엄(복주)	청량소초淸涼疏鈔	상언尙彦, 유일(2), 의첨	3

『한국불서해제사전』에는 조선시대 85명의 인명이 수록되어 있다. 그

가운데 주석서는 21종류뿐이다. 주석서의 종류는 고려시대보다도 더 줄었다. 주석서는 고려시대가 화엄 일변도인 데 반해서 조선시대에는 선(4~17) 일변도임도 〈표 3〉을 통해서 알 수 있다. 조선시대 후기에 화엄 교학의 부흥으로 화엄 사기私記가 만들어지는 것도 확인할 수 있다. 이것들은 청량 징관의 『화엄경소초』에 대한 것으로 복주서라고 할 수 있다. 따라서 고려시대와 마찬가지로 연구 분야가 제한적인 가운데 전대의 학문을 계승하고 있다고 말할 수 있다.

한편, 고려시대에는 각 주석서에 단 1명만 있어 중복이 없는 반면에, 조선시대에는 종밀의 『선원제전집도서禪源諸詮集都序』와 종밀의 『법집별행록法集別行錄』을 절요節要한 지눌의 저술에 각각 4인씩 관심을 보이고 주석서를 만드는 것을 알 수 있다. 그다음이 청량 징관의 『청량소초淸涼疏鈔』와 혜심慧諶의 『선문염송禪門拈頌』에 대해서 각각 3인씩 관심을 보이고 있다. 목록에 올라온 인원(85명)에 비해서 주석서의 수는 아주 적지만, 조선시대 후기의 집중된 교학적 관심을 읽을 수 있다. 다만, 분야로서는 선에 집중된다는 편향성이 더 커졌고, 다양성도 신라시대에 비해서는 비교가 안 될 정도로 제한적이라는 것도 알 수 있다.

III. 신라 불교 문헌의 주석서

주석의 계보

본 장에서는 한국 찬술 불교 문헌에 대한 한·중·일의 주석서에 대해서 고찰한다. 앞에서 신라시대의 포괄적 경향을 살펴보았다.

〈표 1〉에서 복주서는 중국 불교 문헌에 대한 것이었다. 동아시아불교의 교학적 중심이 중국불교였던 만큼 동아시아불교 전체에서 중국 불교 문헌에 대한 주석서는 상당히 많다. 그러한 큰 흐름 가운데 신라 불교 문헌에 대한 주석의 흐름 역시 무시 못 한다는 것을 다음의 〈표 4〉를 통해 수긍할 수 있다.[28]

〈표 4〉 신라 불교 문헌의 주석서

번호	저자	주석 대상 문헌	주석서 저자(국)	주석서
①	원측 圓測	성유식론소 成唯識論疏	*未詳(日)	神通論(存)
②	원효 元曉	무량수경종요 無量壽經宗要	지쿄(智憬)(日)	無量壽經宗要指事(失) 無量壽經宗要指事私記(失)
			교넨(凝然)(日)	兩卷無量壽經宗要科文(失)
		대승기신론소 大乘起信論疏	*未詳(日)	科文(失)
		보살계본지범요기 菩薩戒本持犯要記	라이유(賴瑜)(日)	持犯要記見略鈔(失)
			추한(仲範)(日)	持犯要記俗書勘文抄(存)
			신엔(眞圓)(日)	持犯要記助覽集(存)
			교넨(凝然)(日)	持犯要記略述(失)
			단에이(湛睿)(日)	持犯要記見聞集(存)
		금강삼매경론 金剛三昧經論	*未詳(日)	金剛三昧論私記上下(失)
		중변분별론소 中邊分別論疏	단에이(湛睿)(日)	中辺分別論疏卷三要文(存)
		*未詳	*未詳(日)	遊心安樂道(存)
			*未詳(日)	元曉和尙緣起(失)
			*未詳(日)	元曉事抄(失)

---

28 〈표 4〉와 그것에 대한 설명은 다음과 같은 논문을 종합하여 인용한 것이다. 김천학, 「한국찬술불교문헌의 확장성에 대한 일고찰-태현의 『보살계본종요』를 중심으로-」, 『서지학연구』 70, 한국서지학회, 2017, pp.203~225; 김천학, 「『보살계본종요초』의 문헌적 의의와 신라 太賢에 대한 인식」, 『新羅文化』 55, 경주: 동국대학교 신라문화연구소, 2020, pp.103~125

번호	저자	주석 대상 문헌	주석서 저자(국)	주석서
②	원효 元曉		*묘에(明慧)(日)	華嚴緣起(存)
③	의상 義相	일승법계도 一乘法界圖	진숭珍嵩(韓)	一乘法界圖記(失)
			균여均如(韓)	一乘法界圖圓通記(存)
			*未詳(韓)	法界圖記叢髓錄(存)
			설잠雪岑(韓)	法界圖記註幷序(存)
			유문有聞(韓)	法性偈科註(存)
			*未詳(日)	華嚴圓融讚(存)
			*未詳(日)	倍爐秘曲(存)
		화엄경문답 華嚴經問答	*未詳(日)	華嚴經問答等要文(存)
④	태현 太賢	보살계본종요 菩薩戒本宗要	叡尊 외(日)	菩薩戒本宗要輔行文集(存) 외
		범망경고적기 梵網經古迹記	慈泉 외(日)	梵網古迹記撮要(存) 외
		광석본모송 廣釋本母頌	希遠·利見(唐)	大乘心路章記(失)
			理門(日)	本母頌記(失)
			凝然(日)	太賢法師行狀(失)
⑤	경흥 憬興	무량수경연의 술문찬無量壽 經連義述文贊	善珠(日)	無量壽經贊抄(失)
⑥	승장 勝莊	범망경술기 梵網經述記	寶嚴興隆(日)	冠註梵網經述記(失)
				梵網經述記集解(失)
⑦	도륜 道倫	유가론기 瑜伽論記	*未詳(日)	瑜伽論記條目(存)
				瑜伽論記條箇(存)
⑧	불가 사의 不可 思議	대비로자나경 공양차제법소 大毘盧遮那經 供養次第法疏	空海(日)	遮那經王不思議疏傳(存)
			覺和(日)	供養法疏上下聞書(存)
			有範(日)	大日經供養次第法疏私記(存)
				供養法記(失)
			賴豪(日)	不思議疏口訣(失)
			曇寂(日)	供養法私記(失)
			良譽(日)	不思議疏四種秘釋(存)
			涼汰(日)	不思議略疏鈔(失)
			隆瑜(日)	大日經供養法疏私記合(失)

번호	저자	주석 대상 문헌	주석서 저자(국)	주석서
⑨	원홍 圓弘	법화경론자주 法華經論子注	湛睿(日)	法華經論子注綱要(存)
⑩	미상 未詳	기신론일심이 문대의起信論 一心二門大意	義城(日) 외	科註一心二門大意(存) 외
⑪	월충 月忠	석마하연론釋 摩訶衍論	法敏(唐) 외	釋摩訶衍論疏(存) 외
			賴寶(日) 외	釋摩訶衍論勘注(存) 외

이상으로 신라 11명의 찬술 문헌에 대한 주석서를 열거할 수 있다. 〈표 4〉에서 제시한 주석서에 대해서 전체를 자세히 설명하기에는 필자의 역량 부족도 있고 지면의 제한도 있다. 여기서는 신라 찬술과 신라 찬술 추정으로 나누어 각각을 간략히 설명하고자 한다.

신라 문헌의 주석서

〈표 4〉 ① : 원측의 주석서로 거론한 『신통론神通論』은 도쿠가와미술관(德川美術館)에서 소장하고 있는 필사본으로서 국제불교학대학원대학의 오치아이 도시노리(落合俊典)가 원측 탄신 1400주년을 맞이하여 2014년 1월에 동국대학교 불교문화연구원 HK연구단 주최 원측 탄신 1400주년 기념 국제학술대회에서 처음으로 소개하였으며, 2014년 7월에 국제불교학대학원대학에서 개최된 국제심포지움에서 다시 발표하면서 다음과 같이 이야기하고 있다.

결국 『신통론』은 『성유식론』의 주소註疏가 아닐까 생각한다. 통상 경론의 소는 권수부터 순서에 따라 어의 해석을 하지만, 『신통론』은 그렇지 않다. 즉 『성유식론소』라는 서명을 붙이지 않은 것이다. 『성유식론』과 밀접히 관련 있으면서도, 소 또는 주가 아닌 이유는 명확하지 않지만, 그 경위를 찾아 가면서 본서의 서명을 비정할 수 있기를 기대한다.[29]

본서는 구카이(空海)의 글씨로 전승되었다고 한다.[30] 이와 같은 전승으로 볼 때 저자는 일본인으로 추정된다.

② : 원효의 저술에 대해서는 다섯 가지 문헌에 대해 주석서와 전기가 찬술되었다. 정토종 계통의 『무량수경종요』에 대해서는 일본 나라시대 화엄가이면서 정토종에도 밝았던 지쿄(智憬)가 『무량수경종요지사無量壽經宗要指事』와 『무량수경종요지사사기無量壽經宗要指事私記』를 저술하였으나 일실되었다.[31] 또한 가마쿠라시대 교넨(凝然, 1240~1321)도 『양권무량수경종요과문兩卷無量壽經宗要科文』 1권을 저술했지만 일실되었다.[32]

『유심안락도遊心安樂道』는 원효 저술로 유통되었지만, 현대에 와서는 원효 친작설이 부정되면서 저자 문제에 대해 여러 설이 제기되었다.[33] 최신의 설로서는 『무량수경종요』에 대한 지쿄의 주석서라고 추정되기도 한다.[34] 이 설이 증명되기 위해서는 신 자료의 출현이 필요하지만, 『유심안락도』에 원효의 『무량수경종요』가 내용의 1/3을 차지하는 사실로도[35] 『유

---

29 구체적 내용에 대해서는 國際佛教學大學院大學 日本古寫經硏究所 홈페이지를 참조 바람.(http://www.icabs.ac.jp/koshakyo/symposium20140726/Ochiai2.html)
30 위의 홈페이지 참조.
31 『東域傳燈目錄』(『大正藏』55, 1150c)
32 東大寺敎學部, 「五考證凝然大德撰述目錄」, 『凝然大師事績梗槪』, 京都 : 東大寺, 1971, p.307
33 愛宕國康, 『『遊心安樂道』と日本仏教』, 京都 : 法藏館, 2006, pp.7~46
34 愛宕國康, 위의 책, 2006, pp.59~75
35 愛宕國康, 위의 책, 2006, p.33

『심안락도』를 원효 저술의 주석서로 보는 것에는 무리가 없다고 생각된다.

원효의 『대승기신론소』는 해동소海東疏라 불린다. 의천의 『신편제종교장총록新編諸宗教藏總錄』 기신론起信論 항목에 보면 '과1권科一卷'이 있는데, 『해동소』에 의하여 과문하였다는 기록이 있다. 저자는 알 수 없지만,[36] 『해동소』 전승 양상의 단면이다.

『보살계본지범요기』는 일본에 전래되어 748년에 필사된 후, 사이초(最澄, 767~822)의 『현계론顯戒論』에 인용되며,[37] 이후 꾸준히 전승되어 현재 15종의 사본과 판본이 확인된다.[38] 본서에 대한 주석서는 5종 정도를 헤아릴 수 있다. 이 가운데 라이유(賴瑜, 1226~1304)의 『지범요기략초持犯要記略鈔』와 교넨의 『지범요기략술持犯要記略述』은 일실되어 볼 수 없다.

신엔(眞圓)의 『지범요기조람집持犯要記助覽集』은 1283년에 저술되었다. 『조람집』에 대해서 『지범요기』 강의를 위한 노트였고 동시에 연구서라는 평가도 있지만,[39] 신엔의 독자적 견해는 찾기 어렵다.[40] 추한(仲範)의 『지범요기속서감문초持犯要記俗書勘文抄』도 주목할 만하다. 본서는 남도의 유학자 후지와라노 추한(藤原仲範)의 저술로서 특필할 만하다.

---

36 『新編諸宗教藏總錄』 卷3(『大正藏』 55, 1175a) "題下云起信論依海東疏科文"
37 김상현, 『원효연구』, 서울: 민족사, 2000, p.166
38 박광연, 「보살계사상의 전개와 『菩薩戒本持犯要記』」, 원효성사탄신 1400주년 기념 학술대회 21세기 원효학의 의미와 전망-원효 찬술문헌의 계보학적 성찰, 서울: 동국대학교 불교문화연구원 HK연구단 주최, 2017년 5월 19~20일, 자료집 pp.88~93; 김병곤, 「원효의 『보살계본지범요기』가 일본불교에 미친 영향」, 『원효, 문헌과 사상의 신지평』, 서울: 동국대학교출판부, 2020, pp.273~316
39 김상현, 『원효연구』, 서울: 민족사, 2000, p.170
40 元曉·眞圓, 한명숙 옮김, 『지범요기조람집』, 서울: 동국대학교출판부, 2019, pp.5~6

불교학자가 아닌 유학자가 저술한 것이기 때문이다. 그는 신라, 원효 등 『지범요기』에 나오는 문구를 설명하거나 인용 문구를 송본에 의해 감문하는 학풍을 지니고 있다.⁴¹ 그 외 단에이(湛睿, 1271~1347)의 『견문집』에 대해서 간략한 해설이 있는 정도이고 향후 연구가 필요하다.⁴² 이와 같이 원효의 『지범요기』가 일본에서 가마쿠라시대 이후 널리 읽혔음을 추찰할 수 있다.

『금강삼매경론』은 원효의 만년 작으로 『화엄경소』, 『대승기신론소』와 함께 원효를 대표하는 저술이다. 본서에 대해서는 당의 종밀宗密이 통독하고 자주 활용하였으며, 일본에서는 주석서가 저술될 정도로 중시되었다.⁴³ 다만, 주석서가 일실되어 구체적 내용에 대해서는 알 수 없다.

『중변분별론소』에 대해서는, 『중변분별론권삼요문』이라는 일종의 초抄에 해당하는 주석서로 단에이 자필 주석서의 단간이 현재 가나자와문고에 존재한다.⁴⁴ 이 내용은 단에이가 원효의 『중변분별론소』에서 요문을 모은 것이다. 비록 적극적인 주석서는 아니지만, 원효 저술에서 어떤 내용을 특히 중시했는가를 볼 수 있다. 지눌의 『화엄론절요』와 비슷한 성격의 주석서인 것이다.

원효 전기도 일본에서 유통되었다. 그것이 『원효화상연기』와 『원효사

---

41 牧野和夫, 「仲範撰述の一書『持犯要記俗書勘文抄』—紹介と翻印, 附二十二卷本『表白集』目錄一覽等—」, 『實踐國文學』 42, 東京: 實踐女子短期大學, 1992, pp.69~91
42 김병곤, 앞의 논문, 2020, pp.295~296
43 김천학, 「금강삼매경론」, 『테마 한국불교 5』, 서울: 동국대학교출판부, 2017, pp.77~113
44 동국대학교 불교문화연구원 HK연구단·가나가와현립 가나자와문고 공동 특별전시회 도록, 『안녕하세요! 원효법사—일본에서 발견한 신라·고려불교—』, 神奈川: 金澤文庫, 2017, 해설 No. 74

초』이다. 이 저술은 일문으로만 확인되는데,[45] 둘 다 원효를 디그나가(陳那)보살(5~6세기경)이라고 높이고 있다. 법상종 관련 신라승의 찬술이라는 추정도 있지만,[46] '라국원효사羅國元曉師', '라국사羅國師'라는 신라 밖에서 부를 만한 호칭이 사용되는 것으로 보아 찬술 지역은 일본으로 상정하는 것이 좋을 듯하다. 이와 같은 상정이 타당하다면, 일본에서 원효가 존중되면서 원효전에 해당하는 문헌을 바탕으로 주석서처럼 재구성되었다고 볼 수 있을 것이다. 이것은 인물의 재탄생을 통한 확장을 의미한다.

『화엄연기』는 이미 잘 알려진 바와 같이 묘에(明惠, 1173~1232)가 만년에 저술했거나 혹은 그의 제자 기카이(喜海, 1178~1250)에 의해 기획되었다고 추정된다.[47] 『화엄연기』는 전6권으로 되어 있고, 그 가운데 원효전은 2권, 의상전은 4권에 해당한다. 『송고승전』에 바탕하여 그린 원효상이고 의상상이기 때문에 의상과 원효의 전기가 『송고승전』의 원효전을 주석 대상으로 하여 재해석된 주석서라고 할 수 있다. 이러한 점에서 위에서 언급한 『원효화상연기』, 『원효사초』와 성격이 비슷하다.

『화엄연기』는 묘에가 경험한 일들이 원효·의상과 아주 흡사한 점으로 보아, 묘에의 자서전이라고 부를 만하다는 평가가 있다.[48] 두 화엄 조사의 생애와 사상에 묘에의 사상과 체험이 이입되었다는 의미이다. 묘에의 전기와 대비하여 『화엄연기』를 바라볼 때 묘에가 『화엄연기』를 제작한 의미가 더욱 생생하게 이해될 것이다. 묘에 삶의 일면을 보면 다음과 같다.

---

45 福士慈稔, 『新羅元曉研究』, 東京: 大東出版社, 2004, pp.102~103, 315
46 福士慈稔, 위의 책, 2004, p.102
47 愛宕國康, 앞의 책, 2006, p.132
48 白洲正子, 『明惠上人』, 東京: 新潮社, 1999, pp.162~163

묘에가 48세 때 조쿠의 난(1221)이 일어난다. 이것은 고토바(後鳥羽) 상황이 가마쿠라 막부의 호조 요시토키(北条義時, 1163~1224)를 토벌하려고 병을 일으켰다가 오히려 패한 난을 말하는데, 그때 묘에가 조정 편에 섰던 패잔병을 감싸 안고, 미망인들에게는 선묘와 같은 호법신장이 되도록 한 것으로 유명하다. 선묘 설화와 관련된 의상은 바로 묘에 자신인 것이다. 『화엄연기』에서 원효는 광명진언을 외우는 밀교승으로도 묘사되는데,[49] 망자의 극락왕생을 기원하는 자신의 마음을 원효에 투영시켰다고 해석할 수 있다. 여기서 주목할 만한 것은 원효를 민중을 교화하는 밀교승으로 이해했다는 것이다. 물론 원효가 민중 교화에 힘을 기울였다는 것은 잘 알려져 있지만, 밀교승은 아니었다. 묘에에 의해 원효가 재해석된 것인데, 그것은 『유심안락도』의 영향이다.[50] 즉, 『화엄연기』는 원효·의상의 행장을 그림과 글의 형식으로 일본에서 재탄생시킨 것이다.

③ : 의상의 『일승법계도』에 대한 주석서로는 진숭珍嵩(8세기)의 『일승법계도기』가 있었으나 현재는 일실되었다. 또한 『법계도기총수록』이나 균여均如(923~973)의 『일승법계도원통기』가 『법계도』의 주석서로 유명하듯이, 신라와 고려에 다종의 주석서가 있다는 것은 주지의 사실이다. 그리고 조선시대에 들어서는 설잠雪岑(1435~1493)의 『법계도기주병서』가 저술되어 화엄 사상을 당시 선종의 풍으로 해석하였고,[51] 조선시대 후기에는 유문有聞의 『법성게과주』가 저술되어 의상의 구래성불을 본분가풍으로 수용하였다.[52] 신라시대부터 조선시대까지 1000년 이상 줄곧 존중

---

49 愛宕國康, 앞의 책, pp.150~157
50 愛宕國康, 위의 책, p.157
51 김지견, 「大華嚴一乘法界圖註幷序 – 金時習의 禪과 華嚴」, 大韓傳統佛敎研究院, 1983, pp.1~192
52 박수진(法雨), 「道峯 有聞 『法性偈科註』의 華嚴思想 연구」, 동국대학교 불교학과

되었던 것이 의상의 『일승법계도』이다.

그런데 『법계도』의 7언 30구는 일본에서도 활용된다. 즉, 법성게法性偈에 악보를 붙여 의례에 사용된 것이 일본 가나자와문고에 『화엄원융찬』이라는 명칭으로 네 종류 전해진다. 또 이와 비슷한 것으로 역시 가나자와문고에 『배로비곡倍爐秘曲』이 있다. 이와 같이 『법계도』의 문문구구에 대한 주석은 아니지만, 법성게에 악보를 붙여 의례에 사용되었다는 것은 『법계도』가 전파되면서 의례로 재탄생하는 것을 볼 수 있는 예이다.[53]

한편, 의상의 강의록인 『화엄경문답』은 법장의 저술로 인식되어 헤이안시대부터 최근까지도 연구되었다. 이 문헌에 대한 주석서는 '요문要文'이라는 형식으로 정리되었는데, 법장에 대한 해석이라는 강한 선입관을 가지고 정리했겠지만, 실상은 의상의 사상에 대한 초抄 형식의 해석이다. 이러한 『요문』은 그 외에도 더 있는데, 일본불교 13~14세기 주석학풍의 일면을 보여 준다는 점에서 연구의 가치가 있다. 가나자와문고에 소장되어 있다.

④ : 태현 저술의 주석에 대해서는 뒤에서 자세히 다룰 것이다.

⑤ : 경흥憬興(7세기 후반)의 저술은 일본에서 나라시대부터 유통되고 인용된다.[54] 『동역전등목록東域傳燈目錄』에는 나라시대의 법상종 승려인 젠주(善珠)의 저술로 『무량수경찬초無量壽經贊抄』 1권이 기록되어 있

석사학위논문, 2014, pp.43~59

53 동국대학교 불교문화연구원 HK연구단·가나가와현립 가나자와문고 공동 특별전 시회 도록, 앞의 책, 2017, 해설 No. 31~34

54 이에 대한 증거는 다음의 저술에서 검색하면 충분히 확인된다. 福士慈稔, 『日本佛敎各宗の新羅·高麗·李朝佛敎認識に關する硏究』 제1권 日本天台宗; 제2권 上 三論宗; 제2권 下 法相宗; 제3권 日本華嚴宗, 山梨: 身延山大學, 2011~2013

다.⁵⁵ 이것에 대해서 이노우에 미츠타다(井上光貞)는 『동역전등목록』의 기록법으로 봤을 때 젠주의 위 저술은 경흥 저술의 주석서라고 보아도 무리가 없다고 기술한다.⁵⁶ 젠주는 자신의 유식 관련 저술에서 경흥을 어느 정도는 인용하는데 그렇다고 그가 가장 중시한 신라 유식학자는 아니다.⁵⁷ 그러나 정토 관련 저술에서는 같은 법상학자인 경흥을 중시했다고 볼 수 있을 것이다.

⑥ : 승장勝莊은 신라 출신의 법상학자로서 중국에서 생애를 마친 듯하다. 그의 저술 가운데 『범망경술기』가 호간 고류(寶巖興隆, 1691~1769)에 의해 주석되었다. 호간 고류는 조동종 승려로 천태·화엄·법상·계율 등에 능했다 하며, 그의 저술 목록은 '일본고전적종합목록데이터베이스(日本古典籍総合目録データベース)'에 109종류의 저서가 검색될 정도로 다작의 주인공이다. 그의 『범망경술기』에 대한 주석서는 둘 다 일실되어 내용을 알 수 없지만, 이 가운데 『관주범망경술기冠註梵網經述記』는 『범망경술기』의 본문을 에워싸고 주를 붙이는 일본 에도시대 이후의 주석 방식에 따른 것으로 보인다.

⑦ : 도륜의 『유가론기』에 대해서는 본격적인 주석은 아니지만, 주제별로 조목을 나누어 놓았다. 『유가론기』를 통독하고 연구해야 가능한 일이다.

⑧ : 불가사의는 영묘사靈妙寺 승려로 전해지며, 『대비로자나경공양차제법소大毘盧遮那經供養次第法疏』는 선무외善無畏(637~735)의 강의에

---

55 『大正藏』55, 1150c
56 井上光貞, 『信訂 日本淨土教成立史の研究』, 東京: 山川出版社, 1981, p.76
57 福士慈稔, 『日本佛教各宗の新羅·高麗·李朝佛教認識に關する研究-日本三論宗·法相宗にみられる海東佛教認識(法相宗の部)-』2 下, 山梨: 身延山大學, 2012

바탕하여『대일경』의 마지막 권인 제7권에 대해서 주석한 문헌이다.[58] 본서에 대해서는 일본의 구카이(空海, 774~835)의 주석서인『사나경왕부사의소전遮那經王不思議疏傳』을 비롯하여 주석서가 8종에 이른다.[59] 이것으로 보아 불가사의의『대비로자나경공양차제법소』가 일본의 진언종에서 중시되었음을 충분히 짐작할 수 있다. 특히 유한有範(1270~1352)의『대일경공양차제법소사기』는 불가사의 저술의 전 문장에 대한 주석서인데, 그는 불가사의의 주석이 경전에 근거한 것임을 밝히고, 실제 사례를 보충하거나, 오해의 소지가 있는 부분을 해명하거나, 구체적 설명을 더하는 방식을 취했다고 한다.[60] 신라의 밀교 수준이 높았음을 알 수 있는 동시에 일본에서 신라 밀교를 존숭했음도 알 수 있는 사례이다. 향후 개별 문헌에 대한 구체적인 연구가 필요할 것이다.

④ : 신라시대 문헌 가운데 가장 주석서가 많은 것이 태현太賢(8세기경)의『보살계본종요』와『범망경고적기』일 것이다. 이 점이 한국불교의 확장성을 해석하는 데 매우 중요하다.

태현은 신라 경덕왕(재위 742~764) 때 활약하였으며, 50여 종의 저술을 지은 원효에 버금가는 저술가이다. 그 가운데 태현의『범망경』관련 주석서인『범망경고적기』와『보살계본종요』(이하『종요』로 약칭)는 일본에 전래되어『범망경』연구의 전형이 되었을 정도로 중시되었다.

〈표 4〉에서 알 수 있듯이, 태현의 세 저술에 대한 주석서와 태현의 전기가 존재한다. 그 가운데 중국과 일본의 주석서가 있는 것은『광석본

---

58 옥나경,『신라시대 밀교경전의 유통과 그 영향』, 서울: 숙명여자대학교대학원, 2017, p.68
59 옥나경, 위의 논문, 2017, pp.90~91
60 옥나경, 위의 논문, 2017, pp.86~95

모송廣釋本母頌』이며, 중국인의 서문이 붙어 유통된 것이 『종요』이다. 그리고 태현의 『범망경고적기』에 대해서는 일본의 『국서총목록』을 통해 조사하면 그 주석서가 50여 종에 이른다.

우선 『광석본모송』에 대해서 간략히 설명하겠다. 태현은 『성유식론』에서 터득한 내용을 100송으로 정리하였다. 이것이 『본모송本母頌』이다. '본모'는 법설, 법의의 의미를 지닌다. 그리고 이것을 다시 설명한 것이 『광석본모송』이다. 이것은 저술 목록 등에서 다양한 이름으로 통용되었다. 예를 들어 『대승심로장大乘心露章(大乘心路章)』, 『대승심략장大乘心略章』, 『대승일미장大乘一味章』 등이다.[61] 『동역전등목록』에 따르면 당의 희원希遠과 이견利見이 강의를 듣고 기록했다고 되어 있다.[62] 일본의 젠주(善珠, 724~797)는 이 『기』를 인용하기 때문에 희원과 이견은 태현이 활약했던 경덕왕 무렵의 인물로서 동시대에 활약했을 것으로 추정된다.[63] 태현의 저술이 일찍이 당에 들어갔고 강의되었으며 청강한 기록이 만들어졌다는 것은 그만큼 태현 또는 태현의 저술이 중시되었음을 알려 준다. 이것에 대해서는 나라시대 법상종 승려 젠주의 『유식분량결唯識分量決』과 가마쿠라시대의 『성유식론본문초成唯識論本文抄』에 일문이 인용된다.[64] 중요한 사실은 태현의 저술이 중국으로 전래된 후 당에서 주석서가 만들어지고, 그것이 일본으로 전래되어 나라시대부터 헤이안시대까지 전파되었다는 사실이다. 일본에서도 리몬(理門)이라는 승려가 이에

---

61 이만, 『한국유식사상』, 서울: 장경각, 2000, pp.277~284
62 『東域傳燈目錄』(『大正藏』55, 1163a), "同章記二卷(太唐國西京慈悲寺釋希遠華嚴寺僧利見聽記)"
63 이만, 위의 책, 2000, pp.283~284
64 이만, 위의 책, 2000, pp.283~284

대해 주석서를 저술했다는 것이 이미 지적된 바 있다.[65]

『범망경고적기』에서 보듯이 50여 종의 주석서가 일본에서 저술되고, 『대승심로장』이 중국과 일본에서 주석되며, 특히 중국에서는 태현이 활동할 때 강의가 되었을 가능성도 있다는 점에서 한국불교에서의 태현의 중요도를 감지할 수 있을 것이다. 태현의 저술이 중국과 일본에서 유통되며 확장되는 구체적인 예를 『종요』를 통해 고찰할 수 있다.

현재 알려진 가장 빠른 『계본종요』는 동사東寺 관지원觀智院본으로, 1161년의 필사 기록이 있으며, 이것 역시 도봉道峯의 서문이 있는 것으로 확인되었다.[66] 현재 확인되는 문헌에는 모두 도봉의 서문이 있다. 『보살계본종요』의 주석서에 대해서는 이미 『불서해설대사전佛書解說大辭典』 제9권과 『율종문헌목록律宗文獻目錄』을 통해 31종의 제목과 권수, 저작연대, 존부, 소장처를 목록화한 선행 연구가 있다.[67] 한편, 일본고전적종합목록데이터베이스에서 '계본종요戒本宗要'로 검색하면 17종의 주석서 목록이 제공될 뿐이다.[68] 이 두 정보의 기록을 합하고 주석 빈도를 파악하기 위해 『계본종요』 주석서의 현존본 주석 및 간행 연도순으로 대강 정리하면 〈표 5〉와 같다.

---

65 金天鶴, 「金澤文庫所藏, 圓弘の『妙法蓮華經論子注』について」, 『印度學佛教學研究』通号 126, 東京: 日本印度學佛教學會, 2012, pp.154~161
66 京都府立大學 橫內裕人 교수에게 제공 받았다. 본 지면을 빌려 감사드린다.
67 蔡印幻, 『韓國佛教戒律思想研究(Ⅰ)』, 서울: 토방, 1997, pp. 571~572; 大谷由香, 「太賢『梵網經古迹記』の日本における活用について」, 『龍谷大學論集』 492, 京都: 龍谷學會, 2018, pp. 1~42
68 https://base1.nijl.ac.jp/infolib/meta_pub/dresult(2021년 2월 15일 기준)

〈표 5〉『보살계본종요』의 주석서

	저자	문헌명	저술 연도 혹은 간행 연도
①	가쿠조(覺盛, 1194~1249)	菩薩戒本宗要雜文集 1卷	저술 1229(安貞 3)
②	에이손(叡尊, 1201~1290)	菩薩戒本宗要科 1冊	저술 1275(文永 12)
③		菩薩戒本宗要輔行文集 2卷	저술 1285(弘安 8)
④	미상	宗要聞書第 1卷	1295(永仁 3)
⑤	죠센(定泉)	菩薩戒本宗要拾遺鈔 2卷	저술 1296(永仁 4)
⑥	에이신(英心)	菩薩戒本宗要拾義鈔	저술 1347(貞和 3)
⑦	미상	菩薩戒本宗要樞鏡文集 2卷 2冊	13~14세기
⑧	미상	菩薩戒本宗要見聞集卷上 1冊	13~14세기
⑨	미상	宗要足益勘文集 2卷	1345(興國 6)
⑩	구기(公基)	菩薩戒本宗要聞書 1卷	1374(應安 7)
⑪	미상	菩薩戒本宗要玉華鈔 3冊	14세기
⑫	미상	宗要抄 第四	1525(大永 5)
⑬	미상	宗要抄 第一, 第三, 第四	1559(永祿 2)
⑭	센유(仙祐)	菩薩戒本宗要鈔 2卷 1冊	1565(寫)
		菩薩戒本宗要抄 2卷 1冊	1647(正保 4)
⑮	미상	菩薩戒本宗要序抄 1卷	1611
⑯	미상	菩薩戒本宗要抄物 4冊	1632(寬永 9)
⑰	고인高印	菩薩戒本宗要拾義 1卷	1662
⑱	자쿠인(寂隱)	菩薩戒本宗要關解 3冊	1680(延寶 8)
⑲	쇼료(正亮)	菩薩戒本宗要簡註 3卷 3冊	1690(元祿 3)
⑳	쇼지키(正直)	菩薩戒本宗要纂註 2卷 2冊	1690(元祿 3)
㉑	도호(道峰?)	菩薩戒本宗要分科 1卷	1695(元祿 8)
㉒	호순(法俊)	菩薩戒本宗要助講 2卷	1698
㉓	츠겐(通玄)	菩薩戒本宗要資量鈔 1卷	1707(寶永 4)
㉔		菩薩戒本宗要資糧鈔引據 2卷	
㉕	미상	菩薩戒本宗要錄 2卷 2冊	1722(享保 7)
㉖	다이슈(泰州)	菩薩戒本宗要贊成記 2卷	1743
㉗	미상	菩薩戒本宗要二卷抄 2卷	
㉘	미상	菩薩戒本宗要科分 1帖	
㉙	시교쿠(思玉)	菩薩戒本宗要序解并略解 1卷	

〈표 5〉에 대해서 설명하면 다음과 같다. 우선, 주석서마다 도봉의 서문에 대한 주석이 다 있는 것은 아니다. 오히려 없거나 있어도 전체가 아닌 경우가 대부분이다. 도봉 서문의 유무를 기준으로 확인된 것은 다음과 같다. 가장 빠른 주석서인 가쿠조(覺盛)의 문헌에는 서문이 있지만, 세 군데 정도만 주석되어 있을 뿐이다(①).[69] 다음에 나온 에이손(叡尊)은 기기에 대한 과문이 있는 듯하다(②). ③에는 서문에 대한 주석이 없다. ④는 동대사 소장본을 확인하면 쌍조의 전승본(雙照之)이다. 기기에 대한 최초의 주석이 확인된다. ⑤와 ⑥에도 없고,[70] ⑦과 ⑧에도 없다.[71] ⑨와 ⑩은 미확인이다. ⑪에는 서문의 주석이 있을 것이지만 현존본에는 결락되어 있다. ⑫는 4권만 있고, ⑬은 미확인이다. 그러고 나면 ⑭에서 완전한 서문의 주석이 처음 확인된다. 이후는 대체로 서문에 대한 주석이 있는 듯하다. 〈표 5〉 이외에도 라이유(賴瑜, 1226~1304)의 『보살계본종요약초菩薩戒本宗要略抄』1권, 교넨(凝然, 1240~1321)의 『보살계본종요서기菩薩戒本宗要序記』1권, 저자 미상의 『보살계본종요칠일초菩薩戒本宗要七日抄』 등이 있다. 이들을 합하면 32건 정도에 이른다. 물론 이것이 『보살계본종요』 주석서의 전부는 아니다. 예를 들어 〈표 5〉 ②는 에이손의 과문이 단독으로 유통된 것이지만, 후세 과문을 본문에 삽입하여 1671년(관문寬文 11)에는 『과입계본종요科入戒本宗要』가 유통된다. 또한 미노부산문고에도 1596년에 니치렌슈의 니치온(日遠, 1572~1642)이

---

69 『菩薩戒本宗要雜文集』(『大正藏』74, 40b)
70 ⑤의 저자 定泉과 ⑥의 저자 英心은 『表無表章顯業鈔』6권(定泉談英心記), 『日本大藏經』第11卷(戒律章疏部)의 기록을 보면 사제 관계일 수도 있을 것이다.
71 神奈川縣立金澤文庫 東國大學校佛敎文化研究院HK研究團 共同特別展示會, 『アンニョンハセヨ！元曉法師－日本からみつめた新羅・高麗佛敎』, 横浜: 神奈川縣立金澤文庫, 2017, 資料 11~12

주석한『보살계본종요사菩薩戒本宗要私』가 존재한다.[72] 이로써 34종 정도의『계본종요』주석서가 존재한다. 이 가운데 본격적 주석이라고 하기 어려운 과문 관련인 〈표 5〉의 ②, ㉑, ㉘과 교넨의 현존하지 않는 과문 및『과입계본종요』5건을 제외해도 29종에 이른다.

태현의『보살계본종요』에 대한 주석서는 일본고전적종합목록데이터 베이스에서 '범망경고적'으로는 39건 정도, '범망고적'으로 16건 정도, '하권고적' 1건, '상권고적' 2건으로, 합하여 58건이 된다. 또한 채인환도 60종류의 주석서 목록을 모았다.[73] 즉『고적기』주석서의 50%가『종요』에 대한 주석서인 셈이다.

일본에서는 가마쿠라시대에 계율부흥운동이 일어나고, 이와 관련해서 태현의『고적기』연구 붐이 인다. 그리고『고적기』를 이해하기 위한 강요서로서『계본종요』가 새로이 발견된다.[74] 덧붙이면, 〈표 5〉의 ①에서 가쿠조의『잡문집雜文集』처럼 1229년에『계본종요』의 주석서가 저술되는 것을 고려한다면, 보살계의 의식 및 조목 해석에서『고적기』가 중심이 되었겠지만, 중국의 법상종 승려로 추정되는 천복사薦福寺 도봉道峰의 서문이『계본종요』에 실려 있다는 사실이 중요한 계기가 되어서 결국은『고적기』와『계본종요』는 거의 동시기에 주목되었다고 생각된다.

---

72 身延文庫轉籍目錄編輯委員會,『身延文庫轉籍目錄 中』, 山梨: 身延文庫, 2004, 20-A-20, p.100; 身延山大學國際日蓮學硏究所·東國大學校佛敎文化硏究院HK硏究團,『身延山叢書 8』, 山梨: 身延山大學 國際日蓮學硏究所, 2020, pp.25~43

73 蔡印幻, 앞의 책, 1997, pp.560~563. 이것은 일본의『國書總目錄』에 기재되어 있는 56건 정도의 주석서 수보다 많다.

74 大谷由香, 앞의 논문, 2018, p.26

신라 추정 문헌의 주석서

신라인 중에는 인도에 유학하거나, 중국에 유학한 후 귀국하지 않고 중국에서 입적함으로써 신라인이라는 사실조차 역사에서 사라진 경우도 있다. 또한 이는 중국의 기록에서 의도적으로 신라를 삭제하면서 벌어지기도 하지만, 본인 스스로 신라 출신 또는 신라의 소속 사찰을 밝히지 않음으로써 벌어진 일도 있다.

최근에 『화엄경문답』처럼 거의 99% 신라인 찬술설이 확정된 문헌도 있고, 향후 밝혀 나가야 할 문헌도 있다. 여기서는 후자의 문헌에 대해서 서술한다. 이유는 향후 연구의 심화를 촉구하기 위해서이다.

〈표 4〉 ⑨ : 신라인으로 추정되는 원홍圓弘의 『법화경론자주』에 대해서는 2013년에 비로소 연구가 시작되었다.[75] 『법화경론자주』가 가나자와문고에 소장되어 있었기 때문에, 단에이(湛睿, 1271~1347)의 『법화경론자주강요法華經論子注綱要』가 만들어질 수 있었다. 미확인이지만, 앞에서 거론한 『중변분별론소요문』과 『화엄경문답요문』처럼 초抄 형식의 주석으로 생각된다. 세 문헌 모두 가나자와문고에 소장되어 있다.

〈표 4〉 ⑩ : 『기신론일심이문대의』는 진제眞諦의 제자인 지개智愷(518~568)의 저술로 되어 있지만, 최근에 그 안에서 사용하는 경전이 신라시대에만 유통된 것임이 확인됨에 따라 신라 찬술설이 부각된 문헌이다.[76] 이 문헌은 일본에서만 유통되는 문헌인데, 주석서로는 과주뿐 아

---

75 김천학, 「『법화경론자주』 사본의 유통과 사상」, 『동아시아불교문화』 24, 부산: 동아시아불교문화학회, 2015, pp.156~180
76 최연식, 「신라불교 문헌으로서의 『起信論一心二門大意』」, 『불교학연구』 13, 서울: 불교학연구회, 2006, pp.5~34; 금강대학교 불교문화연구소·동국대학교 불교문화연구원 공편, 『잊혀진 한국의 불교사상가』, 서울: 동국대학교출판부, 2017,

니라, 『기신론일심이문대의강지』·『기신론일심이문대의청록』 등의 주석서가 일본에 현존한다.

〈표 4〉⑪ : 『석마하연론』은 기신론 주석서로서 신라 월충月忠의 저술이라는 전승이 있으며, 사상적으로는 법장의 설에 원효의 회통 방법과 의상계의 문제의식을 답습하면서 독자의 논의를 전개한 문헌이다.[77]

특히 말나식에 대한 원효의 특수한 설이 문제가 되어 이것을 법장의 설과 회통하는데, 이것은 원효의 화쟁 사상의 영향을 강하게 보이는 것이라고 한다.[78] 본서에 대한 최초의 주석서는 당 성법聖法의 『석마하연론기』 1권과 법민法敏의 『석마하연론소』이다. 이후 송의 법오法悟와 요遼의 지복志福이 주석서를 쓴다. 일본에서는 구카이(空海)가 진언종의 소의경론에 포함시킴으로써 많은 주석서가 쓰여졌다.[79] 이 저술에 대해서 찬술 지역을 중국으로 비정하는 연구도 있지만,[80] 찬술지가 중국이라 해도 원효와 의상의 사상과 연관성이 깊다는 것은 이것이 신라인의 찬술일 가능성을 농후하게 한다. 찬술지에 대해서는 중국과 신라로 열어 놓고 향후 재검토할 필요가 있지만, 『석마하연론』의 신라인 찬술설이 확정될 때 본서에 대한 연구는 한국불교의 확장성이라는 관점에서 크게 촉발될 것이다.

---

pp.394~422에 재수록.
77 石井公成, 『華嚴思想の研究』, 東京: 春秋社, 1996, pp.361~495
78 石井公成, 위의 책, 1996, pp.377~380
79 김지연, 『釋摩訶衍論의 註釋的 硏究-海東疏와 法藏義記의 비교를 중심으로-』, 동국대학교 박사학위논문, 2013, pp.10~15
80 張文良, 「『석마하연론』의 찬술지에 관하여-『석마하연론』의 '사상' 해석을 단서로 삼아」, 금강대학교 불교문화연구소·동국대학교 불교문화연구원 공편, 『잊혀진 한국의 불교사상가』, 서울: 동국대학교출판부, 2017, pp.297~322

IV. 고려 및 조선 불교 문헌의 주석서

주석의 현황

고려와 조선 시대에는 앞의 〈표 2〉, 〈표 3〉에서 확인한 것처럼 주석서가 적을 뿐 아니라, 그 외 다른 내용들에 대해서도 교리적 저술은 잘 보이지 않는다. 따라서 후에 주석 대상이 되는 것도 거의 불가능하다고 볼 수 있다. 실제로 고려시대와 조선시대의 저술 가운데 주석서가 만들어진 것은 극히 한정되어 있다. 그럼에도 불구하고 고려와 조선 시대 문헌에 대해서도 중국과 일본, 한국에서의 주석서가 남아 있다. 특히, 중국의 주석이 남아 있는 것은 신라 찬술 문헌과 비교했을 때 두드러진 특징이다. 그 현황은 다음의 〈표 6〉과 같다.

〈표 6〉 고려 및 조선 불교 문헌의 주석서

시대	번호	저자	주석 대상	주석가	국적	주석 명칭
고려	①	제관 諦觀	천태사교의 天台四敎儀	從義(宋) 외	중국	天台四敎儀集注 외
				證眞 외	일본	天台四敎義私 외
	②	의천 義天	원종문류 圓宗文類	廓心	한국	圓宗文類集解
	③	지눌 知訥	간화결의론 看話決疑論	碧巖覺性	한국	看話決疑
			법집별행록절요병입사기 法集別行錄節要幷入私記	霜峯淨源	한국	節要科文
				雪巖秋鵬		節要私記
				晦庵定慧		別行錄私記畵足 節要私記解
				涵月海源		法集別行錄私記證正
				運澤有一		節要私記
			권수정혜결사문 勸修定慧結社文	白坡亘璇	한국	修禪結社文科釋

시대	번호	저자	주석 대상	주석가	국적	주석 명칭
고려	④	혜심 慧諶	선문염송 禪門拈頌	運澤有一	한국	念頌着柄
				仁嶽義沾		拈頌記
				白坡亘璇		拈頌私記
	⑤	보우 普愚	*未詳	白坡亘璇	한국	太古庵歌科釋
조선	⑥	휴정 休靜	선가귀감 禪家龜鑑	浮休善修	한국	禪家龜鑑釋義
				虛林全威 외	일본	禪家龜鑑五家辯 외
	⑦	지안 志安	선문오종강요 禪門五宗綱要	白坡亘璇	한국	五宗綱要私記

〈표 6〉에서 알 수 있듯이, 고려에 5인 7종류의 저술, 조선시대에 2인 2종류의 저술에 대한 주석서가 있다. 고려 및 조선 시대 주석서는 제관과 휴정의 저술을 제외하고, 국내에서 저술되었다는 점에서 그 특징을 찾을 수 있다. 이것은 선종에 국한되기는 하지만, 자국의 선종 수준을 높이 사거나 중시했음을 의미할 것이다. 이하에서 고려와 조선을 나누어 설명한다.

고려 문헌의 주석서

우선 고려시대의 의천을 보자. 〈표 6〉에서 의천의 『원종문류』(②)는 당시까지 화엄 계통의 저술을 망라하여 수록한 편저이다. 이에 대해서는 후세 의천의 법손 확심廓心(1173?~1181?)이 『원종문류집해圓宗文類集解』를 저술하여 주석하고 있는데, 이 주석서는 당시 화엄 사상이 의상 계통의 화엄과는 다르다는 것을 충분히 파악할 수 있다는 점에서 자료적 가치가 크다.[81]

---

81 박보람, 「『원종문류집해圓宗文類集解』의 기초연구」, 『동아시아불교문화』 35, 부산:

지눌知訥(1158~1210)의 사상적 문헌(③)이 조선시대 후기에 집중적으로 주석되는 것은, 조선시대 선종에 지눌의 선 사상이 상당히 녹아들어 있었음을 알려 주는 사실이다. 특히 『법집별행록절요병입사기法集別行錄節要幷入私記』에 5인의 주석자가 있다는 것은 그 내용이 매우 중시되었다는 반증이다.[82]

혜심의 『선문염송』(④) 및 태고 보우의 저술(⑤)에 대한 주석도 마찬가지로 조선시대 선종의 전통에 종밀과 지눌의 선 사상이 매우 중요한 기초가 되었음을 시사한다.

다음은 고려시대의 독특한 저술이면서 주석서가 양산된 제관諦觀(?~970)의 『천태사교의天台四敎儀』(①)에 관하여 검토한다. 우선, 주석서가 많기로는 『석마하연론』 및 태현의 저술에 대한 주석서와 비교할 때 제관의 『천태사교의』도 빠지지 않을 것이다. 제관의 『천태사교의』는 중국에서 찬술되고 중국에서 주석서가 처음 만들어지며, 아마도 의천 때에 고려에 역수입된 듯하다. 이후는 일본으로 전래되어 메이지(明治)시대 이후 100여 종의 주석서가 일본에서 저술된다. 이 경우 중국과 일본의 주석서를 통해 한국불교에 대한 중국과 일본에서의 인식 추이를 이해할 수 있을 것이다. 다만, 『천태사교의』는 중국에서 송 종의從義(1042~1491)의 『천태사교의집주天台四敎儀集註』와 원 몽윤蒙潤(1275~1342)의 『천태사교의집해天台四敎儀集解』가 저술된 이후 이에 대한 복주서가 주를 이루고, 제관의 『천태사교의』 자체에 대한 주석은 많지 않다. 따라서 이 부분의 사상적 차이를 고려하여 연구할 필요가 있을

동아시아불교문화학회, 2018, pp.249~273
82 정희경, 「조선시대의 지눌사상 이해-『법집별행록절요병입사기』를 중심으로」, 『불교학연구』 55, 2018, pp.155~185

것이다.

조선 문헌의 주석서

조선시대 인물의 주석서는 지안志安(1664~1729)의 『선문오종강요』에 대한 주석서와 휴정休靜(1520~1604)의 『선가귀감』에 대한 주석서를 들 수 있다. 전자는 백파 긍선白坡亘璇(1767~1852)에 의해 주석되지만, 후자의 『선가귀감』은 일본에 전파되기 때문에, 조선불교의 확장성이라는 관점에서 의미가 크다.

우선 지안의 『오종강요五宗綱要』(⑦)는 1689년에 선종오가의 핵심 내용을 여러 문헌들에서 발췌하여 편집한 책이다. 오종은 임제종, 조동종, 운문종, 법안종, 위앙종을 말한다. 주석서인 백파 긍선의 『오종강요사기』는 주석서이면서도 비판적 입장이 강하다고 평가된다.[83]

이 과정에서 휴정의 『선가귀감』(⑥)은 임진왜란을 거치면서 일본에 전래되며, 『선가귀감』 자체가 간행될 뿐 아니라 주석서도 찬술된다. 현재 일본에는 『선가귀감』의 주석서로 『선가귀감고』(간행년 미상)와 고린 젠이(虎林全威, 생몰년 미상)의 『선가귀감오가변』(17세기 말) 사본이 존재한다.[84] 그러나 주석서만 관심의 대상이 되는 것은 아니다. 일본에서는 1635년에 처음으로 『선가귀감』이 간행되는데, 특히 1677년 이후에 간행된 『선가귀감』은 간주間註본이어서,[85] 주석서에 해당한다. 이러한 경향은 앞에

---

[83] 환성 지안 지음, 성재헌 번역, 『선문오종강요 환성시집』, 서울: 동국대학교출판부, 2017, p.19

[84] 오가와 히로카즈, 「일본에서의 禪家龜鑑 간행과 그 영향」, 『한국사상사학』 53, 서울: 한국사상사학회, 2016, pp.49~80

[85] 오가와 히로카즈, 위의 논문, 2016, p.59

서 언급한 『천태사교의』에서도 마찬가지이다. 따라서 일본에서의 『선가귀감』에 대한 주석서는 일본에서 간행된 『선가귀감』을 포함하여 언급해야 할 것이다. 특히, 일본 임제종에서 간행한 『선가귀감』에는 한국에서만 유통되는 삼처전심에 대한 주석 등이 실려 있어 주목된다.[86]

---

86 오가와 히로카즈, 앞의 논문, 2016, pp.64~70. 이 논문에 따르면 삼처전심에 대해서는 여러 설이 있는데, 긍정하는 측에서는 『선가귀감』을 증거로 제시한다.

한국 찬술 불교 문헌 동아시아를 횡단하다

　불교 연구는 경률론 삼장에 대한 연구로부터 시작된다고 해도 과언이 아니다. 하나의 대상을 중심에 두고 축약하거나, 요점 정리하거나, 축자적으로 해석해서 만들어진 저술을 주석이라고 붙여도 좋을 것이다. 이렇게 주석의 형태가 분기되는 만큼 주석의 명칭도 다양하다. 불교에서는 주로 논論, 소疏, 초鈔, 기記, 장章, 주註, 의義 등으로 주석서를 명칭한다.

　불교 문헌에 대한 주석은 인도에서 처음 시작된다. 인도 경전 가운데 동아시아불교에서 많이 활용된 『법화경』·『십지경』·『무량수경』에 대한 주석서를 볼 수 있는데, 그 가운데 『법화경』의 주석서는 50여 종이 있었다고 하니 그 인기는 대단했던 것 같다. 삼장 가운데 논장과 율장에 해당하는 주석서도 만들어진다. 그 가운데 대승 아비달마문헌인 무착의 『아비달마집론』, 대승의 유식 문헌인 『중변분별론』은 동아시아불교에 많은 영향을 미친다.

　한역 불교 이후 주석서는 매우 다양하게 확대된다. 중국불교의 주석서는 학파적 분위기 속에서 주석이 만들어지는 특징을 찾을 수 있다. 구마라집의 문하에서 『대지도론大智度論』의 주석서가 다수 저술되는 것이 중국불교의 학파적 주석의 모습이다. 이후 중국에서는 열반학파, 지론학파 등 많은 학파가 명멸한다. 이 가운데 후대까지 가장 많은 영향을 미친 것은 천태교학, 화엄교학, 법상교학일 것이다. 특히, 법장의 교학 체계인 『오교장』은 중국과 일본에서 매우 많은 주석서를 남긴다.

　신라에서는 불교에 대한 열정이 학문에 반영되어 학파 내지는 종파에 제한 없이 중국에서 수용된 문헌을 거의 망라하고 포괄하여 주석서가 만들어진다. 기록에 남은 신라인 47인이 주석한 경론 등은 72종에 이른다. 특히, 신유식 분야에 대한 관심이 지대하다. 단독 저술로는 『성유식론』에 가장 관심이 많았지만, 사상적으로 중요한 정토경전, 『기신론』, 반야 계통 경전, 계율 계통 경론 등에 골고루 관심을 보였다.

고려 및 조선 시대에는 신라 주석의 흐름이 제한적으로 계승된다. 이것은 고려와 조선 시대에는 의례 및 선 등의 실행 내지 수행적 불교에 대한 관심이 증폭되었던 것이 원인일 것이다.

신라 및 고려, 조선 시대에 찬술된 문헌이 동아시아 삼국에서 주석서로 재탄생하는 것은 주목할 만하다. 이러한 주석서를 통해 한국불교가 확장성, 역동성을 갖고 재탄생하는 과정을 볼 수 있기 때문이다. 신라 찬술 불교 문헌 가운데, 원측·원효·의상·태현·불가사의를 비롯한 11인의 저술에 대해서 주석서가 양산된다. 특히 의상의 『법계도』는 신라시대부터 조선시대까지 1000년 이상 줄곧 존중된다. 의상의 『법계도』가 한국에서만 주석되는 반면, 원효의 저술은 『지범요기』가 특히 일본 가마쿠라시대 이후 관심의 대상이 되어 주석된다. 원효의 이름을 가탁하여 『유심안락도』가 나오거나, 원효의 전기가 등장하는 것도 일본에서 원효가 주석을 통해 재탄생하는 과정을 이야기해 준다.

태현의 저술은 특히 가마쿠라시대 일본불교 계율부흥운동 속에서 지대한 관심을 받고 90여 종이나 주석된다. 밀교승 불가사의의 『대비로자나경공양차제법소』는 선무외의 강의에 바탕하여 『대일경』의 마지막 권인 제7권을 주석한 것으로, 일본에서 구카이(空海)를 비롯하여 8종의 주석서가 있다.

신라 찬술설이 주장되는 『석마하연론』은 기신론 주석서이다. 일본에서는 구카이가 이를 중시한 이래 진언종에서 많은 주석서가 쓰여진다. 본서의 찬술인 확정은 한국불교의 확장성이라는 관점에서 매우 중요하다.

고려 및 조선 시대 찬술 문헌의 주석서 가운데서 지눌의 저술이 조선시대에 많은 관심의 대상이 되어 주석된다. 즉 조선시대 선풍에 지눌의 선 사상이 재해석되어 영향을 미치게 된 것이다.

『천태사교의』는 중국과 일본에서 크게 주목받은 저술로, 이에 대한 주석서는 100부가 넘는다. 『천태사교의』의 중국 주석서에 대한 복주서가 일본에서 많이 만들어지는 것도 특징인데, 이는 사상 횡단성의 다양성을 볼 수 있는 기회가 될 것이다. 그리고 시대에 따른 제관의 사상적 위상이 변화하는 과정도 볼 수 있을 것이다.

조선시대의 『선가귀감』은 임진왜란 이후 일본에 전파되면서 관주冠註와 수문 해석이 만들어진다. 한국불교의 확장성이란 관점에서 향후 연구의 가치가 있다.

신라인의 포괄적 불교 주석의 열풍에 힘입어 교리 이해가 깊어지고, 이로 인해 저술된 문헌은 중국과 일본에서 주석되고 자국에서 평가되어, 국내를 중심으로 동서로 전파되는 명실상부한 횡단적 확장성을 드러내었다. 고려·조선 불교 역시 제한적인 계승 속에서 중국과 일본 그리고 국내로 전파 및 전승되어 재해석되면서 한국불교의 횡단성을 보여 준다. 이러한 점에서 한국 불교 문헌에 대한 주석서 연구는 더욱더 심화되어야 한다.

| 참고문헌 |

김지견, 『大華嚴一乘法界圖註幷序-金時習의 禪과 華嚴』, 서울: 大韓傳統佛敎
　　硏究院, 1983.
이만, 『한국유식사상』, 서울: 장경각, 2000.
蔡印幻, 『韓國佛敎戒律思想硏究(I)』, 서울: 토방, 1997.

김지연, 「『釋摩訶衍論』의 註釋的 硏究-『海東疏』와 『賢首義記』의 비교를 중심으
　　로」, 동국대학교 박사학위논문, 2014.
김천학, 「『보살계본종요초』의 문헌적 의의와 신라 太賢에 대한 인식」, 『新羅文化』
　　55, 신라문화연구소, 2020.
박보람, 「『원종문류집해圓宗文類集解』의 기초연구」, 『동아시아불교문화』 35, 부산:
　　동아시아불교문화학회, 2018.
오가와 히로카즈, 「일본에서의 선가귀감禪家龜鑑 간행과 그 영향」, 『한국사상사학』
　　53, 서울: 한국사상사학회, 2016.
옥나경, 「신라시대 밀교경전의 유통과 그 영향」, 숙명여자대학교 박사학위논문,
　　2017.
정희경, 「조선시대의 지눌사상 이해-『법집별행록절요병입사기』를 중심으로」, 『불
　　교학연구』 55, 2018.

Web版 新纂淨土宗辭典
Web版 한국민족대백과사전

제2부

종교와 문화

종교와 미래

교단

불교명상

문화와 의례

불교미술

상장례

종교와 미래

교단

이자랑

I. 불교 교단의 성립과 분열

　　교단의 정의/ 시마sīmā와 현전승가/ 아쇼까왕과 제3결집/ 부파 교단과 대승

II. 중국·일본에서 교단의 성립과 발전

　　광률廣律의 번역과 사중四衆의 완성/ 교단과 권력의 밀착/ 승제僧制/ 남도육종과 종파

III. 신라시대 교단의 형성

　　자장과 교단 정비/ 의상의 화엄 교단/ 종파의 형성

IV. 고려·조선 시대 교단의 전개

　　보호와 통제의 운영/ 교종과 선종의 공존/ 교단의 위축과 재기의 노력

■ 교단, 국가, 그리고 종파적 분기

I. 불교 교단의 성립과 분열

교단의 정의

흔히 불교 교단이라는 말을 사용하지만, 이때 '교단'의 의미가 무엇인지 학계에서도 명확한 개념 정의하에 사용되고 있는 것은 아니다. 다만 초기 불교의 경우, 광의廣義로는 교단의 구성원인 사중四衆(비구·비구니·우바새·우바이)으로 이루어진 집단, 협의狹義로는 이 중 비구·비구니만으로 구성된 집단을 교단이라 부른다. 후자는 승가僧伽(saṃgha)라고도 한다. 즉, 승가는 비구승가 혹은 비구니승가 등 명확하게 출가 집단만을 가리키는 말이지만, 교단은 출가 집단을 가리킬 경우도 있고 사중의 출재가자를 모두 포함한 집단을 가리키기도 한다. 교단이란 용어는 전통적인 불교 문헌을 망라해 놓은 CBETA[1]나 SAT[2]에서 검색해도 찾기 어려운 것을 보면 불교 전통에서 생겨난 개념은 아니며, 20세기 초에 서양에서 근대 학문을 도입하며 일본 학자들이 사용하기 시작한 번역어인 것 같다. 명확한 것은 알 수 없지만, 기독교의 신학이나 종교사회학에서 사용되던 'Gemeinde(敎區)'가 기원일 것으로 추정되고 있다.[3] 이하 본고에서는 초기 불교에서 광의·협의의 정의를 기준으로 교단이라는 용어

---

[1] 대만 中華電子佛典協會 CBETA(http://www.cbeta.org)
[2] 일본 東京大學大學院 人文社會系研究科 次世代人文學開發センター 大藏經テキストデータベース研究會(SAT)(http://21dzk.l.u-tokyo.ac.jp/SAT/)
[3] 眞野正順, 『佛教における宗觀念の成立』, 東京: 理想社, 1964, pp.11~12

를 사용하는데, 출가자에 초점을 두고 기술하는 경우가 많기 때문에 내용상으로는 대부분 승가와 동의어로 쓰였다.

교단의 구성원인 사중은 불교의 개조 고따마 붓다가 35세 때 보리수 밑에서 깨달음을 얻은 후 행한 교화 활동을 통해 갖추어졌다. 출가자 혹은 재가자의 신분으로 붓다에게 귀의한 이들은 각각 출세간과 세간의 삶을 영위하며 종교적 이상을 실현하였다. 사중 가운데 비구·비구니는 각각 남성·여성 출가자이며, 우바새·우바이는 각각 남성·여성 재가신도이다. 이들은 교단의 주요 구성원으로 재가신도는 출가자에게 재시財施를 통해 경제적인 지원을, 출가자는 재가신도에게 법시法施를 통해 가르침을 주게 된다. 출가와 재가가 서로 보완하며 네 개의 톱니바퀴처럼 굴러가는 것이다.

사중은 교단에 입문할 때 각각 통과의례를 거쳐야 한다. 불교 교단의 구성원에 부합하는 삶을 살겠다는 일종의 약속이다. 우바새·우바이는 비구나 비구니 앞에서 불법승佛法僧 삼보三寶에 대한 귀의를 맹세하고 오계를 받으면 된다. 오계는 불교신자로 살아가며 한평생 지켜야 할 규범으로 불살생不殺生·불투도不偸盜·불사음不邪婬·불망어不妄語·불음주不飮酒의 다섯 항목이다. 이 외 팔재계八齋戒라고 하여 한 달에 6회, 즉 8·14·15·23·29·30일에 여덟 가지 계를 추가로 실천해야 한다. 한편, 비구·비구니는 각각 250계와 348계의 구족계具足戒를 받는다. 구족계는 교단의 일원으로서 반드시 지켜야 할 규범으로 율律(vinaya)이라 부른다. 어길 경우에는 교단으로부터 일정한 처벌을 받게 되는 강제성을 수반한 규범이다. 한편, 구족계를 받기 위해서는 '차법遮法', 즉 비구 혹은 비구니가 될 수 없는 결격 사유의 존재 유무를 승가로부터 확인 받아야 한다. 예를 들어 부모님의 허락을 받지 않았다거나, 노비의 신분인데 주인의 허락을 받지 않았다거나, 혹은 성 정체성이 불분명한 경우 등은 구족계를 받을 수 없다. 결격 사항이 없다는 점이 확인되면 구족계를 수계하고 비구·비구니가 된다. 이들은 각각 비구승가와 비구니승가를 형성하여 독자적으로 운영된다. 다만 비구니의 경우 팔경계八敬戒라고 하여 구족계를 받을 때 비구니승가뿐만 아니라 비구승가에서도 이중으로 계를 받아야 한다. 이를 이부승수계二部僧授戒라고 한다. 한편, 사중 외에 사미沙彌·사미니沙彌尼·식차마나式叉摩那라는 지위가 있다. 사중에 이 셋을 포함하여 칠중이라고 하며, 우바새와 우바이를 제외한 나머지 다섯을 출가오중이라고 부르기도 한다. 다만 이들은 비구나 비구니가 되기 전의 예비 승려와 같은 지위이므로 교단의 주요 구성원은 사중이다.

시마sīmā와 현전승가

구족계는 『사분율四分律』에 의하면 비구 250계, 비구니 348계이다. 양자 간 조문의 수는 다르지만, 바라이波羅夷·승잔僧殘·부정不定·니살기바일제尼薩耆波逸提·바일제波逸提·중학衆學·멸쟁滅諍이라는 일곱 범주로 분류된다는 점에서 동일하다. 이 중 바라이와 승잔은 중죄重罪이며, 나머지는 경죄輕罪이다. 경죄는 참회를 통해 청정성을 회복할 수 있지만, 중죄는 자격 박탈 내지 일정한 기간 동안의 근신생활 등이 필요하다. 이들 조문을 모아 놓은 조문집은 계본戒本 혹은 바라제목차波羅提木叉라고 일컫는다. 비구(니)는 보름마다 한 번씩 한자리에 모여 포살布薩(uposatha)이라 불리는 의식을 실행하는데, 이때 계본을 암송하며 자타의 범계 유무를 확인한다. 포살은 가장 중요한 승가 행사로 구성원의 청정과 화합을 상징한다.

계본이 비구 혹은 비구니로서 저질러서는 안 될 행동을 모아 놓은 것이라면, 승가의 구성원으로서 적극적으로 지켜야 할 규범도 있다. 이를 모아 놓은 것은 건도부犍度部라고 한다. 구족계 의식이나 포살·안거安居·자자自恣·분쟁 해결·승가 화합 등 승가 운영에 관한 규범들을 다루며, 승가의 구성원이라면 적극적으로 실천해야 한다. 그런데 이들 규정들이 실제로 승가의 규범으로 기능하기 위해서는 시마sīmā(경계)의 설정을 통해 현전승가現前僧伽를 형성해야 한다. 시마란 동서남북으로 경계를 설정하는 것으로, 그 내부에 속하는 승가가 바로 현전승가이다. 눈앞에 현재 성립하고 있는 승가라는 의미이다. 현전승가를 형성할 수 있는 인원은 최소 4명 이상이지만, 중대 사안을 결정할 때는 최소 20명 이상의 승려가 필요하다. 승가에서는 모든 사안을 갈마羯磨라 불리는 의식을 통해 현전승가 구성원의 전원 출석과 만장일치로 결정한다. 갈마란 산스끄리뜨어 까르만(karman)의 음사어로 사事·소작所·작업作業·변사弁事 등으로 한역되는데,[4] 교단에서 수계나 참회, 의사 결정 등을 할 때 진행하는 의식을 일컫는다. 현전승가의 구성원은 고정적이지 않다. 유행을 하다 새로운 현전승가의 구성원이 되면 자유롭게 머물 수 있으며, 포살 등의 승가갈마에 참석하고 보시물의 분배를 받을 수 있다. 한편, 현전승가 외에 사방四方승가라는 개념이 있다. 현전승가가 바로 지금 눈앞에 존재하는 개개의 승가를 가리킨다면, 사방승가는 이들 현전승가를 모두 포함한 이념적인 승가이다. 예를 들어, 누군가 승가에 보시했을 때 음식물이나 개인 소유가 허락되는 물건은 현전승가 차원에서 구성원들 간에 분배가 이루어지지만, 토지나 건물 혹은 개인 소유가 금지된 물건 등은 사방승가의 소유가 되어 불교 교단에 속하는 모든 승려들이 사용

---

[4] 中村元, 『佛敎語大辭典』, 東京: 東京書籍, 1981, p.428

할 수 있게 된다. 즉, 유행을 하다가 새로운 현전승가의 일원이 되면 그곳에 머무는 동안 사방승가 소유인 사방승물僧物, 즉 승원이나 와좌구臥座具 등을 자유롭게 사용할 수 있다. 이처럼 승가는 현전승가와 사방승가의 이중 구조로 운영된다.

한편, 출가 후에는 이전 세속에서의 계급이나 지위, 나이 등을 불문하고 모두 사문석자沙門釋者라 불리며 평등한 입장이 된다. 마치 세간에 여러 이름의 강이 있어도 이들 강이 대해大海로 흘러들어 가면 이전의 강 이름을 버리고 그저 대해라고만 불리는 것과 같다. 다만 교단의 상하 질서를 정하는 기준으로 법랍法臘이 있다. 법랍이란 구족계를 받은 해부터 나이를 새롭게 헤아리는 것이다. 출가할 당시의 세속 나이는 잊고 구족계를 받은 해부터 햇수를 헤아려 나중에 출가한 자는 먼저 출가한 자에게 예를 갖추어야 한다. 교단의 기본 질서는 이 상하 관계를 통해 유지된다. 법랍 외에는 모두 평등하다. 승가 구성원 모두의 동의하에 의사결정을 할 뿐만 아니라, 교단에 보시된 의식주약衣食住藥의 물품도 현전승가의 모든 구성원이 평등하게 사용한다.

아쇼까왕과 제3결집

인도의 통일 대제국 마우리야 왕조의 제3대 아쇼까Aśoka(재위 B.C. 268~232)왕은 초기 불교 교단의 발전에 지대한 영향을 미친 인물이다. 자신의 통치 이념을 담아 인도 각지에 세운 아쇼까비문을 보면, 그는 2년 반 동안 우바새였고, 그중 1년은 승가에 가서 정근할 정도로 열성적이었다. 또한 관정灌頂 10년에는 붓다의 성도지인 붓다가야를 방문하고, 이후 이를 계기로 법의 순례를 시작한다. 룸민데이에 있는 법칙에 따르면, 아쇼까왕은 관정 20년에 붓다의 탄생지인 룸비니를 찾아와 참배하고 주변에 석책石柵과 석주石柱를 만들게 하고 마을의 조세租稅도 면제해 주었다고 한다.[5] 불교도는 이러한 아쇼까왕을 이상적인 전륜성왕轉輪聖王으로 칭송하였고, 불전 편찬자들 역시 결집이나 분열 등 불멸佛滅 후에 발생한 주요 사건과 왕을 연결시켜 기술하는 경향을 보인다.

불멸 후 교단의 발전과 관련하여 특히 주목받는 것은 학계에서 '분열법칙分裂法勅(Schism Edict)'이라 부르는 일련의 파승破僧비문, 즉 알라하바드Allāhābād(혹은 Kosaṃbi)·산치(Sāñcī)·사르나트(Sārnāth)의 소석주 법칙이다. 왕은 이들 비문에서 승가의 분열을 우려하며 영원한 화합을 명하고 있다. 종래 이 기록과 스리랑카의 빨리 연대기 『도사島史』, 『대사大史』 등에 보이는 제3결집 전승과의 관련성이 지적되어 왔다. 이들 자료에 따르면, 아쇼까왕이 날마다 승가에 큰 보시를 하자 그 혜택을 탐낸 외도들이 적주賊住비구로 승가에 숨어들어 살았다고 한다. 적주비구란 구족계를 받지 않고 비구 행세를 하며 승가의 행사 등에 참석하는 자들을 일컫는다. 비구들은 이들을 정식 비구로 인정할 수 없었고, 이로 인해 이들이 거주하던 아쇼까원園에서는 7년 동안 포살이 끊겼다. 승가 내부에서 발생한 일은 승가에서 자치적으로 해결을 도모하는 것이 율장에 부합하는 태도이지만, 상황이 심각해져 승가 차원에서의 수습이 어렵게 되자 당시 최고 권력자였던 아쇼까왕은 목갈리뿟따띳싸 장로와 함께 적주비구들을 찾아 몰아낸 후 교법을 정리하여 제3차 성전편찬회의를 하고, 이어 인도 내외 각지로 전도사를 파견하여 불법을 전파했다.[6] 이 지

---

5 츠카모토 게이쇼 지음, 호진·정수 옮김, 『아쇼까왕 비문』, 서울: 불교시대사, 2008, pp.62~68, 84

6 Oldenberg, H., *The Dīpavaṃsa-an Ancient Buddhist Historical Record-*, 1st ed. 1879, New

역 중에는 간다라·카슈미르와 같은 인도 변방 지역이나 수반나브후미 Suvaṇṇabhūmi(Lower Burma), 랑카Laṅkā(스리랑카)와 같은 가까운 외국도 포함되어 있어 만일 이 전승이 사실이라면 아쇼까왕 때를 기점으로 불교는 활동 영역을 크게 넓혔다고 보아야 할 것이다. 다만 이 전승이 분별상좌부 소속의 문헌에만 전해지고 있다는 점, 그리고 제3차 결집의 결과 편찬된 『까타왓투Kathāvatthu(論事)』라는 문헌이 실제로는 외도가 아닌 분별상좌부 외의 다른 불교 부파들의 설을 논파하는 내용이라는 점 등에서 이 전승의 역사성에 의문을 제기하는 학자도 적지 않다. 제3 결집의 전승이 분열법칙의 내용을 반영한 것인지 아닌지 단언할 수는 없지만, 아쇼까왕과 관련된 비문이나 문헌에서 승가의 혼란과 화합을 보여 주는 기술이 등장한다는 것은 불멸 후 100~200년경의 승가 상황과 관련하여 시사해 주는 바가 크다고 생각된다.

부파 교단과 대승

승가는 화합승和合僧이라 불릴 만큼 화합을 중시하는 공동체이지만, 붓다의 열반 후 최고 지도자를 상실한 불교 교단은 분열에 분열을 거듭하게 된다. 먼저 불멸 후 100여 년경에 상좌부上座部(Theravāda)와 대중부大衆部(Mahāsaṃghika)의 두 파로 분열하였다. 이 사건을 근본분열이라고 한다. 이후 이 두 파가 각각 분열을 거듭하며 불멸 후 300~400년 무렵까지 18개 내지 20개의 집단으로 분열해 갔는데, 이는 지말분열이라고 한다. 이후 인도불교는 이때 생겨난 부파部派[7] 중 몇몇 주요 부파를 중

Delhi: Gayatri Offset Press, 1992, 제8장, pp.53~54
7 부파라는 용어 역시 교단과 마찬가지로 明治 이후 일본 학계에서 만들어진 용어일

심으로 발전해 가게 된다. 이들은 불설을 둘러싸고 맹렬한 논쟁을 벌였지만, 상대 부파를 비非불교집단 혹은 이단으로 부정하는 일 없이 병존해 갔다.

설일체유부 전통의 『이부종륜론술기異部宗輪論述記』나 『부집이론소部執異論疏』 등의 문헌에서는 각 부파 발생의 기원을 부파의 이름을 중심으로 설명하고 있다. 이를 분석해 보면 대략 세 유형으로 나뉜다. 첫째는 교리의 해석을 둘러싸고 이견이 발생하여 분열한 경우로 일설부一說部·설출세부說出世部·설일체유부·본상좌부·정량부 등이 있으며, 둘째는 부파 창시자의 이름을 부파명으로 삼은 경우로 계윤부鷄胤部·화지부化地部·법장부法藏部·다문부多聞部·독자부犢子部 등이 있다. 셋째는 부파가 거주하고 있던 장소의 이름을 부파명으로 하는 경우도 있어 회산주부灰山住部·제다산부制多山部·설산부雪山部 등이 이에 해당한다.[8] 이로 볼 때 부파 분열의 원인은 불설에 대한 의견 차이도 있지만, 불교교단의 지리적 확장이나 특정 인물 내지 그의 주장이나 해석을 중심으로 한 그룹화 등에도 있는 것으로 보인다.[9]

한편, 이들 부파의 병존과 더불어 기원 전후 무렵 인도에서는 대승불교가 발생한다. 보살을 이상적 인간상으로 삼아 상구보리하화중생上求菩提下化衆生의 삶을 지향한 대승불교도들은 『반야경』, 『화엄경』 등 많은 대승경전을 제작하였다. 대승의 기원에 관해서는 여전히 불분명한 점이 많지만, 부파에 소속된 학파적 성격의 집단이라는 점에 대해 이견은 없

것으로 추정되고 있다. 박창환, 「한국 부파·아비달마 불교학의 연구성과와 과제」, 『한국불교학』 68, 한국불교학회, 2013, pp.42~48

[8] 이자랑, 「인도불교에서 부파의 성립과 발전-부파 성립에 있어 율의 역할을 중심으로-」, 『불교학보』 74, 동국대학교 불교문화연구원, 2016, pp.177~178

[9] 이자랑, 위의 논문, 2016, pp.173~174

는 것 같다. 여기서 학파란 구족계갈마에 의해 소속이 결정되는 교단이 아닌, 동일한 사상적 신조를 공유하는 집단이라는 의미이다. 말하자면, 출가할 때 특정 부파에서 구족계를 받고 그 부파 교단에 속하는 신분을 갖고 사상적으로 대승을 지향하는 사람들로 구성된 집단을 의미한다. 대승불교의 경우 초기에는 십선계十善戒를 강조하다 4세기경부터 유가행파에서 삼취정계三聚淨戒를 보살계로 제시하는데, 이들은 이타적인 측면을 강조한다는 점에서 대승계로서의 특징을 보일 뿐, 내용상으로는 전통적인 부파의 계율을 벗어나지 않는다. 즉, 부파의 구족계처럼 비구 혹은 비구니로서의 자격을 부여하는 대승의 계율을 별도로 제시하지 않고 있다. 이는 대승이 교단으로서 자립하고 있지 않았을 가능성을 보여준다. 또한 5~7세기경에 인도를 방문했던 중국 구법승들의 기록을 보아도 대승교도는 부파 교단에서 동주同住하며 부파의 율에 따라 생활하고 있다. 예를 들어 7세기에 인도를 여행한 의정義淨(635~713)은 대승과 부파 교단이 하나의 승원에서 생활하는 모습을 전하며 "그 모습을 보면, (대승도 소승도) 율검律檢은 다르지 않고, 모두 오편五篇을 제정하고 있으며, (대승도 소승도) 모두 사제를 닦고 있다. 만약 보살을 예배하고 대승경을 독송한다면 이를 대승이라 하며, 이러한 것을 하지 않는다면 이를 소승이라고 부른다. 단지 그것만이 다르다."라고 기술하고 있다.[10] 이로 보아 구족계를 중심으로 한 '율'은 인도에서 불교 교단 형성의 주요한 기준이었음을 알 수 있다.

---

10 『南海寄歸內法傳』(『大正藏』54, 205c)

II. 중국·일본에서 교단의 성립과 발전

광률廣律의 번역과 사중四衆의 완성

불교가 중국에 전래된 후 언제쯤 교단이 완비되었는지 확정하기 어렵지만, 사중의 완성이라는 점에서 본다면 동진東晉시대, 즉 5세기 초쯤일 것으로 추정된다. 중국 불교계에서 구족계 수계의식 절차가 담긴 「건도부」를 포함한 광률廣律이 번역되기 시작한 것이 이 무렵이기 때문이다. 5세기 초에 『십송률十誦律』을 비롯한 『사분율』, 『오분율五分律』, 『마하승기율摩訶僧祇律』 등이 역출되며 그 전부터 시행되어 온 비구 구족계 의식에 더하여 비구니 구족계 의식도 율장의 규정대로 시행된다.

비구의 구족계 수계는 담가가라曇柯迦羅와 담제曇諦라는 승려에 의해 각각 대중부와 법장부 전승의 계본과 갈마본이 번역되며 3세기 중반경부터 일찌감치 이루어졌다.[11] 이후 미비하기는 하지만 구족계 수계를 통해 비구가 양산된 것으로 보인다. 특히 동진의 도안道安(312~385) 교단의 출현은 중국에서 불교의 기초를 다지는 데 큰 역할을 하였다. 도안은 53세가 되던 365년에 전란을 피해 양양襄陽으로 와 단계사檀溪寺에서 4, 5백 명의 제자들과 함께 생활하였는데, 이 단계사를 건립할 때 대부호들의 찬조로 5층탑과 4백 개의 방이 만들어졌다고 한다. 양양의 호족인 습착치習鑿齒는 도안의 학덕과 도안 교단의 엄격한 계행 생활에 감탄하여 건강建康의 재상 사안謝安에게 보낸 편지에서 도안과 그의 제자 수백 명이 강회講會나 재회齋會를 행하고 나태하지 않으며, 스승과 제자가 숙연히 서로 존경하며 한량없이 계율의 규범에 따라 생활하고 있다고

---

11 『고승전』 권1(『大正藏』 50, 324c~325a)

하며 지금까지 이렇게 훌륭한 교단을 본 적이 없다고 칭찬한다.[12] 도안은 사원의 독자적인 생활 규범인 승제僧制를 정하여 운영하고, 출가자에게 석씨釋氏 성을 사용하도록 하였다. 기존에는 안安·지支·강康·축竺 등 출생지나 스승의 성을 따서 제각각 사용하였는데, 도안은 불교 출가자는 석존의 가르침을 신봉하는 불제자들이므로 석을 성으로 사용해야 한다고 주장하며 자신 역시 석도안이라고 칭하였다. 이후 중국의 승려들은 모두 이를 따르게 되는데, 이는 중국에 이입된 인도나 서역 각지의 다양한 불교 교단이 석존 교단으로서의 정체성을 갖도록 하는 데 있어 큰 효과를 초래하였다.

한편『비구니전』에 의하면, 진晉 건흥연간建興年間(313~316)에 정검淨檢(292~361)은 십계 수계 후 뜻을 같이하는 24명과 함께 궁성 서문에 죽림사竹林寺를 세웠다고 한다.[13] 이 죽림사를 최초의 비구니 교단으로 보기도 하지만, 당시 이들이 받은 것은 십계였기 때문에 정식 비구니의 탄생으로 보기 어렵다. 그 후 진의 함강연간咸康年間(335~342)에 사문 승건僧建이 월지국에서『승기니갈마僧祇尼羯磨』및『계본戒本』을 가져와 승평升平 원년(357) 2월 8일에 낙양에 있는 외국 사문인 담마갈다曇摩羯多에게 요청하여 계단을 세웠다고 한다. 이때 정검 등 4명이 그 계단에서 구족계를 받았다고 한다.[14]『비구니전』의「명감니전明感尼傳」에 의하면, 진의 영가永嘉 4년(348) 봄에 명감은 혜잠慧湛 등 10명과 함께 사공司空으로 있던 하충何充(292~347)에게 갔는데, 당시 건강建康에는 비구니절

---

12 『고승전』권5(『大正藏』50, 352c); 鎌田茂雄 저, 장휘옥 역,『중국불교사』제1권, 서울: 장승, 1992, p.403
13 『비구니전』권1(『大正藏』50, 934c)
14 위의 주 13과 동일.

이 없었기 때문에 하충은 그들을 위해 자신의 별장에 절을 세운 후에 절 이름을 무엇으로 할까 물었다. 이에 명감은 "우리 진나라에서 불교의 사부대중이 이제 갖추어지기 시작했습니다. 시주께서 세운 것 모두가 복된 업을 지은 것이므로 건복사建福寺로 부르면 좋겠습니다."라고 대답한다.[15] 따라서 정검 등이 구족계를 받은 4세기 중반경에 비구니가 탄생하며 사중이 갖추어졌다는 인식이 발생한 것으로 보인다. 하지만, 당시 정검 등은 대승大僧, 즉 비구로부터 구족계를 받았을 뿐, 비구니승가와 비구승가 양쪽에서 계를 받아야 한다는 율장의 '이부승수계'대로 계를 받은 것은 아니라는 점에서 본다면 정식 비구니의 탄생이라고 보기 어렵다. 정식 비구니는 5세기 초에 『십송률』을 비롯한 여러 광률이 번역되면서 이부승수계에 대한 인식이 생길 무렵, 433년에 스리랑카에서 철살라鐵薩羅 등 11명의 비구니가 오면서 승가발마僧伽跋摩를 남림사 계단에 계사로 초청하며 탄생한다.[16]

그리고 정확한 시기는 알 수 없으나 당대唐代에는 사중에 남녀 동행童行과 사미·사미니를 포함하여 팔부대중八部大衆이 중국 불교 교단을 구성하였다. 승려 지망자는 인도와 달리 동행을 거쳐 사미(니)에서 비구(니)의 단계로 나아가게 된다. 동행 지원자는 자신의 성명과 나이, 고향 및 부모의 허락을 받았다는 점 등을 적은 지원서를 사찰의 주지에게 제출해야 하며, 주지는 지원자와의 면담을 통해 출가 여부를 검토하고 결정하였다. 동행은 1년 동안 오계를 따르며 사찰의 일상적인 잡무를 도맡아 한 후 득도의 자격 여부를 결정하는 시험에 응시할 수 있는 자격을 얻게 된다. 시험은 『법화경』 등의 특정 경전을 암송하거나 읽고 설명하

---

15 『비구니전』 권1(『大正藏』 50, 935c)
16 『비구니전』 권2(『大正藏』 50, 939c)

는 것으로, 합격하게 되면 담당 관리로부터 증명서를 받고 드디어 득도식을 치르게 된다. 그 후 삭발을 하고 승복을 입은 후 사미십계를 받고 사미가 된다.[17]

교단과 권력의 밀착

정교 분리를 지향한 인도와 달리 중국에 전래된 불교는 왕실과 밀접한 관련을 맺고 발전한다. 불교가 정치와 관련을 맺게 된 것은 후조後趙 시대(319~351)를 기점으로 한다. 직접적인 계기가 된 것은 후조의 석륵石勒(재위 319~333)과 쿠차 출신의 승려 불도징佛圖澄(232~349)의 만남이다. 불도징은 서진西晋 말(310)에 낙양으로 와 절을 세우려고 했지만, 북방 이민족의 출입으로 매우 혼란한 상황이었기 때문에 뜻을 이룰 수 없었다. 이에 시기를 관망하다 319년에 석륵이 후조를 수립하자 그의 신임을 얻어 불교를 홍포하고자 한다. 전쟁의 승패나 적군의 존재 등을 미리 알려 주는 군사적 예언이나 신이神異한 이적 등을 통해 석륵과 그의 후계자 석호石虎(재위 334~349)의 존경과 신임을 얻게 된 불도징은 궁정에 거주하며 황제에게 자문해 주는 궁정 승려가 되었다. 최고 권력자의 비호를 받게 된 불도징은 석호로 하여금 한인漢人의 출가를 공인하도록 하여 1만여 명에 달하는 출가자를 배출하고, 사찰도 893개소나 건립하는 등[18] 불교 홍포에 성공한다. 이전까지는 출가승 대부분이 천축이나 서역 등에서 중국으로 온 자들이었다는 점에서 한인의 출가 공인은 중국 불교 교단의 전개에서 주목해야 할 획기적인 사건이다. 이후 후조가

---

17 K. S. 케네쓰 첸 저, 박해당 옮김, 『중국불교』, 서울: 민족사, 1991, pp.265~267
18 『고승전』 권9(『大正藏』 50, 387a)

지배하는 북중국의 넓은 지역에서 불교는 사회의 주류적 종교로 등장하게 된다.[19] 수백 명의 제자를 거느리고 독자적인 승제법을 제정하여 교단을 운영했던 불도징의 제자 도안 역시 전진前秦(351~394) 왕조의 제3대 황제 부견苻堅(재위 357~385)의 비호하에 궁정 승려로 활약하며 불교의 발전을 도모하는 등, 불도징 이후 북중국의 후조와 전진에서 불교 교단은 국가와 밀접한 관계를 맺고 영향력을 확대해 갔다. 또한 남중국의 동진東晋에서도 축도잠竺道潛(286~374)과 지둔支遁(314~366) 등의 활동 이후 황제와 귀족들의 후원하에 교단은 급속히 성장해 갔다.

4세기를 거치며 북중국과 남중국에서 불교가 정치권력의 비호하에 그 영향력을 확대해 감에 따라 국가는 불교에 대한 지원과 통제를 강화하였다. 북위北魏(386~534)시대부터 불교는 국가불교 체제로서의 모습을 처음 나타낸다. 북방을 통일하고 북위를 건립한 태조 도道 무제武帝(재위 386~409)는 북중국 왕조들의 전통에 따라 불교를 적극적으로 수용하였다. 이에 불교 교단이 비약적으로 성장하였는데, 급증한 승려와 사찰의 관리를 위해 승관僧官을 비롯하여 승기호僧祇戶·불도호佛圖戶 등의 제도가 마련된다. 승관이란 국가가 정부 관료의 일원으로 승려를 임명하여 불교 교단을 통제·관리하게 하는 것을 말한다. 도 무제는 396년에서 398년까지 승려 법과法果를 도인통道人統으로 임명하여 교단을 관리하도록 하였다. 이것이 승관의 기원이다.[20] 승관은 정부 관료의 일원이므로 왕을 공경해야 할 의무가 있었고, 이에 법과는 도 무제를 '현세

---

19 최연식, 「불교와 정치참여-중국과 한국의 국가불교를 중심으로-」, 『불교평론』 58, 만해사상실천선양회, 2014, p.44
20 남북조시대의 승관은 북조 계통의 사문통沙門統(道人統·僧統 혹은 昭玄統)과 남조 계통의 승정僧正(僧主) 두 계통으로 나뉜다.

의 여래'라 칭하며 승려들에게 여래인 황제에게 예를 표할 것을 주장하였다. 이는 불교에 대한 황실의 지속적 후원을 이끌어 내는 동시에 불교를 견제하는 유교, 도교 세력으로부터 불교를 보호하기 위한 조치였던 것으로 보인다.[21] 또한 문성제文成帝 때에 승관의 최고 위치인 사문통沙門統의 자리에 오른 담요曇曜는 470년에서 476년 사이에 불교 부흥을 위해 승기호·불도호 제도를 창설하였다. 승기호는 해마다 60곡斛의 곡물(僧祇粟)을 승조僧曹에 바칠 의무가 있는 일정한 수의 가家들로 구성된 한 단위를 가리킨다. 승조는 중앙 및 지방에서 종교 행정을 관장하는데 그 장관 이하 수뇌부는 승려로 구성되었고, 이들은 곡물을 관리하고 운용하여 흉년에는 나누어 주고 평상시에 남은 것은 불교 사업을 위해 사용하였다.[22] 한편, 불도호는 중죄를 저지른 자나 관노로 구성되었다. 사노寺奴로서 절의 청소나 토지를 경작하는 등 교단의 관리하에 놓인 노예와 같은 자들이다. 담요는 이들 제도를 통해 노동력과 재정을 확보하여 교단의 경제적 기초를 강화하였다.

교단과 국가와의 밀착은 불교의 정착과 발전에 크게 기여했지만, 한편으로는 견제 세력의 등장 및 교단의 부패 등으로 인해 폐불廢佛의 수난을 겪어야 했다. 또한 사문은 왕에게 예를 갖추어야 한다는 환현桓玄의 견해에 대해 404년에 혜원慧遠(334~416)은 『사문불경왕자론沙門不敬王者論』을 지어 출가법과 세간법의 차이를 밝히며 사문은 왕에게 예배할 필요가 없다고 주장하는 등 교단의 지위를 둘러싼 논쟁이 발생하기도 하였다.[23]

---

21 최연식, 앞의 논문, 2014, p.48
22 塚本善隆, 『支那佛教史研究·北魏篇』, 東京: 弘文堂書房, 1942, p.168
23 岡本一平, 금강대학교 불교문화연구소 편, 「日本에서의 불교 종파의 형성과 전개」,

승제僧制

율에 근거하여 자치적으로 교단이 운영되었던 인도와 달리, 중국에서는 율과 더불어 승제나 청규, 그리고 국가적 차원의 승가 관리 규율인 도승격道僧格에 이르기까지 다양한 승가 관리 규범들이 등장했다. 국가권력의 비호 아래 정착해 간 중국 교단의 성격상 국가의 통제를 벗어나기 어려웠지만, 한편으로는 가능한 한 세속적 권력의 지배에서 벗어나 자주적으로 승가를 관리하려는 교단의 입장 역시 존재하였다. 송의 찬녕贊寧(912~1002)은 『대송승사략大宋僧史略』「도속입제道俗立制」항에서 이러한 교단 규율의 기원을 4세기 후반 동진의 도안이 정한 삼례三例에서 찾고 있다.[24] 도안이 교단을 형성하고 삼례로 구성된「승니궤범僧尼軌範」이라는 승제를 만들어 교단 운영에 적용한 것은 광률이 번역되기 이전의 일이다. 도안은 당시 계율이 아직 완비되지 못하여 위의를 갖추지 못한 자들이 많다는 점을 안타까워하고 있다. 삼례란 행향行香·정좌定座·상강경上講經·상강上講의 법, 상일육시행도常日六時行道·음식창시飲食唱時의 법, 포살차사회과布薩差使悔過의 세 가지 법식이다.[25] 이 세 법식의 구체적인 행법은 명확하지 않아 학자들 간에도 해석이 나뉘지만,[26] 이 중 포살차사회과에 보이는 '포살'이 인도불교 이래, 동일한 경계 안의 모든 비구들이 보름마다 한 번씩 한자리에 모여 계본戒本을 읽으

『동아시아종파불교-역사적 현상과 개념적 이해-』, 서울: 민족사, 2016, p.148; 박창환, 앞의 논문, 2013, pp.42~43 등을 참조.

24 『大宋僧史略』(『大正藏』54, 238c)
25 『고승전』권5(『大正藏』50, 353b)
26 鎌田茂雄 저, 장휘옥 역, 앞의 책, 1992, pp.420~422; 諸戶立雄, 『中國佛敎制度史の研究』, 東京: 平河出版社, 1990, pp.54~55 등을 참조.

며 자신의 범계 여부를 확인하는 승가의식을 가리키는 것은 명확하다. 포살은 승가의 화합과 청정을 상징한다는 점에서 율장에서도 매우 중시되는 의식이다. 따라서 도안이 독자적인 승제를 마련하여 실천할 수밖에 없는 상황에서도 승가의 정체성 확보와 관련하여 중요한 의미를 갖는 의식은 간과하지 않고 채택하고 있음을 알 수 있다.

도안과 같은 시대에 남방 회계會稽에서 활약한 지둔支遁(314~366)은 「중승집의도衆僧集儀度」를, 도안의 제자인 혜원은 「법사절도法社節度」를 교단의 생활 규범으로 제정하기도 하는 등 자체적으로 승가 내부의 규범을 제정하여 실행하는 경우가 적지 않았다. 하지만 이런 노력에도 불구하고 남북조시대에 접어들어 불교 교단이 점차 팽창하면서 승려의 무분별한 증가와 타락으로 인해 국가에 의한 단속이 필요해졌다. 487년에 심약沈約이 엮은 『송서宋書』에 의하면, 주랑周朗은 효孝 무제武帝(455~464) 초에 승니가 수행이나 계율을 멀리하고 사치를 일삼으며 여자를 절 안에 끌어들이거나 다량의 술을 축적하는 등 승려로서 해서는 안 될 행위를 일삼고 있다고 규탄하며 불률佛律을 엄격하게 지키고 국령國令으로 관리하여 잘못이 심한 자는 환속시키라고 하고 있다. 5세기 초에 광률이 번역되면서 교단을 단속할 수 있는 계율도 확보된 상태이지만, 남조 송에 이르면 이것만으로는 통제가 불가능하여 국가가 개입해야 하는 상황에 이르렀음을 알 수 있다. 한편 북위시대에는 도인통 내지 사문통의 활약으로 불교 교단이 융성하게 되었는데, 서민 포교를 위해 여러 촌락을 다니는 승려들 중에는 조잡한 의술이나 미신적인 행위로 대중을 미혹케 하는 자들도 많았다. 이에 승려들이 신분증 내지 여행 증명서를 지참하도록 하고 어길 시에는 속법에 따라 죄를 부과하였다. 점차 승니에 대한 법제가 정비되면서 태화太和 17년(493)에는 사문통 승현僧顯 등이 중심이 되어 「승제사십칠조」를 제정하기도 하였다. 선宣 무제武帝가 즉위한 영평 원년(508) 가을에는 승과 속이 서로 생활 양식이 다르므로 이에 대한 법률도 달라야 한다며 살인 이외의 죄에 대해서는 내율內律·승제로 치죄治罪하도록 하는 조詔를 발표하고 있다. 그리고 이 조를 계기로 다음 해에 사문통 혜심惠深은 경률에 밝은 법사와 의논하고 이를 검토하여 새롭게 승제를 제정한다. 이때의 승제에는 팔부정물 축적의 금지나 불법승 삼보의 재물을 개인적으로 사용하는 것 등을 금지하는 내용들이 포함되어 있다.

이후 북위의 승제는 당의 도승격으로 계승된다. 도승격은 태종 정관貞觀 11년(637)에 제정되었을 것으로 추정되는데, 승려를 국가 권력하에 예속시켜 그들의 범죄를 세간의 법률로 다스리는 규정이다. 한편, 9세기 초에는 당의 백장 회해百丈懷海(720~814 혹은 749~814)가 대소승의 계율을 참조하여 선종 승려가 지켜야 할 규칙으로 청규를 제정하였다. 이는 최초의 청규로 일명 『백장청규』(혹은 『고청규古淸規』)라고 부른다. 이를 기반으로 북송 숭녕崇寧 2년(1103)에는 자각 종색自覺宗賾(생몰년 미상)이 원부元符 2년(1099)부터 숭녕 2년까지 5년여에 걸쳐 각지의 총림을 방문하고, 거기서 본 여러 생활 규정을 망라하여 『선원청규禪苑淸規』를 편찬한다. 이 청규는 성립 이후 중국은 물론이거니와 한국이나 일본 등의 선종 교단의 총림 규범으로서 큰 영향을 미치게 된다.

남도육종과 종파

일본은 6세기 중반경에 백제로부터 공식적으로 불교를 받아들였다. 이후 주로 천황 내지 황실을 중심으로 숭배되었는데, 7세기에서 8세기에 걸쳐 아스카(明日香)에 건립된 호코지(法興寺), 햐쿠사이지(百濟寺), 코후쿠지(弘福寺), 야쿠시지(藥師寺)의 4대 대사大寺는 소가(蘇我)씨나 왕가王家의 집안 사원(氏寺) 역할을 하였다. 특히 쇼토쿠(聖德, 574~622)태자 시대를 거치며 불교는 국가와 결탁한 국가불교로 정착하고 승려들은 관승官僧으로서 진호국가鎭護國家의 기도를 주안으로 삼게 된다. 646년 대화개신大化改新 때에는 당의 도승격을 모방하여 승니령 22조가 만들어져서 승려가 산속에서 수행하거나 국내를 여행하며 인민을 접하는 일 등이 금지되었다. 또한 701년에는 승니령이 제정되어 관승의 신분이 규정되고, 720년에는 대보율령大寶律令이 발포되어 승니의 생활을 규정하는 승니령 27조가 제시되었다. 사도승私度僧이 금지되고, 국가의 시험과 허가를 받아야 하는 관승의 정원은 매년 열 명으로 정해졌다. 이를 연분도자年分度者라고 한다. 즉, 한 해에 하나의 종단이나 사찰에서 배출할 수 있는 승려의 숫자를 국가가 관리하고 있었던 것이다. 관승들은 남도의 도다이지(東大寺) 등을 중심으로 활동했다. 나라(奈良, 710~794) 시기에는 백제나 고구려에서 도래한 승려나 중국 유학승들의 활동으로 다양한 경전에 근거한 학문적 활동이 활발해져 남도육종南都六宗, 즉 구사俱舍·성실成實·율律·삼론三論·법상法相·화엄華嚴의 여섯 '종'을 형성하여 공존하였다. 이들은 '종' 혹은 '중衆'이라고 불리며, 하나의 사원 안에서 제종諸宗이 함께 거주하며 학문을 연찬하는 형태를 취하였다. 이들 육종의 성격에 대해서는 학계에서도 논의가 많은데, 일반적으로는 학파로 이해하는 경향이 강하다. 이는 앞서 언급한 바와 같이 각 사원에서 제종이 겸학兼學하고 있었기 때문이다.[27]

---

27 末木文美士, 『日本佛敎史-思想史としてのアプローチ-』, 東京: 新潮社, 1996, pp.51~52

이들은 8세기 중반경에 중국인 승려 감진鑑眞(688~763)의 도래로 구족계 수계의식이 완비되자 공통적으로 이를 수계하였다.[28] 753년 12월에 일본에 온 감진은 754년 4월에 도다이지 노사나불전 앞에 계단을 창립하고 쇼무(聖武) 상황上皇 등에게 범망보살계를 주었으며, 다음 해인 755년 10월 15일에는 도다이지 계단원戒壇院에서 감진 이하 열 명의 계사가 『사분율』에서 설하는 250계를 수계 희망자에게 주었다고 한다. 이로써 일본에서의 정규 수계가 시작되고, 이후 감진은 도다이지 외에 츠쿠시(筑紫)의 간제온지(觀世音寺)와 시모츠케(下野)의 야쿠시지(藥師寺)에도 국립계단을 수립하였다. 이들 세 국립계단에서는 『사분율』에 근거하여 백사갈마白四羯磨 형식의 구족계 수계를 실행하였다.[29] 즉, 남도육종은 의거해서 연구하는 문헌 내지 그로 인한 사상에 서로 차이가 있을 뿐, 동일한 국립계단에서 구족계를 받은 후에 각 사찰에서 함께 거주하고 있었던 것이다.

한편, 헤이안(平安, 794~1192) 초기에 히에이잔(比叡山)을 중심으로 천태종을 개창한 전교 대사 사이초(最澄, 767~822)는 도다이지를 비롯한

---

28 여성 출가자의 수계는 584년에 善信尼(574~?)·禪藏尼·惠善尼가 고구려의 환속승 惠便을 스승으로 11세 때 출가하고, 그로부터 4년 후인 588년에는 백제로 건너가 여법한 수계의식을 받고 2년 후에 귀국하였다고 하여 이들을 일본 최초의 비구니라고 한다. 하지만, 이들의 당시 나이가 아직 17세로 구족계를 받을 수 있는 만 20세가 아직 되지 않았다는 점에서 이들을 비구니로 볼 수 있는가에 대한 의문이 제기되고 있다.(마츠오 켄지 지음, 이자랑 옮김, 『계율에 방울달기』, 서울: 올리브그린, 2017, pp.33~34) 따라서 일본불교의 경우 언제 비구니 수계의식이 정비되었는지 명확하게 파악하기 어렵다.

29 그 이전에는 '우바새(우바이) 貢進'이라는 절차 후에 試經을 봐서 합격하면 삭발·수계(사미십계)·법명을 받고 가사 등의 법복을 입는 득도의례를 거쳐 관승이 되었다고 한다.(마츠오 켄지 지음, 김호성 옮김, 『인물로 보는 일본 불교사』, 서울: 동국대학교출판부, 2005, pp.43~44)

세 국립계단 체제에 이의를 제기하며 대승계단의 수립을 주장하게 된다. 즉 보살은 소승의 『사분율』이 아닌 『범망경』 하권에서 설하는 10중 48경계를 받아야 한다는 것이었다. 이 주장은 당시 도다이지 측 승려들의 비난을 받지만, 사이초의 사후 7일째 되는 822년 6월 11일에 조정으로부터 승인을 받고 이듬해인 823년 4월 14일에 엔랴쿠지 이치죠시칸인(一乘止觀院)에서 처음 수계가 이루어지게 된다. 이 대승계의 독립은 천태종 승려를 출가시키기 위한 것으로 다른 종의 승려 배출 때에는 적용되지 않는다. 한편, 가마쿠라(鎌倉, 1185~1333)시대가 되면 호넨(法然, 1133~1212)의 정토종, 에이사이(榮西, 1141~1215)의 임제종, 신란(親鸞, 1173~1262)의 정토진종, 도겐(道元, 1200~1253)의 조동종, 니치렌(日蓮, 1222~1282)의 일련종, 잇펜(一遍, 1239~1289)의 시종時宗 등 6종의 기초가 형성된다. 이들은 모두 천태종의 승려로 출가·활동하였으며, 그 후 개별 집단을 형성하게 되었다고 한다. 또한 이들은 일본 천태종의 성격을 계승하여 집단의 구성 원칙으로 구족계를 수지하지 않는 특징을 보인다.[30] 특히 정토진종을 개창한 신란은 비승비속非僧非俗을 선언하며 구족계도 대승계도 수지하지 않는 특이한 집단을 형성한다. 이 배경에는 신란이 법난으로 환속·유배 당하며 속명을 받게 되는 사정이 있는데, 그는 승려가 결혼해도 좋다는 등 전통적인 계율에 위배되는 주장을 하였으며, 실제로 에신니(惠信尼)와 결혼하였다. 정토진종의 이러한 입장은 메이지 유신 이후 대부분의 종파가 수용하였고, 이로 인해 일본 불교 교단은 대부분 현재 대처를 허용하고 있다. 인도에서 시작한 불교 교단이 일본에 이르러서는 상당히 변모되고 있음을 알 수 있다.

---

30 岡本一平, 앞의 논문, 2016, pp.186~187

III. 신라시대 교단의 형성

자장과 교단 정비

삼국에 불교가 공식적으로 전래된 시기는 4세기 후반이다. 삼국 중 가장 먼저 불교를 받아들인 것은 고구려로 372년(소수림왕 2)에 북조 전진前秦에서 파견한 승려 순도順道가 불상과 경문을 전해 오면서 불교를 수용하였다. 392년(광개토왕 2)에는 평양에 아홉 개의 절을 세웠다고 하는데, 고구려의 경우에는 교단을 형성하는 비구 혹은 비구니의 배출이 어떻게 이루어졌는지 확인할 수 있는 자료는 없다. 한편, 백제는 384년(침류왕 1)에 동진에서 인도 승려인 마라난타摩羅難陀가 오자 왕이 예를 갖추고 그를 맞이하였으며, 이듬해에는 한산주에 절을 짓고 열 명의 승려를 출가시켰다고 한다.[31] 그리고 『일본서기日本書紀』 등에 의하면, 6세기 후반경에 백제에서 온 손님에게 일본 대신이 백제의 수계법에 대해 물었을 때 "비구니들의 수계법이란 먼저 비구니절 안에서 열 명의 비구니 스승을 청하여 비구니 본계本戒를 받은 후 곧 법사사法師寺로 가서 열 명의 법사를 청하여 앞서 말한 비구니 스승 열 명과 합쳐 스무 명의 스님으로부터 본계를 받는 것입니다."라고 대답했다고 한다.[32] 따라서 이 기록이 사실이라면, 백제에서는 587년 이전의 어느 시기부터 율장의 규정에 따라 이부승수계가 이루어지고 있었음을 알 수 있다. 당시 이부

---

[31] 『三國史記』 卷24 百濟本紀 第2 枕流王
[32] 『日本書紀』 권21, 崇峻天皇 卽位前記 6月條; 「元興寺伽藍緣起 幷 流記資財帳」, 『日本佛敎全書』 85권 寺誌部 3, p.2 上·中段; 凝然 撰, 『三國佛法傳通緣起』 卷下 律宗, 『日本佛敎全書』 제101冊(舊), p.121

승수계가 이루어질 정도라면 당연히 비구승가도 성립하고 있었을 것이 므로 백제의 경우 이 시기 이전에 사중으로 형성된 교단이 있었다고 볼 수 있다. 한편, 무령왕(재위 501~523) 때에는 교단을 정비하기 위해 계율을 중시하며 겸익에게 인도에 가서 이를 배워 오도록 하고, 이어 성왕聖王(재위 523~554)은 겸익 등이 새로 번역한 계율을 홍포하고 장려하여 왕권 중심으로 불교 교단을 재편성하고, 흥륜사에 주석하면서 교단을 총괄하게 했는데 이는 계율을 통해 중앙과 지방의 불교 교단을 통제하려는 의도를 가졌던 것으로 추정되고 있다.[33]

신라의 경우에는 삼국 중에서 가장 늦은 527년(법흥왕 14)에 이차돈異次頓의 순교를 계기로 불교를 공인하였다. 544년(진흥왕 5)에 흥륜사의 낙성과 더불어 승려의 출가를 허용함에 따라 수계작법에 관한 지식이 필요하게 되자, 진나라에 유학(585~602)하고 돌아온 지명智明이 『사분율갈마기四分律羯磨記』를 저술하고 이를 계기로 『사분율』에 근거한 수계작법이 시행되었을 것으로 추정된다.[34] 신라승들의 수계 관련 저술로는 이 외 자장慈藏이 『사분율갈마사기』와 『십송률목차기』를, 원승圓勝이 『사분율갈마기』·『사분율목차기』를 저술하고 있다.[35] 다만, 신라승들의 수계 상황과 관련해서 좀 더 명확한 정보를 제공해 주는 것은 자장에 관한 기록이다. 자장은 입당 유학(636~643)에서 귀국한 후 대국통大國統이 되어 교단의 규율을 관장하였다. 당시 조정에서는 '불교가 동방에 들어와 오랜 세월이 흘렀음에도 그 주지住持 수봉修奉하는 규범이 없으니 통괄하

---

33 정병삼, 『한국불교사』, 서울: 푸른역사, 2020, pp.71~72
34 국사편찬위원회 편, 『신앙과 사상으로 본 불교 전통의 흐름』, 서울: 두산동아, 2007, p.40; 고익진, 『韓國古代佛教思想史』, 서울: 동국대학교출판부, 1989, p.130
35 최원식, 『新羅菩薩戒思想史硏究』, 서울: 민족사, 1999, p.36

여 다스리지 않으면 바로잡을 수 없다'고 논의하다 자장을 대국통으로 삼아 승니의 모든 규범을 위임하고 주관하게 하였다. 이에 자장은 불교계의 기강을 바로잡기 위해 승니 5부(비구·비구니·사미·사미니·식차마나)에 각각 예전부터 익힌 것(舊學)을 더욱 힘쓰도록 하고, 강관綱管을 두어 감찰 유지하게 하였으며, 보름마다 계를 설하고 율에 의거해 죄를 참회하여 없애게 하고, 봄과 겨울에 시험하여 계율을 지키고 범하는 것을 알게 하였다고 한다.[36] 또한 순사巡使를 보내 지방의 사찰을 차례로 검사하여 승려의 과실을 징계하고 불경과 불상을 엄중히 정비하여 일정한 법식으로 삼으니 한 시대에 불법을 보호함이 이때에 가장 성했다고도 한다.[37] 자장이 설치했다고 하는 강관은 각 사찰의 상좌上座나 사주寺主 등을 가리키는데, 이들은 특히 포살의 설행에서 중요한 역할을 했을 것으로 추정되고 있다.[38]

또한 자장은 통도사를 창건하고 계단戒壇을 쌓아 사방에서 오는 사람들을 받아들였다고 한다. 『삼국유사』에 보이는 이 기록의 역사성에 대해서는 의문도 남지만, 자장이 대국통으로서 교단 정비에 힘쓸 때 포살 등의 설행에 있어 『사분율』을 근거로 삼은 것은 명확해 보이므로 수계법 역시 그 영향을 받았을 것으로 생각된다.[39] 이후 신라 하대에는 통도사(良州)·엄천사嚴川寺(康州)·장곡사長谷寺·장의사莊義寺(韓州)·복천사福泉寺(溟州)·보원사普願寺(熊州)·화엄사華嚴寺(全州)·영신사靈神寺(武

---

36 『속고승전』 권24(『大正藏』 50, 639c)
37 위의 주 36과 동일.
38 김영미, 「신라 中古期 三綱制의 시행과 그 기능」, 『한국고대사연구』 72, 한국고대사학회, 2013, pp.247~254
39 남동신, 「慈藏의 佛敎思想과 佛敎治國策」, 『韓國史研究』 76, 한국사연구회, 1992, pp.35~37

州)·법천사法泉寺(朔州) 등의 관단사원이라 불리는 수계사원에서 10사師 제도하에 수계의식을 운영하였다.⁴⁰

의상의 화엄 교단

통일신라시대에 화엄 사상을 주도한 의상義湘(625~702)은 입당 수학 10년 만인 670년 신라로 돌아와 문무왕 16년(676) 태백산에 부석사浮石寺를 짓고 화엄 교단을 설립하였다.⁴¹ 이후 이곳을 중심으로 화엄 사상을 체계화하며 문도들을 양성하고, 관음신앙과 미타신앙을 중심으로 신앙생활을 하였는데, 이때 엄격한 신분제 사회 속에서도 모든 문도를 평등하게 대하고, 다양한 출신의 제자를 차별 없이 받아들였다. 예를 들어, 의상의 대표 제자 중 한 명인 지통智通은 귀족의 가노家奴 출신이었으며, 진정眞定은 원래 군인이었는데 품을 팔아 곡식을 얻어 연명할 만큼 가난한 기층민 출신이었다. 의상을 존경하여 문무왕이 전장田莊과 노비를 보시하려 했을 때는 "우리 (불)법은 평등하여 높고 낮음이 모두 균등하니 귀천을 다 같이 생각합니다.『열반경涅槃經』에 이르기를 여덟 가지 부정한 재물(八不淨財)이 있으니, 어찌 장전이 필요하고, 어찌 노비를 거느리겠습니까? 빈도貧道는 법계法界를 집으로 삼고 발우로 밭갈이를 하여 익기를 기다립니다. 법신法身의 혜명慧命은 이것에 의해 생겨납니다."⁴²라며 거절하였다. 이는 고구려 승려 보덕普德에게 배운『열반경』의 영향으로, 이 경에서는 '팔부정재八不淨財'라고 하여 여덟 가지 종류의

---

40 여성구,「신라승의 수계와 승적」,『신라사학보』31, 신라사학회, 2014, pp.59~70
41 『三國史記』권7, 新羅本紀 第七 文武王
42 『宋高僧傳』,「唐新羅國義湘傳」(『大正藏』50, 729b)

부정물不淨物을 받아 축적하는 행위를 경계한다. 즉, 노비나 금은, 토지 등과 같은 부정물의 축재[43]는 승가를 타락시켜 정법 호지에 대한 기력을 상실하게 만든다고 본다.

평등은 교단 운영의 기본이자 『열반경』에서도 '일체중생실유불성一切 衆生悉有佛性'이라고 하여 모든 중생이 불성을 갖고 있음을 강조하므로 의상이 교단 운영에 있어 평등을 중시한 것은 당연한 일이지만, 당시 일반 사회가 경주 진골귀족의 특권을 보장하는 골품제에 의해 운영되었고, 중고기 불교 교단이 이들 상층 지배집단을 배경으로 유지되었다는 점을 고려할 때 불교적 평등 사회를 지향하려 한 의상의 행보는 주목할 만하다.[44] 특히 의상은 일一과 다多가 상입상즉相入相卽하는 법계연기라는 종교적 진리를 평등과 조화의 논리로 교단 운영에 활용하였을 것으로 추정된다. 일과 다가 서로 똑같은 단계에서 서로 간의 상호 의존적 관계에서만 상대를 인정하여 성립될 수 있다는 연기의 논리는 개체 간의 절대 평등을 의미하며, 이런 의미에서 상입상즉의 연기설 자체는 전체 구성원의 평등과 조화를 상징하는 이론이 될 수 있다.[45]

종파의 형성

종파의 성격 내지 조건을 정의하는 일은 쉽지 않은데, 일단 독자적인 교학 체계를 중심으로 뛰어난 승려가 일정 사원을 거점으로 제자나 일

---

43 『大般涅槃經』(『大正藏』12, 402b)
44 남동신, 「의상 화엄사상의 역사적 이해」, 『역사와 현실』 20, 한국역사연구회, 1996, pp.61~62
45 정병삼, 『의상 화엄사상 연구』, 서울: 서울대학교출판부, 1998, pp.187~189

반 신앙인을 대상으로 조직적이고 체계적인 활동을 하는 것을 종파의 일반적인 특징이라고 본다면,[46] 의상이 부석사를 중심으로 활동하며 형성했던 화엄종, 진표眞表와 태현太賢이 선도한 법상종法相宗, 밀본密本이나 명랑明朗·혜통惠通 등이 밀교적 의례와 치병 등을 중심으로 활동했던 신인종神人宗 등이 7세기경부터 형성된 한국불교 초기의 종파라고 볼 수 있을 것이다. 의상이 주도한 화엄종은 위에서 언급한 바와 같이 화엄 사상을 중심으로 평등 교단을 실천하며 문도를 양성하였으며, 관음신앙과 미타신앙을 중심으로 신앙생활을 하였고, 법상종은 유식 사상과 미륵신앙을 기반으로 성립하였다. 신라 유식 사상의 체계를 마련한 태현이나 점찰법회 활동을 한 진표가 법상종에 속하는데, 이 중 경덕왕대에 형성된 태현의 법상종은 유식 사상 연구를 중심으로 미륵과 미타 신앙을 체계화하고 있으며, 진표의 법상종은 점찰법과 참회를 내세운 실천적인 교단으로서 일반민을 대상으로 미륵과 지장 신앙을 내세우며 전개하였다.[47]

한편, 신라 하대(780~935)에 본격적으로 수용되기 시작한 선종은 화엄·유식의 교학 불교 중심인 기존 불교계에 큰 변화를 초래하였다. 8세기 후반에 중국의 남종선南宗禪을 배워 오기 위해 도당渡唐했던 승려들이 귀국하면서 9세기 초의 신라 사회부터 선종은 큰 관심을 받게 되었다. 784년(선덕여왕 5)에 당으로 건너갔던 도의道義는 마조 도일馬祖道一(709~788)의 제자 서당 지장西堂智藏에게서 법을 받은 후 남종선을 처음 신라에 들여왔다. 이후 도의를 계승한 보조선사 체징體澄(804~880)의 가지산문迦智山門(장흥 보림사), 증각대사 홍척洪陟을 개조로 하는 실상산

---

46 정병삼, 앞의 책, 2020, p.215
47 국사편찬위원회 편, 앞의 책, 1989, pp.86~87

문實相山門(남원 실상사), 적인선사 혜철惠哲을 개조로 하는 동리산문桐裏山門(곡성 태안사), 원감대사 현욱玄昱(787~868)의 법을 이은 진경대사 심희審希(855~923)의 봉림산문鳳林山門(김해 봉림사), 철감선사 도윤道允(798~868)의 법을 이은 징효대사 절중折中(826~900)의 사자산문師子山門(영월 흥녕사), 통효대사 범일梵日(810~889)을 계승하는 사굴산문闍堀山門(강릉 굴산사), 낭혜화상 무염無染(800~888)을 계승하는 성주산문聖住山門(보령 성주사), 지증대사 도헌道憲(824~882)을 개조로 하는 희양산문曦陽山門(문경 봉암사), 진철대사 이엄利嚴(870~936)이 개창한 수미산문須彌山門(해주 광조사)의 구산선문九山禪門이 성립하며 독자의 산문山門이 개창된다. 이들 선종 사원은 경주를 크게 벗어난 외방의 산간에 자리를 잡았고, 왕실이나 귀족, 특히 중앙 세력에 반대하여 이 시기 새롭게 부상한 지방 호족들의 지원하에 경제적 기반을 마련하고, 지나친 관념화의 경향을 보이던 교종의 한계를 넘어 사회 변화에 대응하는 새로운 실천 불교의 모습으로 활동 기반을 넓혀 갔다.

IV. 고려·조선 시대 교단의 전개

보호와 통제의 운영

고려불교는 적극적인 숭불崇佛 정책하에 불교를 보호하면서, 한편으로는 국가가 교단이나 승려를 통제하고 관리하는 국가불교의 성격을 유지하였다. 후삼국을 통일하고 고려를 세운 태조太祖(재위 918~943)는 「훈요십조」에서 고려의 대업大業이 제불諸佛의 호위를 받은 것이라며 선과 교의 사원을 개창하고 기도 수행에 힘쓸 것을 당부하고 있다. 태조 이후 역대 국왕은 대규모의 원찰願刹 및 진전사원眞殿寺院을 창건하고 막대한 토지와 노비를 지급하여 사찰의 안정된 운영을 도모하며 보호하였다. 원찰이란 창건주가 자신의 소원을 빌거나 혹은 조상의 진영과 위패를 봉안하고 명복을 빌기 위해 건립된 사찰인데, 특히 진영眞影을 모신 건물을 중심으로 일컬을 때는 원당願堂이라고도 한다. 진전사원도 역대 국왕의 영정을 모시고 제사를 지내는 사원으로 이는 종묘 등에서 거행하는 유교 의례와 별도로 생전에 신앙하던 불교 제사가 필요하였기 때문에 마련되었다.[48] 원찰은 주로 개경 부근의 능묘陵墓 주변에 세워졌다. 광종光宗(재위 949~975)은 951년에 봉은사를 창건하여 부왕 태조의 원당으로 삼았으며, 모후 신명神明왕후의 원당으로 불일사佛日寺를 창건하기도 하였다. 이들 사찰은 1000명에서 2000명의 승려가 머물 정도로 규모가 컸으며, 왕실이나 유력한 관인의 원당주들은 막대한 양의 토지와 노비를 지급하여 사찰 경제를 지원하였다. 이는 교단으로 하여금 든든한 유지 기반을 갖추도록 해 주었지만, 한편으로는 세속 권력과의 밀착으로 교단이 세속화하는 주요 원인으로 작용하기도 하였다.

958년(광종 9)에는 과거제도와 승과僧科를 더불어 시행하고, 합격한 승려에게는 관료의 관계官階와 같은 성격의 승계僧階를 부여하였다. 고려시대에 완성된 승계는 선종(천태종 포함)의 경우 대덕大德·대사大師·중대사重大師·삼중대사三重大師·선사禪師·대선사大禪師이며, 교종은 대덕·대사·중대사·삼중대사·수좌首座·승통僧統이다. 처음 승과에 합격하면 대덕이 되고 이후 수행 기간과 능력에 따라 상위의 승계로 승진하였는데, 교학 불교인 화엄종과 법상종의 승려는 교종의 승계를 받고

---

48 국사편찬위원회 편, 앞의 책, 1989, p.141

선종과 천태종의 승려는 선종의 승계를 받았다. 승계는 사찰 주지 등의 승직僧職과도 연계되어 승계에 따라 주지로 임명되는 사찰의 규모가 달랐고, 승계를 가진 승려가 중대한 계율을 어기면 관료에게 부과하는 것과 유사한 처벌을 받는 등, 교단 관리는 국가가 정한 기준에 따라 이루어졌다.[49] 요컨대 불교를 숭상하기는 했지만, 교단이 내부의 계율에 의해 자율적으로 운영되도록 하지 않았으며 국가의 관리를 받는 체제를 취하였다.

또한 주요 종파의 명망 높은 승려를 국사나 왕사로 책봉하여 국왕의 자문 역할을 맡기고, 승록사僧錄司를 설치하여 승려의 승적 내지 승계, 주지 인사 등을 관리하도록 하였다. 정식 승려가 되기 위한 구족계 수지는 관단官壇, 즉 관에서 운영하는 계단에서 이루어졌다. 9세기에 조성된 고승비高僧碑에 남아 있는 다수의 수계 관련 기록을 보면, 신라 말부터 구족계 수계는 주로 관단에서 3사 7증의 입회하에 실행되었던 것으로 보인다.[50] 신라 이래의 관단 수계를 계승하여 초기에는 개경과 그 주변을 중심으로 계단을 설치하였다. 924년(태조 7)에 창건된 흥국사興國寺에 관단이 설치되어 945년(혜종 2)에 영준英俊이 여기서 수계하였다고 하며,[51] 개경 주위의 구룡산 복흥사福興寺에 설치된 관단에서는 975년(광종 26)에 결응決凝(964~1053)이 수계하는 등[52] 금석문에서 많은 관련 사례를 볼 수 있다. 또한 사원 조직은 원주院主, 직세直歲, 유나維那라는 삼강

---

49 국사편찬위원회 편, 앞의 책, 1989, pp.143~145
50 대표적인 연구로 한기문,「新羅末 高麗初의 戒壇寺院과 그 機能」,『歷史敎育論集』 12, 역사교육학회, 1988, pp.47~68; 한기문,『高麗寺院의 構造와 機能』, 서울: 민족사, 1998, pp.353~372
51 「靈巖寺寂然國師碑」, http://gsm.nricp.go.kr/
52 「浮石寺圓融國師碑」, http://gsm.nricp.go.kr/

三綱으로 운영되고 있었다. 원주는 사원의 총괄 역할을, 직세는 재정 담당을, 유나는 승려의 기강을 바로잡고 노역을 지도하는 역할을 하였다.

교종과 선종의 공존

고려불교는 교종과 선종으로 나뉘어 초기에는 삼대업三大業, 즉 화엄업·유가업·선종의 세 종파가 중심이 되어 활동하다 11세기에 의천義天(1055~1101)이 천태종을 개창하면서 4대종파가 된다. 전기에는 중앙 집권 체제의 강화와 함께 신라 말기에 지방 산문을 형성하고 지방 각지에 독자적인 기반을 갖고 있던 선종을 통합하고 교종과 병행하도록 하려는 교단의 정비 작업이 이루어졌다. 특히 광종光宗은 난립하고 있던 전 불교 교단을 선종·교종으로 이원화시켜 선종은 중국에서 들여온 법안종法眼宗을 중심으로, 교종은 화엄종을 중심으로 정리하고자 하였다. 선종은 신라 하대에 본격적으로 수용되며 9세기 중엽부터 10세기 중엽까지 국사가 나올 정도로 유력한 주요 종파였다. 혜거慧炬, 영감靈鑑 등을 통해 중국의 법안종이 처음 소개된 후 광종은 선승을 선발하여 중국에 보내 선풍을 배워 오게 하였다. 법안종은 중국 오가칠종五家七宗의 하나로 법안 문익法眼文益(885~958)에 의해 형성된 종파이다. 법안은 선과 화엄의 융합을, 그의 선법을 계승한 천태 덕소天台德韶(891~972)는 선과 천태학의 융합을 시도하였다. 이후 덕소의 제자 영명 연수永明延壽(904~975)는 『종경록宗鏡錄』 100권을 저술하여 선교일치禪敎一致의 체계를 세웠다. 교학 불교와 선종의 사상적 통합을 위해 노력한 영명의 사상에 중앙 집권 체제를 지향하던 광종이 개인적으로 큰 관심을 갖게 되면서 적극적인 법안종 수용 정책이 실행되었지만, 광종의 죽음으로 크게

번성하지는 못하였다.[53]

한편, 광종의 후원으로 화엄종단의 통일 정책을 추진한 인물은 균여均如(923~973)이다. 화엄종은 신라 하대에 연기계緣起系의 남악파南岳派와 의상 직계에 해당하는 북악파北岳派로 분열되어 있었는데, 균여는 북악파의 입장에서 남악파를 포섭하여 통합하는 형태로 화엄종단의 통합에 성공하였다.[54] 신라 하대에 선종의 활약으로 상대적으로 위축되었던 화엄종은 균여의 화엄학 이론 정비에 힘입어 점차 세력을 확보하며 새롭게 교단을 정비하고 국사와 왕사도 배출하였다. 고려 초에 활약한 또 한 명의 대표적 화엄종 승려 탄문坦文(900~975)도 광종대에 왕사와 국사를 역임하며 보원사普願寺에서 후학을 양성하였다. 그리고 정종과 문종 때 왕사와 국사를 지낸 결응決凝(964~1053)도 부석사를 중창하고 의상의 가르침을 선양하며 1000여 명이 넘는 문도를 두었다고 한다. 유식학을 기반으로 진표계의 점찰 신앙을 계승한 법상종은 현종玄宗(재위 1009~1031)의 적극적인 후원에 힘입어 화엄종과 양립하며 주요 종파로서 입지를 다졌다. 현종은 불행하게 죽은 자신의 부모를 위해 개경 인근에 원찰 현화사玄化寺를 창건하고 지원을 아끼지 않았다. 법경法鏡을 비롯하여 정현鼎賢(972~1054), 해린海麟(984~1067), 소현韶顯(1038~1096)에 이르기까지 법상종은 가장 많은 국사와 왕사를 배출하며 융성하였다.

한편, 화엄종은 문종文宗(재위 1046~1083) 때 원찰로 개창한 흥왕사興王寺를 중심으로 크게 융성하였는데, 특히 문종의 넷째 아들인 의천은 균여 이후 화엄종의 교학 발전을 주도하였다. 다만 의천은 중국 화엄

---

53 국사편찬위원회 편, 앞의 책, 1989, p.148
54 최병헌, 「高麗時代 華嚴學의 變遷-均如派와 義天派의 對立을 중심으로」, 『한국사연구』 30, 한국사연구회, 1980, p.67

종 제4조 징관澄觀(738~839)의 사상에 근거하여 기존의 고려 화엄학과는 다른 교관겸수敎觀兼修의 수행법을 강조하며 균여의 교학을 비판하고, 나아가 기존의 선종 대신 천태종을 개창하여 교단을 재편하려고 하였다. 다만 의천은 교관겸수를 실천화할 수 있는 이전의 교학 불교와 차별성 있는 다른 새로운 체계를 제시하지 못하였고, 이로 인해 그의 개혁 운동은 당시 사회와 불교계에 대한 전반적인 개혁으로 발전하지 못하였다.[55]

교단의 위축과 재기의 노력

조선시대에 들어 성리학에 밀린 불교는 주류 종교로 활동하지 못하였고, 이로 인해 교단도 존립이 위태로운 상황에 놓이게 된다. 태조太祖(재위 1392~1398)는 불교와 깊은 인연을 가졌지만, 도첩제도牒制 시행과 사원전 축소 등을 통해 인적 자원을 고갈시키고 사원의 경제적 기반을 약화시키는 억제책을 시행하였다. 이어 태종太宗(재위 1400~1418)대의 본격적인 사원전 축소 정책에 이어, 1424년(세종 6)에는 선교양종 36사만을 인정하는 축소 정책을 펴면서 억제 정책은 정점을 찍게 된다. 기존의 7종 가운데 조계曹溪·천태天台·총남摠南 3종을 합쳐서 선종으로, 화엄華嚴·자은慈恩·중신中神·시흥始興 4종을 합쳐서 교종으로 하는 양종 체제하에 36개 사원만을 남겨 사원전을 인정하고 거주 승려들의 인원을 배정한 것이다.[56] 이로 인해 양종 사찰 이외의 도성 내 사찰은 철폐되고 승려의 도성 출입도 제한을 받게 되었다.

---

55 정병삼, 앞의 책, 2020, pp.290~291
56 정병삼, 위의 책, 2020, p.443

이후 세조世祖(재위 1455~1468)대에 이르러 전국 사찰의 중창·보수가 이루어지는 등 숭불의 기운이 감돌지만, 사후에는 억불 정책이 더욱 강화되면서 성종대에는 본격적인 억불 정책이 시행된다. 1472년(성종 2)에는 도첩 발급이 중단되고 도첩이 없는 승려는 환속시켜 군역軍役에 충당하였다. 이어 연산군대에는 선종 도회소都會所인 흥천사興天寺와 교종 도회소인 흥덕사興德寺가 철폐되는 등 공식적 폐불의 단계로 접어들게 되고, 1516년(중종 11)에는 『경국대전經國大典』의 도승조度僧條가 삭제되면서 법적으로 더 이상 승려의 신분은 허용되지 않았다. 이후 명종대에 문정왕후의 후원하에 도승과 승과가 재개되는 등 잠시 불법 재흥의 기운이 일어나지만, 왕후의 사후에 다시 배불排佛로 돌아가 1566년(명종 21)에는 도승법과 양종의 승과가 폐지되었다.[57] 하지만 명종대의 일시적 부흥을 계기로 내실을 다진 불교계는 임진왜란 때에는 의승군義僧軍을 일으켜 큰 공적을 쌓았고, 이후 사회적 효용성을 인정받으며 사찰을 중건하고 교학과 수행에 힘쓰며 민간신앙을 포섭하는 등 폭넓게 종교적 역할을 수행했다.[58] 의승군의 활약은 출가에 대한 국가의 규제를 약화시키는 등 교단의 존립에 지대한 영향을 미쳤다.

이와 함께 조선 후기의 불교 교단은 17세기 태고법통설의 확립으로 불전 간행이나 승려들의 문집 간행, 고승비 건립이 확산되면서 재기에 성공해 간다. 하지만, 18세기 후반과 19세기 초를 거치며 다시금 승려가 줄고 사찰이 폐사되는 등 불교계는 쇠락의 양상을 보인다. 이 시기를 전후로 교단에서는 교단의 정체성을 회복하기 위한 노력의 일환으로 수계의식의 정비 내지 비구 계맥의 회복이 적극적으로 도모된다. 한

---

57 정병삼, 앞의 책, 2020, p.290
58 국사편찬위원회, 앞의 책, 2007, p.241

국의 전통 사찰에 남아 있는 「호계첩문護戒牒文」에 전해지는 전승에 의하면, 1826년에 계학의 실전失傳 상태를 개탄하며 대은 낭오大隱朗旿(1780~1841)는 스승 금담 보명金潭普明(1765~1848) 장로와 함께 하동 칠불암 아자방亞字房에서 서상수계瑞祥受戒를 성취하고, 새로운 수계 전통을 확립했다고 한다.[59] 이 외 같은 해에 백파 긍선白坡亘璇(1767~1852)은 십선계 수계법을 주장하고, 1892년에 만하 승림萬下勝林(생몰년 미상)은 청으로 건너가 법원사法源寺 계단의 창도 한파昌濤漢波 율사로부터 대소승계를 받고 계맥을 전수해 오는[60] 등 다수의 승려들이 계맥의 회복을 통해 교단을 존속시키고자 노력하였다.

---

59 가산 지관, 『한국불교계율전통: 한국불교계법의 자주적전승』, 서울: 가산불교문화연구원, 2005, pp.149~154
60 가산 지관, 위의 책, 2005, pp.142~144

교단, 국가, 그리고 종파적 분기

　불교 '교단'은 현재 학계에서 명확한 개념 정의하에 사용되고 있지 않지만, 일반적으로 교단의 구성원인 사중四衆으로 이루어진 집단 혹은 이 중 비구·비구니만으로 구성된 집단을 일컫는다. 후자는 승가라고도 한다. 승가로서의 교단은 율律이라 불리는 독자적인 규범하에 운영되며, 이들 율은 시마sīmā(경계)의 설정을 통해 만들어진 현전승가現前僧伽를 기준으로 적용된다. 즉, 동서남북으로 경계를 설정하고 그것을 하나의 승가로 삼아 의식주의 분배나 의식 실행을 하게 된다. 한편, 이러한 개개의 현전승가를 포괄하는 이념적인 개념으로 사방四方승가가 있다. 사방승가는 교단에 베풀어진 중물重物, 즉 승원이나 토지 등과 같은 부동산을 소유하는 주체이다. 음식물이나 개인 소유가 허락되는 물건이 보시되면 현전승가 차원에서 구성원들 간에 분배가 이루어지지만, 토지나 건물 혹은 개인 소유가 금지된 물건 등은 사방승가의 소유가 되어 불교 교단에 속하는 모든 승려들이 사용할 수 있게 된다.

　인도 불교 교단이 현전승가와 사방승가의 개념하에 율이라는 내부 규범을 갖고 자치적으로 운영된 것에 비해, 중국으로 전래된 불교는 전래 초기부터 왕실과 밀접한 관련을 맺고 발전하였다. 후조後趙시대(319~351)를 기점으로 정치와 관련을 맺게 된 불교 교단은 불도징佛圖澄(232~349)을 시작으로 도잠竺道潛(286~374), 지둔支遁(314~366) 등 많은 승려들의 활동을 통해 황제와 귀족들의 후원을 받으며 급속히 성장해 갔다. 한편, 불교가 정치권력의 비호하에 그 영향력을 확대해 감에 따라 국가는 불교에 대한 지원과 통제를 강화하였다. 교단과 국가와의 밀착은 불교의 정착과 발전에 크게 기여했지만, 한편으로는 견제 세력의 등장 및 교단의 부패 등으로 인해 폐불廢佛의 수난을 겪어야 했다. 6세기 중반경에 백제로부터 공식적으로 불교를 받아들인 일본 역시 천황 내지 황실을 중심으로 숭배되면서 불교는 국가와 결탁한 국가불교로 정착하게 된다.

신라의 경우, 대국통으로 임명된 자장慈藏이 국가적 차원의 불교 교단 정비 작업의 일환으로 교단의 규율을 정비하였다. 이후 화엄 사상을 주도한 의상義湘(625~702)은 문무왕 16년(676)에 부석사浮石寺를 짓고 화엄 교단을 설립하여 엄격한 신분제 사회 속에서도 모든 문도를 평등하게 대하고, 다양한 출신의 제자를 차별 없이 받아들이는 등 교단 안에서 불교적 이상사회를 실현하고 있다. 의상의 화엄종을 비롯하여 진표眞表와 태현太賢이 선도한 법상종法相宗, 밀본密本이나 명랑明朗, 혜통惠通 등에 의한 신인종神人宗 등 초기의 종파를 거쳐 신라 하대(780~935)에는 선종이 본격적으로 수용되면서 화엄·유식의 교학 불교 중심 기존 불교계에 큰 변화를 초래하였다. 한편, 고려불교는 적극적인 숭불崇佛 정책하에 불교를 보호하면서, 한편으로는 국가가 교단이나 승려를 통제하고 관리하는 국가불교의 성격을 유지하였다. 왕실은 대규모의 원찰願刹 및 진전사원眞殿寺院을 창건하고 막대한 토지와 노비를 지급하여 사찰의 안정된 운영을 도모하며 보호하였는데, 이는 교단으로 하여금 든든한 유지 기반을 갖추도록 해 주었지만, 한편으로는 세속 권력과의 밀착으로 교단이 세속화하는 주요 원인으로 작용하기도 하였다. 958년(광종 9)에는 과거제도와 승과僧科를 더불어 시행하고, 주요 종파의 명망 높은 승려를 국사나 왕사로 책봉하여 국왕의 자문 역할을 맡겼다. 또한 승록사僧錄司를 설치하여 승려의 승적 내지 승계, 주지 인사 등을 관리하도록 하였고, 정식 승려가 되기 위해서는 관단官壇에서 구족계를 수지하도록 하였다.

고려불교는 교종과 선종으로 나뉘어 초기에는 삼대업三大業, 즉 화엄업·유가업·선종의 세 종파가 중심이 되어 활동하다 11세기에 의천義天(1055~1101)이 천태종天台宗을 개창하면서 4대종파가 된다. 광종光宗(949~975)대에는 난립하고 있던 전 불교 교단을 선종·교종으로 이원화시켜 선종은 중국에서 들여온 법안종法眼宗을 중심으로, 교종은 화엄종을 중심으로 정리하고자 하였다. 광종의 후원으로 화엄종단의 통일 정책을 추진한 인물은 균여均如(923~973)이다. 균여는 북악파의 입장에서 남악파를 포섭하여 통합하는 형태로 화엄종단의 통합에 성공하였다. 신라 하대에 선종의 활약으로 상대적으로 위축되었던 화엄종은 균여의 화엄학 이론 정비에 힘입어 점차 세력을 확보하며 새롭게 교단을 정비하고 국사와 왕사도 배출하였다. 유식학을 기반으로 진표계의 점찰 신앙을 계승한 법상종은 현종玄宗(재위 1009~1031)의 적극적인 후원에 힘입어 화엄종과 양립하며 주요 종파로서 입지를 다졌고, 이후 의천은 기존의 고려 화엄학과는 다른 교관겸수敎觀兼修의 수행법을 강조하며, 기존의 선종 대신 천태종을 개창하여 교단을 재편하려고 하였다.

조선시대에 들어 성리학에 밀린 불교는 주류 종교로 활동하지 못하였고, 이로 인해 교단도 존립이 위태로운 상황에 놓이게 된다. 특히 1516년(중종 11)에는 『경국대전』의 도승조度僧條가 삭제되면서 법적으로 더 이상 승려의 신분은 허용되지 않았고, 1566년(명종 21)에는 도승법과 양종의 승과가 폐지되었다. 하지만 명종대의 일시적 부흥을 계기로 내실을 다진 불교계는 임진왜란 때에는 의승군義僧軍을 일으켜 큰 공적을 쌓았고, 이후 사회적 효용성을 인정받으며 사찰을 중건하고 교학과 수행에 힘쓰며 민간신앙을 포섭하는 등 폭넓게 종교적 역할을 수행했다. 조선 후기의 불교 교단은 17세기 태고법통설의 확립으로 불전 간행이나 승려들의 문집 간행, 고승비 건립 등이 확산되면서 재기에 성공해 간다. 하지만, 18세기 후반과 19세기 초를 거치며 다시금 승려가 줄고 사찰이 폐사되는 등 불교계는 쇠락의 양상을 보인다. 이 시기를 전후로 교단에서는 정체성을 회복하기 위한 노력의 일환으로 수계의식의 정비 내지 비구 계맥의 회복이 적극적으로 시도되며 계맥 회복을 통해 교단을 존속시키려는 노력이 이루어졌다. 교단

| 참고문헌 |

김용태, 『조선후기불교사 연구-임제법통과 교학전통-』, 서울: 신구문화사, 2010.
금강대학교 불교문화연구소 편, 『동아시아 종파불교-역사적 현상과 개념적 이해-』, 서울: 민족사, 2016.
에릭 쥐르허(E. Zürcher) 저, 최연식 역, 『불교의 중국 정복-중국에서 불교의 수용과 변용』, 서울: 씨아이알, 2010.
정병삼, 『한국불교사』, 서울: 푸른역사, 2020.
K. S. 케네쓰 첸 저, 박해당 옮김, 『중국불교 상』, 서울: 민족사, 1991.
K. S. 케네쓰 첸 저, 박해당 옮김, 『중국불교 하』, 서울: 민족사, 1994.
한기문, 『高麗寺院의 構造와 機能』, 서울: 민족사, 1998.

末木文美士, 『日本佛敎史-思想史としてのアプローチ-』, 東京: 新潮社, 1996.
眞野正順, 『佛敎における宗觀念の成立』, 東京: 理想社, 1964.
塚本善隆, 『支那佛敎史硏究·北魏篇』, 東京: 弘文堂書房, 1942.

종교와 미래

불교명상

•
김
호
귀

I. 명상의 출현과 불교

　　명상의 기원/ 붓다의 명상/ 명상과 선정

II. 불교의 수행과 명상

　　위빠사나 명상/ 만트라 명상/ 염불 명상

III. 신라·고려 및 조선 시대 불교와 명상

　　참회 명상/ 화두수행과 명상/ 경전 염송과 명상

IV. 근대 및 현대의 명상과 미래

　　명상의 대중화/ 명상과 자아 성취/ 불교명상의 미래

■ 자아 발견의 길, 명상

I. 명상의 출현과 불교

명상의 기원

명상冥想(meditation)에 대하여 국어사전에서는 '눈을 감고 차분한 마음으로 깊이 생각함'이라고 설명되어 있다. 한자로는 명상冥想 또는 명상瞑想으로 구별하여 활용하기도 한다. 전자의 경우는 가장 보편적인 의미로서 마음을 안정시키고 생각을 가다듬는다는 의미이다. 후자의 경우는 반드시 눈을 감고 생각한다는 점이 강조되어 있다. 자신의 생각을 가다듬고 마음을 안정시키는 데 있어서 눈을 감는 것은 대단히 효과적이다. 왜냐하면 대부분의 경험과 감각은 눈을 통하여 받아들이기 때문이다. 따라서 명상冥想이든 명상瞑想이든 공통적으로 마음을 안정시킨다는 것과 생각한다는 것을 함유하고 있다. 그래서 명상은 사람이 탐욕과 집착과 갈애를 벗어나서 보다 넓고 평화로운 세상과 내가 하나이고 그것이 영원한 자유임을 알게 해 주는 과정이다.

이 경우에 생각으로 마음을 안정시킨다는 점과 안정된 상태에서 생각한다는 점의 두 가지 뜻이 담겨 있는데, 마음과 생각이라는 것을 어떤 의미로 활용하고 있는지 정의해야 한다. 마음과 생각이라는 양자에 대하여 홀연히 일어나 있는 마음 내지 생각을 어떻게 규정하느냐에 따라서 설명이 가능하다. 마음은 가장 보편적으로 영어의 'mind'에 해당하는 것이고, 생각은 영어로 'think'에 해당한다. 전자는 명사 형태이고 후자는 동사 형태이다. 따라서 명상의 행위를 처음 시작할 때 이미 발생해 있는 마음의 인식 상태인가 혹은 명상의 행위를 처음 시작할 때 비로소 생각하는 상태인가에 따라서 명상의 성격은 크게 나뉜다. 전자의 경우는 명상의 보편적인 측면에 속하고, 후자의 경우는 명상의 특수적인 측면에 속한다. 보편적인 측면의 명상은 현재의 자신을 불완전한 것으로 인식하고 그로부터 벗어나 마음을 안정시키는 행위이고, 특수적인 측면의 명상은 현재의 자신을 완전한 것으로 인식하여 그로부터 지혜를 얻거나 깨달음을 성취하려는 행위이다.

혹자는 명상에 대하여 고요히 눈을 감고 차분한 상태로 어떤 생각도 하지 않는 것이라고 정의하기도 한다. 그러나 이 경우에 아무런 생각도 하지 않는다는 것은 망상 내지 번뇌를 가리키는 경우로 국한된다. 사실은 아무런 생각도 하지 않는다는 것이 얼마나 어려운지 명상을 경험해 본 사람이라면 누구나 공감할 것이다. 이처럼 명상에 대한 정의는 대단히 어렵다. 그러나 여기에서는 일단 명상에 대하여 임시로 '번거롭게 일어나는 마음을 안정시키고 그 상태를 오랫동안 고요하게 유지하는 상태'라는 의미로 정의해 두고자 한다.

이러한 명상은 인류의 유구한 역사와 더불어 이미 수천 년을 인류와 함께해 온 것이다. 명상은 백일몽과 같은 신기루 또는 단순한 사유 형식이 아니라 심오한 사색과 상상이라고 설명할 수 있다. 명상의 가장 근본적인 의미가 바로 선정을 통해 정신의 내면을 발현하고 성찰하는 구체적인 방법을 내포하고 있기 때문이다. 그런 점에서 명상은 불교 전통의 방식으로 오랜 세월에 걸쳐 심오한 정신문화로서 지속적으로 인간의 내면에 대한 탐구를 통해 일체의 사물이나 인간의 내면에 잠재되어 있는 최고의 신적 능력을 추구하는 방식으로 중요시되어 왔다.

이와 같은 점에서 명상의 기원은 대단히 오래전으로 거슬러 올라간다. 수많은 종교적 전통과 신앙이 존재했던 고대부터, 즉 인류 역사 약 5천 년 이전부터 명상이 행해졌다. 이 경우의 명상은 주로 자연에 대한 두려움 및 죽음에 대한 공포 내지 삶에서 느끼는 다양한 압박감에 대한 해소가 그 중심을 이루었다. 이것은 초자연적인 존재에 대한 기도 내지 구원의 목적으로 시행되어 왔던 까닭에 이와 같은 경우의 명상을 원시 명상이라고 부를 수 있을 것이다. 따라서 어느 특정한 지역이나 인종에 국한된 것이 아니라 가장 보편적이고 순수하며 자연스러운 인간의 행위로 출발하였다.

그러나 기원전 6~5세기 무렵이 되면 인간의 지혜가 고도로 발전하면서 고등 종교가 출현함에 따라 네팔과 인도의 힌두교, 자이나교, 초기 불교뿐만 아니라 중국의 유교와 도교를 통해서 원시 명상과 다른 형태의 명상이 이루어졌다. 이들 명상의 모습은 각각의 관습과 종교에 따라서 점차 다른 모습으로 전개되었지만, 대개의 경우 그것은 가장 순수한 원시적인 명상에 종교와 윤리의 사상과 관념과 의례가 가미됨으로써 보다 세련된 모습으로 출현하였다.

그에 따라서 이전과는 달리 명상에 대한 체계가 확립되어 감으로써 몸과 마음과 호흡에 대한 관심이 중요한 요소로 포함되었다. 이후로 명상은 인간의 모든 역사에서 가장 널리, 오랫동안 면면하게 인간의 모든 삶에 스며들어 인간이 고뇌에서 벗어나는 일환으로, 나아가서 고도의 사유 작용에서 원형적인 바탕을 이루었다. 그 결과 오늘날에는 명상이 자신의 참된 자아를 얻기 위해서 마음을 집중시키는 행위의 일반을 가리키게 되었다. 이리하여 명상을 실천하는 당사자의 성격, 목적, 대상에 따라서 다양한 형태로 명상이 나뉘게 되었다.

따라서 현대에 활용되고 있는 명상의 의미는 마음을 집중함으로써 얻는 신체적이고 감각적이며 심적인 이익을 목적으로 전개되는 대체 의학 내지 심리 치료의 성격이 상대적으로 강하게 부각되었다. 그리고 전통적으로 불교에서 전승해 오던 명상의 실천은 명상을 지도하는 종교나 수행의 단체에서 지향하는 목적과 이념에 깊이 관련되어 있다. 따라서 후자의 경우에 대해서 여기에서는 선정까지 포함된 것을 불교명상이라고 부르고 불교의 전통적인 신행 및 수행법을 명상의 측면과 결부시켜 생각해 보고자 한다.

붓다의 명상

고타마에게 있어서 명상은 단순한 명상 이상의 의미를 지니고 있다. 그 까닭은 고타마가 명상에 의하여 자신을 반성하고 세상을 관찰하며 인생에 대한 의문을 확립하였을 뿐만 아니라 나아가서 그로부터 더욱더 발전된 행위로 승화시켜 선 수행을 개발하고 그것을 통하여 깨달음을 성취하였기 때문이다. 이런 점에서 고타마의 전 생애에서 명상은 최초 수행의 모습으로 자리매김하고 있다. 어린 고타마에게 명상은 깨달음이 목표였던 것은 아니었다. 왜냐하면 아직 본격적으로 출가하기 이전의 사유 경험으로서 명상은 일상의 삶에서 느끼는 희喜·로怒·애哀·락樂에 대한 반성과 그로부터 벗어나고자 하는 바람이었기 때문이다. 따라서 고타마에게 명상의 시작은 우선 자신이 희·로·애·락에 대한 문제점을 인식하고 그것을 스스로 원만하게 해결하고자 하는 방식으로서 차분하게 생각을 가다듬고 반성하는 행위로 나타나기 시작하였다.

고타마가 어렸을 때부터 사유했던 명상의 주제는 비교적 단순하고 명쾌한 의문이었다. 그것은 바로 인간의 생生·로老·병病·사死에 대한 문제였다. 어린 고타마에게 자기를 낳아 준 어머니의 죽음은 자라나면서 점차 크나큰 상실감을 맛보게 해 준 사건이었을 뿐만 아니라, 감수성이 예민한 나이에 겪었던 약육강식의 경험이 생에 대한 근본적인 반성을 촉구하는 계기로 작용하였다. 인생에 대하여 지니고 있었던 궁금한 문제는 필연적으로 사람이 늙어 가는 것과 병에 걸리는 것과 죽어 가는 주제로까지 옮겨 가지 않을 수 없었다. 그로부터 어린 고타마는 점차 더 많은 시간을 두고 깊은 명상에 빠져들게 되었고, 주변의 사람들에게 질문하면서 다양한 방법으로 그 문제를 해결해 보고자 모색했지만 만족하지 못하였다.

마침내 고타마는 오랜 고민 끝에 출가하여 문제를 해결해 보고자 결심하고 집을 나섰다. 처음에는 자신의 생로병사에 대한 단순한 의문으로부터 시작되었던 명상의 주제는 자신에게 국한될 뿐만 아니라 타인과 세계에 대한 크나큰 명제로 발전하였다. 그로부터 고타마는 본격적으로 수행자의 삶을 경험하게 되었다. 어린 고타마는 처음에 일상의 소소한 의문으로부터 시작하였지만 출가한 이후부터는 이제 인생과 세계에 대한 의문과 그에 대한 해결이라는 큰 과업과 마주하였다. 이에 고타마는 당시에 가장 유명한 명상가들을 찾아다녔다. 고타마가 만난 스승으로는 소위 요가 수행자로 알려져 있는 알라라 칼라마 및 웃다카 라마풋다가 있었다. 이들 요가 수행자로부터 본격적인 선정수행을 닦기 시작하였다. 이미 고타마는 명상의 차원을 아득하게 초월하여 선禪과 정定의 단계로 진입함으로써 무소유처정無所有處定과 비상비비상처정非想非非想處定까지 도달하였다.

그런 연후에 고타마는 이들 요가 수행자를 능가하는 수행자가 되었다. 따라서 다시 더 깊은 경지의 요가선정을 닦기 위하여 고행苦行의 길로 들어섰다. 고행은 당시에 요가수행과 더불어 가장 보편적이고 뛰어난 수행법으로 정착되어 있었다. 고타마는 니련선하尼連禪河의 고행림을 찾아가서 당시에 실천되고 있던 온갖 고행법을 닦았다. 고행법은 궁극적으로 이원적인 사고방식에 근거하고 있음을 이해했던 고타마는 끝내 그와 같은 고행법을 통해서는 궁극적인 깨달음에 도달할 수 없음을 파악하였다. 고타마는 그로부터 고행을 끝내고 육신을 추스른 연후에 마침내 보리수 밑에 앉아서 선정법을 통하여 삼매에 들어갔다.

고타마가 닦았던 선정수행은 붓다 이전에 일찍이 없었던 수행법이었다. 고타마는 보리수 밑에서 좌선의 방식으로 일체의 번뇌를 극복하고 마침내 깨달음을 얻었다. 그로부터 고타마는 진정한 붓다 곧 각자覺者가 되었다. 이런 점에서 고타마가 붓다가 되었다는 사실이 바로 불교의 출발점이 되었다. 붓다의 깨달음을 무상정등정각無上正等正覺이라고 말하는데, 그 내용에 대하여 불교 경전에서는 다양하게 설명하고 있다. 초기 불교의 경전군에 속하는 율장律藏 내지 불전佛典의 묘사를 보면 대체적으로 붓다가 성도한 과정을 설한 것과 성도의 의의를 설한 것으로 나뉜다.

먼저 붓다의 수행 과정에 대해서는 '수행법으로서 요가수행으로 일컬어지는 수정주의修正主義-고행법으로 일컬어지는 고행주의苦行主義-선정으로 일컬어지는 선정주의禪定主義-삼명三明-성도成道'의 과정으로 드러나 있다. 그리고 성도의 의의를 설한 경전에 기술된 내용은 사성제四聖諦·십이연기十二緣起와 같은 이법의 체득에 의했다는 것, 사념처四念處·사정근四正勤·사여의족四如意足·오근五根·오력五力·칠각지七覺支·팔정도八正道 등의 실천에 의했다는 것, 오온五蘊·십이처十二處와 같은 제법의 관찰에 의했다는 것, 사선四禪·삼명三明과 같은 선 수행법에 의했다는 것 등으로 구별된다. 그러나 이들 내용을 살펴보면 붓다의

6. 불교명상······263

깨달음은 결국 연기緣起에 대한 자각으로 귀결된다.[1]

이처럼 붓다의 명상은 처음에 소박한 개인의 문제의식으로부터 비롯되었다. 그렇지만 점차 의문에 대한 해결의 의지가 가미됨으로써 결국 출가하여 문제를 해결하려고 노력하였고, 수많은 스승을 찾아다니면서 수행의 길을 선택함으로써 다양한 수행법을 공부하게 되었다. 그러나 궁극적으로는 좌선의 선정수행을 통하여 홀로 무상정등정각을 성취함으로써 마침내 붓다가 되었다. 붓다의 명상은 일상에서 느끼는 희·로·애·락 내지 생·로·병·사에 대한 근본적인 의문에서 비롯되었다. 그러나 마침내 출가하고 수행하는 사문으로서 인생과 우주의 궁극적인 원리를 발견함으로써 명상을 초월하여 선정수행을 완성할 수 있었다.

명상과 선정

인류의 역사에서 명상의 원류는 5천여 년 이전으로 거슬러 올라가지만 체계적으로 다듬어지고 발전된 것은 19~20세기에 들어와서 가능하였다. 오늘날 우리 사회에서 보편적으로 언급되고 있는 명상冥想이라는 용어는 근대에 의학·심리학·과학 등의 분야에서 활용되기 시작하면서 점차 발전되었다. 특히 20세기에는 명상이라고 해도 다양한 분야에 걸쳐서 대단히 보편적인 의미로 발전하였다. 일례로 초월 명상超越冥想(Transcendental Meditation)이란 종교적 내지 철학적인 의미보다는 현실의 생활에서 누구나 실천하고 효용을 이끌어 낼 수 있는 구체적인 명상의 기법을 통하여 자신의 행복을 도모하는 것에 중점을 두고 있다.

---

1 후지타 코오타츠·스가누마 아키라·사쿠라베 하지메 지음, 권오민 옮김, 『초기부파불교의 역사』, 서울: 민족사, 1989, p.41

그 시작은 마하리시 마헤시 요기가 1940~1950년 무렵에 인도에서 수도 생활을 하면서 자신이 경험한 내용을 바탕으로 하여 현대인들이 누구나 보편적으로 실천할 수 있는 명상법으로 개발한 것이다. 그는 1958년부터 인도에서 초월 명상의 기술을 활용하여 널리 보급하기 시작하였고, 이듬해부터는 그것을 보다 널리 전파하기 위하여 서구세계로 전도하기 시작하였다. 특히 그가 제시한 명상의 기술이란 단어 내지 게송으로 이루어진 진언을 활용하여 그것을 반복적으로 암송하여 자신의 번거로운 마음을 고요하게 유지함으로써 평소에 느끼지 못했던 심의식의 세계를 발견한 것이었다. 초월 명상을 직접 체험하는 사람은 수행의 과정을 통하여 몸과 마음이 이완되고 나아가서 내면적인 기쁨과 활력과 창조적인 기운을 진작할 수가 있는 것으로 알려졌다.

그러나 불교의 선정은 이와 같은 의미를 지니고 있는 현대의 명상과 근본적으로 다르다. 선정과 명상의 차이는 여러 가지 측면에서 명백하다. 그 목표와 주체와 행위와 효용의 측면에서 양자는 분명하게 구별된다.

첫째로 명상의 목표는 몸과 마음의 안정을 도모하여 개개인의 행복한 삶을 구가하는 것이다. 이는 현재 자신이 느끼고 있는 몸의 피로와 정신적인 스트레스 내지 불안한 심리를 잠재우고 극복하여 평안과 안녕을 성취하는 것이다. 그러나 선정은 이와 같은 명상의 과정은 물론이고 그로부터 더욱 진척하여 점차 몸과 마음의 조화를 성취하고 나아가서 지혜를 터득하는 행위에 해당하는 깨달음을 성취하는 것을 궁극적인 이상으로 삼는 것이다. 이 점은 명상과 선의 근본적인 차이이다.

둘째로 명상의 주체는 일반의 모든 사람이 가능하다. 특별히 자격이나 노력 없이도 누구나 언제 어디에서나 어떤 상황으로도 가능하다. 그리고 정해진 규범과 의례와 점검 등이 필수적인 요소인 것은 아니다. 반면에 선정은 반드시 발보리심이 필요하다. 그리고 그로부터 점차적이고 지속적인 행위가 요구된다. 또한 점차 진척되면서 반드시 점검해 주는 선지식이 필요할 뿐만 아니라 일정한 규범이 요구된다. 따라서 발보리심한 사람은 궤칙에 따른 수행을 해야 하고, 깨달음을 성취해야 하며, 인가를 받아야 하고, 전법의 교화를 지향하지 않으면 안 된다. 그런 까닭에 선정에는 오랜 역사에 걸친 독창적인 방식과 심오한 사유가 수반됨으로써 불교의 역사에서 독특한 선 문화를 형성해 왔다. 그것이 바로 선법이고 선리이며 선종으로 전개되었다.

셋째로 실제적인 행위의 측면에서 명상은 누구나 가능한 일상의 행위이고 정해진 규범이 없다. 시간과 공간과 상황에 구애되지 않는다. 그러나 선정은 전문적인 교육과 훈련이 필요하다. 거기에는 스승과 제자가 여법하게 구별될 뿐만 아니라 체험의 성취에 따른 심화적인 단계가 갖추어져 있다. 그리고 이들 행위에 따른 다양한 방편(機關)이 출현해 있다. 그 방편이 점차 축적됨으로써 고유한 문화와 사상으로 전승되었다.

넷째로 효용의 측면에서 보면 명상은 대단히 보편적이다. 남녀노소를 막론하고 평등하게 성취되고 언제든지 어떤 모습으로든지 시작할 수 있고 그만둘 수 있으며 변화할 수가 있다. 명상에서는 굳이 특별한 기술이 필요한 것이 아니다. 그러나 명상을 보다 효율적으로 수행하기 위하여 수많은 방편이 출현하고 있는 것은 너무나 당연하다. 반면에 선정은 대단히 특수적이다. 처음부터 깨달음이라는 목표가 설정되어 있는 까닭에 그것을 성취하기 위한 갖가지 준비가 필요하다. 장소와 시간과 도구와 스승과 마음자세와 제반 여건이 구족되어야 한다. 이런 까닭에 때로는 제한된 기간을 설정하기도 하고 장소를 특정하기도 하며 전통적인 수행의 방식을 요구하기도 하고 검증된 행위가 필요하기도 하다.

다섯째, 명상은 번거로운 마음을 쉬게 하는 것으로 무심의 경지가 되는 것이 중요하다. 그러나 때로 명상은 무엇을 상상하기도 하고 아무런 생각도 하지 않기도 한다. 현재의 자신을 추스르고 안락을 취하기 위하여 멍하게 있는다든가, 특수한 기억을 불식시켜 없애기 위하여 새로운 주제로 마음을 돌려 생각하기도 한다. 일정하게 정해진 방식도 없고, 때와 장소와 스승이 반드시 필요한 것도 아니다. 이와 달리 선정은 무심으로 나아가는 것에 그치지 않고 자신이 해결하지 못하는 문제를 풀기 위하여 스승을 찾아야 하고, 일정 부분 정해진 규범과 사상과 점검 그리고 궁극에는 이타행의 실천이 반드시 필요하다.

이와 같은 몇 가지 점에서 명상과 선정은 분명한 차이를 지니고 있다. 때문에 명상이 단순한 명상에 그치지 않고 선정으로 승화되기 위해서는 소정의 과정이 필요하다. 그것은 위에서 언급한 선정의 네 가지 경우처럼 그 요건이 충족되지 않으면 안 된다. 따라서 선정은 명상과 비교하여 대단한 의지와 정진과 지혜와 각오가 요구된다. 그렇기 때문에 불교명상이라고 말할 경우는 우선 불교의 신행생활을 비롯하여 신심의 진작과 불자로서 갖추어야 할 최소한도의 행위를 가리키기도 한다. 이런 까닭에 불교명상이 성취되지 않고서는 선정으로 나아갈 수가 없다.

II. 불교의 수행과 명상

위빠사나 명상

위빠사나의 원어는 비빠슈야나vipaśyanā인데, 한역의 음역으로는 비발사나毘鉢舍那·비파사나毘婆舍那·비파사나毘波奢那 등이고, 의역으로는 관觀·묘관妙觀·관찰觀察·차제견次第見·별상견別相見 등이다.[2] 흔히 한역어 지止로 번역되고 있는 사마타의 원어인 'Samatha'에 대응하는 용어로 널리 사용된다. 위빠사나의 일차적인 목표는 여실지견如實知見으로서 우리말로 표현하자면 있는 그대로의 진리 내지 있는 그대로 참답게 아는 것에 해당한다.

이로써 궁극적으로는 해탈을 성취하는 것에 있다. 그러나 오늘날 명상의 수행이라는 의미로 널리 활용되고 있는 경우는 그와는 달리 열반과 해탈에 이르는 위빠사나의 11가지 단계, 이를테면 십이연기의 분명한 인식·법열이 일어남·법열이 높아짐·경안輕安·낙樂·삼매·여실지견·염리厭離·이탐離貪·해탈·멸진지滅盡智 가운데서 경안과 낙과 염리와 이탐 등에 중점을 두고 실행되고 있다. 따라서 위빠사나 수행의 궁극적인 목적에 해당하는 다섯 가지, 곧 모든 중생의 청정을 위하여, 슬픔과 비탄을 극복하기 위하여, 고통과 근심을 제거하기 위하여, 올바른 수행의 길을 가기 위하여, 열반에 이르기 위하여라는 위빠사나 본래의 수행과는 큰 차이가 엿보인다.

그리고 위빠사나 명상은 사념처四念處를 중심으로 해서 붓다의 유훈으로 전승되어 왔다. 일례로 자등명自燈明·법등명法燈明·자귀의自歸依·법귀의法歸依는 바로 사념처의 명상인 위빠사나를 의미하고 있다. 이와 같은 위빠사나의 원리는 몸(身), 느낌(受), 마음(心), 법法의 네 가지 주제인데, 사념처의 구체적인 명상수행에서는 아누빳사나(anupassanā, 隨觀)라는 말로 대체된다. 아누빳사나란 어떠한 현상을 지속적으로 따라

---

2 조준호, 『불교명상』, 서울: 중도, 2010, p.31

가며 본다는 의미이다. 예컨대 몸에 대해 위빠사나를 행하는 것을 일컬어 까야 누빳사나(kāyaānupassanā, 身隨觀)라 하고, 느낌에 대해 위빠사나를 행하는 것을 웨다나 누빳사나(vedanaānupassanā, 受隨觀)라 한다. 이와 같이 몸, 느낌, 마음, 법의 네 가지에 대해 '지속적으로 따라가며 보는 것(anupassanā, 隨觀)'이 곧 사념처 위빠사나이다.

여기에서는 따라가며 보는 것(anupassin, 隨觀)과 아울러 알아차림(sampajañña, 知)과 마음지킴(sati, 念) 등으로 나타나 있다. 이들은 따라가며 보는 것에 수반되는 일종의 마음작용(cetasika)인데, 알아차림과 마음지킴으로써 몸과 느낌 따위를 따라가며 본다는 의미이다. 또한 알아차림이라는 것은 편견이나 왜곡됨이 없이 있는 그대로(如如, yathātaṁ)를 분명하게 알아차리는 것이다. 곧 몸에 일어나는 현상, 느낌으로 일어나는 현상, 감각에 일어나는 현상, 진리로 나타나는 현상 등을 그때그때 명확히 알아차리는 것이다. 이러한 알아차림의 대상은 비단 위에서 언급한 네 가지에 국한되지 않으며, 일상에서 접하는 모든 현상들이 포함된다.

그래서 명확한 알아차림은 현재에 머무는 행위이다. 곧 알아차림을 통해 의도하는 것은 현재의 순간에 충실하자는 것이다. 항상 깨어 있는 마음상태로 사물과 자신을 있는 그대로 진실하게 보는 것이다.

또한 마음지킴이란 그와 같이 과거와 미래의 마음을 현재의 상태로 되돌리는 마음작용이다. 여기에서 잡념에 사로잡혀 있었다는 사실을 깨닫는 것이 알아차림이라면 그러한 알아차림에 의해 마음을 되돌리는 것이 마음지킴이다. 그리고 되돌린 마음상태를 지속적으로 유지하는 것이 마음지킴이라면 그러한 상태에 대해 분명한 앎을 지니는 것은 알아차림(知)이다. 그리하여 마음지킴과 알아차림은 위빠사나 수행을 지탱하는 두 축이다.

마음지킴은 잊지 않음(不忘)이라는 원어적인 의미를 지닌다. 이러한 마음지킴에 대해 경전에서는 마음의 문을 지키는 문지기에 빗대어 설명한다. 그리하여 특정한 대상을 지속적으로 관찰하거나(anupassī) 따라가는 것(anugacchanā)으로 마음의 방황을 멈추게 하고, 나아가서는 부차적으로 감지되는(viditā) 여러 현상들을 통해 연기의 이법 등 진리에 대한 자각을 유도하는 것이라 할 수 있다.[3]

이들 모두는 결국 마음지킴의 수행 체계라 할 수 있다. 따라서 마음지킴은 실제 수행에서 요구되는 하나의 기능임과 동시에, 수행법 자체를 나타내는 용어임을 알 수 있다. 알아차림과 마음지킴에 의해 여실하게 보고 아는 것을 일컬어 여실지견如實知見(yathābhūtañāṇadassana)이라 한다. 이 여실지견을 획득하는 것이 위빠사나 수행의 궁극 목적이다. 곧 있는 그대로의 실제를 올바르게 보아 일체의 현상에 대해 탐욕과 번뇌를 낼 만한 무엇이 없음을 깨닫게 하는 것이 곧 위빠사나이다.

그리하여 위빠사나 수행은 마음지킴과 알아차림이라는 두 가지 원리를 통해 점차 깊이를 더해 나간다. 그러나 이들 과정에서 마음지킴의 힘과 알아차림의 힘이 단순하게 일상적인 삶에만 국한되는 것은 아니다. 니까야에는 마음지킴과 알아차림을 통해 육체적 및 정신적 고통을 극복하는 경우가 나타나 있다. 심지어 죽음에 임하는 순간, 죽고 난 이후에 다른 생을 선택할 때에도 마음지킴과 알아차림으로써 행한다.

어떠한 느낌이 발생하면 그 느낌을 곧바로 알아차려, 탐욕(愛, taṅhā)

---

[3] 원리적으로는 마음지킴과 알아차림은 위빠사나 수행에서 동일한 비중을 지닌다. 그러나 마음지킴은 보다 더 광범위한 용례와 쓰임을 지닌다. 사념처의 원어인 'cattāro satipaṭṭhānā'를 그대로 직역하면 네 가지 마음지킴의 확립이 된다. 더불어 팔정도의 正念(sammāsati)이라든가 호흡관법으로서의 安般守意(ānāpānasati) 등에도 한결같이 이 용어가 등장한다.

과 집착(取, upādāna) 등 번뇌가 발생할 여지를 미리 차단한다. 이리하여 위빠사나가 진전되면서 수행자는 모든 느낌(受)들이 일순간에 일어났다가 사라지는 허망한 감각 현상에 불과하다는 것을 명확히 체득하게 된다. 그리하여 더 이상 탐욕과 집착을 일으키지 않는다. 수행이 원만해졌을 때 재생으로 통하는 업력이 힘을 잃게 되고 종국에는 열반의 세계에 도달한다. 바로 일상생활에서 매순간의 느낌들을 곧바로 알아차림으로써 야기되는 탐욕과 애착에 얽매이지 않도록 하는 것이다. 이것은 부단한 알아차림과 마음지킴을 통해서만 가능하다.

예컨대 즐거운 느낌을 하나의 감각 현상으로 즉각 알아차리지 못하면 그것의 실제를 놓치게 된다. 그리하여 거기에 대해 탐욕을 일으키게 되고, 집착에 빠지게 된다. 탐욕과 집착에 얽혀 새롭게 야기되는 존재(有, bhava)를 일으키고, 늙음과 죽음(老死, jarā-maraṇa)에 얽매이게 된다. 이처럼 사념처 위빠사나는 12연기의 교리와도 일치된다.

이것이 중국불교에 전해져 천태 지의天台智顗의 『마하지관摩訶止觀』에서는 갖가지 수행법으로 소개되고 실제로 실천되어 왔다. 그 가운데에서도 위빠사나와 유사한 방법으로 연수법軟水法과 벌집관 등을 들 수가 있다. 이것은 모두 따뜻한 물을 자신의 몸에 끼얹으면서 흘러내리는 것을 관찰하는 방법이다. 또한 고통과 근심이 있을 경우 벌집관을 관하여 차츰차츰 그 고통과 근심이 사라지는 것을 몸소 관찰해 나아가는 방식이다. 달리 고통 부위를 칼이나 끌로 도려내면서 그것을 관찰하는 방법도 소개·전승되어 왔다. 이와 같은 위빠사나 수행법은 오늘날 한국의 불교명상 분야에서 가장 보편적인 불교명상법의 일환으로 각광을 받고 있다.

만트라 명상

　불교의 진언(mantra)은 초기 불교의 방호주防護呪(paritta)·명주明呪(vidyā) 등과 함께 대승불교에 와서는 대승방등경전의 축약이고, 선법으로 악법을 막는 능지能持 또는 능차能遮 등의 말로서 여래의 무량공덕을 전체적으로 섭지하고 그것을 잃지 않는다는 의미를 지니는 다라니 dhāraṇī와 동일하게 여겨지기도 하며, 이보다 약간 짧은 길이의 상대적인 형식적 특징을 지니고 있다. 이에 근거하고 있는 밀교 수행법의 특징은 관법觀法인데 그 대상은 만트라Mantra이다. 관법수행이란 깨달음의 세계인 만트라를 관하여서 수행자 자신도 동일한 깨달음을 성취하는 수행법이다. 즉 깨달음의 세계에 수행자의 몸과 말과 뜻으로써 몰입하는 수행법을 말한다.

　이때 깨달음의 세계를 법신불法身佛이라 하고 수행자의 신身·구口·의意를 인계印契와 진언眞言과 관觀으로 각각 실행한다. 이와 같이 수행을 통해서 신·구·의로 법신불과 일체화하여 깨달음을 성취하는 수행법을 삼밀三密 혹은 신구의 삼밀이라고 한다. 삼밀수행은 수행자로 하여금 인계(신밀), 진언(구밀), 관법(의밀)을 매개체로 하여, 수행의 신·구·의를 우주의 근본 원리인 법신불의 신·구·의와 서로 상응시켜, 법신불의 진실을 깨닫도록 하는 것을 목적으로 하는 수행법이다.[4] 진정한 밀교수행의 차제는 수행자가 자심의 실상을 관하는 것으로 시작된다.

　우선 선결되어야 할 것은 보리심을 발하여 지혜와 자비를 갖추고 반야바라밀을 행하며 삼승三乘에 통달한 후 진언의 실체와 자비를 갖추고

---

[4] 선상균(무외), 「불교수행에 있어서 진언의 역할-밀교의 삼밀수행을 중심으로」, 『밀교학보』 10, 위덕대학교밀교문화연구원, 2009, p.56

제불보살을 믿음과 동시에 관정을 받고 만다라를 이해해야 하지만 집착해서는 안 된다. 이어서 수행도량인 만다라 건립에 대해서는 결택법으로 만다라 건립을 위한 수행자의 마음가짐이 매우 중요하다. 여기서 비로자나여래에 대한 관상법으로 여래의 궁극적인 세계로서의 만다라를 건립함으로써 자심으로 통달하여 법신불의 설법을 만다라 상에서 구현함으로써 법계체성지法界體性智로서 입아아입入我我入의 경지가 되는 것이다. 이 과정에서 삼밀가지三密加持의 요건에서 신·구·의의 삼밀 중 어느 것 하나 중요하지 않은 것은 없지만 그중에서도 진언다라니 염송은 밀교수행에서 가장 중요한 수행의 요건이다. 일례로 '옴 마니 반메 훔'에 대한 육자관행삼밀六字觀行三密이 있다. 육자관행삼밀은 삼라만상을 만트라로 삼아 육자로써 실행하여 법신불과 일체화하는 것이다.

일반적으로 만트라의 경우에도 그것을 활용하는 성격에 따라서 다양하게 분류되어 있다. ① 몸과 마음의 환경 정화를 위한 진언에는 지계진언 및 정구업진언 등 9종이 있다. ② 법석을 여는 진언으로는 삼마야계진언을 비롯하여 11종이 있다. ③ 제불보살을 청하는 진언으로는 불삼신진언을 비롯하여 15종이 있다. ④ 업장소멸진언으로는 참회진언을 비롯하여 10종이 있다. ⑤ 소원 성취 및 보은진언으로는 대원성취진언을 비롯하여 4종이 있다. ⑥ 병의 치유와 호신진언으로는 금강심진언을 비롯하여 13종이 있다. ⑦ 입측진언으로는 입측진언을 비롯하여 10종이 있다. ⑧ 기타 진언으로는 세족진언洗足眞言을 비롯하여 6종이 있다.

바로 이와 같이 다종다양한 밀교진언을 현대 사회에는 사람들이 명상의 기법으로 승화하여 활용하고 있다. 만트라, 곧 진언은 영적인 또는 물리적인 변형을 일으킬 수 있다고 간주되는 발음·음절·낱말 또는 구절을 가리킨다. 그래서 달리 밀주密呪 또는 다라니陀羅尼라고도 한다.

따라서 만트라를 사용하거나 특정 어구를 반복하는 모습은 불교의 상좌부 전통에서 쉽게 찾아볼 수 있는 명상의 형태이다. 곧 만트라는 마음에 주문을 외우는 것이다. 이에 만트라 수련은 명상의 호흡과 결합되어 평안과 집중력을 키울 수 있도록 호흡을 중시한다. 따라서 만트라 명상은 불교의 수행법으로부터 응용되어 오늘날 가장 보편적인 명상법으로 등장하였다. 그것은 마음의 속박으로부터 자유로워지는 신비로운 힘으로서 편안하고 바르게 앉은 몸의 자세와 어디에도 얽매이지 않는 자연스러운 호흡과 매 순간 변화하는 생각을 집중하여 관찰하고 조절하는 능력과 더불어 실천되는 경우에 가장 효율적인 결과를 기대할 수가 있다.

명상의 방법으로 만트라를 암송하는 이유는 특별한 의미를 부여할 수 없는 소리를 연속적으로 반복함으로써 어느 것에도 집착하지 않고 편안하게 몸과 마음과 감정을 내려놓기에 가장 좋기 때문이다. 가령 '나무아미타불', '사바하', '옴'의 경우처럼 단어 위주의 만트라가 있는가 하면 '옴 마니 반메 훔'과 같은 구절로 이루어져 있는 말도 있는데, 불교에서도 예로부터 만트라의 수행으로 널리 의용해 왔다. 이는 원래 고대 인도에서 신들에게 바치던 말이다.

이와 같은 만트라를 암송했을 때 무언가 변화가 생겨나는 것은 만트라 자체에 어떤 힘이 들어 있기 때문은 아니다. 다만 만트라를 지극정성으로 암송할 때 당사자의 마음이 머릿속에서 진정으로 순수하고 밝은 생각과 공명을 일으키기 때문이다. 곧 명상을 잘 성취하기 위한 수단인 것이다. 그래서 만트라를 반복하여 암송하면 실제로 잡념이 사라지는 경험을 하게 된다. 만트라는 단순한 소리를 반복하는 것이다. 단순한 소리를 반복하다 보면 머리는 점차 싫증을 느끼게 된다. 그것은 벌써 만트라가 익숙해졌기 때문이다. 꾹 참아 가면서 만트라를 계속하여 암송하면 자꾸만 잡념이 생겨나는데 오히려 그것까지도 만트라를 암송하는 힘으로써 극복하게 된다. 만트라를 반복함으로써 발생하는 잡념을 만트라를 암송함으로써 다스리게 되는 경험이 지속되면 점차 집중력이 증장한다. 그런 경우에도 다시 지속적으로 만트라를 암송하여 잡념이 깔끔하게 사라지고 더 이상 발생하지 않는 경지에 도달하면 실제로 명상이 제대로 성취되고 있다는 증거이다. 그러한 상태를 일상의 생활에서 지속적으로 유지하면서 언제나 반복하여 실천한다. 그와 같은 삶이 자신의 생활에 부분으로 정착되고 점차 확장되면 그야말로 명상적인 삶이 형성된다.

이제 만트라 명상의 실제에 대하여 말하자면, 다양하지만 비교적 널리 활용되어 중국의 선종에서도 수행의 방법으로 응용된 적이 있는 소(牛)와 결부시켜 보았을 때 다음과 같다. 자신이 실행하고자 하는 만트라를 하나 정해서 명상의 조건이 갖추어진 상황에서 지속적으로 반복한다. 그 속에서 먼저 만트라의 소리에 대하여 자기가 소리를 낸다. 어느 정도 진척이 되어 가면 이제는 소리를 내는 자신이 소리가 되어 간다. 그리고 더욱더 진척이 되어 가면 이제는 소리가 자기를 암송한다. 그리고 더욱더 진척이 되어 가면 자기와 소리가 무심한 상태가 되어 구별이 없어지고 만다. 거기에서 다시 진척이 지속적으로 되어 가면 그동안 잊고 있던 생각이 기억나듯이 자기와 소가 분명하게 현성한다. 그러나 이 경우에 자기와 소는 다른 것이 아님을 자각하게 된다. 이와 같은 단계를 보다 구체적으로 비유를 들어서 생각해 본다.

본래부터 주인에게는 순종적인 소가 한 마리 있다. 여기에서 주인은 자기이고 소는 생각을 하고 있는 머리에 해당한다. 소는 사물을 기억한다. 곧 머리가 학습을 하고 그것을 프로그램화하는 것이다. 그런데 소가 점차 제멋대로 움직이게 된다. 이것은 바로 머리가 획득한 프로그램에 따라서 혼자 움직이는 것이다. 이러한 즈음에는 주인이 필요가 없어진다. 곧 자기의 의지와 상관없이 머리가 자유롭게 생각하는 것이다. 그 결과 자기의 인생이 자기의 것이 아니게 됨으로써 불행이 시작된다. 그 이유는 본래 자신의 의지와는 상반된 생각과 행동이 드러나기 때문이다. 이러한 즈음에는 이제 소를 주인에게 되돌려 주려는 공부를 시작한다. 곧 머리의 생각을 자신의 의지대로 순종시키려는 행위이다. 그래서 소를 주의 깊게 관찰하고 제어함으로써 소가 더 이상 제멋대로 움직이지 않도록 만들어 간다. 이것이 바로 머리가 제멋대로 움직이는 것을 관조하는 단계이다. 이제 소를 제어하는 데 있어서 필요가 없는 프로그램을 버린다. 현재 자신의 의지대로 판단할 수 있는 경지가 된다. 그러면 본래의 순종적이었던 상태로 소가 되돌아온다. 곧 자기에게 순종적이었던 시절의 머리가 되는 것이다. 이제 자신과 소가 더 이상 분리되어 있지 않고 자신과 소가 일체로 동화되어 간다.

    이와 같은 만트라 명상은 다른 명상법의 경우와 다르지 않게 우선 조용하고 차분한 장소를 선택하고, 조명은 희미하게 하는 것이 좋으며 바람이 치지 않는 곳이 좋다. 눈을 감고 복식호흡을 하며 명상을 시작한다. 그리고 현재 자신이 처해 있는 상황에서 마음이나 몸이나 감각에서 불편함을 느끼거나 스트레스로 압박 받고 있음을 인식하고 있는 상태라면 이와 같은 명상 방법이 진정 필요한 경우에 해당한다.

염불 명상

    염불 명상의 요체는 불교의 수행법인 염불을 응용하여 명상의 목적을 성취하려는 것이다. 불교 염불수행의 목표는 정토왕생이다. 서방정토에 왕생하는 것이 목표로서, 철저히 아미타불의 본원력에 의지하고 있다. 아미타불에 절대 귀의하여 붓다의 명호를 부르면서 현실에서의 환난을 제거하고 여러 가지 공덕을 성취하며 안심을 얻고 내세에 이르러서는 정토에 왕생하고자 하는 염불이다. 오직 아미타불을 입으로 부르거나 마음으로 관하고 끊이지 않게 하여서 삼매를 얻는 것이다. 경전에서는 공통적으로 중생이 지극히 염불하여 삼매를 얻으면 현생 혹은 내생에서 붓다를 친견하고 정토에 왕생한다고 가르친다.

가령 『문수반야경』에서는 "선남자나 선여인이 일행삼매一行三昧에 들어가고자 한다면 마땅히 한적한 곳에서 모든 어지러운 생각을 버리고, 하나의 형상에 집착하지 말며, 마음을 한 부처님에게 몰입하여 오로지 명호를 부르고 붓다가 계신 곳마다 단정한 몸으로 바르게 향하여 한 부처님을 끊임없이 상속해야 한다."[5]라고 말한다.

이처럼 염불을 할 경우에는 나무아미타불을 또박또박 입으로 불러야 하고, 나무아미타불을 분명하게 마음으로 생각해야 하며, 나무아미타불이 또렷하게 귀에 들려야 한다. 그리하여 이 세 가지를 동시에 온 몸과 마음에 또렷하게 새겨야 한다. 만약 또렷이 새겨지지 않으면 잡념이 비집고 들어와 염불하는 사람의 마음을 흐트러지게 한다. 염념상속念念相續이란 아미타불을 염하는 소리와 소리가 끊어지지 않고 생각과 생각이 이어지는 상태를 말한다. 이와 같은 자세로 지속적으로 염불을 하면 몸과 마음이 한 덩어리가 되고 통일되어 염불삼매에 들어가게 된다.

---

5 『文殊師利所說摩訶般若波羅蜜經』卷下(『大正藏』8, 731b) "善男子善女人, 欲入一行三昧, 應處空閑, 捨諸亂意, 不取相貌, 繫心一佛, 專稱名字. 隨佛方所, 端身正向, 能於一佛念念相續."

이와 같은 염불 명상의 방법으로 칭명염불稱名念佛과 관상염불觀像念佛과 관상염불觀想念佛이 있다.

① 칭명염불에도 몇 가지 방법이 있다. 우선 크게 소리를 내는 구칭염불口稱念佛과 소리를 안 내고 마음속으로 염하는 묵념염불默念念佛로 구별할 수 있다. 다시 구칭염불에는 큰 소리를 내어 하는 고성염불高聲念佛이 있고, 작은 소리를 내어 하는 저성염불低聲念佛이 있다. 묵념염불은 소리를 내지 않고 입술만 움직여 남의 귀에 들리지 않게 하는 염불과 소리 없이 마음속으로만 염하는 염불 등으로 나눌 수 있다.

첫째, 고성염불은 큰 소리를 내어 우렁찬 목소리로 부처님을 염하는 것으로 단전에서 나오는 힘으로 자신 있으면서도 당당하게 염불하는 것이다. 법당에 모여서 함께 염불하거나 한적한 장소에서 혼자 염불할 때 이러한 방법을 쓰면 좋다. 고성염불은 혼침을 제거하고 마음을 모으는 데 매우 효과적이다.

고성염불은 오랫동안 하게 되면 기운을 소모하고 목이 쉬게 된다. 그렇지만 잠이 오려 하거나 혼침에 빠지게 될 때 고성염불로써 용맹스럽게 정진하면 금방 머리가 개운해지고 정념이 유지된다. 특히 초심자나 마음이 혼란스러운 사람은 고성염불로 정신을 집중하는 것이 좋다. 만약 고성염불을 하다가 피로하다 싶을 때는 입술만 움직이고 소리를 내지 않고 염불을 해도 된다. 그러나 이러할 때도 마음속으로 부처님의 명호를 또렷하게 생각해야 한다.

둘째, 저성염불은 크지도 작지도 않고 중간 정도의 목소리로 하는 염불이다. 이렇게 중간 소리로 염할 때도 그 염하는 목소리를 또렷하게 발음하고 그 소리를 귀로 또렷또렷 들으며 마음으로 생각한다면 잡념이 들어오지 않는다. 아주 큰 소리는 아니지만 이 역시 단전에서 나오는 힘 있는 목소리로 염하므로 오랫동안 할 수 있는 장점이 있다. 새벽에 일어나 혼자서 방에 앉아 조용히 염불할 때, 혹은 혼자 일하면서 할 때도 저성염불이 효과적이다.

셋째, 묵념염불은 입술만 움직이고 소리는 들릴락 말락 하거나, 입술은 움직이되 거의 소리가 안 들리는 염불이다. 이것을 금강염불이라고도 한다. 대중교통을 이용할 때나 공공장소에서, 그리고 여럿이 함께 일할 경우, 입술만 움직이며 염불하는 묵념염불이 좋을 것이다. 묵념염불 중에는 소리를 내거나 입술을 움직이지 않고, 마음속으로만 하는 염불도 있다. 병이 들어 아플 때, 대중탕에서 목욕할 때, 식사를 할 때, 화장실에서 용무를 볼 때 적절히 수행할 수 있다.

② 관상염불觀像念佛은 부처님을 입으로 칭명하면서 앞에 모신 부처님의 원만한 형상(像)을 관하는 것이다. 부처님의 모습을 관하는 것은 스스로 부처님을 닮아 가기 위한 행위이다. 앞에 모신 부처님이 광명을 놓아 내 몸을 비추어 주는 형상을 관상하면서 칭명염불을 한다. 이러한 방법을 통하여 수행이 익숙해지면 앞에 있는 부처님을 눈으로 보지 않고 마음속으로 부처님의 원만한 상호를 떠올리면서 칭명염불을 한다. 수행이 더욱 익숙해지면 부처님을 모신 공간이 아니더라도 어디서나 관상염불을 수행할 수 있게 된다.

③ 관상염불觀想念佛은 부처님의 뛰어난 공덕이나 극락세계의 여러 가지 장엄한 모습을 마음속으로 떠올리면서 아미타불의 명호를 외우는 것을 말한다. 곧 부처님의 여러 가지 공덕을 마음속으로 생각하거나 극락세계의 여러 가지 장엄한 모습을 마음속으로 떠올리면서 나무아미타불을 칭명하는 것이다.

한편 염불의 수행에는 염불선念佛禪이라는 것이 있다. 염불선은 염불하는 행위와 마음이 선수행을 하는 행위와 마음에 통하는 행위를 일컫는다. 붓다는 연기법을 통해 깨달음의 세계를 설명해 주셨다. 모든 존재의 실상에 대해 연기이기 때문에 무아無我이고 공空이며 중도中道라고 밝혀 주셨다. 염불수행 또한 궁극적으로 이러한 깨달음의 언덕에 도달하기 위한 수행이다. 일찍이 신라의 원효 대사가 무애행無碍行을 하며 아미타불을 염송하여 염불수행을 널리 전파시켰고, 보조 지눌은 『염불요문』을 저술하여 진여염불眞如念佛을 권장함으로써 염불을 하나의 수행법으로 널리 전개하였다. 이처럼 염불과 선을 함께 닦는 것에 대해 중국의 대우大佑 대사는 『정토지귀집淨土指歸集』에서 "선禪도 있고 정토淨土도 있는 경우는 선과 정토를 쌍수雙修하는 것인데 이것은 뿔이 달린 호랑이와 같아서 강한 것은 말할 것도 없고 현세에는 사람들의 스승이 되고 내세에는 불조가 될 수 있다고 하였다. 또 이들은 불법을 깊이 통달하였기 때문에 인천人天의 스승이 될 수 있다."[6]라고 말한다.

또한 역대 유명한 선사들도 정토에 대해 직접 언급하거나 선과 염불을 함께 닦을 것을 권유하였다. 청허 휴정도 염불이 곧 참선이고 참선이 곧 염불이라고 하며 염불을 권장하였다. 그리고 『선가귀감禪家龜鑑』에서는 "적문迹門에서는 진실로 극락세계에 있는 아미타불이 사십팔대원을 두었는데 누구나 열 번만 염불하는 사람은 그 원력願力으로 연꽃 태 속에 왕생하여 바로 윤회에서 벗어난다는 것을 삼세의 모든 부처가 한결같이 말했고 시방세계의 보살들도 모두 그곳에 왕생하기를 원하였다."라고 말했다.

염불선은 실상염불선과 염불화두선으로 나누어 말할 수 있다. 먼저

---

6 『淨土指歸集』 卷上(『卍新續藏』 61, 379c) "有禪有淨土. 猶如戴角虎. 現世爲人師. 來生作佛祖. 既深達佛法. 故可爲人天師."

실상염불선은 염불하면서 닦는 선 또는 실상實相을 염하고 관하면서 닦는 선이란 뜻이다. 실상의 이치를 조용히 비추어 보는(觀照) 염불로서 부처님의 본래법신은 실재한다고 말할 수 없고 아니라고도 말할 수 없는(非有非空) 중도실상中道實相의 묘심妙心이라고 관찰하는 염불이다. 『중변분별론』에서는 근기가 뛰어난 사람(上根人)의 염불에 대하여 염념이란 경계를 잊지 않는 것이라고 말한다.[7]

염불화두선은 우리나라에서는 고려 말 태고 보우와 나옹 혜근으로 대표된다. 그것은 바로 아미타불이 자기의 본래성품이고 자기의 마음이라는 자성미타를 가리킨다. 자성미타의 주장은 영명 연수永明延壽(904~976)의 영향을 받은 보조 지눌에게서도 나타나는데, 태고 보우와 나옹 혜근은 그로부터 한걸음 나아가 가르침을 추구하러 찾아온 염불수행자에게 '염을 하는 바로 그 사람이 누구인가'를 질문하여 자연스럽게 화두삼매에 들어가도록 하였다. 『태고화상어록』에서는 "아미타불의 이름을 마음속에 두어 언제나 잊지 않고, 항상 간단이 없이 간절히 참구하고 간절히 참구하라. 그리하여 생각과 뜻이 다하거든 '염하는 바로 그 사람이 누구인가' 관찰하라. 이렇게 자세히 참구하고 또 참구하여 그 마음이 홀연히 끊어지면 자성미타가 앞에 우뚝 나타날 것이니 힘쓰고 힘써라."라고 말했다.

나옹 혜근 또한 "옷을 입고 밥을 먹거나 말하고 서로 문답하거나 어떤 일을 할 때나 어디서나 항상 아미타불을 간절히 생각하라. 끊임없이 생각하여 쉬지 않고 기억하여 애써 생각하려고 하지 않아도 저절로 생각나는 경지에 이르면 자신을 기다리는 마음에서 벗어나고 또 억울하게

---

[7] 『中邊分別論』 卷2(『大正藏』 31, 458c) "念者不忘失境界."

육도에 헤매는 고통을 면할 수가 있다. 간절히 부탁하니, 내 게송을 들어 보라.

> 아미타 부처님께서는 어느 곳에 계시는가
> 간절하게 마음에 새기고 결코 잊지 말라
> 망념이 다해 무념의 경지에 결국 이르면
> 여섯 감각에서 항상 자금색 광명 빛나리"[8]

라고 하였다. 이와 같이 염불수행을 하는 수행자에게 염불하는 자는 어디로 돌아가는가 하는 화두를 들게 함으로써 그 결과 서방에 이르러 아미타불을 친견할 것이라고 말하고 있다. 이처럼 아미타불의 명호를 염하여 참구하고, 또한 '이와 같이 생각하고 있는 자가 누구인가'라는 것을 참구하되 바로 그 마음마저 단절되면 자성미타가 우뚝 나타난다는 염불방법을 제시하고 있다. 이것이 소위 염불화두선의 모습이다.

그러나 이와 같은 염불수행에서 그 순서는 예배禮拜·참회懺悔·발원發願·권청勸請·수희隨喜·염불정근念佛精勤·회향廻向의 순서로 진행한다.[9] 이 경우에 염불정근의 수행을 일상에서 염불의 명상으로 활용할 때는 특히 염불정근에 해당하는 항목으로 독립시켜서 진행한다. 염불은 생활의 어디서나 언제든지 상황에 구애받지 않고 가장 보편적이고 손쉽게 실천할 수 있는 방법이다. 따라서 염불의 방법을 통하여 명상으로 활용하는 행위는 염불에 의지하면서도 염불수행과 비교했을 때 궁극적인

---

8 『懶翁和尙歌頌』(『韓佛全』 6, 743a), "阿彌陀佛在何方. 着得心頭切莫忘. 念到念窮無念處. 六門常放紫金光."
9 『염불수행 입문』, 서울: 조계종출판사, 2007, p.30

목표를 달리한다. 곧 염불의 명상에서 지향하고 있는 목적은 일상에서 느끼는 집중력과 관찰력과 자제력을 향상하고, 기혈의 순환을 촉진하며, 맥박 수를 조절하고, 뇌파를 안정시키며, 인지 능력을 향상시키고, 몸과 마음의 본질을 이해하게 되며, 감정을 조절하고, 긍정적인 에너지를 생성하며, 두려움과 공포와 압박감을 해소하고, 불안 지수를 감소시키며, 스트레스에 대처하는 능력을 향상시키는 것 등을 성취하려는 것이다. 이런 점에서 염불수행과 염불의 명상은 분명히 구별이 된다.

III. 신라·고려 및 조선 시대 불교와 명상

참회 명상

불교에서 실행되고 있는 참회수행은 그 역사가 오래되었다. 참회수행을 표방하고 있는 경전으로는 『점찰선악업보경占察善惡業報經』(이하 『점찰경』으로 약칭)이 대표적이다. 신라의 진표眞表는 이 『점찰경』에 의거하여 점찰참회법회를 실천하였고 신봉하였으며 점찰계법을 설함으로써 신라적인 특색을 보여 준 점찰교법의 집성자로 평가 받는다. 곧 통일 전성기에 새로운 불교적 점찰법을 개발한 것은 일단의 발전이라고 할 것이다.[10]

그보다 일찍이 신라의 점찰법회는 원광圓光으로부터 엿보인다. 원광은 가서사加西寺에다 점찰보를 시설하고 상설 규범으로 삼았는데, 그때

---

10 고익진, 『한국고대불교사상사』, 서울: 동국대학교출판부, 1989, p.7

청신녀가 점찰보에 전답을 보시하였다. 원광의 점찰보는 점찰법회를 위한 계 조직으로 친목단체를 겸한 점찰법회 운영인데 경제성을 띤 상설적인 조직체였고, 그 성격은 멸참법滅懺法에 귀의함으로써 어리석음을 일깨워 준다는 것이었다.

또한『삼국유사』「감통」에 의하면 진평왕대 안흥사의 비구니 지혜가 매년 춘추 2회에 걸쳐 점찰법회를 베풀었다고 한다.[11] 통일 이후에『삼국유사』「사복불언」에는 금강산 동남쪽에 도장사道藏祠를 건립하고 매년 3월 14일에 점찰회를 시행하여 정기적인 법회로 삼았다고 한다.[12]『삼국유사』「효선」에는 점찰법회로서 흥륜사 육륜회六輪會가 있었다고 한다.[13] 한편 대산臺山 지장방地藏房의 점찰법회는 정신대왕의 태자 보천寶川이 수도하여 문수보살에게 성도의 기별을 받았는데, 원적圓寂에 즈음하여 낮에는『지장경』과『금강경』을 독송하고, 밤에는 점찰예참을 하였는데 금강사金剛社라 칭하였다고 한다.[14]

이후에 본격적인 모습으로,『삼국유사』「의해」'관동풍악발연수석기關東楓嶽鉢淵藪石記'조에서 진표가 지장보살과 미륵보살에게 계법을 받은 후에 널리 교법을 펴다가 개골산 발연수鉢淵藪(鉢淵寺)를 창건하고 점찰법회를 열었다는 내용을 볼 수 있다. 후에 제자 영심永深은 속리산 길상사에서 점찰법회를 베풀었다. 그리고 심지心地는 영심이 속리산에서 점찰법회에 해당하는 과증법회果訂法會의 시설에 대한 소식을 듣고 찾아가서 수중참회隨衆懺悔하여 전법간자傳法簡子를 물려받았다. 진표가 실

---

11 『三國遺事』卷5(『韓佛全』6, 357b)
12 『三國遺事』卷4(『韓佛全』6, 350a)
13 『三國遺事』卷5(『韓佛全』6, 367c)
14 『三國遺事』卷3(『韓佛全』6, 335c)

천한 망신참법은 이미 중국의 수나라에서 실천되고 있었다. 그것은 바로 『점찰경』에 의거한 것인데, 남녀들이 참여하여 몸이 부서질 정도로 참회하는 탑참법塔懺法이었다. 그것은 지장보살에 대한 신앙의 근거가 삼업을 청정하게 유지하고 참법을 통해서 모든 사람에게 본구되어 있는 여래장을 확인하는 사상을 근본으로 삼고 있었다.

진표의 망신참법亡身懺法에 대하여 『삼국유사』에서는 "진표는 지극하게 정진하면 일 년이 걸리지 않는다는 스승의 말을 듣고 명산을 편력하다가 선계산仙溪山 부사의암不思議庵에 머물러 삼업을 두루 닦기로 마음먹고 망신참법으로써 계를 얻었다. 처음 7일간을 기약하고 온몸을 바위에 부딪쳐 무릎과 팔뚝이 모두 부서지고 바위언덕이 피로 물들었다. 그래도 부처의 감응이 없자 몸을 버리기로 결심하고 다시 7일간 수행하였다. 이렇게 14일째가 되었을 때 마침내 지장보살을 친견하고 정계를 받았다."15라는 기록이 보인다.

이와 같은 진표의 망신참법과 관련하여 『지장경』에는 바라문녀가 지옥에 떨어진 어머니를 구제하기 위하여 간절하게 기도하는 것이 육체적인 가학이 결부된 모습으로 드러나 있다. 곧 망신참법은 지장신앙을 기초로 하고 있다. 결국 지장보살의 참법을 진표가 지장신앙의 수행으로 승화시켜 널리 전개한 것이었다. 진표의 망신참법과 유사한 모습은 일본의 독자적인 산악신앙과 지장신앙이 습합된 수험도受驗道16에서도 보인다. 이것은 교토 북서부의 아타고야마(愛宕山)를 수행처로 삼아 혹독

---

15 『三國遺事』卷4(『韓佛全』6, 350b) "精至則不過一年. 表聞師之言. 遍遊名岳. 止錫仙溪山不思議庵. 該鍊三業. 以亡身懺悔得戒初以七宵為期. 五輪撲石. 膝腕俱碎. 雨血嵓崖. 若無聖應. 決志捐捨. 更期七日. 二七日終. 見地藏菩薩. 現受淨戒."
16 田中久夫, 「地藏信仰の傳播者の問題」, 『地藏信仰』, 東京: 雄山閣出版, 1972, pp.150~159

한 수행을 하는 것인데, 바위 절벽을 맨손으로 오르기도 하고, 높은 절벽에 사다리를 쇳줄로 묶어 놓고 벼랑에 거꾸로 매달리기도 한다.

한편 선종에서도 『단경』에는 참회수행에 대하여 "무엇을 참懺이라 하고, 무엇을 회悔라 하는가. 참이란 그 이전의 허물을 뉘우치는 것이다. 종전의 모든 악업과 어리석음과 교만과 질투 등의 죄업을 일체 모두 다 뉘우쳐서 다시는 영원히 일어나지 않게 하는 것이 참이다. 회란 그 이후의 허물을 뉘우치는 것이다. 지금 이후의 모든 악업과 어리석음과 교만과 질투 등의 죄업을 지금 각오하여 일체 모두 영원히 단제하여 다시는 짓지 않겠다는 그것이 곧 회이다. 그러므로 참회라 일컫는다."[17]라고 말한다. 혜능은 이 참회에 대하여 출가와 재가를 막론하고 모든 사람이 실천해야 하는 수행으로 권장하고 있다.

불교에서 실천되고 있는 이와 같은 참회수행을 오늘날에는 적극적으로 참회 명상으로 승화시켜 활용하고 있다. 참회 명상의 방식으로 가장 보편적으로 실천되고 있는 경우는 절 수행을 활용하는 방식이다. 특별한 준비가 필요 없이 가정에서나 사무실에서나 야외 등 어디에서나 좌복 하나만 깔아 놓고 실천할 수가 있다. 때문에 가령 108배, 540배, 1080배, 3000배, 일만 배 등 일정한 횟수를 정해 놓고 실천하는가 하면, 시간을 정해 두기도 하며, 수련회 기간 내지 안거 기간을 통하여 특별히 실천하는 경우도 있다. 특히 사찰에서 기도를 하는 경우와 결부하여 일정한 목적으로 신앙생활을 표출하기도 한다.

---

17 『六祖大師法寶壇經』(『大正藏』 48, 354a), "云何名懺, 云何名悔, 懺者, 懺其前愆, 從前所有惡業, 愚迷憍誑嫉妬等罪, 悉皆盡懺, 永不復起, 是名為懺. 悔者, 悔其後過, 從今以後, 所有惡業, 愚迷憍誑嫉妬等罪, 今已覺悟, 悉皆永斷, 更不復作, 是名為悔. 故稱懺悔."

이와 같은 절 수행은 절을 반복적으로 하는 행위로서 행위 명상에 속하는 방법이다. 이 경우 절은 대개 오체투지를 말한다. 즉 두 무릎과 두 팔꿈치 그리고 이마 등 다섯 부분을 바닥에 붙인 다음 양손을 뒤집어 수평으로 귀밑까지 들어올린다. 여기서 이마를 바닥에 붙이고 양손을 뒤집어 귀밑까지 들어 올리는 행위는 자신의 신체 중 가장 높은 이마를 바닥에 대고 가장 낮은 발에 극진한 예를 표하는 것이다. 이것은 자기를 낮추려는 하심의 표현이다. 또한 절 수행은 일상에서 건강하게 생활할 수 있는 활력소가 되어 각종 질병과 성인병을 예방하고 저절로 치유하게 한다. 더 나아가 절 수행을 지속적으로 하면 자기에 대한 집착을 비우게 되어 마음의 평화와 자유를 느끼게 되는데, 이것은 화를 다스리고, 스트레스·우울증·성격장애 등의 정신질병을 치유하는 효과도 있다.[18]

화두수행과 명상

일반적으로 중국의 선종사에서 간화선이 확립되는 시기를 12세기 중반 대혜 종고大慧宗杲(1089~1163)의 시대로 간주한다. 간화선의 수행이란 곧 화두를 참구하는 수행법이다. 간화란 '화두를 본다' 내지 '화두를 보게끔 한다'는 의미이다. 화두를 들어 통째로 간파함으로써 추호의 의심도 없이 그 전체를 체험하여 자신이 화두 자체가 되는 과정이다. 이 경우에 화두는 달리 공안公案이라고도 말한다.[19] 오늘날까지 화두 가운

---

18 대한불교조계종교육원불학연구소, 『절 수행 입문』, 서울: 조계종출판사. 2006, p.180 이하.
19 일반적으로 간화선에서 화두와 공안을 동일시하는 경향이 있지만, 보다 엄밀하게 보면 구별되는 점이 있다. 공안은 경론 내지 조사의 어록에서 발췌한 기연어구를 말한다. 공안이 기연어구를 통째로 참구하는 全提의 측면이라면 화두는 공안에서

데 단연 으뜸으로 언급되고 있는 것은 무자화두無字話頭이다.

　무자화두는 당대의 조주로부터 연원하여 북송대 오조 법연五祖法演(1024~1104)의 시대에 확립된 것으로 '무'에 대한 화두가 아니라 '무자'에 대한 화두이다. 무자화두의 요체는 무자삼매에 들어 내외가 타성일편打成一片의 경지가 되는 심경에 도달하여 그것으로써 모든 분별망상의 삿된 생각을 불식시켜 가는 것이다. 대혜가 무자화두를 통하여 둘째 목표로 삼은 것은 공안에 대하여 대의단大疑團을 불러일으켜 그것을 통하여 깨침으로 나아가도록 한 것이었다. 그리하여 대혜는 공안을 들지 않고 의심이 없이 묵묵히 앉아 좌선만 하는 모습을 경계하였다. 이로써 대혜는 무자화두를 참구하는 방법을 제시하였고, 화두에 대한 의심을 통하여 깨달음을 제일의 원칙으로 삼았다.

　이후 백 년도 안 되어 보조 지눌普照知訥(1158~1210)이 『대혜어록』을 수입하여 공부하고 그것을 통하여 후학들에게 수행의 지침으로 제시하면서 고려 중기에 간화선이 수입되었다. 지눌은 대혜가 무자화두를 참구하는 데 있어서 주의할 사항을 십종병十種病으로 처음 체계화하였다. 이후 진각 혜심眞覺慧諶(1178~1234)에 의하여 본격적인 선수행의 방법으로 구축되면서 고려 간화선의 초석을 다졌다.

　나아가서 고려 후기에는 다시 몽산 덕이蒙山德異(1231~1308)의 간화선풍이 수입되면서 오늘날에는 대혜의 간화선과 더불어 몽산의 간화선이 한국 간화선의 주축을 형성하게 되었다. 때문에 고려 말기의 백운 경한과 태고 보우와 무학 자초 등이 한결같이 간화선의 수행을 수용함으로써 궁극적인 목표에 도달했을 뿐만 아니라 제자들에게 가르침으로써 한

　도 가장 핵심을 구성하고 있는 용어를 선택하여 참구하는 單提의 측면을 일컫는다.

국 간화선의 전통이 오늘날에 이르기까지 지속적으로 유지될 수 있었다.

나아가서 원대 초기에 고봉 원묘高峰元妙(1238~1295)는 화두의 수행에서 세 가지 요소인 대신근大信根·대의단大疑團·대분지大憤志를 반드시 갖출 것을 제시하여 수행에 임하는 대명제로서 믿음과 화두 자체에 대한 의심과 화두를 지속적으로 참구해 가는 정진력을 강조하였다. 이와 같은 화두를 수행하는 것은 혼침昏沈과 산란散亂한 마음을 제어하고, 궁극적으로 깨달음에 도달하는 것을 목표로 삼기 때문에, 화두는 양면적인 기능을 지니고 있다.[20] 때문에 간화선의 수행에서는 화두에 대한 절대적인 의심이 먼저 필요하다.

선에서는 흔히 크게 의심하면 크게 깨친다는 대의대오大疑大悟를 말한다. 인생의 현실에 대한 불만과 불안이 깊어지면 깊어지는 만큼 공안에 대한 관심은 깊어지고 또한 완전을 향해 나아갈 것이다. 왜냐하면 현실에 대한 사색 탐구가 엄밀하게 이루어지고 그 행위의 귀결이 분명해질 때야말로 현실과 정반대의 입장에 있는 모든 성질의 색다른 깨침의 경지에 이른 존재가 유일한 가치가 되리라는 희망으로 나타나기 때문이다. 이리하여 공안은 단순히 깨친 자의 심경을 나타내는 말과 행위에 그치지 않고 아직 깨치지 못한 자의 마음을 사색의 심연에 이르게끔 분발시켜 깨침의 경지로 나아가게 하는 매개의 작용을 하는 것이다.

이처럼 공안 자체를 깨침으로 나아가는 단순한 수단으로 보는 경우도 있다. 물론 공안은 깨침을 얻기 위한 도구에서 출발을 한다. 그러나 공안을 참구해 나아가는 수행의 과정을 깨침과 그것을 획득하기 위한 수단으로만 보기에는 결코 무리가 있다. 왜냐하면 제1단계에서는 내가

---

20 김호귀, 「간화선에서 화두의 양면적 기능」, 『한국선학』 8, 2004, pp.167~194

있어 공안을 참구한다. 그래서 나는 나이고 공안은 공안이어서 나와 공안이 별개로 존재한다. 그러나 점차 공안수행이 깊어짐에 따라 제2단계에서는 공안을 참구하는 내가 공안이 되고 공안이 내가 되는 경지, 곧 화두일념話頭一念이 된다. 여기에서는 단순히 공안이 참구 대상으로서의 공안만은 아니다. 공안은 다름 아닌 의심이면서 곧 나이기 때문이다. 나아가서 제3단계에서는 여전히 공안은 공안이고 나는 나이다. 공안과 내가 별개이지만 이미 화두일념의 과정을 거친 공안이기 때문에 깨침의 공안이다. 여기에서는 더 이상 의문의 대상으로서의 공안이 아니라 진리가 드러난 대상으로서의 공안이다. 이미 공안은 목적 내지 지향해야 할 대상, 곧 깨침의 공안이다. 여기에서는 더 이상 수단이 될 수가 없다. 공안수행 그 자체이고 나아가서 자기 자신이다.

    이러한 간화선의 수행은 현대 한국선의 주류를 형성하고 있는 대한불교조계종의 수행법으로 정착되어 있다. 따라서 제방의 선원과 불교의 수행단체에서 실천되고 있는 화두참구의 방식도 오늘날 수많은 불교명상의 행위로서 전통적인 방식을 응용하여 실천하고 있다. 특히 화두를 통하여 명상의 훈련을 강조하는 데 있어서 조신調身·조식調息·조심調心을 내세우는 가운데 가장 중요하게 간주하고 있는 주의사항으로서 조심, 곧 마음자세를 언급한다. 화두를 참구하는 보편적인 태도를 시심마 是甚麼라고 하여 현재 자신이 들고 있는 화두가 어떤 것인가에 끝없이 의문을 제기하는 것이다.

    이와 같은 시심마의 명상을 통하여 현재 자신이 안고 있는 망상과 잡념으로부터 벗어날 수 있다는 것이다. 특히 화두 명상에서 무엇보다 중요하게 간주하는 점은 화두 이외에 어떤 것에도 마음을 두지 말라는 것이다. 그리고 화두에 대하여 어떤 분석과 사유도 하지 말라고 한다. 오직 화두 그 자체에 대해서만 '이것이 무엇인가'라고 참구하는 방식이다. 그러다 보면 어느 때인가 화두가 타파되는 시기가 도래한다는 것이다. 이와 같은 화두 명상의 본질은 화두에 집중함으로써 그동안에는 어떤 망상과 잡념도 일어나지 않도록 유지하는 것에 달려 있다. 설령 화두를 참구하는 도중에 부처님과 보살이 현성한다고 할지라도 그 대상에 끌려가서도 안 되고 얽매여서도 안 되며 무조건 물리치라고 가르친다. 그것이 바로 화두에 집중하는 명상의 비법으로 간주된다.

경전 염송과 명상

조선시대 후기에 불교수행의 양상은 간경과 참선과 염불 등 소위 삼문수행의 모습으로 보편화되어 갔다. 참선수행은 일찍이 고려시대 중기에 도입되어 한국불교 선종의 수행에서 주류가 되었다. 그리고 염불수행은 불교가 우리나라에 처음 수입되면서부터 모든 불자들에게 가장 보편적인 수행과 신앙의 형태로 전개되었다. 그리고 간경수행은 경전을 가지고 염송하는 행위로서 일찍이 불교가 수입되던 때부터 경전 연구와 더불어 신앙 행위의 방법으로 지속되어 왔다. 조선 후기 삼문수행의 특징은 경절문徑截門·염불문念佛門·원돈문圓頓門의 개별적인 성향이 유지되면서 선을 기반으로 화엄의 선적인 해석 내지 염불과 선의 결합에 의거한 수행 방식이 형성된 것이었다.

이와 같은 삼문수행의 전통 가운데 간경수행의 원형은 일찍이 부처님 재세 시부터 실천되었던 수행 방식으로 부처님의 말씀을 합송하여 기억하는 것에서 찾아볼 수가 있다. 부처님 당시에는 부처님의 설법이 일반적으로 문자로 기록되지 않았기 때문에 그것을 전승시키는 방법으로 암송하는 것이 가장 중요한 수행 방법의 일환이었다. 그것을 대대로 전승하는 방식이 불멸 이후 200여 년 무렵에는 문자로 기록됨으로써 경전의 형태가 본격적으로 갖추어졌다. 그러나 당시에는 출가인만이 소유하는 것이었기 때문에 일반 사람들이 불교 경전을 접할 수가 없었다.

이후에 기원을 전후하여 대승불교가 흥기함으로써 경전에 대한 인식은 크게 바뀌었다. 대승불교 경전에서는 모든 사람들에게 경전을 적극적으로 보급하는 것이야말로 가장 큰 법보시라는 인식이 팽배하였다. 따라서 부처님의 경전에 대하여 받아들이고(受), 항상 소지하며(持), 눈으로 조용히 읽고(讀), 소리 내어 크게 읽으며(誦), 글로 옮겨 적고(書), 낱낱의 글자로 그리며(寫), 남에게 널리 설해 주는 행위(爲他演說)를 크게 강조하였다. 이것은 경전을 보다 널리 보급하고 불법을 확장시켜 주는 주요한 계기가 되었다. 이로써 사찰에서는 경전을 선택하여 처음부터 끝까지 합송하는 것을 수행으로 삼는 전통이 지속적으로 전개되었다. 그것은 불법에 대한 신심을 바탕으로 경전 자체를 부처님으로 간주하는 전통에 근거하였다.[21]

이들 간경수행에서는 무엇보다도 간절하고 진실하게 실천할 것이 요구되었다. 『선가귀감』에서는 "경전을 읽되 자기를 벗어나서 공부를 하면 비록 모든 대장경을 읽더라도 아무런 쓸모가 없다."[22]라고 하였다. 그래서 경전을 읽으면서 마음으로 살피지 않는다면 이익이 없을 뿐만 아니

---

21 『金剛般若經』(『大正藏』 8, 750a), "復次, 須菩提, 隨說是經, 乃至四句偈等, 當知此處, 一切世間天・人・阿修羅, 皆應供養, 如佛塔廟, 何況有人盡能受持讀誦. 須菩提, 當知是人成就最上第一希有之法, 若是經典所在之處, 則爲有佛, 若尊重弟子."
22 『禪家龜鑑』(『韓佛全』 7, 641b), "看經, 若不向自己上做工夫, 雖看盡萬藏, 猶無益也."

라 필경에는 사견과 아만을 키우고 마음을 번거롭게 하는 마구니가 된다고 말했다. 육조 혜능은 『단경』에서 법달法達이 『법화경』의 구절을 외우는 것에만 급급하여 헐떡거릴 뿐 번뇌와 망상의 분별심을 쉬지 못하는 것에 대하여, 진실한 독경이란 경전의 뜻이 마음 가운데에서 명백하게 드러나는 것이 되어야 하고, 마음을 밝혀서 자성을 보는 것이 되지 않으면 안 된다고 말했다. 또한 입으로 외우고 마음으로 행하면 이것이 경전을 굴리는 것이지만, 입으로 외우고 마음으로 행하지 못하면 이것은 경전에 굴림을 당하는 것이라고 하였다. 그래서 마음이 미혹하면 『법화경』이 마음을 굴리지만 마음을 깨달으면 『법화경』을 굴리게 된다는 것이다.[23] 이것은 간경수행의 태도를 언급해 준 것으로 데면데면한 자세로 독경을 하면 제아무리 오랫동안 경전을 독송한다고 해도 마침내 경전과 원수가 되고 만다는 것이다.

본래 간경수행은 부처님의 말씀을 마음과 몸으로 직접 받아들이고 느껴서 자기의 삶을 부처님과 같은 삶으로 전환시켜서 마음의 본성을 확인하고 밝혀내는 불교의 수행법이다. 부처님이 설한 경전을 독송함으로써 경전의 내용을 자신의 것으로 소화시켜 살과 피와 뼈와 호흡과 일상의 행·주·좌·와에서 청정하여 업장이 소멸되고 해탈의 길로 나아가는 것을 목적으로 한다. 그래서 『금강경』에서는 경전을 수지하고 독송하는 사람은 전생의 죄업이 응당 악도에 떨어질 사람일지라도 전생의 죄업이 소멸되고 마땅히 아뇩다라삼먁삼보리를 얻는데, 그 공덕으로 말하면 경전의 뜻도 불가사의하고 경전의 과보도 또한 불가사의하다[24]고 말

---

23 『六曹大師法寶壇經』(『大正藏』 48, 355c), "心迷法華轉, 心悟轉法華."
24 『金剛般若波羅蜜經』(『大正藏』 8, 750c~751a), "復次, 須菩提, 善男子·善女人, 受持讀誦此經, 若為人輕賤, 是人先世罪業, 應墮惡道, 以今世人輕賤故, 先世罪業

한다.

　불교 경전에 대한 믿음은 경전에 대한 외경심으로부터 그것을 읽는 것만으로도 크나큰 공능이 형성된다는 점에서 경전 자체를 가까이 하려는 방법으로 독송하는 문화를 꽃피웠다. 이에 간경수행은 오늘날 불자들에게 더욱더 새로운 모습으로 전개되어 간경의 명상으로 실천되고 있다. 경전을 독송하고 있는 동안은 전적으로 부처님의 설법과 하나가 되는 경험으로 어떤 잡념도 발생하지 않게 되는 것을 우선시한다. 따라서 경전을 독송하는 태도는 일체의 잡념을 멀리 버리고 읽으며, 경전이야말로 바로 부처님이 설하는 언설이라는 생각으로 읽으며, 단순한 지식을 쌓기 위한 목적으로 읽지 말며, 부처님의 말씀이라면 널리 찾아서 읽으며, 깊이 경전의 뜻을 음미하면서 읽으며, 자신이 읽었던 내용을 실천으로 옮겨야 한다는 것이다.

　따라서 간경 명상의 궁극적인 목적을 성취하기 위해서는 경전의 내용을 이해하면서 읽고, 조용하고 경건한 마음으로 읽으며, 자기 앞에 부처님이 서 계신다는 마음으로 읽고, 똑바른 자세를 취하여 읽으며, 정성을 다하여 읽고, 운율과 호흡을 맞추어 리듬을 타면서 읽으며, 경전의 말씀을 자신의 마음에 새기면서 읽고, 규칙적으로 시간을 정해 놓고 읽으며, 홀로 혹은 독서클럽을 만들어서 읽고,[25] 궁금한 점에 대해서는 문답을 통해 이해하는 자세로 읽을 것이 요구된다. 한편 간경의 명상을 효

　則爲消滅, 當得阿耨多羅三藐三菩提 …… 須菩提, 若善男子·善女人, 於後末世, 有受持讀誦此經, 所得功德, 我若具說者, 或有人聞, 心則狂亂, 狐疑不信. 須菩提, 當知是經義不可思議, 果報亦不可思議."

25 오늘날에는 가령 빨리어 니까야를 함께 독송하는 모임이라든가, 사찰별로 경전 하나를 선택하여 정기적으로 날짜를 정하여 합송하는 법회 등 소모임이 활성화되고 있다.

율적으로 성취하기 위해서는 무엇보다도 간절한 마음으로 읽을 것이 요구된다.

IV. 근대 및 현대의 명상과 미래

명상의 대중화

오늘날 명상은 실로 다양한 방식으로 실천되고 있다. 명상의 현대적 정의는 의학적·심리학적 정의를 포함한다. 의과학의 입장에서 명상은 그 정의의 기준을 인간 심신의 건강에 두면서도 명상의 주된 두 가지 기능, 곧 집중과 통찰을 간과하지 않는다. 이 경우에 명상이란 소리나 물건, 시각화의 대상, 호흡, 동작 혹은 주의 그 자체에 초점을 두는 훈련이다. 명상 수련의 목적은 순간에 대한 알아차림을 증대시키고 스트레스를 줄이며 이완을 도모하고 개인적·정신적 성장을 강화하려는 데에 있다. 명상은 개개인이 마음을 길들이거나 혹은 특정한 의식 상태를 이끌어 내는 훈련으로, 어떤 유익한 상태를 실현하거나 혹은 그 자체가 목적이 되기도 한다. 명상을 기술 혹은 수련으로 볼 때에는 특정 심리를 개발하기 위한 도구이지만, 통상 의학적·심리학적 정의에서는 명상의 목적을 또렷이 부각시켜 종교적인 목적이나 심신의 안정을 위해 고요한 사색으로 시간을 보내는 것으로 표현하기도 한다.

명상은 주의 집중과 알아차림에 초점을 둔 자기를 제어하는 일군의 수련을 가리키며, 목적은 정신 작용을 적극적이고 자발적인 제어에 두고 그로써 정신적 행복감과 고요·명징明澄·집중력과 같은 특별한 능력을 개발하는 것이다.

　명상에 대한 다양한 정의가 여러 전통에 걸쳐 영향력 있고 현대적인 연구의 견해로써 사용되고 있지만 여전히 일관된 의미를 확정하기란 어렵다. 명상의 심리학적인 정의는 주로 주의 집중의 의식을 강조하지만, 의학적 입장에서는 이완 효과를 초래하는 다양한 신체적·정신적 기법을 망라한다. 이처럼 명상에 대한 단일한 정의가 어려운 것은 명상이라는 행위가 다양한 문화 및 다양한 사상 속에서 발견되기 때문이다. 그러면서도 현대 명상의 뚜렷한 특징은 초종교성·초문화성을 보이고 있다. 예를 들어 자각 명상을 개발하고 보급하는 존 카밧진Jon Kabat-Zinn은 자신의 명상 프로그램에 대하여 불교와 아무런 관련이 없으며, 종교적 정신에 바탕을 두고 있지 않다고 말한다. 따라서 각자가 처한 환경이 어떻든 간에 모든 사람들에게 열려 있다고 한다.

　오늘날 현대적인 명상의 근원이 된 미국의 경우에 상좌부의 명상 기법이 미국에 소개된 것은 지금으로부터 100년 전의 일이다. 현대적 명상운동, 다시 말해 기성 종교에서 명상수행으로의 이동이 일어난 것은 바로 이들 명상에서 유래하는 초월적 상태에 대한 개인적 경험의 결핍 때문이다. 곧 모든 종교의 공통된 핵심에서 살아 있는 정신·영혼에 대한 체험의 결핍이 명상에의 관심을 불러일으켰다.

　여기에는 몇 가지 방식의 접근이 있었다. 우선 의과학적 접근이 있다. 현대 명상에서 주목되는 현상 가운데 하나는 명상이 대중 의료의 관점에서 연구 내지 실험되고 있다는 점이다. 명상에 대한 의과학적 접근은 인간이 직면한 질병 극복과 삶의 질 향상이라는 문제에 대하여 보다 직접적이고도 현실적인 지침을 주기도 한다. 특히 뇌과학을 중심으로 일어나는 명상 연구는 가히 대중 명상의 새로운 차원을 이끌어 가고 있다.

뇌과학의 입장에서 보는 명상은 의도적으로 뇌를 안정화시키고 혹은 활성화시키는 기술이라고 말할 수가 있다. 명상에 관한 뇌과학적 관심이 일어난 것은 서구를 중심으로 1970년 이후의 일이다. 뇌의 신경계는 인간의 행동·정서에 직접적인 영향을 미친다. 이 뇌신경학에 대한 폭발적인 관심의 증가와 함께 명상과 뇌신경학을 관련 짓는 연구 역시 크게 박차가 가해지고 있다. 오스틴Austin을 위시한 뇌신경과학자들은 이제까지 신성神性 및 불가해不可解의 영역에 있어 왔던 종교적 깨달음의 심리에까지 그 실험적 이해의 폭을 넓히고 있다. 현대의 뇌과학은 선의 궁극적 경지인 견성[26] 내지 대각의 경지를 과학적으로 분석하려고 든다. 흔히 뇌는 일정한 나이에 이르면 퇴화하기 시작하는 것으로 알려져 왔다. 그러나 최근의 뇌과학은 뇌도 평생에 걸쳐 변화 가능하다는 혁명적 발견을 이루어 냈다. 과거 많은 뇌과학자들은 마음이 뇌의 활동에 불과하다고 정의하였다. 그러나 우리는 이제 마음과 뇌라는 우리 삶의 두 측면 사이의 연결을 다른 관점에서 바라볼 수 있게 되었다. 에너지의 흐름과 정보 처리를 조절하는 이성적 과정의 통합으로서 마음을 바라보면 마음을 통해 뇌를 변화시킬 수 있다는 사실을 실감하게 될 것이다. 마음을 모아서 뇌의 활성과 구조를 바꿀 수 있다는 사실은 단순하지만 위대한 진실이다. 중요한 것은 우리의 의식을 어떻게 활용하여 더욱 행복해질 수 있을까 하는 것이다. 현재 일어나는 명상과 심리학적·의학적 관련을 맺는 대표적 연구 태도는 아마 뇌를 대상으로 한 인지기능적인 연구의 방향을 보이고 있다. 이는 명상 중의 뇌 활동, 곧 뇌파의 변화를 통해 인지기능의 변화를 측정하려는 것이기도 하다.

---

26 제임스 H. 오스틴 지음, 이성동 역, 『선과 뇌의 향연』, 서울: 대숲바람, 2012, p.52

한편 심신 대체 의약으로서의 대중 명상도 활성화되고 있다. 수천 년의 역사를 지닌 정신 수련의 명상은 현대의 의과학적 연구와 실험에 힘입어 점점 대중적 수용을 가속화하고 있다. 명상의 종래 목적이 원래 성스럽고 신비한 데에 있었다면, 대중적 목적에서의 명상은 긴장의 완화와 스트레스 감소를 위한 일반적 도구이다. 현 시점에서는 명상을 종교적·전문적인 목적과 대중적 목적으로 나눌 필요가 있을 것이다. 전자의 경우에 대해서는 차치하고, 후자의 경우에 명상을 심신 대체 의약으로 규정할 수 있는 것은 명상의 주 기능인 집중과 통찰이 주는 신체적·생리적 효과 때문이다. 명상은 뚜렷이 신체적·정서적 이완감을 불러일으키고 안녕감과 깊은 평온심을 경험하게 하며, 스트레스를 유발하는 사고의 흐름을 집중을 통해 차단시키고, 통찰과 알아차림을 통해 상황의 개선을 스스로 도모할 수 있도록 해 준다. 이러한 과정은 결과적으로 신체적·정서적 안녕감을 증대시킨다.

이처럼 오늘날의 명상은 유행을 넘어서서 세계적인 문화 현상으로까지 그 영역을 넓혀 가고 있다. 명상의 대중화는 다수의 사람들이 행복의 길을 찾는 데에 있어서 명상을 공유하는 보편적 유익함도 있지만, 한편으론 명상 고유의 목적과 기능이 간과될 우려도 있다. 따라서 현대의 명상수행에 임하는 사람들은 명상의 대중적 입장과 고유의 종교·철학적 입장을 구분해야 한다. 즉 대중적 입장이 다시 지향해야 할 길이 바로 종교·철학적인 길임을 염두에 둬야 한다. 이것은 또한 세간적인 삼매와 출세간적인 삼매를 구별하고 있는 불교의 입장과도 다르지 않다.

현대적인 대중 명상은 1950년대 인도에서 소개되었으며, 서구화된 힌두 명상 기법의 형태로 다시 1960년대에 미국과 유럽에 소개되었다. 근래에는 불교명상에서 유래한 자각 명상(Mindfulness)이 대중적 지지를 얻고 있다. 오늘날 대중은 종교적·문화적 경계를 벗어나 명상을 이용하고 있다. 평범한 사람들이 명상을 하는 이유는 간단하다. 즉 대중 명상의 초점은 신심의 기능을 온전히 유지·개선하는 데에 둔다. 신체적·심리적으로 평온감과 이완의 증대와 심리적 균형의 개선을 위해, 나아가 투병을 위한 보완 혹은 대체적 요법으로서 이른바 총체적인 건강과 안녕의 강화를 위해 명상을 이용하고 있다. 또 하나 대중 명상이 강조하는 것은 스트레스 감소와 이완, 자기 개발이다. 한마디로 그 목적은 건강과 행복한 삶인 것을 알 수 있다.

대중 명상에서 주목하는 것은 해로운 의식을 어떻게 유익한 의식으로 바꿔 가야 하는가의 문제이다. 또한 명상으로 뇌의 이상적인 균형을 유지하고 타인과의 관계를 향상시키며, 나아가 행복·공감·상호 의존의 삶의 원리를 깨닫는 것이다. 대중적 정서의 개발에 있어서 명상의 역할은 해로운 영향을 끼치는 정신적·정서적 습관을 차단·방지하고 심신의 이상적인 상태를 회복·유지하는 것이다. 나아가 이를 바탕으로 건전하고 균형이 잡힌 시각으로 자아와 세상을 이해하는 것이다.

이른바 대중 명상의 목적은 건설적인 의식 조절에 있다고 할 수 있겠다. 곧 내면에 발생하는 부정적이고 해로운 의식을 의도적으로 긍정적이고 유익한 의식의 상태로 바꾸려는 노력이 곧 의식을 향한 대중 명상의 핵심인 것이다. 오늘날 미국을 중심으로 유행하는 자각 명상(Mindfulness) 역시 인간의 행복, 삶의 질의 개선과 관련되어 대중적 관심을 받고 있는데, 그중 대표적인 명상운동은 MBSR로, 이 명상법에서 추구하는 것은 지속적인 '의식의 깨어 있음'이다. 기타 현대에 유행하는 요가 명상이나 유도 명상 이외에 선무도·기공·태극권·국선도 등과 같은 무예의 경우에도 정신 수련을 강조하면서 명상과 결부되어 가고 있다.

명상의 종교적 목적은 온전한 지혜의 획득이다. 곧 이는 불도수행의 목적이기도 하다. 선수행이 지향하는 것은 내면적인 인격의 변화와 깨달음이다. 내면적인 변화는 서서히 일어나는 과정이며 깨달음의 순간은 아주 짧고 드물게 일어난다. 나와 내 것(I-me-mine)의 형태로 존재하는 자아의 뿌리는 멀리해야 한다. 수행하는 동안 이 멀리해야 하는 자아의 뿌리가 서서히 정리되어 가기도 하고, 또는 급격히 잘려 나가기도 하는데, 여하튼 이런 과정을 통해서 한 개인의 내면적인 긍정적 가능성이 전면에 드러나게 된다.[27]

명상과 자아 성취

명상의 수련은 불만과 오해와 집착과 의심과 탐욕과 갈애에 찌든 각종 마음의 치유를 통한 건강한 프로그램을 실시하는 것이다. 동양에서는 서양의 치료문화와는 본질적으로 다른 각별한 치료문화가 발전해 왔다. 가령 불교 전통에서 중요하게 전승되어 온 명상은 알아차림을 위한 뛰어난 기법으로 시작하였지만 불교수행에서는 그것이 선으로 나아가 깨달음까지 성취하려는 것을 궁극의 목표로 삼았다. 이 경우에 선의 본질은 기사구명己事究明을 취지로 한다. 기사구명이란 곧 자신을 아는 것이고 자신을 궁구하는 것이다. 이와 같은 명상 수련에 대하여 몸의 건강은 마음으로부터 비롯되고 마음의 건강은 몸으로부터 비롯된다는 신념을 깊이 인식하고 이를 실천하지 않으면 안 된다.

그러기 위해서는 자신에 걸맞는 다양한 프로그램을 응용하여 실천해

---

27 제임스 H. 오스틴 지음, 이성동 옮김, 앞의 책, 2012, p.51

볼 필요가 있다. 그 중요한 목표는, 불교의 전통에 근거하면서도 현대의 사회에 부합하는 다채로운 프로그램을 통하여 온갖 번뇌의 근원을 누그러뜨리고 다스려서 몸과 마음의 일여를 위한 명상의 수련을 활성화시키는 것에 둘 필요가 있다. 일례로 명상 수련의 지향점은 현대인에게 많이 나타나는 만성적인 스트레스를 비롯한 각종 질병의 예방과 긍정적인 사고를 지니게 하여 청정한 불국토를 형성하는 하나의 디딤돌을 만들어 가는 것이다.

그 구체적인 방식으로는 첫째로 일상생활을 영위하는 일체의 의식을 잘 다스리고, 긍정적인 마음을 유지하는 것이 있으며, 이는 곧 창조적인 삶이고 성공을 불러온다. 몸과 마음을 모두 청정하게 해 주는 명상을 통한 몸과 마음의 제어와 성인병 예방 프로그램을 활성화시켜 진행하는 방법도 있다. 특히 명상에 대한 긍정적이고 적극적인 방식을 활용하면 자신의 몸과 마음을 단련시킬 수 있고 일상생활을 여법하게 성취하도록 해 준다. 그리고 적극적인 상상은 꿈을 포함하여 어떤 내적 이미지에 의식을 집중시키는 것이다. 그것들에 주의를 기울이면 이미지는 저절로 다양하게 변화하고 발전하는데, 그 모습을 연극을 보는 관객처럼 가만히 계속해서 응시하는 것이다. 그리고 다만 그 이미지들을 수동적으로 따라가는 것만이 아니라 그에 적극적으로 관여하면서 변화를 확실하게 기록해 두는 방법이 적극적 상상이다. 이로써 자신과 사회에 긍정의 힘을 발휘하게 된다.

다음으로 명상의 원만한 진행을 위해서는 우선적으로 일상에서 먹는 음식의 조절에 대한 명상이 반드시 필요하다. 자신이 섭취하는 음식에 대한 종류·분량·섭취하는 횟수·섭생의 방식 등을 조절함으로써 모든 일에 집중력을 발휘할 수가 있다. 그런데 여기에는 호흡을 통한 의식의 통일을 열어서 마음을 안정시키고 고요히 하며 집중을 하는 것이 필요하다.[28] 이것은 명상의 수련 방식 가운데서 자비 명상을 통하여 화를 다스리는 방법에도 탁월한 효과가 초래된다.

이와 같이 일상의 생활에서 가장 기본적인 음식과 수면의 조화는 모든 수행과 명상의 근본이다. 이로써 불교의 수행과 명상은 제대로 영위된다. 불교의 가르침은 마음의 고뇌와 몸의 고통을 벗어나 안심입명安心立命을 터득하고 자기의 본래성품을 깨쳐 해탈하는 데 있다. 곧 몸과 마음은 언제나 별개의 존재가 아닌 신심일여身心一如이므로 몸이 청정하면 마음이 청정하고 마음이 청정하면 몸이 청정하다. 이와 같이 몸과 마음을 청정하게 하는 한 가지 길이 바로 단식수행이다. 단식은 심신의 개조이고 잠재적인 생명력을 일깨워 주는 인간 혁명이다. 특히 50~60대 나이의 사람은 신체적으로 인생의 큰 전환기에 해당한다. 이 시기가 되면 남녀 모두 건강의 한계점에 도달하는 때이므로 젊음의 희열을 만끽하려면 유기적으로 기른 자연 식품을 섭취하는 한편, 단식과 깨끗한 공기·운동·휴식 등으로 내장을 대청소하여 육체를 재생시켜야 한다.

현대 시대의 가장 위대한 발견은 육체적·정신적으로 인간을 다시 젊어지도록 만들어 주는 합리적인 단식 요법의 힘이다. 단식은 체내의 청결과 정화를 위해서 반드시 필요한 수련이며 치명적인 독소를 몸으로부터 씻어 낸다. 식사를 중지했을 때에 우리의 체내에서는 놀라운 일들이 일어난다. 그러므로 건강을 바라는 사람이라면 누구나 단식 수련을 통하여 새롭게 심신을 다지는 계기가 반드시 필요하다. 그것은 선천적으로 타고난 육체의 기능이 원기가 고갈되어 눈과 귀 등 감각기관이 기력

---

[28] 릭 헨슨·리처드 멘디우스 지음, 장현갑·장주영 옮김, 『붓다브레인』, 서울: 불광출판사, 2010, p.295

을 잃고 퇴화하는 시기에 재충전을 해 주는 것과 마찬가지이다. 단식은 몸을 깨끗이 비워 줌으로써 체내에 축적되어 있는 독소를 말끔히 씻어 내 줄 뿐만 아니라 마음에 엉켜 있는 울혈을 풀어 주기도 한다.

이로써 단식수행은 신체 건강을 위한 치병 효과와 아울러 마음을 말끔히 하여 자아 본성을 회복시켜 주는 데 대단히 좋은 방법이다. 나아가서 단식수행을 통하여 자기의 본능을 알아차리고 음식의 참맛을 느끼며 생명을 유지해 주는 온갖 현상과 작용에 감사와 은혜를 일깨워 자아의 실상을 체험할 수 있다. 더불어 올바른 식생활 습관과 절도 있는 마음가짐으로 거듭나는 자신을 확인하게 된다. 이로써 음식과 신체의 소중함을 알고 건강한 몸과 건전한 마음을 가짐으로써 행복한 삶을 누리게 된다. 한편, 수면을 조절하는 것도 반드시 필요하다. 하루에 적절하게 취하는 안락한 수면은 자신의 몸에 대한 탐욕을 제어해 주고 마음에 대한 인내력을 증장하며 신체의 작용에서 생리대사의 조화에 따른 원만한 삶으로 이끌어 준다.

다음으로 올바른 휴식의 기술과 지속적인 운동의 기술에 대한 방법이 중요하다. 우리가 몸담고 있는 이 세상은 사계절처럼 무상하게 변화한다. 만약 자연의 순환이 없었다면, 온전히 한 생을 다 보낼 수 없을 것이다. 그런데도 불구하고 인간들은 조금만 추워도 춥다고 하고, 조금만 더워도 덥다고 투덜거린다. 이와 같이 우리는 일상의 작은 변화에도 어쩔 줄을 모른다. 이는 바로 중생심衆生心 탓인데 고통이 있으면서도 그 고통이 들어오는 문을 제대로 모르기 때문이다. 그러나 그 고통은 바로 우리의 주인공인 마음에 있다. 누구나 제대로 이 마음의 문을 열고 닫는다면 일일시호일日日是好日이 되어 행복의 지름길로 갈 수 있지만, 정신없이 바쁜 세상을 살다 보면 자신이 가진 마음의 문을 제대로 열고 닫을 수가 없게 된다. 일찍이 원효는 중생의 마음을 두고 미혹의 세계도 되고 깨달음의 세계도 된다고 말하였다. 부처도 보살도 중생심을 바로 보고 마음을 정화해 마침내 깨달음을 얻듯이 마음을 맑게 할 수 있다면 누구나 부처가 될 수 있다고 하였다.

세상살이에서 물질과 문명 속에 가장 헤매는 것이 바로 '마음'이라는 것이다. 우리가 그토록 찾고자 하는 행복은 내가 가진 이 마음을 어떻게 다스리는가에 달려 있다. 그럼 그 마음이란 무엇일까. 마음의 구조를 불교에서는 팔식八識, 현대 심리학에서는 의식意識이라고 하는데 넓게 말하면 잠재의식潛在意識·초월의식超越意識이라고 부른다. 일반적으로 의식이란 '의식하는 마음이나 사고'를 말한다. 여기에서 더 나아가면 '창조하는 마음'이 있다. '의식하는 마음'은 무언가를 하려는 생각의 추리라고 할 수 있는데 어떤 일을 하겠다고 의식한 마음이 생각과 행동을 일으키는 것을 말한다. 가령 '오늘 내가 법회에 참석하겠다'든지 '누군가를 만나 식사를 하겠다'는 등 어떤 행위를 해야겠다고 마음먹은 모든 생각들은 의식하는 마음으로부터 시작된 것이다.

하지만 우리네 현실은 반드시 의식하는 마음으로만 이루어지는 것은 아니다. 엉겁결에, 무심코, 나도 모르게, 저절로, 괜히 등 평소 규정할 수 없는 숱한 그 무엇으로 인하여 나타나는 경우가 허다하다. 심장의 고동, 혈액의 순환, 호흡과 같은 신체의 대사 행위가 바로 그것이다. 심장의 박동은 내가 심장을 박동시켜야겠다고 의식해서 일어나는 게 아니며, 또한 심장을 멈추고 싶다고 해서 심장이 멈추는 게 아니라는 말이다. 심장 박동을 정상적으로 해야겠다고 해서 정상적으로 움직이는 것도 더욱 아니다. 혈액과 호흡도 이와 같다.

잠이 들거나 정신을 잃을 경우에도 항상 작용하는 것들이 있다. 이것들은 우리 의식과는 전혀 상관없이 저절로 일어나는 것들로서 자율신경계에 의해 작용한다. 곧 의식은 머리카락이 자라고 싶다든가 손톱이 자라고 싶다든가 몸속의 세포를 분열해야겠다는 것과는 하등의 관련이 없다. 하지만 의식은 이와 확연히 다르다. 의식하는 마음은 일상생활을 거의 지배한다고 해도 과언이 아닐 만큼 인생의 향취와 빛깔을 만들어 낸다. 도덕과 윤리, 종교와 철학, 문학과 체육 등 인간의 의도적인 생체와 정신 활동을 통해 일어나는 것들이 모두 의식의 소산물이다. 따라서 이 의식하는 마음의 문을 잘 다스려야만 진정한 마음의 행복을 얻을 수 있다.

이와 같이 현대인이 안고 있는 몸의 각종 질병과 부작용 및 마음에 담고 있는 탐욕과 집착과 갈애에 대한 부조리를 깊이 인식하고 점검하며 현실에서 몸과 마음의 정상적인 기능과 작용을 도모하여 자아를 성취하고자 하는 우리에게 지금, 이 상황, 바로 이와 같은 이유에서 명상이 필요하다.

불교명상의 미래

모든 명상의 우선적인 목표는 단순한 심신의 안정을 추구하는 것에 있기 때문에 지혜를 통한 깨달음의 추구 내지 종교적인 뉘앙스를 포함하고 있는 불교명상의 경우와는 구별된다. 명상의 종류와 그 형태는 매우 다양하다. 기독교나 유사 종교의 명상도 있으며, 인도의 요가를 비롯한 우리 전통종교의 명상도 있다. 이를 통해 에고에서 벗어나 신비적 합일을 이루거나 영적인 존재와의 만남을 추구하는 명상도 있다. 그러나 이러한 명상은 불교명상 내지 선정과 같지는 않다. 불교명상은 부처님의 가르침에 입각한 명상을 말한다. 곧 무아·연기·공·중도 등에 입각하고 그것을 추구하는 명상이 불교명상이다.

아울러 염불이나 간경, 주력이나 절, 그리고 여러 가지 불교의 관법과 화두를 통한 선정과 지혜의 통찰 또한 불교명상의 범주에 들어간다. 초기 불교의 주된 수행법인 위빠사나와 사마타도 당연히 불교명상에 포함된다. 따라서 불교명상에서는 부처님 말씀으로 마음을 비추어 자신을 뒤돌아보며 마음을 밝히는 것이 중요하다는 의미이다. 아울러 누구나 안고 살아가는 인생의 고통을 자각하고 그 원인을 제거하기 위해 불법의 교의를 실천하여 해탈의 세계로 나아간다는 의미에서 사성제四聖諦의 자각과 팔정도八正道의 실천은 불교명상의 구체적인 실천 방식이기도 하다.

이렇듯이 불교명상이란 불교수행의 전반에 걸쳐 영위되어 온 사유의 행위가 포함되어 있다. 왜냐하면 불교에서 발생하고 발전되어 온 명상의 공통점은 필연적으로 신행의 목표에 접근하려는 행위이기도 하고, 나아가서 궁극적으로는 선정이 수행처럼 아뇩다라삼먁삼보리를 지향하고 있기 때문이다. 그러나 이와 같은 일련의 과정은 불교수행의 전문적인 분야에 속한다. 일반 사람들이 명상의 차원으로 활용하고 있는 불교명상의 경우는 사뭇 다를 수밖에 없다. 이런 까닭에 불교명상에 대하여 딱히 한 가지로 정의하기 어려운 점이 있다.

안국선원에서 실천하고 있는 선과 명상의 관계에 대하여 수불은 "현대 명상 프로그램들의 장점은 단기간 내에 변화를 체험시켜 주며, 소비자 중심적 발상으로 현대인의 욕구를 충족시켜 주는 데 있다. 현대인의 관심사인 스트레스, 건강, 성공, 자아 발견, 성숙, 소통, 행복, 웰다잉 등을 주제로 프로그램을 구성하여 대중들의 욕구를 충족하고 있는 것이다. 프로그램은 매우 다양하지만, 어떤 경우라도 인지, 정서, 행동 차원에서 원하는 변화를 체험할 수 있도록 프로그램이 구성되어 있다. 또한 많은 경우 프로그램들이 여러 단계로 구분되어 있어 참가자들이 단계적으로 체험할 수 있도록 하고 있다. 하지만 현대 명상 프로그램은 명확한 한계를 지니고 있다. 우선 프로그램의 목표가 스트레스 해소, 건강, 성공, 세간적 행복 등 세속적 목표에 머무는 경우가 많다. 최근 서양의 심리학, 정신의학 분야에서 호평 받고 있는 대개의 프로그램들은 불교수행 기법을 차용하여 병증을 완화하는 데 관심을 두고 있기 때문이다. 이런 외국 프로그램들이 일부 불교 수행법을 대중화하고 있는 공로는 마땅히 인정되어야 한다. 하지만 생사해탈이나 열반 등 불교의 근본 목적에 근거하고 있기보다는 치유 기법으로만 활용하는 측면이 있어, 불교의 깊은 의미를 제대로 전달하지 못하는 아쉬움이 남는다."[29]라고 말한다. 이것은 일반 명상 프로그램의 한계성을 불교의 관점에서 언급한 것으로 불교의 선수행이 명상의 한계를 극복할 수 있고 나아가서 보다 우월하다는 견해를 보여 준 것이다.

따라서 위에서도 언급했듯이 명상과 불교명상과 선정 사이의 차이점에 대해서도 분명히 인식해 둘 필요가 있다. 선정은 출가자의 전문 수행의 분야에 속하는 반면, 불교명상은 불교 신행에서 이루어지고 있는 제반의 명상적인 행위를 가리키며, 또한 오늘날 널리 실천되고 있는 명상은 보다 폭넓은 일체의 명상 행위에 속하기 때문이다. 따라서 우선 불교명상에 대한 실천은 그 저변에 불교에 대한 이해가 설정되지 않으면 안 된다.

---

29 대한불교조계종승가교육진흥위원회, 「현대 명상문화와 한국 禪의 과제」, 2011, pp.9~10

그런데 오늘날 일반적으로 영위되고 있는 명상은 특별히 불교적인 명상에만 국한되어 있는 것은 아니기 때문에 불교명상의 입장에서는 불교적 명상이라는 인식이 없어서는 안 된다. 불교적 명상이란 적어도 불법에 관련되어 있는 수행법 내지 신행을 근거로 개발되고 전개되며 활용되는 명상 행위를 담보해 주어야 한다. 이런 점으로 불교명상에 접근한다면 초기 불교의 사마타와 위빠사나를 비롯하여 후대 중국 선종에서 출현한 묵조선과 간화선 등은 불교명상의 좋은 재료가 된다. 나아가서 모든 명상의 기본이 되는 호흡 명상을 비롯하여 관음신앙·문수신앙·미륵신앙·지장신앙·약사신앙·미타신앙·밀교신앙 등 불교의 일체신행에서 행하는 참회와 염불과 간경과 참선과 기도와 주력 등의 행위가 모두 불교명상의 범주 안에 포함될 수 있다.

그런데 일반적인 명상과 차별되는 불교명상의 특징은 일차적으로 마음의 안정과 번뇌의 탈출이라는 것으로부터 한걸음 나아가서 불교라는 종교성을 일정 부분 담보하고 있다. 그것은 명상과 신행이 함께 결부된 형태의 모습으로 전개되면서 소기의 목적을 달성하려는 행위이기도 하다. 따라서 명상의 실제에서 불보살의 형상을 앞에 두고 명상을 한다든지 명상을 시작하는 순서에서 예배·참회·발원·권청·수희·정근·회향의 순서로 진행한다는 점에서도 잘 드러나 있다.

그렇지만 이후 불교명상을 보다 널리 모든 사람들에게 보급시키고 발전시키려는 방향으로 보자면 굳이 불교라는 종교적인 색채를 부각시킬 필요는 없다. 이미 불교수행으로부터 발생하고 응용되어 전개되어 가 있는 이상 그 자체가 불교의 행위에 다름 아니기 때문이다. 따라서 불교명상의 바람직한 방향은 종교성을 벗어나지 않으면 안 된다. 그리고 시간과 장소와 최소한도의 사전 준비 사항에 있어서도 마찬가지이다. 이처럼 불교명상이 종교라는 이미지를 온전히 벗고 모든 사람들에게 실천되는 것이야말로 진정한 불교명상을 회복하는 길이다.

자아 발견의 길, 명상

　불교는 수많은 종교 가운데서도 사유의 성격이 강하게 노출되어 있다. 그것은 불교의 신행을 구성하고 있는 모든 분야에서 사유의 속성을 배제하고 있는 경우가 없기 때문이다. 더구나 그 가운데서도 선정禪定은 그에 해당하는 원어 범어 '드흐야나dhyāna', 빨리어 '즈하나jhāna'에 사유라는 의미가 담겨 있듯이 사유의 성격이 가장 농후하다. 그런 만큼 불교는 사유의 개념을 벗어나서는 논의할 수 없을 정도로 처음부터 지속적으로 사유와 함께 발생하였고 성장하였으며 전개되어 왔다. 이와 같은 모습은 불교의 발생 시기부터 오늘에 이르기까지 존속되고 있는 사마타와 위빠사나를 비롯하여 중국 선종에서 새롭게 출현한 묵조선과 간화선의 수행법을 통하여 더욱더 다양하고 보편적인 의미를 확보하게 되었다. 특히 사마타와 위빠사나가 불교의 수행법으로 가장 근원적이고 지금까지도 근간을 형성하고 있는 점은 불교가 사유와 얼마나 밀착되어 있는가를 보여 주는 증좌이기도 하다.

　그런데 오늘날 사회에서는 불교의 사유가 담보하고 있는 속성이 보다 널리 모든 사람에게 보편화됨으로써 특별히 불교라는 의미를 내세우지 않더라도 불교수행을 응용하고 변용한 갖가지 수행 내지 명상의 문화가 번영하고 있다. 그 가운데서도 명상은 현대에서 하나의 추세로서 불교의 속성을 충분히 활용하면서도 불교의 색채를 벗어나서 불자는 물론 그 밖의 종교와 상관없이 실천되고 있다. 현대적인 명상의 시작을 멀리 서구 사회의 19세기까지 거슬러 올라가서 찾기도 하지만 가까이로는 지구촌이라는 현대 사회의 특성상 동서양을 막론하고 어디에서나 그 보편성이 확보되어 있다는 것에서 확인해 볼 수가 있다.

현대 한국 사회에서도 예외는 아니다. 명상이 붐을 형성하고 있는 오늘날 굳이 동서양의 명상 내지 각 종교의 전통을 따지는 것은 필요하지 않게 되어 버렸다. 그럼에도 불구하고 불교의 전통에서 유래된 명상의 요소는 대단히 풍부하여 불교에 대한 이해를 벗어나서 명상을 이해하는 것은 쉽지 않다. 따라서 불교의 전통에서 유래하고 응용되어 보급되어 있는 현대 세계의 명상에서 불교의 역할은 지대하다고 말할 수가 있다.

명상은 번뇌를 잠재우는 행위에 중점을 두고 있다. 반면에 선정은 번뇌를 잠재우고 깨달음으로 향하는 행위를 목표로 삼는다. 따라서 이런 점에서 선정은 일반 명상과 차별화된다. 반드시 깨달음을 향한 수행이 담보되어 있을 뿐만 아니라 궁극적인 목표가 마음의 안정을 초월하여 성불을 지향한다. 그 가운데 불교명상이라는 개념이 개입되어 있다. 불교명상은 보다 널리 일반 명상에 포함되는 개념이면서 그 가운데 불교수행을 담고 있기 때문에 특수한 분야에 속한다. 그러면서도 다시 생각해 보면 불교명상 가운데에는 반드시 선정이 포함되어 있다. 이런 점에서 보면 다시 선정은 불교명상의 특수한 분야에 속한다. 그러면서도 선정의 지향점에서 보자면 선정은 명상을 포함하고 나아가서 깨달음을 추구한다는 점에서 명상을 벗어나 있다. 따라서 명상과 선정의 관계에 대하여 가령 원뿔의 모습으로 설정하자면 원뿔의 꼭짓점이 선정에 해당한다. 그래서 원뿔의 밑면에 해당하는 명상과 그 꼭짓점에 해당하는 선정의 관계는 상호 불리不離의 관계에 놓여 있다. 개념이라는 범주에서 보면 선정이 명상에 속해 있는 부분집합과 같은 모습이지만 궁극의 목표라는 점에서 보면 선정은 가장 높은 자리에 놓여 있어서 명상을 초월해 있다. 이처럼 명상과 선정의 관계는 이이불이二而不二이고 불이이이不

二而二에 놓여 있다. 이것이 명상과 선정의 관계를 이해하는 첫걸음이다.

그러나 일반적인 명상과 수행상의 선정 사이에 불교명상이라는 중간적 개념이 가능하다. 불교명상이란 불교의 다양한 신행과 수행법에 기반을 두고 각각의 분야에서 실행되고 있는 명상적인 측면과 수행적인 측면을 아우르는 개념이다. 따라서 불교명상은 신앙적인 요소를 갖추고 있는가 하면 수행의 궁극적인 목표를 위한 행위라는 요소도 아울러 갖추고 있다. 이런 점에서 불교명상은 일반적인 명상의 개념을 지니고 있으면서 다시 깨달음을 향한 행위라는 개념까지도 동반한 개념에 속한다. 그래서 불교명상은 불교의 신행과 수행의 모든 분야에 따른 공통적인 의미를 담고 있다. 이런 점에서 불교명상의 특징에 대하여 그것이 일반 명상에만 그치는 것도 아니고 오로지 궁극적인 해탈 내지 깨달음만을 지향하는 개념만도 아니라는 점을 언급할 수가 있다. 이 점이 바로 불교명상의 정체성으로서 출가자 위주의 전통적인 불교수행뿐만 아니라 일반 사람들이 쉽게 접근할 수 있는 신행적인 불교의 행위이기도 하다.

이런 점에 근거하여 여기에서는 명상의 기원을 비롯하여 명상과 선정의 차이점에 대하여 논의할 수가 있다. 명상은 몸과 마음의 안정을 도모하여 개개인의 행복한 삶을 구가하는 것임에 비하여 선정은 이와 같은 명상의 과정에서 나아가 심신의 조화 및 깨달음을 성취한다. 명상의 주체는 일반의 모든 사람이 가능하지만 선정은 발보리심한 사람으로서 수행을 하고 깨달음을 성취하며 인가를 받고 전법의 교화를 지향한다. 실제적인 측면에서 명상은 누구나 가능한 일상의 행위이고 정해진 규범이 없지만 선정은 전문적인 교육과 훈련이 필요하다. 효용의 측면에서 명상은 대단히 보편적이지만 선정은 대단히 특수적이다. 명상은 마음을 쉬는 것으로 무심하게 되는 것이 중요하지만 선정은 무심으로부터 나아가서 궁극적인 목표를 위해 스승을 찾아야 하고 정해진 규범과 사상과 점검이 필요하다.

이와 같은 모습은 붓다의 명상에 잘 드러나 있다. 붓다는 왕자의 신분으로 태어나서 세간의 온갖 영화를 맛보았지만 그에 만족하지 못하였다. 자신을 비롯한 당시 사회적인 환경의 영향으로 명상을 경험하였고 출가하였으며 고행을 닦은 이후에 선정을 통하여 마침내 자신이 궁극적으로 간주했던 깨달음을 성취하였다. 붓다의 이러한 일련의 과정은 명상으로부터 벗어난 것이 없었다. 붓다가 된 이후에도 열반에 이르기까지 설법을 하고 교화를 하며 입적 즈음해서도 항상 선정을 실천하였다. 그로부터 모든 불교수행은 선정을 기초로 하여 전개되었다.

불교의 신행 내지 수행에 기반을 두고 형성된 오늘날 명상의 종류로는 일반적으로 염불 명상, 호흡 명상, 좌선 명상, 걷기 명상, 다도 명상, 자애 명상, 달마 명상(敎法) 등 참으로 다양하다. 이들 명상의 보편적인 특징으로는 감각을 조절하고, 마음을 조절하며, 몸을 조절하고, 호흡을 조절하는 것을 목표로 하고 있다는 것이다. 현대인들에게 이러한 목표는 누구라도 예외는 없다. 다만 어느 것을 선택하여 어디까지 달성할 것인가 하는 점에서는 굳이 정해진 것이 없으므로 한계가 없다.

그리고 끝없이 새로운 명상법이 개발됨으로써 기존의 전통적인 방식과는 전혀 다른 명상의 모습도 무수하게 출현해 있다. 이들 모든 명상법들은 각각 시간의 선택 문제, 장소의 선택 문제, 누구와 함께할 것인가 하는 참여의 문제, 어떤 주제를 선택할 것인가 하는 내용의 문제 등에 있어서 몸과 마음과 감각을 벗어난 것이 없다. 이들 주제는 근본적으로 자기 자신과 결부되어 있어 한시도 떠나 있지 않기 때문이다. 명상의 행위는 바로 자기, 지금, 여기에서 일어나는 일상의 행동거지 문제이지, 먼 미래에 성취되는 고차원적인 행위가 아니다. 이는 지극히 현실적이고 일상적이며 즉각적이고 보편적인 속성을 지니고 있다.

　이로써 초래되는 명상의 효과로는 집중력·관찰력·자제력을 향상시키고, 기혈의 순환을 촉진시키고, 맥박 수를 조절해 주며, 뇌파를 안정시키고, 인지 능력을 향상하고, 몸과 마음의 본질을 이해하며, 감정을 잘 조절하고, 긍정적인 에너지를 생성하며, 두려움과 공포와 압박감 등을 해소하고, 불안 지수를 감소시켜서 스트레스에 대한 대처 능력을 향상시켜 준다는 것 등이 있다. 이처럼 불교 명상의 궁극적인 지향은 심신을 안정시킴으로써 일상생활에서 행복을 맛보는 것이면서, 이것이 보다 진척된 경우로 승화되면 깨달음 내지 해탈을 목표로 내세우는 불교의 선정과 만나는 구조이기도 하다.

| 참고문헌 |

대한불교조계종교육원불학연구소, 『절 수행 입문』, 서울: 조계종출판사, 2006.
대한불교조계종교육원불학연구소, 『염불수행 입문』, 서울: 조계종출판사, 2007.
릭 헨슨·리처드 멘디우스 지음, 장현갑·장주영 옮김, 『붓다브레인』, 서울: 불광출판사, 2010.
박석, 『동양사상과 명상』, 서울: 제이앤씨, 2004.
안도 오사무 저, 김재성 옮김, 『명상의 정신의학』, 서울: 민족사, 2009.
제임스 H. 오스틴 지음, 이성동 역, 『선과 뇌의 향연』, 서울: 대숲바람, 2012.
조준호, 『불교명상』, 서울: 중도, 2010.
판딧 라즈마니 티구네이트 저, 서민수 역, 『만트라의 힘과 수행의 신비』, 서울: 대원출판사, 2000.

문화와 의례

불교미술

• 최선아

I. 불교미술의 시작과 동전東傳

　불상佛像의 탄생/ 석굴사원/ 중국화 된 불상

II. 삼국·통일신라의 불교미술

　고졸함에서 완숙함으로/ 왕실의 염원/ 추복 불사/ 지방으로의 확산

III. 고려의 불교미술

　거석불의 유행/ 단아함의 추구/ 원 간섭기의 이국적 미감/ 불복장佛腹藏의 세계

IV. 조선의 불교미술

　이념과 실제의 갈등/ 재건의 시대/ 의식 공간의 확장/ 근대로 가는 길목에서

■ 불상과 불화, 이미지로 나투신 부처

I. 불교미술의 시작과 동전東傳

불상佛像의 탄생

불상, 즉 부처의 모습을 상像으로 만들기 시작한 것은 석가모니가 열반에 든 후 한참이 지나서였다. 기원전 5세기 무렵 입멸한 석가를 추모하는 방식은 화장火葬 후 수습된 사리를 중심으로 이루어졌는데, 사리를 넣기 위해 만든 사리함, 그리고 사리함을 봉안하기 위해 축조한 스투파야말로 불교미술의 시작이라 할 수 있다.[1] 북인도 지역을 중심으로 세워졌던 스투파는 아쇼카왕(재위 B.C. 268~232)의 불법 전파에 힘입어 마우리아 제국 전역으로 확산되었는데, 그중 몇몇은 주위에 난간과 문을 세우고 그 위를 고타마 싯다르타의 전생 이야기, 즉 본생담本生譚과 석가모니의 일생을 다룬 불전佛傳을 조각해 장엄했다. 기원전 2세기 무렵부터 새겨진 것으로 추정되는 바르후트나 산치 스투파의 난간과 문 부조가 그것이다. 이들은 부처와 관련된 이야기를 시각적으로 도해圖解한 서사 미술로서, 이를 통해 이 시기 불교미술이 한층 더 풍부해졌음을 확인할 수 있다. 하지만 흥미로운 점은 여전히 부처의 모습을 인간의 형

---

[1] 사리 신앙 및 스투파의 조성에 대해서는 이자랑, 「불탑」, 동국대학교 불교문화연구원 HK연구단 엮음, 『테마 한국불교 4』, 서울: 동국대학교출판부, 2016, pp.321~359 참조. 불교미술의 범주 안에는 건축과 공예 등 다양한 매체가 포함되나, 이 글에서는 불상(조각)과 불화(회화)를 중심으로 불교미술의 흐름을 설명하고자 한다. 불교건축에 대해서는 도윤수, 「불교건축」, 동국대학교 불교문화연구원 HK연구단 엮음, 『테마 한국불교 8』, 서울: 동국대학교출판부, 2020, pp.301~362를 참조하길 바란다.

그림 1 〈불전부조〉(산치 대탑 북문, 1세기 초)

상으로 표현하지 않았다는 점이다. 항마성도降魔成道와 같이 반드시 부처가 등장해야 하는 불전 부조의 장면을 살펴보면, 부처 대신 대좌臺座와 보리수菩提樹, 혹은 불족적佛足跡이나 법륜法輪과 같은 상징물이 그 자리를 대신한 것을 확인할 수 있다(그림 1).[2]
이는 부처의 모습을 인간의 형상으로 표현하는 것을 의도적으로 피하고 있었던 당시의 상황을 반영한 것으로 여겨진다. 이러한 무불상시대無佛像時代를 거쳐 기원후 1세기 무렵이 되자 쿠샨 왕조의 치하에 있던 마투라와 간다라(현 파키스탄) 두 지역에서 불상을 만들기 시작했다. 인도 본토에 위치한 마투라에서는 마우리아시대부터 제작하기 시작한 약사yakṣa 상의 조형에 기반하여 그 지역에서 쉽게 구할 수 있는 붉은 빛의 사암砂巖으로 불상을 만들었다(그림 2). 반면 인도 서북부에 위치한 간다라에서는 알렉산더대왕

그림 2 불입상(2세기 전반, 사암, 높이 289.5cm)

---

2 디트리히 제켈 지음·이주형 옮김, 『불교미술』, 서울: 예경, 2002, pp.33~37

그림 3 불입상(2~3세기, 편암, 높이 245cm)

의 동방원정 이후 이식된 헬레니즘 문화의 기반 위에서 검은 빛의 편암片巖을 이용해 부처의 모습을 형상화했다 (그림 3). 상이한 문화적 배경에서 비롯된 양식적 차이에도 불구하고 두 지역 모두 부처를 이상적인 남성의 모습으로 표현했다. 아울러 몸에서 빛이 나는 것을 형상화한 광배光背를 비롯해, 머리 위로 솟아오른 육계肉髻, 둥글게 말린 머리카락인 나발螺髮, 양 미간 사이에 난 백호白毫 등을 더해 불신佛身의 특별함을 강조했다. 깨달은 자가 지니는 여러 신체적 특징들은 점차 확장되어 32상相 80종호種好로 정리되고 그중 일부는 불상 제작에 적용되었다. 아울러 불상은 특별한 손동작, 즉 수인手印을 통해 메시지를 전달한다. 초기에는 오른손을 올려 손바닥을 내보이며 두려워하지 말라는 시무외인施無畏印을 결하거나, 두 손을 배 앞에 두고 명상에 든 선정인禪定印을 취한 상이 많이 만들어졌다. 두 손을 가슴 앞으로 들어 감싸 모은 수인은 설법을 하는 자세를 형상화한 것으로 보이는데, 5세기 굽타시대에는 부처의 첫 설법을 기념하는 초전법륜初轉法輪의 상을 엄지와 검지 등을 맞물린 정교한 모습으로 만들게 되었다.

대승불교의 흥기에 따라 보살의 모습도 상으로 구현되었다. 중생 구제를 위해 성불成佛을 미룬 채 이 세상에서 우리와 함께 살아가는 보살은 당시 왕공귀족의 모습을 차용해 만들었다(그림 4). 예를 들어 간다라에서는 크고 높은 터번을 쓰고 화려한 장신구를 걸친 모습으로 보살상을 만들었는데, 이는 불전부조에 나타난 석가모니 부처의 태자 시절 모습과 유사하다.³ 미륵, 관음 등 여러 보살이 등장하자 점차 장신구와 들고 있는 물건, 즉 지물持物을 달리해 존격을 구별해 나갔다. 대표적으로 자비의 화신인 관음보살은 보관寶冠 위에 작은 부처, 즉 화불

그림 4 보살입상(2세기, 편암, 높이 120cm)

化佛을 두었으며, 종종 깨끗한 물을 담은 정병淨瓶을 들고 있는 모습으로 표현되었다.

석굴사원

500여 년에 걸쳐 불상을 만들지 않은 이유만큼 흥미로운 문제는 오랜 정적을 깨고 갑자기, 그리고 폭발적으로 많은 불상을 만들기 시작했다는 것이다. 동전의 양면과 같은 두 현상에 대해 학계에서는 여러 해석을 내놓았다.⁴ 그와 관련해 주목해 볼만한 것은, 당시 제작된 불상들은

---

3 이주형, 『간다라미술』, 서울: 사계절, 2003, pp.165~178
4 이주형, 「佛像의 起源: 쟁점과 과제」, 『미술사논단』 3, 한국미술연구소, 1996, pp.365~396

요즘 사찰에서 보는 것과 같이 단독으로 불전에 놓여 예불禮佛의 중심 대상으로 여겨지지 않았을 것이라는 견해이다. 탁트이 바히Takht-i-Bahi와 같은 간다라 지역 불교 사원들은 승려들이 거주하며 참선하는 승방僧房 구역과 예불을 할 수 있는 공간으로 구성되었는데, 예불 공간의 중심에는 스투파가 세워져 있었다. 반면 불상은 스투파를 둘러싼 열립감형列立龕形 사당 안에 여러 구가 나란히 줄지어 봉안되었던 것으로 보인다(그림 5-1, 5-2). 이러한 배치 양상은 당시 불상이 스투파와 같이 부처를 대신하는 예불의 대상이었다기보다는 스투파를 장엄하고 신도들로 하여금 공덕功德을 쌓을 수 있도록 돕는 공양물로 여겨진 것이 아닐까 하는 추정을 하게 한다.[5] 아울러 간다라 지역에서 수습된 몇몇 불상 중에는 육계 위에 홈이 나 있는 것이 있는데, 여기에는 부처의 사리를 넣었을 것으로 추정한다.[6] 즉 사리에 비해 열등한, 물질로서의 불상이 갖는 한계를 상 안에 사리를 넣음으로써 극복하고 보충해 나간 것으로 보는 것이다. 이와 같은 일련의 현상들은 불상 제작 초기에 존재했던 여러 우려와 갈등, 아울러 그에 대한 타협의 일면을 보여 주는 것이라 할 수 있다.

불상의 탄생은 지상에 세워진 사원뿐 아니라 암벽을 뚫고 조영한 석굴사원에도 영향을 미쳤다. 험준한 돌산이 많은 서인도 지역에서는 속세와 떨어져 수행과 참선에 집중할 수 있는 석굴사원을 많이 세웠다. 기원전 2세기 무렵, 즉 불상 탄생 전에 지어진 석굴사원들은 스투파를 안치한 예불굴(caitya)과 아무런 장식 없이 승방이 나열된 승방굴(vihāra)로

---

5 이주형, 「간다라 불교 사원의 造像 奉安 樣式과 그 意味—奉安 場所를 중심으로—」, 『미술사연구』 8, 미술사연구회, pp.157~198
6 이주형, 「간다라 佛像과 舍利 奉安」, 『중앙아시아연구』 9, 중앙아시아학회, 2004, pp. 129~159

그림 5-1 탁트이 바히 사원지 중심 구역

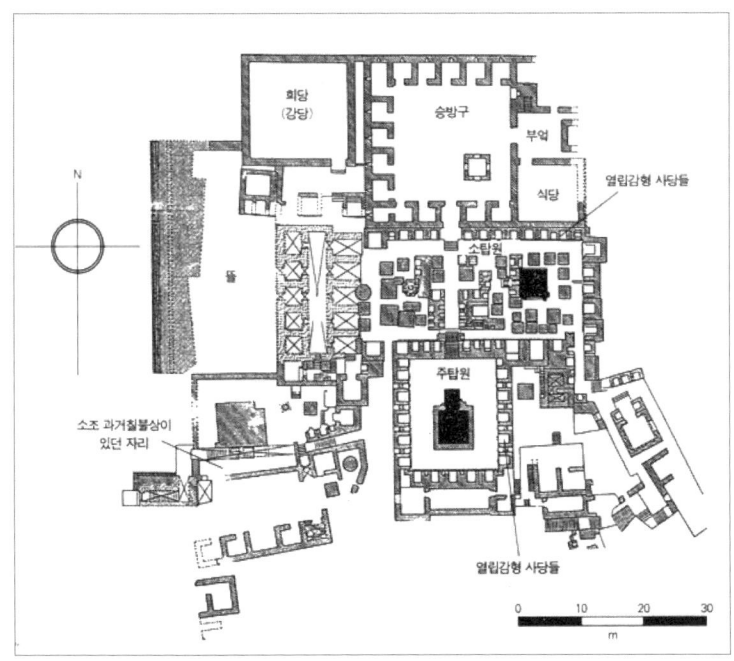

그림 5-2 탁트이 바히 사원지 평면도

이루어졌다. 반면 불상 제작이 활발해진 이후 축조된 석굴사원에는 점차 불상이 자리를 잡기 시작했다. 예를 들어 기원후 5세기 무렵 축조된 아잔타석굴 제26굴에는 스투파 앞에 불상을 놓았으며 굴 내 좌우 벽에는 불상이 크게 자리한 불전 부조를 가득 새겨 놓았다. 승방굴에 해당하는 제1, 2굴에도 굴 안쪽 가장 깊은 성소에 불상을 안치하고 주위 벽을 벽화로 화려하게 장엄해, 이전과는 달라진 불상의 지위를 엿보게 한다.

이와 같은 불상 제작 및 사원 조성의 전통은 불교의 동전東傳과 함께 중앙아시아 지역으로 전해졌다. 서역 남로에 위치한 호탄의 여러 사원지, 서역 북로에 위치한 쿠차의 키질 석굴 등에서 인도에서 비롯된 전통이 어떻게 소화되고 변형되었는지를 살펴볼 수 있다. 아울러 이는 중국을 비롯한 동아시아 불교미술의 전개에도 적지 않은 영향을 미쳤다.

중국화 된 불상

1세기경 불교는 소위 실크로드를 따라 동과 서를 왕래한 상인과 승려들에 의해 중국에 전해졌다. 금인金人이 궁으로 들어오는 꿈을 꾼 후한後漢의 명제明帝(재위 58~75)가 사신을 파견해 불상과 경전을 얻어 왔다고 하는 초전初傳 설화와 함께, 환제桓帝(재위 146~167)가 궁 안에서 노자老子와 부처를 함께 섬겼다는 이야기, 그리고 헌제獻帝(재위 190~195) 시대 지방 관리인 착융笮融이 금동불을 만들고 삼천여 명이 들어갈 수 있는 누각을 세웠다는 이야기 등을 통해 1~2세기 중국에는 불법이 널리 전해지고 불상이 제작되었음을 알 수 있다. 하지만 현존하는 가장 이른 불상은 3세기경에 만들어진 소형 금동상이다(그림 6). 높이 30cm 정도 되는 이 상들은 이국적인 얼굴의 모습이나 옷을 입은 방식, 그리고 신체의 모델링 등에서 간다라 불상과 상당한 유사성을 보인다.[7] 한편 사천성의 후한시대 무덤이나 강소성, 절강성 일대의 삼국시대 무덤에서는 서왕모西王母와 같은 중국 재래在來의 신과 함께 무덤 벽과 부장품을 장엄한 불상 모티프를 확인할 수 있다.[8] 불교 전래 초기 불상이 민간신앙과 결합하여 토착화된 일면을 보여주는 흥미로운 예로, 이러한 현상은 많은 불교 경전이 한역漢譯되고 교리에 대한 이해가 깊어짐에 따라 점차 사라지게 되었다.

그림 6 불좌상(오호십육국, 3~4세기, 금동, 높이 32.8cm)

아울러 4세기경이 되어, 불상의 모습에도 변화가 일어났다. 움푹 들어간 눈, 이마에서 바로 이어지는 높은 코 대신 가늘고 긴 눈과 평평하고 낮은 볼과 코를 가진 동양인의 얼굴로 불상이 만들어졌다. 간다라 상

---

7 구노 미키 지음, 최성은 옮김, 『중국의 불교미술: 후한시대에서 원시대까지』, 서울: 시공아트, 2001, pp.14~17

8 Wu Hung, "Buddhist Elements in Early Chinese Art(2nd and 3rd Centuries A.D.)," *Artibus Asiae* 47 3/4, 1986, pp.263~352; 최선아, 「우훙(Wu Hung)의 중국 불교미술 연구 I『초기 중국 미술의 불교 요소들(*Buddhist Elements in Early Chinese Art*)』(1986)」, 『미술사와 문화유산』 2, 문화유산연구회, 2013, pp.209~227

그림 7 불좌상[오호십육국 후조後趙, 건무建武 4년(338), 높이 39.4cm]

그림 8 불삼존상(북위, 6세기 전반, 하남성 용문석굴 빈양중동 남벽, 불상 높이 615cm)

에서 보던 적극적인 인체의 표현이나 자연스러운 옷 주름의 처리는, 좌우 대칭으로 옷 주름을 정갈하게 정리하고 입체감보다는 선적線的 리듬감을 추구하는 방식으로 변해 갔다(그림 7). 이러한 중국화는 더욱 진전되어 5세기 후반에 이르면 착의법에 대대적인 변화가 일어났다. 초기 불상들은 인도 불상의 복제服制를 따라 대의大衣로 두 어깨를 감싼 통견通肩의 방식이나 오른쪽 어깨를 드러낸 편단우견偏袒右肩의 방식으로 옷을 입었는데, 이제는 옷고름으로 여민 내의 위에 마치 중국식 도포와 같이 옷을 걸친 모습의 불상이 만들어지기 시작했다(그림 8). 이러한 새로운 착의법은 당시 중국의 한족漢族 왕공귀족들이 입던 옷과 유사해 한화식漢化式 복제라 부른다. 불상의 양식에도 큰 변화가 일어났다. 갸름하고 긴 얼굴에 가녀리고 날씬한 체형을 가진 불상이 많이 만들어졌는데, 이 역시 당시 한족 문화권을 중심으로 유행한 소위 수골청상秀骨淸像을 따른 것이다.[9] 6세기 중엽까지 유행한 이러한 형식은 인도 및 서역과의 교류가 활발해지며 다시 입체감이 살아나고 이국적인 풍모를 띤 불상의 유행에 자리를 넘겨주게 되었다. 이처럼 중국 불상의 양식과 형식은 외부의 영향과 내부적인 미감의 상호 교환 속에서 다변했으며, 여러 왕조의 교체와 혼란 속에서 지역적인 차이도 적지 않았다. 중국 불상의 다채로운 양상들은 한반도 초기 불교미술에 큰 영향을 미쳤다.

II. 삼국·통일신라의 불교미술

고졸함에서 완숙함으로

고구려는 372년 오호십육국五胡十六國 중 하나인 전진前秦으로부터, 백제는 384년 강남으로 남하한 한족 왕조인 동진東晉으로부터 불교를 전해 받았다. 신라의 경우는 5세기경 고구려를 통해 불교가 전해졌으나 토착 세력의 반발로 인해 바로 수용되지 못하다 6세기 전반 법흥왕(재위 514~540)대에 이르러서야 이차돈의 순교를 통해 공인했다. 이와 같은 내용을 전하는 『삼국사기三國史記』·『삼국유사三國遺事』를 보면, 고구려에 불교를 전한 전진의 왕 부견符堅(재위 357~385)은 승려 순도順道와 함께 불상과 경전을 보냈다고 한다. 즉 종교의 전파에 불상은 승려와 경전

---

9 최경원, 「北魏 佛像服制의 中國化에 대한 硏究史的 考察」, 『미술사연구』 8, 미술사연구회, 1994, pp.251~268

그림 9 서울 뚝섬 출토 금동불좌상(삼국 5세기, 높이 4.9cm)

그림 10 연가 7년명 금동불입상(고구려, 539, 높이 16.2cm)

못지않게 중요한 역할을 한 것이다. 아울러 이 기사는 한반도에서의 불상 제작이, 초기 중국 불상이 그러했듯, 불법을 전해 준 지역의 것을 모델로 했을 가능성을 시사한다. 실제로 현존하는 가장 이른 불상인 서울 뚝섬 출토 금동불좌상은 그러한 경향을 잘 보여 준다(그림 9). 높이 5cm 남짓 되는 이 작은 상은 형식과 양식적인 측면에서 4세기경 중국에서 만들어진 불상(그림 7)과 거의 동일하다. 중국 불상의 영향력은 그 후로도 적지 않게 이어졌다. 주로 중국의 북조北朝와 교류한 고구려, 그리고 남조南朝와 교류한 백제에서는 각각 두 지역에서 유행한 불상의 양식을 많이 따랐던 것으로 보인다. 예를 들어 갸름하고 길쭉한 얼굴과 끝이 뾰족하게 처리된 옷 끝단을 가진 고구려 연가延嘉 7년명 금동불입상에서는 중국 북위 불상의 요소를 찾아볼 수 있으며 (그림 10), 둥그스름한 얼굴과 부드러운 옷 주름의 처리가 돋보이는 부여 군수리 사지 출토 납석제 불좌상은 남조 불상의 경향과 유사한 것으로 이해된다(그림 11). 하지만 중국 불상과 구별되는 한반도적인 특징도 발현되었다. 완벽하지만 차가워 보이는 중국 불상과는 달리 꾸밈없는 따스한 얼굴과 자연스러움을 가진 불상이 제작되는

그림 11 부여 군수리 사지 출토 납석제 불좌상(백제, 6세기 전반, 높이 13.5cm)

동시에, 양평 출토 금동불입상과 같이 세부 표현을 과감히 생략하여 대담하고 추상적인 조형미를 보이는 상도 만들어졌다.10 6세기 불상에서 보이는 고졸古拙한 미감은 세련되고 완숙한 모습의 불상이 제작되기 시작한 7세기 전반까지도 지속되었다. 백제의 미소라 칭해지는 밝은 얼굴 표정과 부드러운 인체의 모델링을 자랑하는 서산마애삼존불, 둥그스름하고 아기자기한 인상을 풍기는 국립경주박물관 소장 삼존불(전 경주 남산 삼화령 출토)에서는 여전히 고졸한 맛을 느낄 수 있다. 하지만 조형적인 측면뿐 아니라 기법적인 면에 있어서 완숙함을 찾아볼 수 있는 상들도 만들어졌다. 국보 제78호, 제83호 금동반가사유상은 바로 그러한 예

---

10 김리나 외 지음, 『한국불교미술사』, 서울: 미진사, 2011, pp.16~20

다(그림 12). 의자에 앉아 오른쪽 다리를 반으로 구부려 아래로 늘어뜨린 왼쪽 다리의 무릎 위에 올린 반가의 자세를 취하고 오른손으로 뺨을 살짝 누른 채 눈을 지그시 감고 명상에 잠긴 모습의 반가사유상은 더할 나위 없는 숙연함을 자아낸다. 양식적인 차이가 있으나 두 상은 모두 자연스럽고 완벽한 인체의 모델링과 오차 없는 비례, 아울러 고도의 주조 기술을 요하는 금동의 재료와 80~90cm에 달하는 크기 등에서 7세기 전반 한반도의 불상 제작 수준을 확인케 하는 걸작이다.[11] 특히 제83호 반가사유상은 독일의 실존주의 철학자 칼 야스퍼스(Karl Jaspers)가 극찬한 일본 교토 고류지(廣隆寺)의 목조반가사유상과 거의 동일하다(그림 13). 고류지는 신라계 도래인渡來人으로 보이는 하타(秦)씨가 세운 사찰이며, 『일본서기日本書紀』에는 623년 신라 사신이 불상을 가져와 우츠마사데라(秦寺), 즉 고류지에 봉안했다는 기록이 있어 신라에서 가져간 상으로 여겨진다. 더욱이 이 상은 일본에서는 좀처럼 사용하지 않는 적송赤松으로 만들어져, 한반도와의 연관성을 강하게 시사한다.

그림 12 국보 제83호 금동반가사유상(삼국, 7세기 전반, 높이 90.9cm)

그림 13 일본 고류지 목조반가사유상(7세기 전반, 높이 125cm)

---

11 국립중앙박물관, 『한일 금동반가사유상: 과학적 조사연구보고』, 서울: 국립중앙박물관, 2017, pp.56~59

왕실의 염원

『삼국사기』, 『삼국유사』 등에 의하면 고구려와 백제는 불교를 수용하자마자 수도에 절을 세워 승려를 거주하게 했다고 한다. 당시 세워진 사찰 중 원형 그대로 남아 전하는 것은 없다. 다만 고구려의 수도였던 평양과 백제의 수도였던 부여 일대의 발굴을 통해 고구려에서는 주로 팔각형의 목탑을 세우고 주위에 세 개의 금당을 배치했던 것으로, 백제에서는 주로 방형의 목탑을 세우고 뒤쪽으로 하나의 금당을 세워 불상을 안치했던 것으로 파악한다. 즉 사리를 봉안한 목탑과 불상을 봉안한 금당을 한 사찰 내에 동시에 조영한 것인데, 이는 중국에서의 사찰 건립 형식을 따른 것으로 보인다.

불교 수용 초기에는 왕경 내 주요 위치에 왕실의 후원을 받은 사찰들이 지어졌는데, 그곳은 승려들의 수행과 불법 정진의 장소로 기능하는 동시에, 왕실 가족의 평안과 나라의 안녕을 비는 기도처로서의 역할을 수행했다. 『삼국유사』에는 불교를 공인한 법흥왕이 퇴위 후 신라의 첫 사찰인 흥륜사의 주지가 되었으며, 이에 진흥왕이 '대왕大王 흥륜사'라 사액했다는 내용이 전한다.[12] 아울러 법흥왕과 진흥왕(재위 540~576)의 비가 왕의 사후 비구니가 되어 영흥사에 몸을 의탁했다고 하는 이야기도 전한다. 기록뿐 아니라 유적과 유물을 통해 왕실과 긴밀하게 연관된 고대 사찰의 특징을 가장 잘 볼 수 있는 곳은 바로 황룡사이다. 잘 알려져 있다시피 황룡사는 진흥왕의 꿈에 따라 짓고 있던 신궁新宮을 절로 고쳐 지은 것이다. 발굴을 통해 확인된 황룡사의 사역은 동서 288m,

---

12 『삼국유사』 권3, 「흥법」 3, 原宗興法 厭髑滅身

남북 281m의 길이이며, 면적은 약 2만 4480평에 달하는데, 이러한 거대한 규모는 절을 완성하는 데에 17년이 걸렸다고 하는『삼국유사』의 기록을 입증하기에 충분하다. 발굴 중 금당 터에서는 28cm 크기의 불상 나발 파편이 발견되었는데, 이는 574년(진흥왕 35)에 조성했다고 하는 장육丈六 크기의 불상, 즉 높이가 4~6m에 달하는 거대한 금동 불상의 일부로 추정된다.[13] 장육존상은 현재 대석臺石이 남아 있는 중금당에 봉안되었을 것으로 추정하는데, 초석을 통해 밝혀진 중금당의 크기는 9×4칸이다. 이는 일반적으로 5×3칸 혹은 5×4칸인 고대 사찰의 금당보다 월등히 큰 규모이다. 중금당 앞에는 643년(선덕여왕 12)에 짓기 시작해 다음 해에 완공된 9층 목탑이 있었는데, 높이는 53~80m로 추정된다. 이는 평지인 신라 왕경의 어느 곳에서나 눈에 띄었을 당시 최고의 고층 건물이었다.

이와 같은 거대한 규모 외에도 황룡사는 불교 및 불교미술의 유입으로 고대 사회에 소개된 새로운 왕권 상징의 방식을 보여 준다.『삼국사기』에도 실려 있듯 황룡사 장육존상은 진흥왕의 죽음 전에 눈물을 흘려 흉사凶事의 전조를 내보였다고 하는데, 이는 불교의 유입으로 신라 사회에 알려진 새로운 신이神異 경험을 대표한다.[14] 더욱이『삼국유사』에 의하면 황룡사 장육존상은 불상을 만들려 했으나 실패한 인도의 아쇼카 왕이 배에 실어 떠나보낸 금, 동의 재료를 가지고 신라에서 단번에 완성한 것이라 한다. 물론 이러한 이야기는 역사적인 사실이 아니나, 불교의

---

13 장육은 1장 6척을 뜻한다. 척의 길이는 시대마다 차이가 있는데, 황룡사 조영에는 1척이 35.6cm인 고구려척을 사용했던 것으로 본다. 장육존상의 제작에도 고구려척이 사용되었다면 그 크기는 5m가 넘게 된다.

14 이주형, 「한국 고대 불교미술의 상에 대한 의식과 경험」,『미술사와 시각문화』1, 미술사와 시각문화학회, 2002, pp.8~39

원류인 인도와의 인연을 강조하는 동시에 아쇼카왕에 필적하는, 어쩌면 그보다 더 위대한 신라 왕의 존재와 위상을 드러내고자 한 신라인들의 자신감을 엿보게 한다.[15] 이러한 자신감은 전불前佛 7처 가람에 대한 또 다른 전설에서도 확인된다. 『삼국유사』에 의하면 신라에는 전불, 즉 과거 일곱 분의 부처가 주석했던 절 일곱 곳이 있다고 하는데, 흥륜사·영흥사·황룡사를 포함해 실제로 경주에 세워졌던 여러 절이 이에 속한다. 특히 황룡사에는 석가모니 바로 이전 부처인 가섭불迦葉佛이 앉아 설했다고 하는 연좌석宴坐石이 있었다.[16] 이러한 전설을 통해 자신의 영토를 부처님의 땅, 즉 불국토佛國土로 여기고 그에 걸맞게 탑과 상을 만들어 나간 신라인들의 노력과 의지를 엿볼 수 있다.

아울러 신라는 불법에 의지해 나라를 지키고 수호하고자 하는 의지가 강했다. 통일 전후로 여러 호국護國 불사佛事를 벌였는데, 황룡사 9층 목탑은 자장慈藏의 건의에 따라 주변국의 침입을 막기 위해 세운 것으로, 통일로 가는 길목에 있는 불사였다. 호국의 기원을 담은 불사는 통일 이후에도 이어졌다. 679년(문무왕 19) 갑작스러운 당唐의 침공을 막기 위해 급히 세운 사천왕사가 대표적인 예이다. 일제강점기 사천왕사 터에서는 여러 편의 녹유綠釉 신장벽전神將壁塼이 출토되어 이를 한동안 사방을 수호하는 사천왕四天王을 표현한 것으로 보아 왔다. 그러나

---

15 김리나, 「황룡사의 장육존상과 신라의 아육왕상계 불상」, 『한국고대불교조각사연구』, 서울: 일조각, 1989, pp.61~84(신수 초판, 2015, pp.83~110 재수록); 주수완, 「황룡사 장육상의 제작기법에 대한 연구」, 『신라사학보』 23, 신라사학회, 2011, pp.395~438; Haewon Kim, "Why a Sixteen-foot Buddha? Rethinking Hwangryongsa Temple's Main Icon and Its Materiality.," *Acta Koreana* 23, 2, 2020, pp.1~22 등 참조.
16 『삼국유사』 권3, 「탑상」 4, 迦葉佛宴坐石

근래의 발굴 결과 네 종류가 아니라 세 종류의 부조가 하나의 세트를 이루며 목탑 기단을 장식했다는 것이 밝혀져, 사천왕을 표현한 것이 아님을 알게 되었다. 하지만 근육질의 당당한 체구와 사실적으로 표현된 갑옷, 축도법을 이용한 공간감의 표현과 제압당하는 악귀의 역동적인 표정과 몸짓 등에서 7세기 후반 신라 불교미술의 기량과 수준을 확인할 수 있는 수작임에는 틀림없다(그림 14).

그림 14 사천왕사지 출토 녹유신장벽전(통일신라, 7세기 후반, 복원 높이 88cm)

추복 불사

불교의 유입이 한반도에 미친 중요한 영향 중 하나는 사후에 대한 개념의 변화이다. 안악 3호분과 같은 고구려 초기 벽화무덤의 소재를 보면 주로 현세에서의 삶이 사후에도 연결된다고 보는 계세적繼世的 세계관이 지배적이었던 것으로 보인다. 그러나 묘주 부부가 부처 내지는 불상에 절을 하는 모습과 보살, 하늘을 나는 비천이 그려진 장천 1호분의 등장에서 볼 수 있듯 불교의 유입은 벽화의 소재를 풍부하게 했으며, 천장 내지는 네 벽면에 연꽃을 그려 넣어 사후 부처의 세계로 가기를 바라는 내세적來世的 세계관을 표현한 무덤도 등장하게 하였다.[17]

아울러 불교는 조상 숭배의 방식을 다변화했다. 불교 전래 이전부

---

17 김진순, 「5세기 고구려 고분벽화의 불교적 요소와 그 연원」, 『미술사학연구』 258, 한국미술사학회, 2008, pp.37~74

터 조상을 숭배하는 가장 기본적인 방식은 무덤을 만들고 제사를 지내는 것이었다. 하지만 불교 유입 이후에는 회향回向의 원리에 기반해 돌아가신 부모나 가족 일원을 위해 불상 제작을 발원하고 그 공덕에 힘입어 죽은 자가 부처를 만나고 깨달음을 얻기를 바라는 새로운 추모 방식이 등장했다. 563년에 만들어진 계미명癸未銘 금동삼존불이나 571년에 제작된 신묘명辛卯銘 금동불 광배 뒷면에는 "돌아가신 아버지를 위해" 불상을 만든다거나, "돌아가신 아버지, 어머니가 생마다 마음속에서 항상 여러 부처와 선지식을 만나길" 바라는 구절이 있다.[18] 이처럼 불상을 만듦으로써 명복을 빌며 추선하는 것은 중국뿐 아니라 인도 불상의 명문에서도 확인되는, 불교 공통적인 효 실천 방식이었다. 이와 같은 추선 불사는 불상 제작에 국한되지 않았다. 사리를 봉안하기 위해 사리함을 만들고 탑을 세우는 것에서부터 절을 세우고 절에 필요한 종을 주조하거나 경전을 베끼는 것, 즉 사경寫經까지 다양한 방식으로 확대되었다. 예를 들어 신라의 신문왕(재위 681~692)은 돌아가신 아버지 문무왕을 위해 절을 완공하고 감은사感恩寺라 명했으며, 효소왕(재위 692~702)은 아버지 신문왕을 위해 삼층 석탑을 세웠다. 그 뒤를 이은 성덕왕(재위 702~737)은 효소왕을 위해 탑 안에 사리와 불상 등을 모셨으며, 성덕왕의 뒤를 이은 효성왕(재위 737~742)과 경덕왕(재위 742~765)은 각각 봉덕사를 짓고 이후 성덕대왕신종이라 불리는 동종 제작을 발원하여 선왕을 위한 추선 불사를 이어 갔다.[19] 불사를 통해 선친을 추복하는 전통은

---

18 "癸未年十一月一日寶華爲亡父趙□人造"; "景四年在辛卯 …… 共造無量壽像一軀願亡師父母生生心中常値諸佛善知識等値……" 명문의 출처는 진홍섭 편저, 『韓國美術史資料集成(1)-삼국시대~고려시대-』, 서울: 일지사, 1987, pp.215~216

19 최선아, 「孝 실천으로서의 불교미술-석굴암, 불국사 창건 목적과 관련하여-」, 『신라문화』 54, 동국대학교 신라문화연구소, 2019, pp.221~254

그림 15 감산사 미륵보살입상(향좌)과 아미타불입상(향우)[통일신라, 8세기 전반(719), 화강암, 높이 270cm, 275cm, 국립중앙박물관 소장]

귀족 사이에서도 널리 퍼졌다. 육두품으로서 최고의 자리에 올랐던 김지성은 돌아가신 양친을 위해 719년 자신의 장전을 희사해 절을 세우고 아미타상과 미륵상을 만들었다(그림 15). 현재 국립중앙박물관에 소장된 감산사 아미타불입상과 미륵보살입상이 그것으로, 광배 뒷면에 전말이 상세히 기록되어 있다. 두 불상은 단단한 화강암으로 만들어졌으나 자연스러우면서도 사실적인 표현을 통해 마치 돌 안에서 불신이 현현顯現하는 것 같은 인상을 준다. 두 상에서 확인되는 8세기 전반 신라 불교미술의 수준은 토함산 산정과 중턱에 지어진 석굴암과 불국사에서 정점을 보여 준다.

『삼국유사』에 의하면 석불사石佛寺, 즉 석굴암과 불국사는 경덕왕 대에 중시中侍를 지낸 김대성이 각각 전생과 현생의 부모를 위해 지은 절이라고 한다. 원형의 주실과 방형의 전실, 그리고 두 곳을 잇는 복도로 이루어진 석굴암은 화강암을 깎고 그 위에 상을 새겨 굴처럼 쌓아 올린 축조물이다. 원형의 주실 가운데에는 대좌 위에 결가부좌하고 오른손을 아래로 내려 깨달은 순간의 부처를 표현한 항마촉지인降魔觸地印의 본존불을 두었으며, 열 명의 나한과 문수, 보현보살, 범천과 제석천 등 부처에 가까운 권속을 주실 벽에 부조로 새겼다(그림 16). 복도와 방형 전실 벽에는 사천왕과 금강역사, 팔부중과 같은 호법신을 표현했다. 부처와 그 이하 신들을 각자의 위계에 맞게 한 공간에 질서 있게 배치함으로써, 불교의 판테온을 일목요연하게 구현해 냈다. 불국사는 석가모니불을 모신 대웅전 영역을 비롯해 아미타불을 모신 극락전 영역, 비로자나불을 모신 비로전 영역 등을 한 절에 둠으로써 대승불교의 확장된 세

그림 16 석굴암(통일신라, 8세기 중엽)

그림 17 불국사(통일신라, 8세기 중엽)

계를 펼쳐 보였다(그림 17).[20] 서방극락세계의 주인인 아미타불과 부처의 말씀, 즉 법을 상징하는 초월적인 부처인 비로자나불은 금동으로 만들어져 현재까지 전한다. 『삼국유사』에 실린 두 절의 창건 연기에 대해서는 여러 해석이 있으나, 두 절은 8세기 중엽 신라 불교미술이 기법적인 측면에서뿐 아니라 교리적·내용적 측면에서도 최고의 경지에 올랐음을 보여 준다는 점에 대해서는 이견이 없다.[21]

---

20 석굴암 및 불국사에 대한 많은 연구는 박찬흥, 「석굴암에 대한 연구사 검토」, 『石窟庵의 新研究』(新羅文化財學術發表會論文集 제21집), 경주: 新羅文化宣揚會, 2000, pp.199~234 참조.
21 박찬흥의 연구사 정리 이후 석굴암, 불국사의 창건 목적에 대한 연구 경향은 최선아, 앞의 논문, 2019, pp.223~226 참조.

지방으로의 확산

불상을 만들고 절을 세우는 데에는 여러 목적이 있었지만, 그중에서도 죽은 자의 명복과 극락왕생을 비는 추선 불사는 불교미술을 발전시키는 중요한 원동력이 되었다. 『삼국사기』에는 애장왕 7년(806) 교지를 내려 절을 새로 짓고 화려하게 장엄하며 값비싼 의식을 행하는 것을 금했다는 기사가 있는데, 이는 당시 규제가 필요할 정도로 불사가 매우 활발했음을 반증하는 것이다. 발굴을 통해 드러난 신라 왕경의 크고 작은 절터와 남산에 건립된 수많은 불상과 탑은 그러한 상황을 여실히 드러낸다. 아울러 9세기 신라 하대가 되면 지방에도 많은 절이 세워지고 불상이 봉안되었다. 대구 동화사, 합천 해인사와 같은 경상도 지역뿐 아니라 남원 실상사, 장흥 보림사, 보령 성주사, 양양 진전사 등과 같이 왕경에서 멀리 떨어진 곳에도 주요 사찰이 세워지고 탑과 상으로 절을 장엄했다. 이와 같은 불교미술의 지역적 확산에는 정치적 혼란 속에서 지방 호족이 중요한 권력 세력으로 성장한 것이 중요한 이유로 거론된다. 동시에 당 유학을 마치고 귀국한 선종 승려들이 왕경이 아니라 지방에 정착을 하게 된 것도 중요한 이유로 작용했다. 821년 귀국한 도의道義 선사는 설악산 진전사에 은거하며 수행하였으며, 826년 귀국한 홍척洪陟은 남악 실상사에 자리를 잡고 실상산문을 열었다. 보림사를 중심으로 가지산문을 연 체징體澄, 성주사를 기반으로 성주산문을 연 무염無染도 그에 해당된다. 선종 산문의 중심이 되는 사원들에는 개산조의 유해를 모신 승탑이 세워졌으며, 그의 업적을 기리는 탑비도 종종 함께 세워졌다. 부처의 사리를 모시는 불탑 외에도 조사의 유해를 모시는 승탑을 세우는 것은 선종의 유입과 함께 등장한 새로운 관습이었다. 기록을 통해

그림 18 보림사 철조비로자나불좌상(신라, 858, 높이 250cm)

조사의 초상을 모시는 조사당도 절 안에 세워졌음을 알 수 있다. 선종과 관련해 더욱 흥미로운 현상 중 하나는 지방 선종 사찰을 중심으로 철불이 제작되고 봉안되었다는 점이다. 실상사와 보림사에 봉안된 철불은 높이 2m가 넘는 대형 불상이며, 성주사, 곡성 태안사에도 기록과 유물을 통해 철불이 봉안되었음을 알 수 있다(그림 18).

주로 금동불이나 석불을 제작하던 신라에서 갑자기 철불을 만들게 된 것에 대해 기존에는 철이라는 재료가 구리보다 저렴하며 농기구나 무기 제조에 사용해 온 오랜 전통이 있다는 점을 들어 지방적인 것, 동시에 호족적인 것으로 이해했다. 아울러 실상사, 보림사 철불은 얼굴 표정이나 불신의 표현 등에 있어 동시기 경주에서 만들어진 금동불이나 석불에 비해 조형성이 떨어지고 표면이 거칠기 때문에 미감의 쇠퇴 내지는 기술력 부족의 결과로 이해되었다. 그러나 한동안 지방적인 것으로 여겨진 신라 하대 선종을 왕실과의 관계를 중심으로 재고하게 됨에 따라 철불 제작에 대한 이해도 방향을 달리하게 되었다.[22] 팔뚝

---

22 최성은, 「신라 하대 불교조각과 호남지역 선종사찰의 철불조성」, 국립광주박물관 편, 『마음이 곧 부처』, 국립광주박물관, 2017, pp.218~235; 배재훈, 「신라 하대 철

에 주조된 명문이 있는 보림사 철조비로자나불상은 858년 무주 장사 부관 김수종이 왕의 허락을 받아 제작한 것임을 알 수 있는데, 같은 절에 있는 보조선사의 비명에서도 국왕이 교지를 내려 절을 장엄하는 데 도왔다는 내용이 있어 지방 선종 사찰에서의 철불 제작이 중앙 왕실과 무관하게 이루어진 것은 아님을 알 수 있다. 아울러 지방 선종 사찰에서의 철불 제작에는 유학승들의 역할이 적지 않았을 것으로 추정한다. 철불의 제작은 중국에서도 보편적인 것은 아니었다. 그러나 신라 승려들이 유학하던 8~9세기 중국에서는 대형 철불이 여럿 제작되었으며 그러한 정보와 기술이 귀국한 승려들을 통해 신라에 전해졌을 것으로 보는 것이다. 실제로 동보다 수급이 더 원활하며 저렴한 철은 865년 향도 1500명이 함께 발원한 철원 도피안사 비로자나불상과 같이 민간에서의 불상 제작을 가능하게 했다.

아울러 9세기 신라 하대에는 석굴암 본존불의 형식을 따른 항마촉지인 불상과 함께 법신불 비로자나불상이 많이 만들어졌다. 비로자나불은 주로 왼손의 검지를 오른손으로 감싼 지권인智拳印을 결했는데, 이러한 지권인 비로자나불상은 연대를 알 수 있는 가장 오래된 상인 산청 내원사(석남암수)의 석조비로자나불상(766 추정)을 비롯해 경주 창림사(855), 장흥 보림사(858경), 대구 동화사(863경), 철원 도피안사(865), 합천 해인사(883) 등 각지에서 만들어졌다. 재료도 돌, 철, 금동, 목조 등 다양하다. 지권인을 결한 비로자나불좌상은 중국이나 일본에서는 거의 찾아볼 수가 없어, 그 연원과 신라에서의 유행 배경에 대한 여러 논의가 이루어졌다.[23]

불의 수용과 후원세력」, 『한국고대사탐구』 27, 한국고대사탐구학회, 2017, pp.7~55
23 김리나·이숙희, 「통일신라 지권인 비로자나불상 연구의 쟁점과 문제」, 『미술사논단』 7, 한국미술연구소, 1998, pp. 227~263; 강희정, 「9세기 비로자나불 조성

III. 고려의 불교미술

거석불의 유행

918년 개경을 수도로 삼은 고려 왕조의 개창은 불교미술의 흐름에 큰 변화를 가져왔다. 천년의 고도로서 오랫동안 문화의 중심지 역할을 해 온 신라의 수도 경주는 지방이 되었으며, 송宋과 금金, 요遼 등 주변국의 자극을 흡수하고 내재적인 역량을 키워 새로운 불교미술을 선보이고 시대적인 흐름을 주도해 나가는 역할은 새 수도 개경이 맡게 되었다. 고려의 불교미술을 제대로 이해하기 위해서는 개경과 그 주변에 남은 유적과 유물을 살펴보아야 하지만, 정치적인 상황으로 인해 문헌 기록과 지극히 한정된 정보에 의지할 수밖에 없는 상황이다. 그러한 한계에도 불구하고 개경 이남, 즉 지방에 남겨진 상들을 살펴보면 다음과 같은 특징을 이야기할 수 있다. 우선 고려 전기에 만들어진 불상들은 도상이나 재질에 있어 신라의 전통을 계승하는 경향이 강했다. 9세기에 유행한 항마촉지인 불좌상과 지권인 비로자나불상이 다수 만들어졌으며, 철불의 제작도 매우 활발했다. 경기도 광주(현 하남) 하사창리에서 가져와 현재 국립중앙박물관에 전시되어 있는 소위 광주 철불과 그 맞은편에 전시되어 있는 전傳 서산 보원사지 철불은 각각 2.88m, 2.63m에 달하는 대형 불상으로, 고려 전기 불교조각을 대표한다(그림 19). 동시에 두 상은 신라 하대에 이어 더욱 다변화된 불교미술의 지방화를 보여 준다. 석굴암 본존불의 사실적인 양식을 충실히 따르고자 한 광주 철불과는

의 배경과 의미」,『한국고대사탐구』13, 한국고대사탐구학회, 2013, pp.139~173

달리 전 보원사지 철불은 특이한 얼굴이나 편평한 신체, 선각의 옷 주름 표현 등에서 상당히 추상적이다. 그러한 특징들은 강원도 원주 지역에서 제작된 고려 전기 철불들과 상당히 유사해, 지역적인 특성화와 함께 불상 양식의 유전 양상을 가늠해 볼 수 있다.[24]

지역별로 특색이 강한 불교조각이 고려 전기에 만들어졌음은 강원도 강릉 일대

그림 19 전 서산 보원사지 철조불좌상(고려, 10세기, 높이 263cm)

에서 확인되는 일련의 석조 보살상에서도 확인된다. 강릉 한송사지 출토 석조보살좌상과 신복사지 석조보살좌상은 자세의 차이는 있으나 볼과 턱에 살이 오른 통통한 얼굴과 작은 이목구비, 아담한 체구와 부드러운 조형감 등에서 이 지역에서 유행한 불교미술의 양식적 특징을 드러낸다.[25] 한편 충청도 지역에서는 거대하고 투박한 모습의 대형 석조보살입상이 여럿 제작되었다. 가장 대표적인 것은 은진미륵이라고 부르는 논산 관촉사 석조보살입상이다(그림 20). 10세기경 제작된 것으로 알려진 이 상은 높이가 18m에 달하는 거대한 석상이다. 전체적인 조형감은 마치 기둥을 세워 놓은 듯 단순하며, 머리가 몸의 1/4에 달하는 등

---

24 최성은, 『고려시대 불교조각 연구』, 서울: 일조각, 2013, pp.59~117
25 최성은, 위의 책, 2013, pp.149~179

그림 20 논산 관촉사 석조보살입상(고려, 10세기, 높이 18.12m)

추상적인 인상이 강하다. 이 상에 대한 평가는 한때 '석굴암의 위대하고 명예로운 전통이 종착역에 다다른 것' 내지는 '석재를 다루는 능력을 상실한 데서 오는 무계획, 체념적인 작품'과 같이 매우 부정적이었다. 이는 통일신라, 특히 석굴암 본존불에 구현된 사실적인 양식을 한국 불교 조각의 발전 단계 중 가장 정점에 있는 것으로 상정하고 그 이후 제작된 것을 퇴보한 것으로 설명하는 생물학적 발전주의 모델에 입각한 것이다. 그러나 근래에는 은진미륵에 보이는 특징들을 수준이 아니라 미감의 차이로 보고 상대적인 퇴보가 아니라 고려 석불의 독자적 가치로 볼 필요성이 대두되었다. 부드럽고 자비로운 보살의 이미지보다는 강한 신비감을 담고 있는 위압적인 모습을 원하는 시대 상황과 정신이 표출된 것으로 보기도 하고, 숨 막힐 듯 완벽하게 짜인 질서가 아니라 차라리 그 질서를 파괴하는 힘, 괴력과 신통력의 소유자인 신을 상상한 것으로 해석하는 학자도 있다.[26] 은진미륵을 비롯해 충청도 일대에는 부여 대조사, 충주 미륵대원 상과 같이 10m 남짓의 대형 석조상들이 집중적으로 세워지게 되었다. 형태의 차이는 있으나, 이러한 대형 석불들은 은진미륵과 같이 머리 위에 주로 보개寶蓋라 부르는 편평한 돌을 올려 마치 면류관과 같은 관을 쓴 듯한 모습을 하고 있다.

단아함의 추구

그림 21 서산 개심사 목조아미타불좌상[고려, 13세기(1280 이전), 높이 120cm]

10~11세기에 해당하는 고려 전기에는 지역별로 특색이 강한 불상들이 만들어졌다면, 12~13세기, 즉 고려 중기에는 이전과는 다른 새로운 양식과 형식의 상이 제작되기 시작했다. 서울 안암동 개운사(본래 아산 취봉사에 봉안, 1274 개금)와 서산 개심사(1280 수리)에 봉안된 목조 아미타불좌상(그림 21)이나 안동 봉정사(1199), 안동 보광사(12세기 후반 추정)에 안치된 목조 관음보살좌상과 같이, 시선

---

26 최선주, 「고려초기 관촉사 석조보살입상에 대한 연구」, 『미술사연구』 14, 미술사연구회, 2000, pp.3~33. 상에 대한 다양한 관점 정리는 최선아, 「한국조각 연구의 현주소와 미래」, 『인문과학연구논총』 36, 명지대학교 인문과학연구소, 2015, pp.73~77 참조.

그림 22 일본 간논지 소장(서산 부석사) 금동관음보살좌상(고려, 1330, 높이 50.5cm)

을 아래로 하여 차분하고 정적인 인상을 짓고 안정감 있는 신체 비례를 보이는 상이 만들어졌다. 유사한 경향은 청양 장곡사 금동 약사여래좌상(1346), 서산 부석사[현 일본 쓰시마 간논지(觀音寺) 소장] 금동 관음보살좌상(1330, 그림 22)과 같이 14세기에 만들어진 불·보살상으로 이어졌으며, 조선시대 불교미술에도 적지 않은 영향을 미쳤다. 이 상들에 보이는 단정하고 우아한 모습을 '단아양식端雅樣式'이라 부르기도 한다. 그 연원에 대해서는 8세기 중엽 통일신라 불교미술의 고전미를 계승한 것으로 본 적도 있으나, 근래에는 남송 불교조각과의 유사성을 확인해 외부적인 자극이 중요한 동기 가운데 하나로 작용했을 것으로 보고 있다.[27]

이러한 단아한 모습의 불·보살상은 동시기 불화에서도 확인된다. 기록을 통해 불화는 이미 삼국시대부터 제작되었으며, 불상과 함께 중요한 예불의 대상이 되거나 불전을 장엄하는 기능을 했던 것으로 파악된다. 하지만 대부분 소실되어 현존하는 작례는 거의 없다. 고려시대에 제작된 불화들도 오랫동안 잊혔으나, 1978년 일본에서 열린 특별전시를 통해 100여 점 이상이 일본에 소장되었음을 알게 되었다. 주로 13~14세

---

27 정은우, 『고려후기 불교조각 연구』, 서울: 문예출판사, 2007, pp.89~126

기에 제작된 족자 형태의 불화들로, 이동이 용이하여 오랜 기간에 걸쳐 일본으로 반출되었던 것으로 보인다. 소재 면에서는 아미타불 및 그 권속을 그린 아미타불화가 다수를 차지하는데, 일본 도쿄 네즈(根津)미술관 소장 아미타여래도에서 보듯 부처의 전체적인 형식과 양식은 동시기 불상과 거의 동일하다(그림 23).[28] 비단 위에 설해진 화려한 색감과 금니金泥의 효과적인 활용, 비단의 뒷면에 색을 칠함으로써 앞면으로 은은하게 색이 번져 나오게 하는 배채법背彩法은 고려 불화의 특징으로 꼽힌다. 고려 불화의 아름다움은 중국에 알려져 높이 평가받았다. 여러 차례 원元의 요청으로 고려 불화를 보냈다는 기록이 있으며, 원의 유명한 서화 감식가인 탕후湯厚는 저서 『고

그림 23 〈아미타삼존도〉(고려, 14세기, 비단에 채색, 139.0×87.9cm 일본 네즈미술관 소장)

---

28 더 많은 아미타불화 사례는 菊竹淳一·鄭于澤, 『高麗時代의 佛畵』, 서울: 시공사, 1997, pp.27~64; 국립중앙박물관, 『고려불화대전』, 서울: 국립중앙박물관, 2010, pp.62~79 참조.

금화감古今畵鑑』에서 "고려의 관음보살도는 매우 공교하다."라고 극찬했다. 탕후가 말한 관음보살도는 물가에 있는 암좌巖座에 앉아 발치에 있는 선재동자善財童子를 물끄러미 바라보고 있는 관음보살의 모습을 그린 수월관음도水月觀音圖를 뜻하는 것으로 본다. 수월관음도는 『화엄경華嚴經』「입법계품入法界品」에 묘사된 관음보살의 주처住處인 보타락가산補陀洛迦山과 그곳에 있는 관음보살의 모습을 표현한 것이다. 보살이 걸친 투명한 비단옷과 화려한 장신구,

그림 24 〈수월관음도〉[고려, 1323, 비단에 채색, 165.5×101.5cm, 일본 센오쿠하코칸(泉屋博古館) 소장]

금니를 더해 신비로움을 극대화한 암석, 다채로운 보석과 산호로 장식된 물가, 그리고 마치 커다란 보름달처럼 관음의 머리와 몸을 감싼 광배의 표현 등은 탕후가 말한 공교함을 여실히 보여 준다(그림 24). 고려 수월관음도의 보살은 종종 한 손으로 투명한 수정 염주를 들고 있으며 그 뒤로는 두 그루의 대나무가 솟아 있는데, 이는 『삼국유사』에 전하는 의상義湘의 낙산관음 설화에 나오는 중요한 모티프들이다.[29] 현재 일본 가가미진

---

29 『삼국유사』 권3, 「탑상」 4, 洛山二大聖 觀音 正趣 調信; 황금순, 「洛山說話와 高麗 水月觀音圖, 普陀山觀音道場」, 『불교학연구』 18, 불교학연구회, 2007, pp.93~118

자(鏡神社)에 소장된 〈수월관음도〉는 1310년에 제작된 것으로, 높이가 419.5cm에 달하는 대형 불화이다. 아울러 2014년에는 무로마치室町 막부 제8대 쇼군인 아시카가 요시마사(足利義政, 1436~1490)의 가보를 소개하는 〈히가시야마 보물의 미(東山御物の美)〉 특별전에 그동안 알려지지 않았던 〈수월관음도〉가 공개되었다.[30] 화려한 채색과 금니의 흔적을 고스란히 간직한 새로운 불화의 공개는 고려 불화의 공교함을 다시 입증했을 뿐 아니라, 오랫동안 한 가문의 최고급 명품으로 간직되어 온 고려 불화의 위상을 확인하는 계기가 되었다.

원 간섭기의 이국적 미감

고려의 불교미술 가운데 국제적인 명성을 떨쳤던 것은 불화에 국한되지 않았다. 기록에 의하면 1290년(충렬왕 16) 고려는 원의 요청으로 65명의 사경승寫經僧을 보냈으며, 1297년(충렬왕 23)에는 원에서 사신이 와 직접 고려의 사경승을 징발해 갔다. 1311년(충선왕 3)에는 원의 관리가 고려에 와 승려와 속인 300여 명을 모아 금자대장경金字大藏經을 사성寫成해 가기도 했다. 사경, 즉 부처의 말씀인 경전을 필사하고 장엄하는 것은 불상 제작과 마찬가지로 공덕을 쌓는 중요한 방편 중 하나였다. 경전을 수지해서 독송할 뿐 아니라 마음에 품고 필사하면 헤아릴 수 없는 복덕을 얻을 것이라고 하는 대승불교의 가르침에 따라 경전을 직접 종이에 베껴 쓴 사경과 목판에 새긴 경판은 전 시대를 거쳐 활발히 제작되었다. 현존하는 최고의 목판 인쇄물로 알려진 불국사 석가탑 출토 〈무

---

30 2014년 10월 4일~11월 24일 도쿄 미츠이기념미술관(三井記念美術館)에서 열린 특별전이다.

구정광대다라니경無垢淨光大陀羅尼經은 바로 목판에 경전을 새기고 먹을 묻혀 찍어 낸 것이며, 현재 삼성미술관 리움에 소장된 〈신라 백지묵서白紙墨書 대방광불화엄경〉은 경전을 종이에 필사한 사경의 일례이다. 익산 왕궁리 오층석탑에서도 『금강경金剛經』을 새긴 경판이 나와, 고려 이전에도 이미 경전을 숭배하는 관습이 있었음을 충분히 알 수 있다.

경전 숭배는 고려에 와서 더욱 성행했다. 특히 고려 왕실은 불교에 크게 의지했으며, 여러 차례의 국난을 경전 숭배를 통해 극복하고자 했다. 993~1018년 세 차례에 걸쳐 거란의 침입을 받은 고려 왕실은 대장경, 즉 경전과 율장과 논장을 모아 목판에 새겼다. 1011년(현종 2)에 시작한 조판 사업은 1029년(현종 20)에 일단 완료되었는데, 이를 초조대장경初彫大藏經이라 부른다. 초조대장경은 1232년(고종 19)에 몽고군의 침입으로 인해 소실되었다. 이에 고려는 1236년(고종 23) 임시 수도였던 강화도에 대장도감을 설치해 다시 대장경을 판각하기 시작했으며, 1251년(고종 38)에 완성했다. 이 재조대장경再造大藏經은 총 8만 1136장의 목판으로 이루어져 있어 팔만대장경이라 부르며, 지금은 해인사에 있다.

경전 필사를 통해 공덕을 얻는다는 생각은 쪽빛으로 물들인 감지 위에 금니, 은니로 경전을 써 내려가는 사경 제작도 활성화했다. 사경의 첫머리에는 경전의 내용을 압축한 변상도變相圖가 그려져 있으며, 말미에는 사성기寫成記가 있어 언제, 누가, 왜 사경을 했는지를 알 수 있다. 1006년 목종의 어머니이자 경종의 비였던 천추태후 황보씨가 발원해 만든 〈감지금니 대보적경〉을 시작으로 수많은 고려 사경이 국내외에 남아 있다(그림 25). 고려가 수준 높은 사경을 제작할 수 있었던 것은 사경을 전담하는 부서인 사경원을 설치해 왕실이 주도적으로 사경 불사를 해나갔기 때문이다. 1181년(명종 11)에는 대장경 전체를 은자로 쓰도록 했

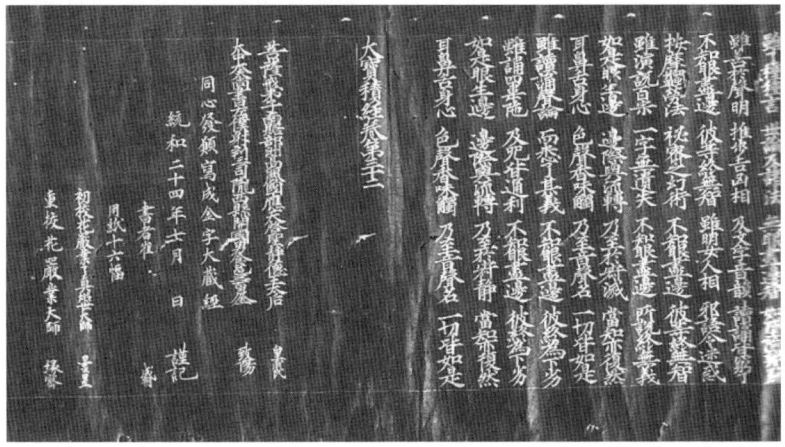

그림 25 〈감지금니 대보적경〉 권32의 일부(고려, 1006, 29.2×841cm, 일본 교토국립박물관 소장)

으며, 충렬왕(재위 1274~1308)은 즉위 때부터 은자대장경을 사성하고 재위 7년인 1281년에는 금자대장경 필사를 시작해 8년 만에 완성했다고 한다. 사경에 열정적이었던 충렬왕은 사경원과는 별도로 금자원·은자원까지 설치했는데, 바로 이 시기 고려의 사경 문화가 원 황실에 알려지면서 다수의 사경승이 원으로 차출되어 갔다. 고가의 재료로 정성스럽게 만든 고려 사경은 나전칠기 경함에 봉안되었다. 일반적으로 고려의 사경은 세로가 29~31cm 정도인데, 그보다 훨씬 작은 10cm 정도 되는 소형 사경도 존재한다. 이러한 크기의 사경을 담을 수 있는 작은 경갑도 전해, 실제로 경전을 소지하고 다녔을 가능성을 보여 준다.

사경에 보이는 고려 불교미술의 화려한 측면은 동시기 제작된 화려한 상감청자나 금속기에서도 볼 수 있다. 아울러 원 간섭기에 해당하는 14세기 고려 후기에는 이전에는 볼 수 없던 화려하고 이국적인 모습의 불상이 만들어졌다. 국립중앙박물관 소장 금동관음보살좌상은 금강산에서 출토되었다고 전하는데, 높이 18cm 정도의 작은 상이지만 끝이 뾰족하게 처리된 화려한 보관을 쓰고 있으며, 꽃 모양의 둥글고 큰 귀걸이를 하고, 여러 줄로 연결된 화려한 장신구로 몸 전체를 휘감고 있다(그림 26). 양감이 두드러진 얼굴과 잘록한 허리, 얇은 천의만을 어깨에 걸쳐 훤하게 드러낸 나신의 상반신 등이 앞서 본 단아한 양식의 보살상(그림 22)과 큰 차이를 보인다. 이러한 새로운 요소는 티베트 불교미술을 적극적으로 수용한 원의 불상에서 볼 수 있는 것으로, 원과 활발한 문화 교류가 있었던 시

그림 26 금동보살좌상(고려, 14세기, 높이 18cm, 국립중앙박물관 소장)

대 상황 속에서 고려 불교 미술에 나타나게 된 것이다.[31]

라마 양식이라 부르기도 하는 이러한 이국적인 요소의 유행은 탑에서도 확인된다. 공주 마곡사 오층석탑에는 중국 북경에 있는 원대 백탑白塔과 유사한 티베트계 탑 모양의 동제 장식이 올라가 있다. 이국적인 석탑의 전형은 현재 국립중앙박물관으로 옮겨져 전시되고 있는 경천사 십층석탑이다(그림 27). '아亞' 자형으로 사방이 돌출된 특이한

그림 27 개성 경천사지 십층석탑(고려, 1348, 높이 13.5m, 국립중앙박물관 소장)

기단부가 탑의 3층까지 이어지는데, 이러한 구성 역시 원대 탑에서 보이는 특징이다. 그 위로는 마치 불전이 층을 이루어 올라가는 것처럼 7층의 탑신부가 있고, 가장 꼭대기에는 마곡사 탑에서와 같은 특이한 모양의 상륜부가 있는데, 이는 불국사 석가탑에서 보이는 단순명료한 디자인을 모본으로 하여 주로 3층 내지는 5층의 탑을 만들던 기존 전통에서 크게 벗어나는 것이다. 경천사 탑 1층 탑신 옥개석 밑에는 "1348년 보녕부원군

---

31 정은우, 앞의 책, 2007, pp.168~202

강융과 고용봉이 대시주자로 석탑을 조성"한다는 명문이 있는데, 강융과 고용봉은 원 기황후의 후원을 받아 고려의 재정을 담당하던 관리들이다. 아울러 『신증동국여지승람』에는 원에서 장인을 데려와 탑 제작에 참여하게 했다고 하는 기록도 있어, 이러한 이형탑 제작 역시 원과의 문화 교류 속에서 탄생한 이국적인 미술임을 알 수 있다.

불복장佛腹藏의 세계

고려 불교미술 가운데 근래 들어 가장 많이 학자들의 이목을 집중시키는 것은 불복장이다. 불복장은 글자 그대로 부처의 뱃속에 감추어진 물건을 뜻한다. 이규보(1168~1241)의 『동국이상국집東國李相國集』에는 "낙산사에 있는 관음보살의 복장물이 없어져 심원경 두 개와 오향, 오약, 색사, 금낭 등을 다시 갖추어 복구했다."라는 「낙산관음복장수보문병송洛山觀音腹藏修補文幷頌」이 있어, 늦어도 고려 중기에는 불상에 복장이 봉안되어 있었을 것으로 추정한다. 불상의 개금改金과 이운移運, 도난 등을 계기로 상 안에 경전과 다라니를 비롯한 여러 성물이 들어 있음은 오래 전부터 알려졌으나, 그것이 미술사라는 학문 안에서 큰 관심을 받고 주요 연구 주제가 된 것은 비교적 근래에 들어서이다. 2002년부터 문화재청과 불교문화재연구소가 추진한 '한국의 사찰문화재 일제조사'를 통해 전국 사찰의 불상들이 전면적으로 조사되면서, 고려와 조선 시대에 만들어진 거의 모든 불상 안에 다양한 성물이 들어 있음이 밝혀지게 되었다.

고려 불상에서 확인되는 복장은 주로 나무나 은으로 만든 작은 합과 그 안에 담긴 사리와 구슬·곡물·직물, 그리고 상 내부를 메운 발원문과 경전, 인쇄된 다라니나 만다라, 옷 등으로 이루어져 있다. 복장은 시대가 지남에 따라 옛것을 꺼내고 새로운 것을 다시 채워 넣기도 해 봉안 당시의 모습을 그대로 간직한 것이 많지 않다. 하지만 1346년에 조성된 서산 문수사 상은 1973년 조사 당시 교란되지 않은 상태의 복장을 순서대로 꺼내어 다양한 물목의 상 내 안립安立 위치를 확인할 수 있었다. 상의 목 부분에서는 작은 청동 방울이, 가슴 부분에는 뚜껑이 있는 목제 합이 발견되었으며, 그 안에서 여러 다양한 물건들이 발견되었다. 그 외 빈 공간은 발원문과 경전 등 다양한 서지류와 여러 직물이 메우고 있었다. 아울러 상 안에서 수습된 「미타복장입물색기彌陀腹藏入物色記」에는 팔엽통八葉筒, 후령喉鈴, 오곡五穀, 오색사五色絲, 황폭자黃幅子를 비롯해 청목향·침향 등 다섯 가지의 향과 인삼·부자 등의 오약五藥, 유리·호박 등의 오보五寶, 대황·소황 등의 오황五黃의 명칭이 기재되어 있으며, 이들은 실제로 상에서 나온 복장과 거의 일치해 당시 상 안에 넣은 여러 물목의 종류와 명칭을 확인할 수 있다. 그리고 문수사 상에서 확인된 물목은 다른 고려 불복장에서 확인된 것과 크게 다르지 않다.[32]

   문수사 상에서 수습된 목합은 뚜껑과 측면에 팔엽의 연꽃잎이 주색으로 그려져 있어 기록에서 말하는 팔엽통일 것으로 추정한다(그림 28). 고려 복장에는 이처럼 목제나 금동제 합이 봉안되었는데, 조선시대가 되면 점차 여덟 잎의 연꽃 뚜껑을 갖춘 금속제 원통형의 긴 통, 즉 후령통으로 대체되었다. 뚜껑 중앙에는 후혈이라 부르는 긴 관이 있으며, 통 안에는 오곡·오약·오향 등을 담은 오보병 등을 넣고 황초폭자로 감쌌다. 후령통을 비롯해 발원문, 경전, 다라니, 의복 등 여러 성물들을 불상

---

32 정은우·신은제,『고려의 성물, 불복장』, 서울: 경인문화사, 2017, pp.40~46

그림 28 목합(고려, 14세기, 서산 문수사 목조아미타불좌상 복장물 중 일부, 수덕사근역성보관 소장, 높이 7cm)

의 내부에 안립하는 데에는 길고 복잡한 의식 절차가 수반된다. 그러한 의례와 다양한 물목의 의미는 조선 후기에 간행되어 전하는『조상경造像經』에 자세히 설명되어 있다.[33] 복장의례와 점안點眼의식을 거친 불상은 그전과는 다른 상징적인 의미를 지니게 된다. 상 내부에 성물을 넣어 상을 성스럽게 하는 관습은 육계에 사리를 봉안한 간다라 불상에까지 소급될 수 있다. 아울러 중국에서는 늦어도 9세기부터 오장五臟으로 구성된 장기臟器 모형을 상 안에 넣어 상을 생신화生身化했으며, 일본에서도 오륜탑五輪塔 등 다양한 상징물을 봉안하는 상내납입품像內納入品의 전통이 꾸준히 이어졌다.[34] 그러나 팔엽통 내지 후령통에 오보병을 안립하는 것을 주요 물목으로 하는 불복장은 아직까지 한국 불복장에서만 확인되는 특징으로, 그 연원에 대한 논의가 활발히 이루어지고 있다.[35]

---

33 이선용,「佛腹藏物 구성형식에 관한 연구」,『미술사학연구』261, 한국미술사학회, 2009, pp.77~104
34 이승혜,「불상의 聖物 봉안-쟁점과 과제」,『한국학』38, 한국정신문화연구원, 2015, pp.32~64
35 이승혜,「불교 造像史的 맥락에서 본 腹藏」,『남도문화연구』38, 순천대학교 남도문

IV. 조선의 불교미술

이념과 실제의 갈등

불교에 크게 의지한 고려와는 달리 조선이 억불抑佛 정책을 표방했음은 잘 알려진 사실이다. 유교를 중심으로 하는 새로운 정치 질서와 지도 이념을 확립하기 위해 사원의 확대를 금하고 승려의 수를 제한하는 등 1392년 건국 초기부터 조선은 강력한 불교 탄압의 정치를 시행했다. 하지만 불교는 여전히 정신적인 측면에서의 위안과 의지처로 남아 있었으며, 왕실이나 상류층 여인들을 중심으로 개인적인 신앙 차원의 불사가 꾸준히 이어졌다. 예를 들어 태조 이성계는 본래 독실한 불교 신자로 건국 이전부터 불사리 공양 등 여러 불사에 참여했으며, 1397년(태조 30)에는 별세한 왕비를 위해 수도 한양에 흥천사를 세우고 명복을 빌었다. 재위 초기에 강력한 억불 정책을 단행했던 세종도 말년에는 사찰의 중건과 수리를 허용했으며, 신하들의 반대를 무릅쓰고 궁 안에 내불당을 조성하고 금불상 세 구를 안치했다. 억불의 분위기는 조선 전체를 관통했으나, 궁에서 멀지 않은 곳에 원각사를 짓고 경천사 탑을 모방한 십층석탑을 세운 세조와 같이 불교 중흥에 힘쓴 왕이 등장하기도 했으며, 고려시대 못지않은 대형 불사를 벌인 문정왕후와 같은 여인도 있었다. 이와 같은 왕실의 후원은 자연스럽게 수준 높은 불상과 불화의 제작으로 이어졌다.

예를 들어 경북 영주 흑석사 소장 목조아미타불좌상은 상 안에서 나

화연구소, 2019, pp.7~47

온 발원문에 의해 1458년 효령대군과 태종의 두 후궁인 의빈 권씨, 명빈 김씨가 왕족의 평안을 위해 발원해 법천사에 모셨던 불상임이 알려졌다(그림 29). 강원도 오대산 상원사 목조문수동자좌상 안에서도 1599년의 개금 복장기가 나왔는데, 그에 의하면 세조의 딸 의숙공주와 사위 정현조가 왕과 왕비, 그리고 세자를 위해 1466년 제작한 상이라고 한다.

그림 29 목조아미타불좌상(조선, 1458, 경북 영주 흑석사 소장, 높이 72cm)

왕실 여인들이 참여한 또 다른 중요한 불사는 경기도 남양주 수종사탑에서 발견된 금동불좌상과 관음, 지장 보살좌상이다. 세 구의 상은 1층 탑신석 안에서 발견된 불감 안에 모셔져 있었는데, 13.8cm 정도 되는 소형 불좌상 안에서 복장기가 발견되었다. 그에 의하면 이는 '성종의 후궁 세 명이 왕과 자녀들의 복을 위해 공동으로 발원해 1493년 안치한 것'이라고 한다. 하지만 본존상의 바닥에는 1473년, 죽은 태종의 후궁 명빈 김씨의 이름이 새겨져 있어, 그가 가지고 있던 불상을 재봉안한 것으로 추정한다. 대체로 고려시대에 유행한 단아한 양식의 불상을 계승하는 이러한 상들은 상당히 수준 높은 조각 기술과 안정된 조형성

을 보여 준다.[36]

왕실 여인들이 발원한 불화도 여러 점 전한다. 일본 교토 지온인(知恩院) 소장 〈관음삼십이응신도觀音三十二應身圖〉는 1550년 인종 비 공의왕대비가 인종의 명복을 빌기 위해 발원하여 전남 영암 도갑사에 봉안한 것임이 화기에 적혀 있다(그림 30). 높이 솟은 암좌 위에 앉아 있는 관음보살 아래로 『법화경法華經』 「보문품普門品」

그림 30 〈관음삼십이응신도〉(조선, 1550, 234×135cm, 일본 교토 지온인 소장)

의 제난구제諸難救濟 장면이 산악을 구획으로 하여 생생하게 그려져 있다. 화기에 의하면 그림을 그린 이는 이자실李自實인데, 그는 궁중에 소속된 화원화가였을 것으로 추정하며 이는 이 불화에 두드러지는 산수화적인 특징들을 이해하는 데 도움이 된다. 1565년 문정왕후는 2년 전 요절한 명종의 아들 순회태자의 명복을 빌고 명종의 건강과 회임을 기원하는 의미의 불화를 발원했는데, 화기에 의하면 석가·미륵·약사·아미타불 삼존도를 각각 100탱씩 하여, 총 400탱의 불화를 제작했다고 한다.

---

[36] 김리나 외 지음, 앞의 책, 2011, pp.100~107

그중 일부가 남아 전하는데, 전체적인 형식과 화풍은 고려 불화와 유사하나, 인물의 형태가 조금 더 부드럽고 길며, 섬세한 느낌이 강하다. 일본 세이잔분코(靑山文庫) 소장의 〈안락국태자경변상도安樂國太子經變相圖〉(1576)는 선조와 의인왕후 박씨, 인종비, 명종의 세자빈, 그리고 혜빈 정씨 등 왕실 일가의 성수를 기원하며 궁중에서 시주한 것을 바탕으로 두 비구니가 제작한 것이다. 이러한 내용이 적힌 화기는 그림의 상단에 한자로 적혀 있으나, 변상도의 각 장면에는 한글로 내용을 적어 놓아 주목된다.[37]

재건의 시대

조선 불교미술에 대한 흔한 오해 가운데 하나가 억불숭유의 사조로 인해 불교미술이 거의 만들어지지 않았거나, 수준이 낮다고 보는 것이다. 물론 신라나 고려에서와 같은 국가적인 차원에서의 대형 불사는 없었으나, 앞서 살핀 것처럼 개인적인 차원에서의 불사는 끊이지 않았으며, 더욱이 왕실에서 발원하여 제작한 불상과 불화들은 상당히 높은 수준을 보인다. 이처럼 시대적 사조와 상반되는 흥미로운 현상뿐 아니라, 현재 우리가 주위에서 접하는 많은 한국의 불교미술이 조선 후기에 조성된 것임을 상기하면, 조선 불교미술의 중요성은 더욱 크다고 할 수 있다. 그런 의미에서 주목되는 것은 1592년의 임진왜란과 1597년의 정유재란 이후 재건된 수많은 사찰과 그곳을 장엄하기 위해 만들어진 불상과 불화들이다.

---

[37] 박은경, 『조선전기 불화 연구』, 서울: 시공아트, 2008, pp.385~456; 김리나 외 지음, 앞의 책, 2011, pp.210~225

두 차례의 왜란은 전 국토를 폐허로 만들었으며, 특히 사찰은 그 피해가 막대했다. 국가적인 위기 상황에서 승군을 조직해 국난을 극복하는 데 앞장 선 불교계에 대한 인식이 새로워지며, 사찰의 재건과 불상 조성에 대한 후원이 활발해졌다. 참전을 계기로 정부로부터 긍정적 역할을 인정받은 청허 휴정淸虛休靜(1520~1604)계와 부휴 선수浮休善修(1543~1615)계의 승려들은 종전 후에 개시된 국가 재건 사업에 동참해 중추적인 역할을 수행했다. 청허의 제자인 사명 유정四溟惟政(1544~1610)은 1602년 법주사 팔상전 재건을 시작으로 통도사 계단 수축 등 사리신앙과 직결되는 축조물을 재건했으며, 부휴의 제자인 벽암 각성碧巖覺性(1575~1660)은 해인사 대장경판고(1622~1624)를 시작으로 완주 송광사를 개창(1622~1631)하고, 화엄사(1630~1636)·쌍계사(1641)를 재건하는 등으로 이어지는 활발한 활동을 벌였다. 이처럼 중창되는 사찰이 늘어나면서 전각에 봉안될 불상과 불화의 수요가 늘어났고, 불교미술은 유례없는 부흥을 맞이하게 되었다.

활발한 재건이 이루어지던 17세기 불교미술의 특징 가운데 하나는 대형 불상이 많이 제작되고 봉안되었다는 점이다. 예를 들어 1624년 중창된 법주사 대웅보전에는 5m 높이의 소조비로자나불좌상을 가운데 둔 삼세불이 봉안되었다(그림 31). 이러한 대형 소조불은 밖에서 보았을 때 2층으로 지붕을 얹은 대웅보전의 웅장한 규모와 잘 어울린다. 충남 부여 무량사 극락전도 이와 같은 2층 전각인데, 그 안에 모셔진 소조아미타삼존상은 1633년 완성된 것으로, 중존의 높이가 5.45m이다. 이 외에도 1641년 완성된 전남 완주 송광사 대웅전의 소조석가여래삼불좌상, 17세기 전반(1633 하한)에 조성된 전북 김제 귀신사 대적광전 소조비로자나불삼불좌상 등도 5m에 달하는 대형 불상이다. 이러한 거대한 상은

그림 31 소조비로자나불좌상(조선, 1626, 높이 509cm 충북 보은 법주사)

금동이나 석조가 아니라 거의 소조이지만, 풍부한 시주와 후원이 있었기 때문에 제작이 가능했을 것이다.

17세기 불교미술의 또 다른 특징 중 하나는 불상과 불화의 수요가 높아짐에 따라 상을 만드는 조각승, 그림을 그리는 불화승의 수가 늘어났다는 점이다. 더욱이 이들은 몇몇 수화승首畵僧을 중심으로 집단을 이루며 활동했고, 유파에 따라 양식적으로 구별되는 불상·불화를 제작했다. 이러한 정황은 대체로 불상 안에 봉안된 발원문이 수습되고 불화에 적힌 화기가 판독되면서 밝혀졌다. 발원문과 화기에는 참여한 장인들의 이름과 그들이 맡은 소임이 상당히 자세하게 기술되어 있다. 예를 들어 조각의 경우 발원문을 통해 현진玄眞, 청헌淸憲, 응원應元, 인균印均, 수연守衍 등과 같은 수화승과 그들의 주요 작품이 알려졌다. 아울러 각 수화승들이 이끄는 유파와 그들이 공유한 양식, 시대별 변천 과정 등이 관심의 대상이 되었다.[38] 예를 들어 현

---

38 더 많은 사례는 최선일, 『조선후기 조각승과 불상 연구』, 서울: 경인문화사, 2011; 송은석, 『조선 후기 불교조각사』, 서울: 사회평론, 2012 참조.

진은 청헌 등 17명의 조각승과 함께 1622년 법주사 대웅보전의 세 불상을 조성했는데, 법주사 상의 조형적 특징은 그가 1633년 제작한 무량사 삼존상에서도 확인된다. 그의 작풍은 1641년 청헌이 제작한 완주 송광사 상에서도 엿보여, 특정 양식이 공유되고 전승되는 과정을 살필 수 있다. 불화의 경우에도 하단에 적힌 화기를 통해 17세기의 신겸信謙과 천신天信, 18세기의 의겸義謙과 의천義天 등 특정 불화승들의 작품과 양식적인 특징들, 활동 지역과 특정 문중과의 관련성 등이 밝혀졌다.[39]

의식 공간의 확장

조선 후기에 재건된 사찰들은 여러 면에서 그 전과 모습을 달리했다. 고대 사찰들은 주로 사리를 모신 탑과 불상을 모신 불전, 그리고 여러 사람이 함께 모이는 강당을 하나의 단위로 하여 중심축선상에 두었다. 이러한 형식은 고려시대까지도 기본적으로 지속된 것으로 보이나, 전란 후 재건된 많은 조선 후기 사찰들은 각각 다른 불·보살을 모시는 전각을 한 절 안에 두었다. 석가불을 모신 대웅전 외에도 비로자나불을 모신 대적광전, 아미타불을 모신 무량수전, 약사불을 모신 약사전, 관음보살을 봉안한 관음전, 지장보살을 모신 명부전, 미륵불을 모신 용화전 등 다양한 전각이 세워졌으며, 산신이나 독성과 같이 민간신앙이나 도교적인 요소도 흡수해 그들을 모시는 전각을 마련했다. 신도들의 다양한 관심과 염원을 수용할 수 있도록 사찰이 확장되고 전각이 세분화된 것이다. 아울러 불전 내부에 전돌을 까는 대신 마루를 설치해 실내에서 예불

---

39 김리나 외 지음, 앞의 책, 2011, pp.260~264. 더 많은 사례는 장희정,『조선후기 불화와 화사 연구』, 서울: 일지사, 2003 참조.

을 할 수 있는 환경을 조성하고, 중앙에 위치했던 불단을 뒤로 밀어 실내 공간을 확장해 더 많은 사람을 수용할 수 있도록 했다. 불단 위에 놓인 불상 뒤로는 광배 대신 법회에 모인 여러 보살과 권속의 모습을 그린 불화를 배치함으로써 의식의 분위기를 고조시켰다. 불전 구조의 변화는 불상의 조형성에도 영향을 미쳤다. 뒤로 밀린 불단의 높이가 높아짐에 따라 불상은 그 앞에서 예불하며 올려다보는 신도의 시선에 알맞게 상체를 내밀고 머리를 아래로 내린 모습으로 만들어졌다.[40]

전란 이후 조선 후기 사찰에서는 수륙재나 천도재와 같이 죽은 자의 영가를 위로하는 법회가 더욱 활성화되었다. 이는 실내에서보다 더 많은 회중이 참여할 수 있도록 불전의 앞마당에서 거행하는 야단법석野壇法席으로 이어졌다. 따라서 조선 후기에는 밖에 거는 대형 불화, 즉 괘불이 다수 제작되었다. 높이 10m 전후의 대형 화폭을 가득 메운 거대한 부처를 중앙에 두고, 부처와 함께 강림한 여러 권속을 빼곡히 그려 넣은 괘불은 주불전 앞에 설치된 괘불대에 걸려 장중한 의례의 분위기를 형성한다(그림 32). 의식이 없을 때에는 나무로 짠 괘불함에 넣어 불전 안 불단 뒤에 봉안을 하고, 의식을 거행할 때에는 단으로 이운을 하게 되는데, 그러한 이운 과정 역시 의례의 일부가 된다.[41]

이처럼 조선 후기에 재건된 사찰은 민중들의 삶과 죽음에서 비롯되는 다양한 염원과 요구에 긴밀하게 부응할 수 있는 구조로 발전해 갔다. 그러한 면모를 더욱 잘 보여 주는 곳은 지장보살과 시왕을 모신 명부전

---

40 송은석, 「조선 후기 불전 내 의식의 성행과 불상의 조형성」, 『미술사학연구』 263, 한국미술사학회, 2009, pp.71~97
41 정명희, 「이동하는 불화: 조선 후기 불화의 의례적 기능」, 『미술사와 시각문화』 10, 미술사와시각문화학회, 2011, pp.100~141

이다. 조선 후기에 재건된 많은 사찰 안에는 명부전이 세워지고 중시되었는데, 이는 극락왕생과 더불어 죽음의 또 다른 결과인 지옥에 대한 두려움, 그리고 구제에 대한 염원에서 비롯된 것이다. 명부전에는 죽음을 알리는 저승사자의 그림과 생전의 업을 비춰 보는 업경이 놓여 있다. 아울러 중앙에 모셔진 지장보살과 죄를 심판하는 시왕十王의 상이 모

그림 32 괘불 의식의 한 장면

셔져 있다. 시왕상 뒤로는 심판을 받는 망자와 각각의 시왕이 주재하는 지옥의 모습이 그려진 불화가 걸린다. 예를 들어 죽은 자의 첫 7일을 관장하는 진광대왕 뒤로는 날카로운 검으로 가득 찬 검수지옥과 그곳에서 몸을 굴리며 죗값을 치르는, 고통스러워하는 이들의 모습이 적나라하게 그려져 있다(그림 33). 그다음 7일을 주재하는 초강대왕의 확탕지옥, 일곱 번째 7일인 49일을 관장하는 태산대왕의 대애지옥 등을 거쳐 죽은 지 100일째 되는 날에는 팔한팔열의 지옥과 거해지옥을 다스리는 평등대왕 앞에서 심판을 받게 되는데, 각각의 지옥의 모습이 생생하게 펼쳐진다. 죽은 지 3년이 되면 오도전륜대왕 앞에서 마지막으로 심판을 받고 다시 태어날 곳을 정하게 된다. 천상도, 인간도 외에도 끝없는 다툼으로 휩싸

인 아수라도, 짐승으로 살아야 하는 축생도, 늘 굶주림에 시달려야 하는 아귀도, 고통이 가득한 지옥도의 여섯 가지 길이 있어, 그중 하나로 환생하게 된다. 이처럼 사후에 거쳐야 하는 과정을 생생하게 묘사한 시왕도는 감계鑑戒와 교화에 효과적이었을 것이다.[42]

그림 33 〈진광대왕〉(조선, 19세기, 비단에 채색, 156.1× 113cm, 국립중앙박물관 소장)

근대로 가는 길목에서

삼신불회도와 같이 교학적인 소재에서부터 팔상도와 같이 대중친화적인 소재까지 다양하고 다채로운 조선시대 불화 가운데 감로도는 가장 흥미롭고 독자적인 소재로 손꼽힌다. 화면 상단에는 구름을 타고 의식에 강림한 불·보살을 두고 중단에는 음식과 위패를 모신 단과 의식에

---

[42] 더 많은 시왕도 사례는 다음 두 책을 참조하길 바란다. 김정희, 『조선시대 지장시왕도 연구』, 서울: 일지사, 1996; 국립중앙박물관, 『영혼의 여정: 조선시대 불교회화와의 만남』, 서울: 국립중앙박물관, 2003.

그림 34 〈흥천사 감로도〉(1939, 비단에 채색, 192×292cm)

참여한 이들을, 하단에는 인간사의 다양한 모습과 그 안에서 갖가지 모습으로 죽음을 맞이한 이들을 펼쳐 보이는 그림이다. 의식단 앞에는 배고픔과 갈증으로 고통스러워하는 아귀가 있으며, 수륙재와 같은 영가천도의 재회 모습을 생생하게, 복합적으로 보여 준다. 감로도는 16세기 말에서 20세기 초까지 꾸준히 그려졌는데, 시대별로 다르게 그려진 하단의 중생들 모습을 살펴보면 당시 민중들의 생활사와 근심과 걱정이 마치 한폭의 파노라마처럼 눈앞에 펼쳐진다. 그 가운데 특히 흥미로운 것은 1939년 제작된 흥천사 감로도이다(그림 34). 여기에는 한복 대신 근대식 양장을 한 사람들이 등장하며, 스케이트를 타는 모습, 전당포에 물건을 맡기고 재판정에서 근대식 재판을 받는 모습 등 20세기 초 신문물의 유입으로 변화된 생활상이 전통적인 모습과 함께 등장한다. 아울러 전쟁의 모습이나 남산에 세워진 일본 신사의 장면 등 혼란했던 시대의 현실도 적나라하게 표현되어 있다. 산수를 배경으로 자연스럽게 펼쳐졌던 장면들은 구획을 나누어 독립된 화면으로 처리되었는데, 이 역시 근대 불화의 특징 가운데 하나이다.[43]

불교미술의 근대화를 명료하게 보여 주는 이른 예로는 용주사 대웅보전 삼세불회도를 꼽을 수 있다. 석가모니와 아미타, 약사의 세 부처가 여러 권속과 함께 있는 모습을 도해한 전통적인 구성의 불화이나, 인물들의 얼굴과 몸에 적용된 미묘한, 하지만 아직은 어색한 명암법은 상당히 낯선 느낌을 준다. 이러한 명암법은 청淸을 거쳐 조선에 유입된 서양 화법에 기인한 것이다. 흥미롭게도 1790년 정조의 명으로 김홍도와 이명기가 용주사 불화를 그렸다고 하는 기록이 전해져 이 그림을 김홍도가 그린 것으로 보기도 한다. 하지만 서양 화풍이 보다 더 적극적으로 사용되는 19세기 말에서 20세기 초에 그려진 그림으로 보는 견해도 있다. 실제로 그 시기 서양 화법을 수용해 불화의 양식을 일신한 화승들의 그림이 여럿 전한다.[44]

서양 미술의 기법과 양식의 유입은 불교조각에도 영향을 미쳤다. 일본에서 유학하며 서양 조각을 배운 한국 최초의 근대 조각가인 김복진은 귀국 후 수감생활을 하며 불교와 불상 제작에 관심을 가졌다. 출소 후 1936년 금산사의 요청으로 만든 미륵대불은 서양 조각 재료인 석고를 썼으며, 1939년 심혈을 기울여 제작하기 시작한 법주사 미륵대불에

---

[43] 장희정, 「1939년작, 홍천사 감로왕도」, 『동악미술사학』 9, 동악미술사학회, 2008, pp.119~143.
[44] 최엽, 「한국 근대기 불화의 대중 포교적 성격」, 『미술사학연구』 281, 한국미술사학회, 2014, pp.203~228

는 시멘트를 사용했다. 하지만 머리 부분만을 완성한 상태에서 이듬해 죽음을 맞이해 법주사 대불은 미완성으로 남겨졌고, 이후 제자들이 작업에 착수했으나 자금 부족으로 마무리를 짓지 못하다가 1963년 정부에서 시멘트를 지원받고 작업을 재개해 1964년 80척에 달하는 대불로 완성되었다 (그림 35). 시멘트라고 하는 새로운 재료로 불상을 조성하는 실험을 했으나, 상의 형상은 전통적인 도상에 근거한 것이다. 이 불상은 1990년 청동불상

그림 35 김복진, 〈미륵대불〉(1939~1964, 시멘트, 충북 보은 법주사)

으로 대체되고 2002년 개금해 지금의 금동불상의 모습이 되었으나, 근대 불교조각으로의 길을 고스란히 보여 주고 있다.

불상과 불화, 이미지로 나투신 부처

깨달음을 얻은 고타마 싯다르타는 모든 번뇌와 물리적인 구속을 벗어 버리고 해탈에 이르렀다. 육신의 구속에서 해방된 부처를 다시 육신을 가진 모습으로 표현하는 것은 어쩌면 그가 추구한 이상을 위반하는 행위였을 것이다. 500여 년간 지속된 무불상시대는 그러한 주저와 갈등을 고스란히 드러낸다. 그럼에도 불구하고 1세기 무렵 부처는 결국 인간적인 모습으로 형상화되었다. 부처 재세 시 코샴비국의 우다야나왕이 도리천에 올라가 오랫동안 돌아오지 않는 부처를 그리워해 병이 나자 신하들이 왕을 위해 부처를 대신하는 상을 만든 것이 불상의 시초라고 하는 설화가 전하듯, 불상 제작의 기저에는 물리적으로 부재하는 부처를 그리워하는 마음이 있었던 것으로 보인다. 아울러 비록 직접적인 동인이 아닐 수도 있으나 대승불교의 형성과 발전은 불상의 필요성을 더욱 높이며 제작을 정당화한 것으로 보인다. 공덕 및 중생 제도의 방편으로서, 예불의 대상으로서, 신의 뜻을 전하는 매개체로서, 더 나아가 부재한 부처를 대신하는 존재로서 불상은 존재의 의미를 확립해 갔다. 육계와 나발, 백호와 광배 등 범인과는 다른 신체적인 특징을 통해 특별함을 내보이고, 시무외인·여원인·전법륜인·항마촉지인 등 다양한 수인을 통해 자비와 구원의 메시지를 전하는 등, 여러 시각적인 장치들도 고안되었다. 아울러 불교의 동전東傳에 따라 중앙아시아와 중국, 그리고 한반도로 전해지는 과정에서 각 지역의 풍토와 시대적 미감에 적극적으로 반응해 다양한 양식적 변화를 선보였다. 이러한 전파와 수용, 변용과 창조는 여러 지역의 불교미술을 살피는 데 중요한 관점이자 묘미라 할 수 있다.

　인간적인 형상으로서의 친밀함과 명료함에도 불구하고, 돌이나 흙, 나무나 동과 같은 물질로 만들어진 불상은 부처의 몸에서 비롯된 사리에 비해 열등한 위치에 놓일 수밖에 없다. 육계에 사리를 넣은 간다라 불상이나 상 안에 장기 모형을 넣은 중국 송대 불상은 모두 물질로서의 한계를 극복하고자 한 다양한 시도를 보여 준다. 한국에서는 늦어도 고려시대부터 의식을 통해 가지加持, 즉 힘을 부여한 다양한 성물을 상 안에 안립했다. 오보병과 후령통이 중심이 된 한국의 복장腹藏 의례는 불상의 눈에 점을 찍어 생명을 불어넣는 점안點眼 의식과 함께 불상의 의미를 변화시키는 중요한 절차로서, 불상 제작 과정의 일부가 되었다. 형상에 대한 집착을 금하는 선종의 유입에도 불상은 여전히 사찰의 예불 대상으로서 만들어졌다. 오히려 선종의 조사 숭배 전통은 조사상이라고 하는 또 다른 장르의 상을 등장시켰다. 하지만 중국의 조사상 가운데에는 다비 후 수습된 유해를 진흙과 섞어 만들거나 미라가 된 조사의 몸 전체를 상으로 만든 것 등이 있어, 본질로서의 조사와 그를 재현한 형상 사이의 간극을 좁히려는 시도가 적극적으로 이루어졌음을 알 수 있다. 재현으로서의 불상과 본질로서의 사리의 미묘한 관계는 통도사와 같이 진신 사리를 모신 사찰에서도 살필 수 있다. 진신 사리가 안치된 계단戒壇 앞에 세워진 불전에는 불상을 두지 않고, 창 너머에 있는 계단, 즉 사리에 직접 예불하고 공양하도록 한다.

　그럼에도 불상은 여전히 부처를 환기하는 가장 효과적인 시각물인 동시에 예불과 의식의 구심점으로서 역할을 한다. 그림으로 그려진 부처, 즉 불화도 단독으로 예불의 대상이 되었을 것이다. 고려 불화의 여러 존상도는 크기와 기법 면에서 충분히 그러한 역할을 수행했을 것이다. 그러나 조선 전기부터 두드러지는 후불 불화의 등장은 불상과 불화의 의미론적인 관계를 재고하게 한다. 불단 위에 놓인 불상 뒤편에 걸리는 후불 불화에는 보통 앞에 놓인 존상을 다시 한 번 묘사하고 그와 관련된 많은 권속들을 펼쳐 내어 단순한 중복이 아닌, 보충과 확장의 세계를 선보인다. 불상과 불화의 이원 구조는 각각의 미디어가 가진 장점을 극대화하면서 그들이 놓인 공간의 의례적 의미를 더욱 풍성하게 한다.

| 참고문헌 |

강우방, 『한국 불교조각의 흐름』, 서울: 대원사, 1999.
김리나 외, 『한국불교미술사』, 서울: 미진사, 2011.
김정희, 『불화, 찬란한 불교 미술의 세계』, 서울: 돌베개, 2009.
디트리히 제켈 지음, 이주형 옮김, 『불교미술』, 서울: 예경, 2002.
문명대, 『한국의 불상조각』 1~4, 서울: 예경, 2003.
송은석, 『조선 후기 불교조각사』, 서울: 사회평론, 2012.
이주형, 『간다라미술』, 서울: 사계절, 2003.
임영애, 『교류로 본 한국 불교 조각』, 서울: 학연문화사, 2008.
정은우, 『고려후기 불교조각 연구』, 서울: 문예출판사, 2007.
최성은, 『고려시대 불교조각 연구』, 서울: 일조각, 2013.

도판 출처

그림 1 肥塚 隆·宮治 昭 責任編輯, 『世界美術大全集』 東洋編 13 インド(1), 東京: 小學館, 2000, 삽도 54.
그림 2 肥塚 隆·宮治 昭 責任編輯, 『世界美術大全集』 東洋編 13 インド(1), 東京: 小學館, 2000, 도 68.
그림 3 田辺勝美·前田耕作 責任編輯, 『世界美術大全集』 東洋編 15 中央アジア, 東京: 小學館, 1999, 도 118.
그림 4 田辺勝美·前田耕作 責任編輯, 『世界美術大全集』 東洋編 15 中央アジ

ア, 東京: 小學館, 1999, 도 126.

그림 5-1, 5-2 이주형, 『간다라미술』, 서울: 사회평론, 2003, 도 67, 68.

그림 6 曾布川 寬·岡田 健 責任編輯, 『世界美術大全集』東洋編 3 삼국·남북조, 東京: 小學館, 2000, 삽도 261.

그림 7 曾布川 寬·岡田 健 責任編輯, 『世界美術大全集』東洋編 3 삼국·남북조, 東京: 小學館, 2000, 삽도 152.

그림 8 溫玉成 主編, 『中國石窟彫塑全集』4 龍門, 重慶: 重慶出版社, 도 39.

그림 9 국립중앙박물관 홈페이지

그림 10 국립중앙박물관 홈페이지

그림 11 국립중앙박물관 홈페이지

그림 12 국립중앙박물관 홈페이지

그림 13 곽동석, 『Korean Art Book 금동불』, 서울: 예경, 2000, p.80.

그림 14 국립경주문화재연구소, 『사천왕사 녹유신장벽전』, 경주: 국립경주문화재연구소, 2012, p.58.

그림 15 최선아 촬영

그림 16 문화재청 홈페이지

그림 17 문화재청 홈페이지

그림 18 문화재청 홈페이지

그림 19 국립중앙박물관 홈페이지

그림 20 최선아 촬영

그림 21 문화재청 홈페이지

그림 22 http://m.buddhismjournal.com/news/articleView.html?idxno=7636

그림 23 菊竹淳一·鄭于澤, 『高麗時代의 佛畫』, 서울: 시공사, 1996, 도 12.

그림 24 菊竹淳一·鄭于澤, 『高麗時代의 佛畫』, 서울: 시공사, 1996, 도 68.

그림 25 Kumja Paik Kim, *Goryeo Dynasty: Korea's Age of Enlightenment 918-1392*, San Francisco: Asian Art Museum of San Francisco, 2003, p.112.

그림 26 국립중앙박물관 홈페이지

그림 27 국립중앙박물관 홈페이지

그림 28 수덕사근역성보관

그림 29 https://m.blog.daum.net/yenajina/1718

그림 30 https://blog.naver.com/daoshi/145639256

그림 31 http://dwban22.egloos.com/m/4984538

그림 32 https://blog.daum.net/blue_lj/6368910

그림 33 국립중앙박물관, 『영혼의 여정』, 서울: 국립중앙박물관, 2003, 도 7.

그림 34 강우방·김승희, 『감로탱』, 서울: 예경, 1995, 도 43.

그림 35 https://blog.naver.com/p810119/60103158220

문화와 의례

상장례

· 김성순

I. 임종의례

　중국불교의 임종행의臨終行儀/ 한국불교의 임종염불臨終念佛/ 중세 일본 천태 교단의 임종행의

II. 불교의 빈소의례

　초기 불교의 송종의送終儀/ 중국불교의 빈소의례/ 한국불교의 빈소의례: 시다림尸陀林

III. 장례 절차

　중국불교의 다비 절차/ 일본불교의 『제종장례차제諸宗葬禮次第』/ 한국불교의 장례 절차

■ 한국불교 상장례의 역사와 전개

I. 임종의례

불교 상장례喪葬禮란 사람이 죽은 것을 확인한 이후부터 망자를 애도하고, 시신을 매장 또는 화장하고, 일정 기간 망자의 천도를 기원하고, 일상으로 돌아오기까지의 제반 의례 절차를 의미한다. 상장례 중에서 상례는 상제喪制로 있는 동안에 행하는 모든 의례를, 장례葬禮는 망자를 장사 지내는 의례로 개념을 나눌 수 있다.

전체적인 불교 상장례는 ① 임종의례, ② 시다림尸陀林, ③ 다비의례茶毘儀禮 등 세 부분으로 나눌 수 있다. 임종의례는 임종하기 직전과 직후에 망자의 편안한 죽음과 정토왕생을 위해 주변의 친척과 지인들이 염불 등을 행하는 의례이며, 시다림은 임종 전후부터 장례가 행해지기 전까지의 행법을, 다비의례란 화장에서부터 유골을 수습하여 탑에 넣기까지의 절차를 말한다.

불교 장례 절차는 의례를 행하는 시간과 장소에 따라 구분된다. 임종 직전·직후에는 임종의례가 행해지며, 빈소를 차린 뒤에는 불교의 계戒를 받는 수계의식 및 염습·입관·상식 등이 유교식 절차에 맞게 치러진다. 발인의례는 관을 장지까지 모시는 의식이며, 다비·매장 의례는 장례 방법에 따라 화장 또는 매장으로 고인을 떠나보내는 절차이다. 이처럼 다양하게 존재하는 죽음 관련 의식들은 대상과 실제 상황에 따라 유동적으로 연행된다.

임종 시에 일심불란一心不亂하게 염불할 수 있는 것은 평생 수행의 결과이며 이때 어떻게 하고 어떠한 선지식을 만나는가에 따라 평생이 결정된다고 하여 본인이나 주위의 사람들은 임종 시에 일심불란으로 염불하여 극락왕생을 기원한다. 『관무량수경觀無量壽經』에 근거한 십육관十六觀과 『무량수경無量壽經』 등에 근거한 십념十念은 통일신라 이래 임종의례의 중요 행법이 된다. 특히 『무량수경』의 임종현전원臨終現前願[1] 과 『아미타경阿彌陀經』의 아미타성중 내영來迎 사상[2]은 십념설과 함께 정토왕생 사상을 구성하는 핵심적인 교의가 되고 있다.

중국불교의 임종행의 臨終行儀

불교가 중국에 유입된 이후, 유가의 후장厚葬 풍속과 결합하여 불교의 임종염불 전통과 상장문화가 형성되었다. 예를 들면 선종총림에서는 보편적으로 무상원無常院을 설립했는데, 성행당省行堂·연수당延壽堂·장식당將息堂·열반당涅槃堂으로도 칭했다. 이 무상원은 중병에 걸린 승려들을 전문적으로 수용하여 요양시키는 곳으로서, 한편으로는 중병에 걸린 승려들이 특별히 보살핌을 받게 하고, 다른 한편으로는 그들이 모든 인연을 내려놓고 안심하고 요양하며, 무상을 성찰하고, 수행 정진할 수 있게 했다.

임종염불은 임종인의 마음과 영혼을 잘 위무하여 죽음에 대한 두려움을 극복하게 하고, 임종인으로 하여금 염불 소리 안에서 편안하게 생명의 마지막 시간을 잘 마칠 수 있도록 돕고, 정토왕생을 간구하는 '일심불란'을 잘 지키며, 순조롭게 정토왕생을 실현할 수 있도록 돕는 행법을 말한다.

---

1 『佛説無量壽經』, T0360_.12.0268a29−0268b01
2 『佛説阿彌陀經』, T0366_.12.0347b11−0347b15

임종염불은 임종을 인식하고 삶을 정리할 때부터 시작하여 임종 후 염습할 때까지 진행할 수 있다. 임종염불은 죽음을 앞둔 이의 정토왕생을 위한 것이기에 환자 자신이 마지막 순간에 행하는 염불과, 죽음이 임박한 환자를 위해 주변 사람이 행하는 염불이 있다. 후자의 경우 주변에서 임종인의 편안한 죽음과 정토왕생을 돕는다는 의미에서 '조념助念'이라고 부른다.

임종염불의 교의적 근거를 제시하고 있는 정토경전들에서는 임종의 시간을 전후하여 왕생의 여부가 결정된다는 논리로 임종염불에 중요한 의미를 부여하고 있다.『아미타경』에는 선남자 선여인이 아미타불의 명호를 외는 것을 7일간 수행하면 임종 시에 아미타불과 여러 성중이 그 앞에 나타나서 극락정토에 왕생할 수 있게 된다고 설하고 있다. 이는 정토신앙에서 임종을 전후한 상황이 극락왕생을 위해 중요한 시간으로 인식되었음을 보여 주는 부분이다.

『고승전高僧傳』에는 여산 혜원廬山慧遠(334~416)과 관련된 고사가 다수 기록되어 있는데, 초기 중국불교의 임종의식 형태를 짐작해 볼 수 있는 내용이 있다. 혜원이 임종을 앞둔 제濟에게 촛불 하나를 주면서 굳건한 마음으로 모든 시각 동안 안양安養으로 향하여 나아가라고 말한다. 또한 승려 무리를 초빙하여 한밤에 모여『무량수경』을 전독하게 하기도 한다. 혜원의 백련사 당시에는 이미 정토계 경전 중『관무량수경』을 제외한『아미타경』계열이 한역되어 있었으므로 이들 정토경전에 의거하여 임종인들의 정토왕생을 돕는 의식을 실천하고 있었던 것으로 보인다.[3]

남산율종南山律宗의 창시자인 도선道宣(596~667)은 인도에서 전래된

---

[3]『高僧傳』, T2059_.50.0362b12-0362b29

율장에 근거하여 중국불교의 의식 절차를 정비했다. 도선의 『사분율산번보궐행사초四分律刪繁補闕行事鈔』 '간병看病' 및 '장송葬送'에 관한 항목[4]에는 중국불교의 상장례 중 임종을 앞둔 중병자를 위한 임종의례에 관한 대목이 나온다. 그중 중요한 몇 가지를 추려 보면 다음과 같다.

① 중병자가 생기면 무상원無常院으로 옮긴다. 무상원에 아미타불 입상立像을 안치하고, 불상 왼쪽 손에 오색기를 바닥에 깔리도록 늘어뜨린다.

② 병든 이가 임종하면 아미타불상 뒤에서 왼손으로 아미타불 손에 늘어져 있는 깃발 끈을 손에 쥐게 하여 불타의 인도를 받아 정토에 왕생하는 모습을 표현한다.

③ 임종인으로 하여금 죽은 후 갈 곳을 걱정 말고, 정념正念하여 흐트러짐 없이 원하는 곳에 태어나도록 염불한다.

④ 임종 시에는 경권經卷을 손에 쥐고 칭명염불을 하거나, 불상을 눈앞에 모시고 우러러본다. 선한 말을 들려주며 세상사에 관한 말을 하지 않는다.

또한 선종의 청규에서도 역시 임종을 앞둔 승려를 위해 동료들이 모여 정토신앙에 의거한 의식을 실천하는 모습을 보여 준다. 『선원청규禪苑清規』에서는 연수당에 입원한 병승을 위하여 문병을 하면서 업장의 참회와 건강의 회복을 기원하는 의식인 염송에 대한 대목을 볼 수 있다. 또한 『칙수백장청규勅修百丈清規』 「병승염송病僧念誦」 편의 "特運至誠仰投清

---

[4] 「瞻病送終篇」 第26, 『四分律刪繁補闕行事鈔』, T1804_.40.0001c13-0004a11

衆稱揚聖號"의 '청중淸衆'이라는 대목에서 다수의 동료 수행자들이 임종하는 승려를 위하여 염불해 주는 의식을 행했음을 짐작해 볼 수 있다.[5]

나아가 당대唐代부터는 칭명염불을 실천하는 이행도로서의 정토 사상이 널리 민중 사이에 확대되었으며, 망자가 극락정토에 왕생하는 것을 돕기 위한 임종염불이 중요한 법사가 되었다. 장로 종색長蘆宗賾의 『선원청규』6권 '망승亡僧' 편에는 중병이 들어 임종을 앞둔 승려가 있을 경우의 임종의례 절차에 대해 정하고 있다.

중국 당송대 선종사원의 경우, 고승이나 현임 주지는 관청과 유력한 단월, 인근 사찰 등에 부고를 보내는 등 법식과 절차가 많지만, 일반 승려의 경우는 간소하게 열반당涅槃堂이나 중병각重病閣에서 장례가 이루어지게 된다. 일단 중병을 앓는 병승病僧이 생기면 열반당이나 연수당延壽堂의 당주는 먼저 수좌首座·감원監院·유나維那 등 소임자들에게 보고하고, 병승을 열반당으로 옮겨서 치료한다. 당에 들어온 지 3일이 지나도 차도가 없으면 중병각으로 옮긴다. 중병각에서도 차도가 없으면 대중들은 병승의 침상 앞에 불상을 모시고 향촉을 밝힌 다음, 경전을 염송하고, 10불 명호를 외면서 쾌유를 빈다. 계속 병세가 악화되면 대중들은 아미타불을 100번, 관세음보살·대세지보살·청정대해중보살을 각각 10번 부르며 염불한다.

병승의 병세가 더욱 악화되어 위독한 상태가 되면 연수당의 당직 행자인 직병자直病者는 연수당주에게 고하고, 연수당주는 수좌와 감원, 유나 등에게 알린 다음 함께 병승 앞에 와서 유언을 받아 적는다. 연수당주는 유나·감원·수좌·장주藏主·서기書記·지객知客과 함께 상의하여

---

5 「病僧念誦」, 『勅修百丈淸規』, T2025_.48.1147b19-1147b22

사부첩祠部牒과 의발, 도구 등을 모아서 함函에 넣어 봉인한 상태로 유나실에 보관한다. 다만 상하복上下服과 괘락掛絡(오조가사)·속옷·염주·행전行纏·신발·수건 등은 병승의 시신을 염할 때 필요하므로 남겨 둔다. 병승이 천화遷化하면 관청에 신고한 다음 장송葬送을 청한다. 병승이 입적하면 3일 안에 사부첩祠部牒을 반납해야 한다.

한국불교의 임종염불臨終念佛

한국불교에서도 통일신라 이래 십육관十六觀과 십념十念이 임종의례의 중요 행법이었음을 각종 문헌을 통해 짐작할 수 있다. 관법과 염법은 『관무량수경』과 『무량수경』, 『아미타경』 등의 정토삼부경에 근거한 것으로 『삼국유사三國遺事』 '광덕엄장廣德嚴莊' 조에서 그 사례를 찾을 수 있다. 『삼국유사』 '사복불언蛇福不言' 조 같은 사례에서는 당시에 망자를 위한 보살계 수계가 행해졌음을 보여 준다. 이외에 원효의 저술 『무량수경종요無量壽經宗要』와 『아미타경소阿彌陀經疏』, 「미타증성게彌陀證性偈」, 『유심안락도遊心安樂道』 등에서도 당시 정토 사상에 근거한 임종의례가 확산되었음을 짐작케 하는 내용들이 등장한다.

8세기 초반에는 이미 신라에 유입되어 통용되던 것으로 추정되는 『불설무상경佛說無常經』에도 망자 임종 시에 십육관이나 십념, 정토도, 향화 등을 이용한 행법에 대한 구체적 내용이 수록되어 있다. 이로 미루어 통일신라시대에 이미 임종 시의 행법이 폭넓게 실천되었을 것으로 추정된다.

통일신라 대의 불교 임종 행법은 고려에도 상당 부분 전해졌을 것으로 짐작되는데, 현재 알려진 353건의 고려 묘지명 가운데 재가자의 묘지명 중 임종 행법이 언급된 예는 17건에 달하며, 이 가운데 14건에서 『불설무상경』에서 정한 규범과 유사한 임종 행법의 예를 발견할 수 있다. 특이한 점은 고려시대의 경우 임종 시 수계 형식이 『범망경梵網經』 보살계를 대신해 팔관재八關齋 성행에 따른 팔관재계八齋齋戒로 변화되었음을 짐작케 하는 근거들이 묘지명에서 발견된다는 점이다. 아울러 고려시대에는 망자의 임종의례를 대비한 특정 사찰이 존재했음을 추정할 수 있다. 또한 집에서 임종을 맞은 경우에도 사찰에 빈소를 마련한 예를 볼 수 있어서 이 또한 사찰에서의 임종과 같은 맥락으로 이해할 수 있을 것이다.

조선조에 들어서면서 각종 불교 의식집의 발달과 활발한 간행이 나타나는데, 그중에 임종의례와 관련된 내용이 들어 있는 의식집도 전한다. 조선조에 편찬된 것으로 추정되는 『예념왕생문禮念往生文』 가운데 '위임종인염불식爲臨終人念佛式'이 들어 있는데, 그 내용으로 미루어 한국불교에서 행해졌던 임종의례의 절차를 들여다볼 수 있다.

① 염불게念佛偈: 윤회의 고통을 면하기 위해 아미타불을 염한다는 내용의 게송.

② 칭명염불稱名念佛: '나무아미타불·나무관세음보살·나무대세지보살·나무청정대해중보살'을 1백 념念에서 5백 념까지 본인의 의사에 따라서 행한다.

③ 대원상념게大願想念偈: 아미타불의 48원을 관상하는 행법을 통해 갈애의 바다에서 벗어날 수 있음을 찬탄하는 게송.

④ 유원게唯願偈: 아미타불을 칭명염불하는 공덕으로 참회하고, 발원이 이루어지는 것을 찬탄하는 게송.

⑤ 참회게懺悔偈: 과거에 지은 모든 악업에 대해 참회하는 게송.
⑥ 소청게所請偈: 정념正念으로 불국정토에 왕생하여 아미타불을 뵈옵고, 십지十地 수행으로 항상 환희를 얻게 되리라는 내용의 게송.
⑦ 회향게回向偈: 의식을 통해 실천하는 보시, 기도, 참회수행의 공덕을 시방 법계 모든 망혼과 중생의 구제를 위해 회향할 것을 발원하는 게송.

조선 영조 45년(1769)에 승려 팔관捌關이 간행한 『삼문직지三門直指』의 「임종염불臨終念佛」편에서는 『예념왕생문』의 경우처럼 임종염불의 절차를 보여 주고 있지는 않지만, 그 당시 행해졌던 임종의례의 일면을 짐작케 하는 대목이 기록되어 있다. 이에 따르면, 서역법西域法에 의거하여 임종인으로 하여금 서쪽을 향하게 하고, 앞에 불타의 입상을 봉안한다. 불상 앞에는 늘 향을 피우고 산화散華공양을 한다. 또한 서쪽을 향하여 불상의 손가락에 깃발을 걸어서 늘어뜨려 병자가 손으로 잡아 쥐고 칭명염불을 하며 불타를 따라 정토에 왕생하는 관상을 하게 한다. 더불어 옆에서는 향을 피우고, 경쇠를 울리며 칭명염불을 돕는다고 되어 있다.

또한 중국불교의 임종염불과 유사한 내용이 『삼문직지』 안에 편집·인용되고 있다. 절의 서북쪽 모퉁이 햇볕이 들지 않는 곳에 무상원을 세워 중병이 든 승려를 그 안에 들여서 임종이 임박한 때에 정토왕생을 발원하는 의식을 행하는 내용이 그것이다. 그 당 안에 아미타불상을 봉안하고 금박을 입혀서 동쪽을 향하게 하는 것도 중국과 한국, 일본이 모두 유사한 방식을 취하고 있다. 병자를 불상 앞에 앉게 하는데, 만약 병자가 힘이 없으면 누워서 서쪽을 향하여 불타의 상호를 관하게 한다거나, 그 불상의 손에 오색 깃발을 매서 병자로 하여금 (그 깃발을) 손에 잡고 정토왕생의 관상을 하게 하는 것도 동아시아 삼국에서 보편적으로 나타나는 임종염불의 형태이다. 이는 중국과 한국, 일본의 임종염불이 사분율에 근거한 중국불교 남산율종에서 제정한 의식을 기본으로 하고 있기 때문인 것으로 생각된다.

하지만 한국불교의 임종염불에서 독특하게 나타나는 점이 있다면 바로 '고성염불高聲念佛'일 것이다. 『삼문직지』에서는 병자에게 선한 마음을 내도록 얘기하면서 고성염불의 형식으로 십념을 하도록 격려한다. 염불하는 소리가 끊어짐이 없이 큰 소리로 칭념하면 소리에 힘입어 마음이 나오는 것이라 마음이 흩어지지 않기 때문이다. 『삼문직지』에서는 『업보차별경業報差別經』, 『대집경大集經』, 『대장엄론大莊嚴論』에서 고성염불의 10종 공덕을 설한 것을 인용하면서 이를 궁극적으로 정토왕생할 수 있는 임종염불 행법으로 권장하고 있다.[6]

그 고성염불의 10종 공덕이란, 잠에 빠지지 않을 수 있고, 천마天魔가 고성에 놀라 두려워하며, 소리가 시방에 두루 울려 퍼지고, 삼도의 고난이 멈추며, 바깥 소리가 들어오지 않으며, 마음이 흩어지지 않고, 용맹정진하여, 제불이 기뻐하고, 삼매가 현전하여, 마침내 정토왕생할 수 있게 된다는 것이다. 또한 병자를 위해 임종염불할 때는 먼저 "愛河千尺浪 苦海萬重波 欲免輪廻苦 大衆念彌陀"라는 내용으로 되어 있는 게송을 외도록 하고 있다.

---

6 『三門直指』(ABC, H0220 v10, p.144c04)

중세 일본 천태 교단의 임종행의

　일본불교의 임종행의는 당 도선의 『사분율행사초四分律行事抄』「첨병송종瞻病送終」편이나, 선도善導(613~681)의 『관념법문觀念法門』·『임종정념결臨終正念訣』, 의정義淨(635~713)의 저술로 보이는 『임종방결臨終方訣』 등 중국불교의 영향을 많이 받았다고 할 수 있다.
　일본불교에서는 천태 교단의 승도僧都 겐신(源信, 942~1017)이 이끌었던 이십오삼매회의 결사 구성원들이 정토교서인 『왕생요집往生要集』에 의거하여 실천했던 임종행의가 기원이 된 것으로 볼 수 있다. 일본 천태 교단의 임종행의는 정토 사상이 유입되면서 사후세계 내지 지옥의 개념이 강조됨에 따라 상대적으로 정토에 대한 지향이 강해졌던 데에 근본적인 원인이 있는 것으로 보인다. 정토교의 왕생신앙이 보급되면서 사회에서도 왕생을 기원하는 임종염불에 대한 요구가 늘어났기 때문에 이십오삼매회에서 행했던 것과 같은 임종행의가 성행하게 된 것이다.
　특히 천태 교단의 임종행의는 『사분율초四分律鈔』「첨병송종瞻病送終」편을 적용하고 있는데, 이는 중국불교 남산율종의 영향을 받은 것이다. 일본불교에서도 승려 중에 병자가 발생하면 사원의 별처에 만든 무상원으로 보내도록 제정했다. 의발이나 도구, 인연에 대한 집착이 없어지게 되도록 개인의 거처를 떠나서 별처에 들어가게 하고, 그에 따라 당호 역시 무상이라 한 것이다. 병든 승려의 임종이 다가오면 이 무상원에서 전심으로 염법念法을 하게 했다.
　그 당의 가운데에는 금박을 입힌 아미타불 입상이 하나 있는데, 서쪽을 향하고 있는 모습으로 되어 있다. 아미타불상은 오른손을 들고, 왼손으로는 오색 깃발을 땅에 끌리도록 늘어뜨리고 있다. 아미타불상의 뒤쪽에 병승을 눕히고, 왼손으로는 깃발을 잡고 불타를 따라 정토에 왕생하게 될 것을 염念하게 하거나, 혹은 불상이 동쪽을 향하게 하고 병자를 앞에 두기도 했다. 병자를 간호하는 자는 향을 피우고 꽃을 뿌려 병자를 장엄하며, 오줌·똥·토사·가래가 나올 때마다 그것을 치운다. 만약 연수당이나 무상원과 같은 별처가 없다면, 병자들을 서방으로 향하게 해서 향을 피우고, 꽃을 피우거나, 장엄한 불상을 보게 하면 된다.

또한 일본 천태 교단의 임종행의는 위의 남산율종뿐만 아니라, 선도의 정토 계열 임종염불법도 수용하고 있는데, 그 내용을 정리하면 다음과 같다.

수행자들이 목숨이 다하려 할 때는 오로지 염불삼매법에 의거하여 심신을 바르게 하고, 얼굴을 돌려 서쪽을 향하게 하며, 마음 역시 오로지 아미타불을 관상하는 것에 집중해야 한다. 마음과 입이 상응하여 소리에 끊임이 없어야 하고 왕생이 결정되는 관상觀想, 연화대의 성중이 영접하러 오는 관상을 해야 한다.

만약 병자가 이러한 정토나 아미타 성중聖衆이 내영來迎하는 상을 보게 되면 바로 간병인에게 말해야 하며, 간병인은 병자가 보고 들은 내용을 기록해야 한다. 또한 병자가 말을 하지 못하면 간병인은 반드시 여러 차례 병자에게 물어야 한다. 만약 병자가 죄로 인해 지옥에 떨어지는 상을 보았다고 하면 옆 사람들은 바로 염불을 하여 함께 참회하고, 반드시 멸죄하게 되도록 도와야 한다.

만약 죄를 멸하게 되어 연화대의 성중이 감응하여 눈앞에 나타나면 앞에서 말한 것에 준하여 기록해야 한다. 또한 수행자의 권속과 육친이 와서 간병하게 되면 술, 고기, 오신채를 먹지 못하게 해야 한다. 만약 오신채를 먹었다면 절대로 병자의 주변에 오지 못하게 해야 한다. 그렇지 않으면 병자가 정념正念을 잃고, 귀신이 교란하게 되어 미쳐서 죽으면 삼악도三惡道에 떨어지게 된다.

　죽음의 칼바람이 이르게 되면 온갖 고통이 몸에 몰린다. 만약 이전부터 평소에 염불의 습성을 쌓아 둔다면 임종의 순간에 왕생의 업을 이룰 수 있게 된다. 이를 위해서는 각자 뜻에 맞는 동지 3~5인과 미리 약속을 맺고, 임종의 때에 서로 번갈아 가며 무명을 밝혀 주어 아미타불의 명호를 불러 극락에 왕생하기를 발원하고 염불 소리가 서로 이어져서 십념이 이루어지게 해야 한다.

II. 불교의 빈소의례

초기 불교의 송종의送終儀

　붓다 재세 시나 입멸을 전후한 시기의 불교 상장례에 대해서는 그 전모를 들여다볼 수 있는 자료가 거의 없고, 설령 그 시기나, 해당 지역의 상장례 관련 연구라 하더라도 불교보다는 힌두이즘의 범주에 해당되는 자료들이 대부분이다. 그나마 붓다의 장례식에 관해 언급하고 있는 『열반경涅槃經』 계열의 문헌들을 통해서 당시 불교 승가공동체의 상장례 의식을 부분적으로 들여다보기로 한다.

　『대반열반경大般涅槃經』에서 유추해 볼 수 있는 불타의 다비식 장면은, 먼저 우두전단향목을 비롯한 온갖 향목을 장작 위에 쌓고, 그 위에 커다란 비단 장막을 펴서 덮는 것이다. 그다음 관을 들고서 향나무 장작더미를 일곱 번 돌고, 향과 꽃, 기악 공양을 하고 나서 관을 장작 위에

놓고서 향유를 두루 뿌린다는 것이다. 이는 불을 붙이기 전의 준비 단계에 해당한다.[7]

또한 『대반열반경』에는 불타 입멸 이후 뒤늦게 마하가섭이 다비식을 거행하는 장소에 와서 향나무 장작더미 위에 있는 불타의 관을 보고 눈물을 뿌리며 일곱 번 돌고 나서, 장작더미 위에 올라가 불타의 발이 있는 곳에서 큰소리로 울면서 두면족례를 하는 장면이 묘사되어 있다.[8] 초기 불교 교단에서 행해졌던 상장례에 관한 자료가 거의 없는 상황에서 그나마 이러한 문헌적 편린을 통해 의식의 형태를 짐작해 볼 수 있다. 초기 열반경에 해당되는 6종의 열반경 모두에서 가섭이 도착하여 예배하고 나서야 다비의식이 가능했다고 하는 것은 동아시아불교의 다비법에서 반드시 망승이 속한 승가공동체의 핵심인 주지에 의해 거화擧火되는 것과 유사한 맥락으로 해석할 수 있을 것이다.

『불반니원경佛般泥洹經』에서는 늦게 도착한 가섭이 전각을 세 번 돈 후에 땅에 얼굴을 대고 피를 토하듯 울고 나서 시신이 안치된 금관을 보고 스승의 발이 어디 있는지 모르겠다고 생각하자, 관에서 불타의 두 발이 나오고, 이에 발에 얼굴을 대는 의례를 행하는 장면이 등장한다.[9] 이는 불타에 대한 예경법으로 초기 불교 문헌에도 자주 등장하는 삼잡三匝과 두면족頭面足의 의례를 장례 현장에서 실천하고 있는 것이다.

또한 늦게 도착한 가섭이 다비 전에 마지막으로 붓다의 몸을 뵙기를 청하자 아난은 "부처님의 몸은 이미 향탕으로 씻고, 겁패劫貝(목면)로써 오백 겹으로 차례대로 감아 금관에 넣어 철곽 안에 두고, 전단향나무 곽

---

7 『大般涅槃經』, T0007_.01.0206b22-0206b26
8 『大般涅槃經』, T0007_.01.0206c22-0206c25
9 『佛般泥洹經』, T0005_.01.0174a04-0174a07

으로 그 밖을 두 번 씌웠습니다."라고 대답한다. 이는 불교 상장례의 염습斂襲과 입감入龕 절차에 해당되는 것으로 볼 수 있는데, 『장아함경長阿含經』에서 붓다와 아난이 전륜성왕의 장법을 두고 논하는 과정을 통해서도 다시 한 번 확인된다.[10] 특히 『유행경遊行經』에서는 가섭이 장작더미 밖으로 빠져나온 붓다의 발에 예배하는 대목에서 다비용으로 쌓은 장작에도 향으로 장식했다는 구절이 있어서 화장할 때 향목香木을 사용했음을 알 수 있다.

한편, 『근본설일체유부비나야잡사根本說一切有部毘奈耶雜事』에서는 가섭 스스로 붓다의 시신을 염습하고 입관하는 것으로 서술되어 있다. 이에 따르면, 흰 천 백 장과 솜을 마련하여 먼저 솜으로 싸고, 그다음 천으로 감아서 금관 속에 시신을 넣고 기름을 부어 가득 차게 하고, 금관 뚜껑을 닫은 후 향나무를 쌓고 한쪽으로 물러갔다고 하였다.

이상, 몇 가지의 경전 구절에서 짐작해 볼 수 있는 붓다 시기의 장례예법 중에서 비교적 명확하게 드러나는 것은 ① 향탕수로 시신을 씻었다는 것, ② 솜과 흰 천을 이용하여 시신을 여러 겹 감았다는 것, ③ 다비를 위해 불 붙이는 나무도 향목을 사용하여 의식을 장엄했다는 것, ④ 관을 두 개 이상 사용했다는 것, ⑤ 다비를 위한 보조 연료로 향유를 사용했다는 것, ⑥ 스승의 발에 경배하는 의례가 일상화되어 있었는데, 사망 후에도 입관 전에 시신의 발에 예를 표했다는 것, ⑦ 제자들은 반드시 입관 전에 스승의 시신을 뵙고 삼잡의 예를 갖추어야 했다는 것 등이다.

---

10 『長阿含經』, T0001_.01.0020a22-0020b11

중국불교의 빈소의례

『임종방결臨終方訣』은 당 선도가 저술한 의례 문헌으로서 정토왕생 사상에 근거하여 장례와 관련된 행법을 서술했다. 임종 후 본격적인 장의가 이루어지기 전까지의 망자에 대한 애도와 시신을 처리하는 행법의 절차를 논하고 있는 것이 바로 시다림의 항목이다. 『임종방결』에서 시다림의 절차는 다음과 같이 구성되어 있다.

① 임종인이 목숨을 마치려 할 때 따뜻한 향물로 몸을 닦아 청정히 한다.
② 새 옷으로 갈아입힌 다음, 조용히 앉혀 정념사유正念思惟하게 한다.(앉을 수 없으면 오른쪽 옆구리를 서쪽으로 향하게 해서 눕힌다.)
③ 병든 이 앞에 사각 단을 만든다. 바닥에 꽃을 깔고 향을 피운다. 방 안의 네 귀퉁이에 등불을 밝히고, 병든 이가 예배하며 부처님 상호를 보아 각심覺心을 일으킬 수 있도록 단 안에 채색한 불화를 건다.
④ 불타에게 귀의함으로써 삼악도에 떨어지지 않고 시방의 불국정토에 왕생하여 즐거움을 누리게 된다는 내용의 법문을 병자에게 들려준다.
⑤ 병든 이에게 어떤 불타의 국토에 태어나기 바라는가를 묻고, 그 불국토에 태어나도록 불타의 명호를 소리 내어 부르도록 한다. 십념十念을 마치면 삼귀계三歸戒를 받는다.
⑥ 참회가 끝난 후 보살계를 받는다.
⑦ 수계 후 머리를 북쪽으로, 얼굴을 서쪽으로 한 채 아미타불의 32상과 80종호를 관상하도록 한다.
⑧ 목숨을 마치려 하면 임종인과 간병인이 함께 소리 내어 불타의 명

호를 부른다.

⑨ 목숨 마칠 때, 아미타성중이 임종인을 맞이하러 온다. 이에 병자는 환희심을 낸다.

⑩ 몸에 고통이 없고, 마음이 일심불란하여 정념이 생긴다. 선정에 들 듯 목숨을 마치며, 삼악도에 떨어지지 않는다. 임종인이 발원하는 불국토에 태어나게 된다.

다음으로 중국불교 상장례의 염습殮襲 절차에 대해 정리하자면, 염습은 망자의 시신을 입관하기 전에 행해지는 절차로서 아래와 같은 순서로 구성된다.

① 건책巾幘: 망자의 머리와 얼굴을 두건으로 덮는다.
② 욕망浴亡: 망자의 몸을 닦는다.
③ 정발淨髮: 망자의 손발톱을 깎는다.
④ 명의明衣: 망자를 경문이 적힌 옷으로 갈아입힌다.
⑤ 행장行裝: 망자가 명계로 갈 때 필요한 물품(염주·행전行纏·짚신)을 준비한다.
⑥ 망자가 명계로 갈 때 필요한 여비인 육도전六道錢을 준비한다.
⑦ 망자를 합장하고 서쪽으로 향하게 하며 머리를 북쪽으로 두게 한다.
⑧ 침경枕經: 승려를 초빙하여 『유교경遺教經』을 독경한다.

염습을 마치고 난 다음에는 망자의 시신을 감에 넣는 입감入龕 절차가 이어진다.

① 입감 후에 감 앞에 상을 차리고 위패, 향화, 등촉을 배설한다. 조석으로 죽, 밥, 다탕茶湯을 공양한다.
② 침당寢堂에서 법당으로 이감移龕한 후, 관 뚜껑을 닫는 쇄감鎖龕을 한다. 재가자의 경우에는 침당에서 쇄감하고 법당으로 이감한다.
③ 법당에 진영을 거는 법당괘진法堂掛眞을 행한다.
④ 애도를 행하는 거애擧哀, ⑤ 차를 공양하는 전다탕奠茶湯, ⑥ 대령對靈·소참小參, ⑦ 전다탕을 차례로 행한다.

입감 이후에 이어지는 발인發靷은 관을 다비가 이루어지는 장소로 옮기고, 그 중간 과정에서의 의식들을 포함하는 절차이다. 『칙수백장청규勅修百丈淸規』 「주지장住持章」 '천화遷化' 항목에 다음과 같이 입감 이후 이루어지는 발인 절차를 기록하고 있다.

⑧ 기감起龕: 감을 다비장으로 옮긴다.
⑨ 운구 앞에 진영을 세우는 진정괘진眞亭掛眞: 장례지에 도착하면 감龕을 열반대에 안치하고, 근친자는 시계 반대 방향으로 세 번 돈다.
⑩ 전다탕: 상에 꽃·등촉·향로·탕·차를 올리고 생전에 사용하던 물품을 진열한다. 분향 후 『무상경無常經』을 독경하고 나서는 읽었던 경을 불사른다.

한국불교의 빈소의례: 시다림尸陀林

한국불교의 장례 절차는 임종의식에 이어 망자의 죽음을 애도하고 화장을 행하기 전에 시신에 대한 처리와 화장을 준비하는 시다림, 그리고 시신을 화장하는 다비茶毘 절차로 나눌 수 있다. 이 중 빈소에서 이루어지는 의례인 시다림은 임종 전후로부터 다비가 행해지기 이전의 행법을 말한다. 전체적으로 시다림은 망자에게 계를 주는 수계, 시신을 염하는 염습, 망자의 시신을 관에 넣는 입관, 그리고 망자를 위해 공양물을 올리는 상식으로 구분된다.

시다림이란 범어 'Śītavana'의 음역으로, 한역 용어로는 '屍陀林'·'逝多林'·'寒林' 등으로 쓰인다. 원래 중인도 마가다국摩揭陀國의 수도 왕사성王舍城 북쪽에 있는 숲을 칭하였는데, 그 숲 가운데 서늘한 기운이 느껴지는 곳에 성 사람들이 시체를 버리게 되면서 망자의 시신을 버리는 장소를 한림寒林 혹은 시타림屍陀林이라 하였다고 한다. 『범망경』에서는 "부모·형제·아사리의 사망일이나 3·7(21)일 또는 7·7(49)일에 응당 대승 경률을 독송·강설하여 재회齋會에 복을 구하고 미래의 생을 다스려야 할 것"이라고 설하고 있으며, "육도중생 모두가 내 부모이니 …… 부모·형제의 사망일에 응당 법사를 청해 『보살계경菩薩戒經』을 강강하면 능히 망자에게 복이 되어 그로 하여금 부처님을 뵙고 인간이나 천상에 나게 할 것"을 설하고 있어서 이러한 내용이 시다림에 대한 교의적 근거가 된다고 할 수 있다.

우리나라에서는 그 뜻이 전화轉化되어 망자의 왕생을 위해 경문을 독송하거나, 법문을 강경하는 것을 '시다림' 또는 '시다림법문'이라 하고 있다. 다른 한편으로는 상장례와 관련된 전체적인 의식을 '시다림'이라 통칭하기도 한다. 이에 ① 임종 순간으로부터 ② 염습과 ③ 입감, ④ 발인, ⑤ 장법(화장 내지 매장) 등에 이르는 전체 행법을 시다림이라 말하여, 이 전체 상장례 의례를 집전함이 너무 힘들어 '시달림' 내지 '시달림 간다(당한다)'는 표현이 생겨났다는 말이 있기도 하다. 이능화李能和는 『조선불교통사』에서 '서다림의문逝多林儀文' 및 '다비작법茶毘作法'을 구분해서 제시했는데, 이러한 관점이라면 상장례 행법 중 염습으로부터 시작되는 다비의례 이전의 절차만을 시다림이라 규정할 수 있을 것이다.

한국불교의 시다림 의식은 고인의 영혼을 부르는 창혼唱魂으로 시작된다. 창혼은 위패에 쓰인 대로 고인의 성명 끝에 영가를 붙여 세 번 반복하여 읽는 것이다. 이후 본 의식에 들어가기 위한 묵언의 참선인 입정入定이 이어진다.

다음에 이어지는 거불擧佛은 해당 의례와 관련된 불보살을 청하여 예배하는 절차이다. 시다림에서는 망자를 위한 서방극락세계의 아미타불, 아미타불을 보좌하기 위한 관음보살과 대세지보살, 망자를 인도하는 인로왕보살을 청한다. 거불 다음의 십념 절차에서는 비로자나불·노사나불·석가모니불·아미타불·미륵존불의 다섯 부처와 모든 법보, 문수보살·보현보살·관음보살·지장보살의 네 보살을 청하게 된다.

다음으로 천수대비주千手大悲呪(신묘장구대다라니)와 불·법·승 삼보에 예를 표하는 삼보례三寶禮가 구송된다. 이후 영가에게 앞으로 행해질 설법에 동참하기를 청하는 청혼請魂, 분향, 그리고 불타의 법문을 전하는 장엄염불이 진행된다. 그다음에 〈극락왕생 발원문〉과 〈석가모니불 염불〉이 연행된다. 〈극락왕생 발원문〉은 서방극락정토의 교주인 아미타불께 영가의 극락왕생을 빌고 유족들의 복덕을 기원하는 내용이며, 〈석가모니불 염불〉은 석가모니불에 예배하고 의식을 끝내는 절차이다. 바로 그다음에 『반야심경般若心經』 봉독 절차가 이어지면서 시다림 의식이 마무리된다.

이능화의 『서다림의문』에 의하면 '오방불번五方佛幡(중방中方 화장세계華藏世界 비로자나불毘盧遮那佛은 황색번, 동방東方 만월세계滿月世界 약사유리광불藥師琉璃光佛은 청색번, 남방南方 환희세계歡喜世界 보승여래불寶勝如來佛은 홍색번, 서방西方 극락세계極樂世界 아미타불阿彌陀佛은 백색번, 북방北方 무우세계無憂世界 부동존불不動尊佛은 흑색번)'과 아미타불 및 관음·대세지·인로왕보살을 포함한 명호로서 '십이불十二佛'을 부르며 발원하라는 내용이 있다. 이 십이불과 십념 외에 별다른 의식 절차는 기록되어 있지 않다. 다만 망자를 위한 분향焚香 등 기본 절차에 이어서『지장보살본원경地藏菩薩本願經』·『아미타경』·『금강경金剛經』내지『원각경圓覺經』「보안보살장普眼菩薩章」등을 독송하거나, '나무아미타불' 등 염불을 행함으로써 망자를 위한 추선追善 내지 회향廻向을 행하는 것이 일반적인 관례이다.『석문의범』에 따르면 먼저 영단靈壇과 오방번五方幡을 설치한 다음, ① 오방번에 모셔진 각 부처님들께 오방례五方禮를 올리고, ② 무상계無常戒를 독송하고 이어서 경전을 독송하는 절차로 진행된다.

한편 고려 성종 때『예기禮記』의 이론에 근거하여 제정된 오복제도五服制度에 의해 공후公候 이하의 서민들은 3일이 지나 매장하는 것이 오늘날까지 일반적인 관례로 남아 있다. 이에 따라 불가에서도 3일장을 하는 경우 사망일인 첫 번째 날에 시다림을 행하는 것으로 되어 있다. 이상 시다림 행법에 이어, 임종 후 24시간이 지나면 본격적인 장례 절차가 이어지게 된다.

다음으로, 염습이란 시신을 씻기고(殮) 옷 입히는(襲) 절차를 말한다. 승려는 염을 하지 않고 습만을 행한다. 시식施食 이전까지 법주法主는 병풍 앞에서 법요를 행하고, 바라지는 병풍 뒤에서 주검을 향탕수香湯水로 닦고 정좌의식까지 행한다. 염습·입관 절차에서는 시신을 목욕시키고 새 옷으로 갈아입혀 입관하는 동안 절차에 따른 각각의 의식문이 진행된다. 전체적인 염습 절차는 먼저 ① 삭발削髮에서부터 시작하는데,

삭발은 무명초를 깎아 없애 망자로 하여금 무명으로부터 벗어날 것을 촉구하는 절차라고 할 수 있다. 다음으로 귀의상주삼보게歸依常住三寶偈, 즉 "南無常住十方佛 南無常住十方法 南無常住十方僧"을 세 번 외운다.

이어서 ② 목욕沐浴, ③ 세수洗手, ④ 세족洗足, ⑤ 착군着裙(속옷), ⑥ 착의着衣(겉옷), ⑦ 착관着冠(모자) 행법을 각 게송과 함께 진행한다. 각 게송을 외우는 동안 해당 행법이 끝나지 않았을 경우 세수 때에는 무상계無常戒를, 세족 때에는 법성게法性偈를, 착군 때에는 『반야심경』을, 착의 때에는 해탈주解脫呪를, 착관 때에는 능엄주楞嚴呪를 각각 풍송諷頌함으로써 의식의 여백을 메운다. 이러한 절차들은 불교 재의식 중 전반부에서 의식에 청한 영가들을 청정한 상태로 만들기 위해 상징적으로 목욕시키는 관욕灌浴 절차와 유사한 맥락으로 생각된다. 그러나 관욕 절차에서 다양한 진언과 게송, 관욕쇠바라, 화의재바라 등의 작법이 진행되는 것에 비해 시다림의 염습·입관에서는 『석문의범』에 전하는 〈아미타불 염불〉 또는 〈장엄염불〉로 끝맺는다.

이어서 시신을 바로 앉히는 ⑧ 정좌正坐(속인은 정와正臥) 행법을 행하면서 게송을 외운 다음, ⑨ 안좌게安坐偈와 함께 망혼을 위한 시식施食을 행한다. 시식문施食文을 독송한 후에 반상飯床을 들이고 다게茶偈와 보공양진언普供養眞言, 『반야심경』, 소재주消災呪에 이어 표백表白·제문祭文을 독송하여 절차를 마친다.

상식上食 절차에서는 공양물을 올리고, 모든 불보살께 예를 올리는 〈십념〉과 〈아미타불 염불〉 또는 〈장엄염불〉과 〈극락왕생 발원문〉을 구송한다. 이처럼 모든 의식에는 목적에 맞는 의식문 뒤에 〈아미타불 염불〉·〈장엄염불〉·〈극락왕생 발원문〉이 연이어 행해지는 것을 알 수 있다.

상식 절차 다음에는 망자의 시신을 감에 넣는 입감 절차가 이어진다. 일반적으로 승려의 경우에는 입감이라 하며, 일반인의 경우는 입관入棺이라 한다. 상주와 가족이 방에서 입감을 할 때 법주는 문 밖에서 창혼을 한 후 삭발편削髮便으로부터 정좌편正坐便까지를 마친다. 아직 입감이 끝나지 않았을 경우에는『반야심경』내지 대비주大悲呪를 독경한다.

　『석문의범』에 의거하여 게송을 외우는 가운데 입감 절차를 행하며, 관 안에 칠성판을 대신해 수계첩受戒帖을 바닥에 깔고, 예수재預修齋 때 받은 함합소緘合疏 반쪽, 염주 등을 넣은 후 주검 위에「금강경탑다라니」를 펼쳐 두고 관을 닫는다. 이어서『석문가례초釋門家禮抄』「명정서규銘旌書規」에 의거해서 쓴 명정을 덮는다.

III. 장례절차

　『근본설일체유부비나야잡사根本説一切有部毘奈耶雜事』권18에서는 불타 제세 시 출가 제자의 장법에 대하여 묻자, 비구가 죽으면 화장을 하고, 화장할 수 없으면 강물에 넣고, 마땅한 강물이 없으면 땅을 파서 묻고, 땅을 파기 어려울 경우에는 수풀 깊숙한 곳에서 시신의 머리를 북쪽에 두고 오른쪽 옆구리를 땅에 닿도록 서향으로 눕혀 풀 묶음으로 머리를 괴고 풀이나 나뭇잎 등으로 시신 위를 덮으라고 가르치는 대목이 나온다.[11] 상황이 여의치 않을 때 수장을 하거나 야장野葬의 방식을 취할 수 있지만 붓다가 설한 비구의 장례 방식은 기본적으로 다비였다.

---

11 『根本説一切有部毘奈耶雜事』, T1451_.24.0286c22-0287a03

다비는 'Jhapita(jhāpeti)'를 음역한 것으로 시체를 불태워 유골을 묻는 방법을 말하는 것이다. 그리고 '荼毘', '荼維', '耶句' 등으로도 쓰이며 소연燒然·분소焚燒·소신燒身·분시焚屍 등으로 번역되기도 한다. 인도의 불교 장례법으로 화장火葬이 보편화된 것은 아열대성 기후 환경으로 인해 시신의 부패가 빠르다는 점이 영향을 미친 것으로 생각해 볼 수 있다. 또한 불교의 교의적 차원에서도 죽음에 대해 몸을 이루는 물질 요소인 지地·수水·화火·풍風 사대四大의 흩어짐일 뿐이라는 단멸론斷滅論을 취하고 있기 때문에 화장법은 존재를 그 원래의 상태로 환원시킨다는 의미가 있다.

중국불교의 다비 절차

중국불교 사원의 경우, 일반적으로 선승의 장례와 장송의식은 규율과 행사 담당인 유나가 주관하여 집전한다. 운구運柩 행렬이 열반대(蓮花臺)에 이르면 앞으로 나아가 소향燒香하며, 소사를 이끌고 병거秉炬불사를 배청한다. 다비장에는 참나무 장작을 2미터 가량 높이 쌓은 다음 그 위에 감龕을 올리고, 그 위에 또 장작을 쌓아 올린다. 장작더미 위에 감을 얹어 놓고 유나는 나무아미타불을 십념하고 대중도 함께 염불한다. 주지 이하 6지사, 6두수 등 중요 소임자들이 마지막으로 향을 일로一爐에 태워 봉행하며 대비주를 거한다.

유나의 지시에 따라 망승亡僧의 관棺을 다비장으로 옮겨서 장작더미 위에 올려놓고 불을 붙이는데, 그것을 '하화下火(點火)' 또는 '병거秉炬'라고 한다. 하화나 병거는 부득이한 경우가 아니라면 주지 외의 다른 사람은 할 수 없도록 되어 있다. 주지 화상은 점화 후에 제행무상을 설하는 법문을 한다. 대중들은 모두 함께 아미타불 십념을 하면서 다비식을 마친다. 유나는 감을 향하여 신원적新圓寂 모某 상좌가 인연에 따라 순적順寂하여, 법에 따라 다비하였으니 대중들의 법력에 의거하여 각령覺靈의 열반 길을 자조資助한다는 내용을 염송하고, 아미타불을 십념한다.

화장이 마무리되면 망승의 소지품이나 도구, 의발 등을 경매하는 창의唱衣 절차를 진행한다. 망승의 가사, 발우 등 유품 일체를 다비 다음 날 대중들에게 경매하는 것을 '옷값을 부르다'라는 의미에서 '창의唱衣'라고 한다. 일반 승려뿐만이 아니라 주지(방장) 등 고승의 유품도 특별한 것을 제외하고는 모두 경매한다. 창의를 행했던 까닭은 무엇일까? 『선원청규』 6권 '망승' 편에서는 망승의 유품을 대중들에게 나누어 주거나 사중寺中에 귀속시키지 않고 굳이 경매하는 이유에 대해 "간심慳心을 파破하고, 망승과 인연을 맺게 하고자 하는 것"이라고 밝히고 있다. 이는 곧 생전에 물건에 탐착해 봤자 죽으면 다 경매되어 버리므로 간심을 버리라는 의미이다.

창의는 유나가 주관하여 점심 공양 후에 진행한다. 유나는 경매에 들어가기 전에 주지·수좌·감원 등과 함께 망승의 유품에 대한 시초가를 책정한다. 경매 장소는 승당 앞이나 법당 안에서 한다. 경매 준비가 완료되면 유나는 종두鐘頭로 하여금 종과 북을 쳐서 대중들을 모이게 한다. 일반인은 경매에 참여할 수 없고 스님들만 참여할 수 있다. 대중들이 다 모이면 유나는 인경印磬(경쇠)을 한 번 치고 나서 '고창(경매)하는 것은 일체가 무상함을 나타내기 위함이다'라는 내용의 게송을 읊는다.

이어서 유나는 또 한 번 인경을 친 다음 창의 방법에 대하여 고지告知한다. 경매는 최고가를 써 낸 사람에게 낙찰시키되, 한 번 낙찰이 결정되면 절대 번복해서는 안 된다. 유나는 경매 대상 물건에 대하여 낱낱이 번호를 매겨서 대중 앞에 나열하고, 행자로 하여금 경매할 물건을 들어서 대중들에게 보이게 한다. 낙찰이 확정되면 유나는 전표를 끊어서 낙찰 받은 스님에게 준다. 지객은 그 스님의 이름과 물건, 값 등을 장부에 기록하고, 행자는 물건을 바구니에 담아서 전표와 교환한다. 유찰된 물건은 재경매를 한다.

청규에는 주지나 수좌 등 상위직 소임자라 해도 망승의 유물을 취득하고자 할 경우에는 반드시 경매를 통하도록 규정하고 있다. 창의를 통해 얻어진 수익금은 장례 비용으로 쓰고, 남을 경우에는 장례에서 독경한 스님들과 장례식 참석자들, 그리고 창의 주관자 등에게 골고루 나누어 보시한다. 잉여금이 있을 경우에는 해당 사찰의 수입으로 계정計定한다. 또한 망승의 도첩, 면정유 등 사부첩 처리에 대해서도 『선원청규』에서는 3일 이내에 국가에 반납하도록 규정하고 있는 데 반하여, 원대의 『칙수백장청규』에서는 경매를 시작하기 직전에 망승의 도첩을 대중 앞에서 공개적으로 가위로 잘라서 파쇄하는 것으로 되어 있다.

하화 후에 다비가 완전히 마무리되는 다음 날까지 납자와 친족들 여러 명이 함께 다비장을 지킨다. 다음 날 아침에 연수당주와 유나는 다비장으로 가서 유골을 수습하여 물에 뿌리거나 한다. 친족과 납자들이 다비장에 남아 있다가 재 속에서 뼈를 수습해 오면 승당僧堂의 종을 울려 대중이 맞아들여서 침당寢堂에 봉안한다. 이를 안골安骨 혹은 수골收骨이라 한다. 안골 이후에는 진영을 걸고 공양供養·풍경諷經하며, 2시에 죽반을, 3시에는 다탕을 올린다. 7일, 15일에는 대중이 풍경하며, 영골이 입탑되면 이러한 의식을 그친다.

다음 날 아침에 날이 밝으면 종을 쳐서, 대중들이 모이면 납자들이 침당에서 유골을 수습하여 옮기는데, 이를 기골起骨이라 한다. 옮긴 유골은 대중들의 공용탑인 보동탑普同塔에 안치하는데 이를 입탑入塔 절차라 한다. 또한 망승의 위패를 조당에 안치하는 것을 입조당入祖堂이라 한다. 화장한 유골 상태가 아니라 시신이 든 감을 그대로 탑 안에 넣고 매장하는 전신입탑全身入塔의 방식도 있다. 주지나 고승의 경우는 다비 후 별도로 사리탑을 조성하여 그 속에 안치한다. 이것으로써 다비 절차는 끝난다.

일본불교의 『제종장례차제諸宗葬禮次第』

일본불교의 승려가 교단 차원에서 본격적으로 민간의 장례에 종사하게 된 것은 가마쿠라(鎌倉) 신불교가 생기고 나서부터의 일이었다. 히에이잔(比叡山) 천태 교단 같은 구불교(국가불교)의 사원에 소속되어 있던 관승官僧들 중에서 사원에서 벗어나 민간의 거리에서 포교를 하게 되는 이들이 생겨났는데, 이들을 둔세승遁世僧 혹은 히지리(聖)라고 불렸다. 이들은 가마쿠라시대가 되면서 본격적으로 활동하기 시작했는데, 이 둔세승들이 포교에 성공하게 되면서 기존 구불교로부터 독립된 새로운 종파들을 창종하게 되고 이를 '가마쿠라 신불교'라 부른다.

일본불교 승려들이 민간의 장례의식을 주관하게 된 것은 가마쿠라 신불교의 주인공인 둔세승들에게 이루어진 획기적인 사건이었다. 그 이전의 관승집단에서는 일본 사회의 전통적인 부정不淨의 금기인 '사예死穢' 관념으로 인해 황실이나 귀족의 장례 이외에는 장례 자체를 가까이 할 수가 없었다. 심지어 장식葬式 불교로까지 불리는 일본불교의 사원 중에 구불교 계통의 대형 사원들은 제2차 세계대전 이후에야 장례의식에 참여했다. 구불교 종파에 속하는 관승의 경우에는 동료의 장례식이라 할지라도 둔세승 계통의 다른 종파 승려(예를 들면 율승)에게 의식을 위탁했을 정도였다. 하지만 가마쿠라 신불교를 이끌었던 둔세승들의 경우에는 이러한 관승들의 '사예'로부터 자유로웠으며, 민간인들이나 사원 내에서의 장례를 꺼리지 않았다.

근세近世 에도시대(江戶時代, 1603~1868) 이후에는 일본에서 불교가 사자死者의례와 조상 숭배의 종교적 기능을 담당하며 일본 문화의 근간을 형성하게 된다. 이 장에서는 근세 이후에 신불교와 구불교가 각 종단의 교의와 의례 체계에 따라 확립시켜 온 장례 절차를 『제종장례차제諸宗葬禮次第』(大正 13년)라는 문헌을 토대로 하여 간단히 살펴보기로 한다. 1924년에 간행된 『제종장례차제』에는 일본 각 불교 종단의 장례 절차가 수록되어 있다. 그중 대표적인 몇 가지의 사례만 제시해 보면 다음과 같다.

먼저 국가 불교에서부터 시작하여 현재 일본불교에서 가장 전통적인 종단 중의 하나인 천태종의 장례 절차이다. 장례식 중간에 합송合誦되는 게와 염불을 중심으로 절차가 구성되어 있다. 절차 후반부에 등장하는 '합쇄合殺'는 천태 성명聲明(범패) 계열의 행법으로서, 행도行道와 함께 '아미타불'을 8회에 걸쳐 고성으로 인성引聲염불하는 것을 말한다.

〈천태종天台宗〉

사지찬四智讚-동찬同讚

석장게錫杖: 도사導師가 광명공光明供을 마치면 단에서 내려와 관 앞으로 간다.

관전작법棺前作法: 관 앞에서 진행하는 절차로서, 승려 대중은 한어 『아미타경』을 독송한다.

삼례三禮-칠불통계게七佛通戒偈-황혼게黃昏偈-무상게無常偈

육위六爲: 석가모니불釋迦牟尼佛, 약사유리광불藥師琉璃光佛, 아미타불阿彌陀佛, 묘법연화경妙法蓮華經, 마하반야바라밀경摩訶般若波羅蜜經, 문수사리보살文殊師利菩薩

사봉청四奉請: 시방여래, 석가여래, 아미타여래, 관음·세지·제대諸大 보살菩薩

갑염불甲念佛: 나무아미타불

『아미타경』독경-갑염불-합쇄-회향-후패後唄

삼례三禮-칠불통계게-탄덕문嘆德文-소향燒香-자아게自我偈

다음으로 가마쿠라시대에 신불교 종파 중의 하나로 시작된 임제종의 장례 절차이다. 선종에 속하는 종파인 때문인지 절차가 비교적 간결한 것을 볼 수 있다.

〈임제종臨濟宗〉

체발게剃髮偈-삼귀계三歸戒-대비원만무애신주大悲圓滿無礙神呪-회향-감전염송龕前念誦

왕생주往生呪: 기감起龕한 다음에 왕생주를 염송하면서 우요삼잡右繞三匝한다.

산두염송山頭念誦: 북과 바라를 세 번 치고 산두염송을 한다.

도사인도소향導師引導燒香: 도사가 향을 피운다.

수능엄신주首楞嚴神呪 제5회會(1誦): 북과 바라를 세 번 울리고 종료한다.

정토진종은 다른 종파와는 달리, 단에 진설한 음식을 무량하게 확장하여 온 무주고혼에게 베푸는 변식진언變食眞言과 아귀중생에게 감로수를 베푸는 감로수진언甘露水眞言 등 시식施食과 관련된 절차가 중간에 들어 있는 것을 볼 수 있다.

〈진종眞宗〉
출관근행出棺勤行-삼귀보게三歸寶偈 선도대사현의분善導大師玄義分
왕생정토신주往生淨土神呪 3칭稱-변식진언-감로수진언
서방찬西方讚-회향문回向門-『반야심경般若心經』
체도식剃刀式-삼보三寶 천령용薦靈用-천수천안무애대비다라니千手千眼無礙大悲陀羅尼

다음으로 진언종은 구카이(空海; 弘法大師, 774~835)에 의해 개창된 밀교에 속하는 종단이며, 신·구·의 삼밀상응三密相應을 종지로 하여 하나로 삼고 있기 때문에 의식에서 일동이 큰 소리로 진언과 게송, 경문을 독송하는 절차가 많다.

〈진언종眞言宗(古義)〉
홍법대사증법락弘法大師增法樂-『대락금강불공진실삼마야경大樂金剛不空眞實三麼耶經』독경
『반야바라밀다경般若波羅密多經』「이취품理趣品」(不讀)
동일성고입아자同一性故入阿字
『반야이취경般若理趣經』1권
사지범어四智梵語-대일찬大日讚-부동찬不動讚

회향-사리례舍利禮(불공삼장不空三藏 선選)-광명진언光明眞言

다음으로, 가마쿠라 신불교 종단 중의 하나인 정토종은 선도 등 중국 정토교가의 영향을 많이 받았기 때문에 장례 절차 면에서도 비교적 한·중과 유사한 구조를 보이고 있다.

〈정토종〉
향게香偈-삼보례三寶禮-사봉청四奉請
약참회畧懺悔-도사십념導師十念-찬불게讚佛偈
합발合鈸-인도引導: 이 두 절차 사이에 조사·조전 등을 낭독한다.
개경게開經偈: 경문을 독경하기 전에 외는 게송이다.
독경: 『불설아미타경佛說阿彌陀經』 독경은 반드시 『아미타경』에 제한하지 않고 『관무량수경』 불신관佛身觀을 독송하기도 한다.
섭익게攝益偈-염불 1회-총회향總廻向
선도십념善導十念-사홍서원四弘誓願-삼귀례三歸禮-송불게送佛偈

다음은 일본불교에서 가마쿠라 신불교의 한 종파로 시작했으며, 임제종과 함께 일본의 선종에 속하는 조동종曹洞宗의 장례 절차이다. 능엄주를 외는 임제종의 절차와는 달리, 거관 절차에 밀교의 진언인 비밀근본다라니를 염송하는 것이 눈에 띈다.

〈조동종〉
준비: 전종殿鐘 제1회-장의장葬儀場 준비-전종 제2회-대중 입장-전종 제3회-도사導師 입장

참회삼귀계-입관풍경入館諷經-대비심다라니大悲心陀羅尼

감전염송龕前念誦-대비주大悲呪-유나 회향(대중이 함께 '시방삼세'를 창창함)

거관염송擧棺念誦-대보루각선주비밀근본다라니大寶樓閣善住秘密根本陀羅尼

인도법어引導法語-산두염송山頭念誦-송관풍경送棺諷經-조동교회수증의曹洞敎會修證義

이상, 『제종장례차제』를 통해 일본불교 각 종파의 장례법요 절차를 살펴본 결과, 의식 차제에서 다비 절차가 빠져 있으며, 각 종파별로 염송하는 진언이나 게문, 독송하는 경전도 다르다는 점을 확인할 수 있었다. 또한 이 문헌이 간행된 시점이 메이지시대 이후이기 때문에 불교 종단들이 신불 분리나, 폐불 등의 정치적 배경에 의한 압박을 견디고, 제국주의 전쟁까지 치르는 시기였다. 따라서 일본불교의 종단들도 전통적인 의식차제를 그대로 온존시키기에는 힘든 상황이었으리라 생각된다. 절차들이 간략하게 정리되어 있기는 하지만, 그 자체가 당시의 시대적 상황을 반영하고 있으며, 제종파의 의식 차제를 한꺼번에 보여 준다는 점에서 자료적 가치가 있기 때문에 여기에 제시해 둔다.

한국불교의 장례 절차

사원에서 승려가 원적圓寂에 들면 먼저 주지에게 알린다. 또한 종두鐘頭는 범종 108번(혹 3번)을 천천히 치게 되는데, 종고루鐘鼓樓에서 원적의 열반종涅槃鐘 소리가 산중에 울려 퍼지면 모든 대중은 큰 절로 모여든다. 이때 임종인臨終人이 누워서 임종을 맞이했을 경우는 우협右脇을 하게 하고, 머리는 북쪽으로, 얼굴은 서쪽으로 향하게 하여 서방극락정토에 대한 발원을 표현한다. 만약 앉아서 임종을 맞이한 경우 얼굴이 남쪽을 향하도록 몸을 안치한다.

사자반使者飯을 차린 다음, 시신 앞쪽에 휘장을 설치하고 그 앞에 영정과 위패를 모셔 둔다. 위패는 망자의 신분에 따라 그 형식을 다르게 한다. 한국불교에서는 '新圓寂 ○○○○ 覺靈'이라고 쓰는데, 이는 위패를 쓰는 형식에 있어서 『칙수백장청규』를 따르고 있는 것이다.

기타 빈소의례에 대해서는 이미 2장에서 서술했으므로 이 장에서는 입감 후 발인에서부터 다비, 그 이후의 절차에 대해 서술하기로 한다.

입감 후 하루가 지나면 출상의식으로서 발인을 행한다. 『승가예의문僧家禮儀文』「상례전제절차喪禮奠祭節次」'신체발인시행립규身體發靷時行立規'에서는 발인할 때 장례 행렬의 차서에 대해 정하고 있다. 먼저 위의 威儀를 세우고, 용이 그려진 깃발 1익翼, 부채 한 쌍, 봉황이 그려진 부채 한 쌍, 호랑이를 그린 일산 한 쌍, 둥근 부채 한 쌍, 털 채찍 한 쌍, 불자拂子 한 쌍을 나열한다. 다음에는 원불을 모신 가마(願佛輦), 인로왕번引路王幡, 추도하는 글을 적은 깃발인 만사挽詞 몇 쌍, 곤포昆布, 명정名旌, 향정자香亭子를 세운다. 이러한 사물들을 든 사람들 다음에는 장례를 집전하는 주승主僧이 여러 사람들을 거느리고 감의 좌우에 나누어 늘어선다. 이후 어산이 종을 세 번 치고, 다비를 주관하는 법사가 요령을 흔들며 염송한다.

발인 절차에서는 망자의 영혼을 향단香壇에 내려오도록 청하는 반혼착어反魂着語에서부터 노제路祭에 이르기까지 복잡한 의식을 거행하게 된다. 십이불을 자리에 모시는 게송 이후 무상계無常戒·오방불五方佛을 외운 후 공덕게功德偈를 외우면서 영구靈柩가 있는 곳을 세 번 돌거나 당 주위를 도는 순당巡堂을 한다.

회향게回向偈에 이어서 하직게下直偈에 이르러 명정銘旌을 숙여 불전에 하직하고 꽃을 흩뿌리며 대성인로왕보살의 안내로 열반의 길을 떠나게 한다. 1인의 선창에 따라 대중이 "서방대교주西方大敎主 나무아미타불南無阿彌陀佛"을 함께 창하는 가운데 평소 망자와 인연이 깊은 장소를 지날 때마다 간단한 시식 절차와 함께 노제를 행한다. 이 발인의식은 기감편起龕篇→반혼착어→영취게靈鷲偈→십이불→회향게→하직게→노제의 절차로 진행된다고 간략히 정리할 수 있다.

다음으로 다비의식은 다비로부터 습골과 매장 내지 입탑入塔에 이르는 전반의 절차를 의미한다. 다비는 먼저 아미타불 본심미묘진언을 염송하고 미타헌공을 하는 미타단작법과 함께 화장 준비를 하는 것에서 시작한다. 다음으로 장작더미에 불을 붙이기 위해 불쏘시개인 홰를 드는 거화擧火 절차이다. 거화를 하는 법사는 정월·5월·9월에는 서쪽에서, 2월·6월·10월에는 북쪽, 3월·7월·11월에는 동쪽, 그리고 4월·8월·12월에는 남쪽에 서서 의식을 진행한다. 이어지는 하화 절차는 불을 붙이면서 무상계를 염송하고, 여러 경문과 염불 및 송주를 한다. 불을 붙일 때도 앞의 거화 절차와 마찬가지로 의식을 진행하는 방위가 월마다 달라지게 된다. 다비장 장작더미에 불을 붙이는 하화를 할 때는 불을 붙이면서 "스님! 집에 불이 났습니다. 어서 나오십시오!"라고 크게 세 번 외치는 것이 일반화되어 있기도 하다. 이는 중국이나 일본 불교에서는 보이지 않는 한국불교만의 전통이기도 하다.

다음 봉송奉送 절차에서는 신원적 모某 각령覺靈이 열반문에 들어가기를 발원하는 게송과 십념, 봉송 진언이 행해진다. 봉송편을 마치면 중국불교의 다비 절차와 마찬가지로 망자의 옷가지나 소장했던 물품을 경매하는 창의唱衣 절차가 이어진다. 이 창의 절차는 다비를 마치고 대중들이 사찰로 돌아온 후에 진행한다.

화장이 끝나고 화장터의 열이 다 식으면 유골을 수습하는 절차로 들어가게 된다. 먼저 기골을 하게 되는데, 이는 유골을 담은 단지를 들어올리는 것을 말한다. 기골 다음의 절차가 유골을 수습하는 습골拾骨인데,『석문가례초』에서는 이에 대해 나무젓가락의 뼛조각을 주워서 동쪽을 향하여 주머니에 넣는다고 되어 있다. 이어지는 쇄골碎骨 절차는 버드나무로 만든 발우에 뼛조각을 담아서 버드나무 절굿공이로 빻는 것을 말한다. 쇄골을 한 다음에 흰 종이 다섯 개에 나누어 담아서 다섯 명이 동·서·남·북·중앙에 각각 서서 환귀본토진언還歸本土眞言을 외며 뼛가루를 뿌리는 산골散骨 절차를 진행한다.

산골을 하면서 염송하는 법신게를 산좌송散坐頌이라고도 하는데 이는 영가의 정좌를 위해 활용되는 게송이다. 게송 이후에 반야심경을 염송하면서 다비의식 전체 절차를 끝맺는다.

한국불교 상장례의 역사와 전개

불교가 전래되면서 인도의 장법인 화장법火葬法(茶毘)이 중국불교의 사원에서 보편화되었으며, 이와 더불어 상의喪儀에 사용되는 기물·의식 절차·참여자의 복식·염송법·이감移龕·개관蓋棺·송망送亡·하화下火 등 각종 상장喪葬제도가 정립되었다. 이에 따라, 선림禪林의 상의법喪儀法으로서 주지에게 적용된 존숙尊宿 상의법, 일반 승니에 적용된 망승亡僧 상의법, 재가신도에 적용된 재가장의법 등이 형성되었다. 중국 역대 고승들의 경우, 화장을 하지 않고 시신을 넣은 감을 그대로 탑 안에 넣는 전신입탑全身入塔의 장법을 사용하기도 하였다.

중국불교의 선종사원에서 행해지는 상장례는 기본적으로 사원청규에 의거해서 치러졌다. 『선원청규』에 기록되어 있는 장의법은 당대唐代에서 북송대까지 통용된 방식이며, 『칙수백장청규』의 장의법은 남송 중기에서 원대까지의 것이라고 할 수 있다. 이들 청규에 의거하면 중국불교의 선종사원에서는 대부분 화장과 전신입탑 방식의 장례가 병행되고 있었다. 청규에는 일반 승려의 장례 기간이 기록되어 있지 않지만, 『선원청규』 '망승' 편의 기록으로 보아 입적한 다음 날이나, 바로 그다음 날에 장례와 다비를 한 것으로 보인다.

한국불교의 다비법은 삼국시대의 신라, 통일신라, 고려, 조선으로 이어지는 것을 볼 수 있다. 문헌상으로 한국불교에서 최초로 다비장법을 행한 승려는 자장慈藏(590~658)이었다. 이로 미루어 아무리 늦어도 7세기 중반부터는 신라에 다비장법이 실시되었음을 짐작할 수 있다. 『삼국사기』 및 『삼국유사』에는 문무왕을 필두로 하여 왕 여덟 명의 화장 사실을 기록하고 있다. 7세기부터 12세기 이전까지는 화장과 매장 방식이 공존했지만, 12세기 이후 조선시대 불교 승려의 장례법은 모두 다비장법이 정착했던 것으로 보인다.

신라시대에는 불교가 성행하면서 불교식 장례법이라 할 수 있는 화장이 유입되었지만 당시 대부분의 승려들은 전통적인 장례법이라 할 수 있는 안장安葬을 하는 방식으로 장례를 거행하였던 것으로 나타나고 있다. 본장本葬은 입적 직후에 이루어졌으며, 석조 승탑은 일반적으로 본장을 거행하면서 건립되었다.

왕실·귀족과 승려는 물론 민간에까지 다비법이 확산된 것은 통일신라 이후 고려시대에 이르는 시기였던 것으로 생각된다. 현존 고려시대 묘지명 중에는 다비를 행한 52명의 기록이 발견된다. 그중 승려가 11명, 재가자가 41명으로 되어 있으며, 화장에서부터 습골, 권안權安, 그리고 매장에 이르기까지 장례 전반의 내용도 간략히 기록되어 있다. 그 기록들을 종합해서 분석해 보면, 화장 후 3일부터 9일 사이에 습골拾骨을 했던 것을 알 수 있다. 또한 습골과 관련된 용어도 다양하게 사용되었던 것을 볼 수 있다. 골骨, 봉영골奉靈骨, 습골, 수골收骨, 수유골收遺骨, 습유골拾遺骨, 수습기골收拾其骨, 수해골收骸骨, 습해골拾骸骨, 수습해골收拾骸骨 등의 용어는 화장과 관련된 용어들이다. 한편 골뿐만 아니라 봉유해奉遺骸, 수유해收遺骸, 습유해拾遺骸, 장유해葬遺骸 등 해骸와 관련된 용어도 사용되었음을 볼 수 있다.

고려시대에 화장한 유해를 담았던 장골 용기는 조립식 석관石棺 내지 목관木棺의 형태로 만들어진 외함과 목함木函 내지 도자호陶磁壺로 되어 있는 내함의 이중 구조로 이루어져 있다. 내함에 유골을 담고, 외함에는 내함과 묘지석 및 부장품을 묻는 형식이다. 고려시대 화장법은 2차장 형식 중 하나로 다비 후 수습된 유골을 바로 매장하거나, 내함에 유골을 담아 둔 채 일정 기간이 지나 매장하는 2차장의 방식을 취하기도 했다.

매장을 하는 경우, 목관 외부에는 육자대명왕진언六子大明王眞言 '옴 마니반메훔'과 파지옥진언破地獄眞言 '옴 가라데야 사바하' 등을 실담문 자로 서사했으며, 범자梵字 및 란차체를 사용해 다수의 진언 내지 종자 種子를 서사하기도 하였다. 이런 형태로 분묘 및 장구葬具, 부장품에 사용되는 진언眞言과 다라니陀羅尼 등은 망자의 명복을 빌기 위한 '묘장다라니墓葬陀羅尼'라 한다. 묘장다라니로 자주 사용되는 진언은 상품상생진언上品上生眞言, 육자대명왕진언, 보루각진언寶樓閣眞言, 결정왕생정토주決定往生淨土呪 등 4종이다.

한국불교에서 상장례 행법을 전하고 있는 문헌으로는 조선 세종조에 간행된 『다비작법茶毘作法』을 필두로 하여, 벽암 각성碧巖覺性(1575~1660)의 『석문상의초釋門喪儀抄』, 허백 명조虛白明照(1593~1661)가 불교의 다비법을 정리한 의식집인 『승가예의문僧家禮儀文』, 현행 상장례 의식의 저본 역할을 하고 있는 나암 진일懶庵眞一(17세기 중엽)의 『석문가례초釋門家禮抄』와 백파 긍선白坡亘璇(1767~1852)의 『작법귀감作法龜鑑』, 안진호의 『석문의범釋門儀範』 등을 들 수 있다.

현존 한국 불교의례 문헌에서 다비작법에 대한 내용을 수록하고 있는 가장 오래된 문헌은 벽암 각성碧巖覺性의 『석문상의초』라 할 수 있다. 『석문상의초』의 구성은 『오삼집』 권중의 상례법과 『석씨요람』 송종送終의 장례법을 통합하여 만들어졌으며, 『석문가례초』나 『승가예의문』과 내용상 크게 다르지 않다. 『석문상의초』는 각성의 제자인 백곡 처능白谷處能(1617~1680)에 의해 1657년에 개판開板되었다. 『석문가례초』는 1636년 나암 진일에 의해 쓰였으나("崇禎丙子八月中浣懶庵眞一"), 발문에는 "順

治十 六己亥季春上浣梅谷敬一"로 되어 있어 효종 10년(1659)에 매곡경일梅谷敬日에 의해 판각되었음을 알 수 있다.

중국에서 찬술된 『석씨요람』(1019)은 불타의 생애를 성씨부터 열반까지 27개 항목으로 설명하고 있는데, 그중 장례에 대한 내용인 '송종'은 26개의 목차로 되어 있으며, 상당한 목차가 한국의 『석문상의초』와 중복된다. 석응지釋應之의 『오삼집』은 한국불교의 『상의초』와 『가례초』 안에 수용·전승되었으며, 우리의 예법에 맞게 편집되어 한국불교 상장례의 근간이 되고 있다. 중국의 상장례 예법을 그대로 받아들인 것이 아니라 청규, 『오삼집』, 『석씨요람』 등의 내용을 재편하여 우리의 예법으로 재생산했다는 것에 의미가 있다고 할 것이다.

한국불교의 장례는 상황에 따라 3일·5일·7일장을 치르는데, 고승의 경우 9일장을 치르는 경우도 있다. 3일장을 기준으로 제1일에는 임종·수시收屍·시다림 행법이 행해진다. 제2일에는 염습·입감·성복成服 의식이 행해지고, 제3일에는 발인에 이어 화장 혹은 매장의 방식으로 장의·반혼재反魂齋 의식이 행해지게 된다.

한편 시다림의 경우 『범망경』에 근거한 신라시대의 예가 고려에 영향을 끼쳤으며, 『불설관정수원왕생시방정토경佛說灌頂隨願往生十方淨土經』에 따른 시다림 행법이 고려시대에 행해졌다. 또한 삼국 이래 행해진 다비는 고려시대에 이르러 왕실 귀족과 승려는 물론 민간에까지 확산되었다.

한편 원효의 저술로 알려져 있는 『유심안락도』에서는 대관정大灌頂 진언으로 가지加持한 흙과 모래를 시신이나 유골 위에 뿌리거나, 분묘 위나 탑 위에 뿌리라는 내용이 등장한다. 이는 망자가 삼악도에 빠지더라도 비로자나불의 본원력과 토사 가지력加持力으로 인해 즉시 구제받아서 서방극락정토에 왕생하고 다시는 퇴전하지 않는 가피를 입는 행법이라는 것이다. 이에 따르면 이 시기에는 '시신'이나, '유골'의 형태로 장례 방식이 공존, 다시 말해 화장과 매장의 방식 둘 다 사용됐던 것을 확인할 수 있다.

석응지의 『오삼집』에서는 「승속오복도僧俗五服圖」를 제정하고 있는데, 이 내용은 다시 나암 진일의 『석문가례초』에 편집·수용되어 한국불교 상장례에도 적용되었다. 여기에서 말하는 '승오복僧五服'은 출가자의 상례에 상복을 입는 법이다. 오복五服은 상례에서 망인과 원근친소遠近親疏에 따라 각각 상복 입는 기간을 달리하여 애도를 표하는 방법이다. 불가의 상례에도 친소親疏에 따라 일정 기간 상복을 입어야 하는데, 석응지는 세간의 용어인 오복五服을 오삼五衫으로 변용하여 문헌의 제목을 붙인 것이다.

「승오복도僧五服圖」에서는 승가의 상복에도 유교의 예제를 응용하여 참최복斬衰服, 자최복齊衰服, 대공복大功服, 소공복小功服, 시마복總麻服의 다섯 가지 종류로 나누고 있으며, 상복을 입는 기간에 따라 삼베의 굵기를 정하고 있다. 참최복은 일반적으로 3년이지만, 『오삼집』 중권에서는 참최복을 '삼년三年'이라 하여 25개월, 자최복은 '주년周年'이라고 하여 13개월, '대공大功'은 9개월, '소공小功'은 5개월, '시마總麻'는 3개월로 하고 있다. 「승오복도」에서는 부모와 득계 화상得戒和尙의 상복 기간을 3년으로 정하고 있다. 갈마사羯磨師·교수사敎授師·수업사受業師는 주년, 증계사證戒師는 대공, 수학사授學師는 수상隨喪으로 득계 화상과는 상복 기간을 달리한다. 특별히 수업사의 상복을 주년, 즉 13개월로 한 것은 자신을 가르쳐 준 은혜와 길러 준 덕을 기리기 위한 것이다.

이상, 한국불교 상장례의 장법, 문헌, 예제에 대해 간략하게 그 전개사를 살펴보았다. 일단 상장례 관련 의례 문헌의 도입과 적용의 측면에서 보면 한국불교가 중국불교와 공유하고 있는 내용이 많은 것은 사실이다. 이는 가마쿠라시대에 중국불교의 종파를 재해석한 형태로 신불교 종파를 창종했던 일본과는 기본적으로 의례 설행의 토양이 달랐음을 의미한다. 구불교에서 개인적으로 분리해 나간 둔세승 집단이 성장한 일본의 신불교 종파들은 의례의 측면에서도 상대적으로 자유로운 해석과 변용의 여지가 있었던 것이다.

한국불교의 경우에는 종단 외적인 상황(국가의 정책 혹은 전란)에 능동적으로 대처하고, 민간 사회의 갈급함을 수용하는 과정을 통해 상장례 의식을 지켜왔다. 21세기 동아시아불교의 의례 현장을 들여다보면 중국불교로부터 도입한 의식 문헌에 기초한 의례들을 외려 보수적으로 지켜 오면서도 세부적인 면에서는 한국만의 차별성이 드러나고 있음을 볼 수 있다. 무엇보다 조선시대에 양란兩亂을 거치면서 민간 사회를 할퀴고 간 죽음들을 처리하기 위해 활발하게 의례집을 간행했던 저간의 역사가 현재까지도 한국불교의 상장례를 탄탄하게 받치고 있는 것으로 생각해 볼 수 있을 것이다.

| 참고문헌 |

윤창화, 『당송시대 선종사원의 생활과 철학』, 서울: 민족사, 2017.

구미래, 「의례주체를 통해본 49재의 존재양상과 문제인식: 대한불교조계종 의례를 중심으로」, 『비교민속학』 37집, 비교민속학회, 2008.

문상련(정각), 「고려 묘지명을 통해 본 불교 상장례喪葬禮」, 『보조사상』 56집, 보조사상연구원, 2020.

원혜영, 「붓다의 다비의식에 담긴 공동체의 변화」, 『인도연구』 제12권, 한국인도학회, 2007.

이선이, 「『五杉練若新學備用』이 다비법 『釋門喪儀抄』 성립에 미친 영향」, 『동양고전연구』 59집, 동양고전학회, 2015.

張有才, 「往生與臨終關懷: 佛教淨土宗的生命倫理觀」, 『五台山研究』 第3期, 2006.

정길자, 「韓國佛僧의 傳統葬法硏究」, 『숭실사학』 제4집, 숭실사학회, 1986.

최법혜, 「『禪苑淸規』에 나타난 淨土儀式」, 『정토학연구』 제6집, 한국정토학회, 2003.

찾아보기

ㄱ

가귀可歸 42
가마쿠라(鎌倉) 신불교 403
가마타 시게오 75
가서사加西寺 283
간경 291, 308
간경수행 292
간다라 319, 321, 322
간화看話 95, 101, 109, 110
『간화결의론看話決疑論』 87~89, 92, 95, 96, 100, 109, 110
간화결의문 92
간화경절 88
간화경절문看話徑截門 85, 92, 95, 110, 112
간화선 92, 96, 101, 102, 109, 110, 112, 287, 288, 310
간화십종병看話十種病 102
감로도 366, 367
감로수진언甘露水眞言 406
감산사 336
감은사感恩寺 335
감진 235
갑사岬寺 72
강응 354

개심사 345
개운사 345
개태사開泰寺 72
『거란대장경』 127
거불擧佛 396
거조사居祖寺 84
거화擧火 390, 410
건봉사乾鳳寺 101
걷기 명상 313
겐신(源信) 387
경봉 정석鏡峰靖錫 102
경안輕安 268
경전의 주석서 168
경절문徑截門 96, 98, 100, 105, 106, 112, 291
경절의문 96
경천사 357
경천사 십층석탑 353
경허 성우鏡虛惺牛 100, 101
경흥憬興 193
계룡갑사鷄龍岬寺 55
계숭契嵩 88
『계초심학인문誡初心學人文』 87, 88, 103
『고금화감古今畵鑑』 347
『고기古記』 44, 46

『고려대장경高麗大藏經』 127
고봉 원묘高峰原妙 99, 101, 107, 289
『고사古辭』 155
고삼론 173
고성염불高聲念佛 278, 386
고야산본高野山本 128
고용봉 354
고타마 261
고행苦行 262
고행주의苦行主義 263
공 306
『공목장孔目章』 40
『공목장기』 54
공안公案 287
공의왕대비 359
공적영지 90, 93
공적영지심空寂靈知心 90
과만위果滿位 142
과증법회果訂法會 284
관觀 268
『관념법문觀念法門』 387
관단 245
관상염불觀像念佛 278, 279
관상염불觀想念佛 278, 279
관음신앙 308
관찰觀察 268
관촉사 343
관혜觀惠 49
광교사光敎寺 55
광배光背 320
『광석본모송』 196
광종光宗 49~51, 73
괘불 364
교관겸수敎觀兼修 86

교단 216
『교분기敎分記』 41
교외별전敎外別傳 85, 96, 109, 112, 113
교판 58, 62, 85, 86, 89, 246
구경각 141
구마라집鳩摩羅什 171~173
구산선문九山禪門 82
구산 수련九山秀蓮 101
구족계 217, 218, 224
구중현句中玄 96
구카이(空海) 120
구합동상俱合動相 141
국선도 299
『권수정혜결사문勸修定慧結社文』 84, 86, 87, 92, 100
권청勸請 282, 308
귀곡 각운龜谷覺雲 109
귀법사歸法寺 50, 53
귀신사 361
귀의상주삼보게歸依常住三寶偈 398
규기窺基 171
규봉 종밀圭峰宗密 88, 89, 105
균여均如 42, 47, 49, 62, 73, 86, 182
『균여전』 47, 48, 54, 56, 71
〈극락왕생 발원문〉 396
근본보광명지根本普光明智 94
『근본설일체유부비나야잡사根本說一切有部毘奈耶雜事』 391
『금강경金剛經』 84, 99, 284, 293, 350
금강사金剛社 284
금강산 352
『금강삼매경론』 153, 190
금강심진언 273
금산사 368

기감起龕 394
기골起骨 402
기공 299
기도 308
『기신론소起信論疏』 117
『기신론일심이문대의』 201
기황후 354
길상사吉祥寺 84, 87
김대성 336
김복진 368
김지견 74~76, 104
김지성 336
김홍도 368
까야 누빳사나(kāyaānupassanā, 身隨觀) 269

ㄴ

나무아미타불 274
나발螺髮 320
나옹법통설懶翁法統說 107, 108
나옹 혜근 281
낙樂 268
낙산관음 348
낙산사 354
남도육종 234
남산 339
남산율종 387
남원 실상사 339
내원사 341
노제路祭 409
논서의 주석서 169
『능엄경楞嚴經』 99
니련선하尼連禪河 263

ㄷ

다게茶偈 398
다도 명상 313
다라니陀羅尼 147, 273
다비茶毘 395
다비의례茶毘儀禮 378
『다비작법茶毘作法』 414
다비작법茶毘作法 396
다일식 138
『단경』 286
단식 302
단식수행 303
달마 명상(敎法) 313
담묵湛黙 88
대교과 99
대구 동화사 339
『대기』 62~65, 66
『대반열반경大般涅槃經』 389
대분지大憤志 289
『대비로자나경공양차제법소大毘盧遮那經供
 養次第法疏』 194, 195
대성인로왕보살 410
대신근大信根 289
『대승기신론大乘起信論』 42, 99, 116
『대승기신론소』 189
『대승기신론의기大乘起信論義記』 117
대원성취진언 273
대의단大疑團 288, 289
『대일경』 195
대조사 345
대중 명상 298
대중부 222
『대지도론』 172

『대혜보각선사어록大慧普覺禪師語錄』 84
『대혜어록』 84, 288
대혜 종고大慧宗杲 84, 85, 99, 107, 287
도갑사 359
도교 148
도륜 194
도봉 영소道峯靈沼 107, 197, 199
도신道身 43
도안 225, 231
도의 선사 108, 339
도의종조설道義宗祖說 108
도인 59
도장道藏 177
도장사道藏祠 284
도종道宗 125
도피안사 341
독력수상獨力隨相 141
독력업상獨力業相 141
돈頓 89
돈교 59, 62
돈오頓悟 89~91, 93~95, 97, 105
돈오돈수 105, 106
돈오점수頓悟漸修 88, 89, 92~94, 104~106, 110
돈점논쟁 104
『동국이상국집東國李相國集』 354
동산 혜일東山慧日 102
동화사 341
두면족頭面足 390
두면족례 390
두순杜順 40
둔세승遁世僧 403
둔황(敦煌) 125
드흐야나dhyāna 310

ㄹ

리몬(理門) 196

ㅁ

마곡사 353
마음지킴 270
마투라 319
마하연 133
『마하연론摩訶衍論』 136
『마하지관摩訶止觀』 271
만트라Mantra 272
만트라 명상 276
말나식末那識 151
망승亡僧 382
망신참법亡身懺法 284, 285
멸진지滅盡智 268
멸참법滅懺法 284
명부전 364, 365
명빈 김씨 358
명상冥想 258, 295, 312
명정銘旌 410
명종 359
명주明呪(vidyā) 272
목욕沐浴 398
『목우자법어송牧牛子法語頌』 87
몽산 덕이蒙山德異 288
묘관妙觀 268
묘에(明惠) 103, 192
묘장다라니墓葬陀羅尼 414
〈무구정광대다라니경無垢淨光大陀羅尼經〉 349

무념수無念修 91, 97
무량사 361, 363
『무량수경종요』 188
무명 144
무미지담無味之談 96
『무상경無常經』 394
무상원無常院 379
무상정등정각無上正等正覺 263, 264
무소유처정無所有處定 262
무심無心 97, 98
무심합도 98
무심합도문無心合道門 97, 112
무아 306
무염無染 339
무자삼매 288
무자화두 288
무주별교 64
묵념염불 279
묵조선 310
『문수반야경』 277
문수사 355
문수신앙 308
문정왕후 357, 359
미륵대원 345
미륵신앙 308
미타단작법 410
「미타복장입물색기彌陀腹藏入物色記」 355
미타신앙 308
밀교신앙 308
밀주密呪 273

ㅂ

반가사유상 329, 330
반룡사盤龍寺 56
『반야심경般若心經』 396, 398
반조返照 90, 94, 95, 101, 112
반혼착어反魂着語 409
발원發願 282, 308
발원문 354, 362
발인發靷 394
발인의례 378
『방산석경房山石經』 125
방편(機關) 266
방호주防護呪(paritta) 272
배채법背彩法 347
백암 성총栢庵性聰 82
백운방白雲房 50, 53, 56
백탑白塔 353
백파 긍선白坡亘璇 100
백호白毫 320
벌리마다筏提摩多 119
『범망경』 395
『범망경고적기』 195, 197
『범망경술기』 194
『법계도』 44, 61, 62, 65, 67, 68
『법계도기총수록法界圖記叢髓錄』 43
법계체성지法界體性智 273
『법기』 63, 67
법당괘진法堂掛眞 394
법등명法燈明 268
『법보기단경발法寶記檀經跋』 87
법상法上 173
법수사 55
법신불法身佛 272

법안 문익法眼文益 107
법안종 109
『법어가송法語歌頌』 87
법왕사法王寺 50, 53
법융 55, 62
법장法藏 40, 45, 55, 117, 176
법주사 361, 363, 368, 369
『법집별행록法集別行錄』 88
『법집별행록절요병입사기法集別行錄節要
　並入私記』 87, 88, 92, 95, 96, 98, 99,
　105, 110
『법화경法華經』 99, 293, 359
『법화경론자주』 201
법흥왕 327, 331
벽송 지엄碧松智儼 98, 107
벽암 각성 361
변식진언變食眞言 406
별교別教 64
별상견別相見 268
병거秉炬 400
「병승염송病僧念誦」 381
보공양진언普供養眞言 398
보광명지 95
보광명지불普光明智佛 94
보광사 345
보동탑普同塔 403
보령 성주사 339
보리수 263
보림사 339, 341
보살계 392
『보살계경菩薩戒經』 395
『보살계본종요』 195, 200
『보살계본종요』 주석서 199
『보살계본지범요기』 189

보원사지 342
「보조국사비」 82
『보조법어普照法語』 101, 102
보조사상연구원 102, 105
보조 지눌 280
보천寶川 284
『보현십종원왕가』 56
복주 176
복주서 170, 182, 185
본각本覺 144
본강화상本講和尙 54, 72
본생담本生譚 318
본심미묘진언 410
봉덕사 335
봉송奉送 410
봉정사 345
부견符堅 327
부동지不動智 94
부동지불不動智佛 94
부석사 346
부용 영관芙蓉靈觀 99, 107
부휴 선수浮休善修 99, 361
부흥사復興寺 53
북종北宗 88
분향 396
불가사의 194
불교명상 267, 305
불교정화운동 107
불국사 336, 337, 349
불국사 석가탑 353
불도징 228
불립문자不立文字 85
『불반니원경佛般泥洹經』 390
불변不變 90

불변과 수연 95
불복장佛腹藏 354
불삼신진언 273
불이마하연 131
불이이이不二而二 311
불일국제선원 102
불일보조국사佛日普照國師 85
불일회佛日會 102
불전佛傳 318
비구 217
비구니 217
비로자나여래 273
비발사나毘鉢舍那 267
비상비비상처정非想非非想處定 262
비파사나毘婆舍那 268

ㅅ

사경寫經 335, 349, 350
사교과 99
사구死句 96
『사기私記』 167
사념처四念處 263, 268
『사대상전법륜관四大常轉法輪觀』 44
사마타 308
「사명비四溟碑」 107
사명 유정泗溟惟政 107, 361
사미과沙彌科 99
사바하 274
사방승가 220
『사분율행사초四分律行事抄』 387
사선四禪 263
사성제四聖諦 263, 306

사여의족四如意足 263
사예死穢 403
사이초 235
사자반使者飯 409
사자死者의례 404
사정근四正勤 263
사중 216, 217, 227
사집과四集科 99
사천왕사 333
삭발削髮 397
산골散骨 411
산란散亂 289
삼교판 59
『삼국사기三國史記』 327, 331, 339
『삼국유사三國遺事』 284, 327, 331~333, 336, 338, 348
삼귀계三歸戒 392
삼론학파 173
삼마야계진언 273
삼매 268
삼명三明 263
삼문 100, 110
삼문수행 291
삼문수행론 92
삼밀상응三密相應 406
삼보례三寶禮 396
『삼보장원통기』 73
삼승三乘 61, 67, 272
삼잡三匝 390
삼종문三種門 85, 110
상근기上根機 89, 96, 106
상근기인 96
『상당록上堂錄』 87
상무주암上無住庵 84

상식上食 398
상원사 358
상장례喪葬禮 378
상좌부 222
상총尙聰 98
생生·로老·병病·사死 261, 264
생멸문 134
생상 141
서다림의문逝多林儀文 396
서산 99
서왕모西王母 325
『서장書狀』 99
〈석가모니불 염불〉 396
석굴사원 322, 324
석굴암 336, 337, 341
『석마하연론釋摩訶衍論』 116, 202, 205
『석마하연론개해초釋摩訶衍論開解鈔』 129
『석마하연론결택집釋摩訶衍論決擇集』 129
『석마하연론기釋摩訶衍論記』 125
『석마하연론찬현소釋摩訶衍論贊玄疏』 125
『석마하연론통현초釋摩訶衍論通玄鈔』 125
『석문가례초釋門家禮抄』 414
『석문상의초釋門喪儀抄』 414
『석문의범釋門儀範』 397, 414
석옥 청공石屋淸珙 107
석우石友 102
『석화엄교분기원통초』 55
『석화엄지귀장원통초』 55, 72
선 183, 184
『선가귀감禪家龜鑑』 99, 206, 207, 280, 292
선교겸수 98, 99
선교무이의 일승 65
선교일원 110
선교일원론 109
선교일치 85, 112
선교합일 110, 112, 113
선무도 299
『선문염송禪門拈頌』 99
『선문오종강요』 206
『선문정로禪門正路』 104
『선문촬요禪門撮要』 100
『선요禪要』 99
『선원제전집도서禪源諸詮集都序』 98, 99
『선원청규禪苑淸規』 381
선정 312
선정주의禪定主義 263
선종 85, 86, 89, 96, 98, 242, 246
섭론학파 173
성기性起 92
성덕대왕신종 335
성덕왕 335
성도成道 263
『성유식론』 180
성적등지 87
성적등지문惺寂等持門 85, 92, 100, 110
성주사 340
성철 108
세수洗手 398
세조 357, 358
세족洗足 398
세족진언洗足眞言 273
세종 357
소목별교 64
소재주消災呪 398
송광사 84, 99, 101, 102, 104, 105, 109, 361, 363
송광산松廣山 84, 85
송종의送終儀 389

426

쇄감鎖龕 394
쇄골碎骨 411
수골收骨 402
수골청상秀骨淸像 327
수상문정혜隨相門定慧 93
『수선결사문修禪結社文』 100
수선사修禪社 85, 88, 98, 100, 101
『수심결修心訣』 87, 88, 92, 100, 102, 103
수연守衍 362
수연隨緣 90
〈수월관음도水月觀音圖〉 349
수월관음도水月觀音圖 348
수인手印 320
수정주의修正主義 263
수종사탑 358
수중참회隨衆懺悔 284
『수현기搜玄記』 40
수희隨喜 282, 308
순도順道 327
스투파 318, 322, 324
습골拾骨 411
승가 216
『승가예의문僧家禮儀文』 414
「승니궤범僧尼軌範」 231
「승속오복도僧俗五服圖」 416
승장勝莊 194
승탑 339
시다림尸陀林 378, 394, 395
시식施食 398, 406
시심마是甚麼 290
시왕十王 364, 365
시왕도 366
식현識賢 53
신겸信謙 363

신구의 삼밀 272
〈신라 백지묵서白紙墨書 대방광불화엄경〉 350
신림神琳 44
신문왕 335
신복사지 343
신삼론 173, 174
신심身心 154
신심일여身心一如 302
신유식 175, 180
『신증동국여지승람』 354
『신통론神通論』 187
『신편제종교장총록新編諸宗敎藏總錄』 127
신해信解 94
신행생활 267
『신화엄경론新華嚴經論』 83, 88, 89, 94
『실담장』 122
실상사 339
실상염불선 280, 281
심량心量 137
『십구장十句章』 44, 55
『십구장원통기』 55, 72
십념十念 392, 396
십이연기十二緣起 263
십이처十二處 263
십종병十種病 288
십현문十玄門 62, 69, 70
쌍계사 361

ㅇ

아뇩다라삼먁삼보리 293
아누빳사나(anupassanā, 隨觀) 268

아리야식 138
아마라식唵摩羅識 139
아미타불 277
아쇼까 220
아쇼카왕 318, 332
아잔타석굴 324
안골安骨 402
안국선원 306
〈안락국태자경변상도安樂國太子經變相圖〉 360
안심입명安心立命 302
안악 3호분 334
안좌게安坐偈 398
알렉산더대왕 319
애장왕 339
약사yakṣa 319
약사신앙 308
양양 진전사 339
『어록語錄』 85
업상 141
에도시대(江戶時代) 404
엔슈(圓種) 103, 104
여래장 145, 181
여래지如來地 143
「여래출현품如來出現品」 83, 88
여실지견如實知見 268, 270
연기緣起 42, 306
연수법軟水法 271
『열반경涅槃經』 389
열반학파 172
염리厭離 268
염불 276, 291, 308
염불 명상 313
염불문念佛門 100, 291

염불삼매 277
염불선念佛禪 279
염불수행 277
『염불요문念佛要門』 87, 280
염불정근念佛精勤 282
염불화두선 280, 281
염습殮襲 393
영명 연수永明延壽 107, 281
영묘사靈妙寺 194
영통사靈通寺 49, 53
영흥사 331
『예념왕생문』 385
예배禮拜 282, 308
오계 217
오관석五觀釋 62
『오교장』 45, 55, 69
오교판 65
오근五根 263
오력五力 263
오방례五方禮 397
오복제도五服制度 397
『오삼집』 414
『오십요문답五十要問答』 40, 59
오온五蘊 263
오조 법연五祖法演 288
오중해인五重海印 63, 64
오중해인설五重海印說 45, 46
오척五尺 46, 70
오척성불 68, 69
오체투지 287
오현悟賢 50
오후수悟後修 91, 97
옴 274
완주 361

왈당曰幢 56
『왕생요집往生要集』 387
용用 88, 92, 93
용수龍樹 119
용주사 368
우두종牛頭宗 88
우바새 217
우바이 217
『원각경圓覺經』 99
원각사 357
원광圓光 283
원돈문圓頓門 100, 291
『원돈성불론圓頓成佛論』 87, 88, 92, 94, 105, 110
원돈신해 105, 109
원돈신해문圓頓信解門 85, 92, 94, 110
『원왕생가』 57
원적圓寂 408
『원종문류』 204
원찰 244
원측 187
원홍圓弘 201
원효元曉 82, 117, 188
『원효사초』 190
『원효화상연기』 190
월충 154
웨다나 누빳사나(vedanaānupassanā, 受隨觀) 269
위빠사나 267, 308, 310
위의경 137
『유가론기』 194
유나 401
유식 문헌 182
유식학파 175

『유심안락도』 188, 415
『유행경遊行經』 391
육계肉髻 320
육륜회六輪會 284
육자관행삼밀六字觀行三密 273
육자대명왕진언六子大明王眞言 414
『육조단경六祖壇經』 83, 85, 88, 92
『육조단경발문六祖壇經跋文』 87, 88
육조 혜능 293
응원應元 362
의겸義謙 363
의빈 권씨 358
의상義湘 41, 42, 58, 73, 154, 192, 240, 348
의상계義相系 42
의상계 사상 45
의상계 화엄 42, 45
의숙공주 358
의순義順 53
의영義榮 177
의천義天 71, 86, 127, 204, 363
이감移龕 394
이견利見 196
이규보 354
이능화 74
이명기 368
이부승수계 218, 227, 237
이시야마데라본(石山寺本) 128
이이불이二而不二 311
이자실李自實 359
이종익 104
이차돈 327
이탐離貪 268
이통현李通玄 83, 85, 88, 89, 94, 113

찾아보기……429

익산 왕궁리 오층석탑 350
인계印契 272
인균印均 362
인만위因滿位 142
인명론 180
인성引聲염불 404
인종 359
일본 교토 고류지(廣隆寺) 330
『일본서기日本書紀』 330
일승 61, 67
『일승법계도』 41, 43, 56, 58, 59, 66, 192, 193
일승법계도 63
『일승법계도원통기』 65
일승원교 59, 62
일일시호일日日是好日 303
일일식 138
일즉일체 67
일체일심식 139
일행삼매一行三昧 277
임제종臨濟宗 107, 108, 405
『임종기臨終記』 87
『임종방결臨終方訣』 387, 392
임종염불 379
임종의례 378
『임종정념결臨終正念訣』 387
임종 행법 383
입감入龕 393
「입의분立義分」 131
입조당入祖堂 403
입측진언 273
입탑入塔 403

ㅈ

자각 명상(Mindfulness) 298, 299
자등명自燈明 268
자선子璿 176
자성정혜自性定慧 93, 97, 98
자애 명상 313
자장慈藏 238, 333
자체노사나불自體盧舍那佛 70
『자체불관론自體佛觀論』 45
『작법귀감作法龜鑑』 414
장곡사 346
『장아함경長阿含經』 391
장안 관정章安灌頂 174
〈장엄염불〉 398
장엄염불 396
장천 1호분 334
장흥 보림사 339
재조대장경再造大藏經 350
저성염불 278
『전등록傳燈錄』 99
전법간자傳法簡子 284
전신입탑全身入塔 403, 412
전의轉依 152
점漸 89
점수漸修 89~91, 95
점안點眼의식 356
『점찰경』 283, 284
점찰계법 283
점찰법회 283
점찰보 283
『점찰선악업보경占察善惡業報經』 283
정과 혜 92, 93, 97, 98, 110
정구업진언 273

정근 308
정수正秀 50
정조 368
정좌正坐 398
정토 180
정토왕생 277
정토종 407
『정토지귀집淨土指歸集』 280
정토학파 174
정현조 358
정혜定慧 83, 92, 93, 97, 100, 112
정혜결사 84~87, 98, 100, 101
정혜사 85, 88
정혜쌍수定慧雙修 87, 92, 101, 112
정혜쌍수설 109
제5원교 65
제2 정혜결사운동 101
제관諦觀 204, 205
제문祭文 398
『제종장례차제諸宗葬禮次第』 403
조계산曹溪山 85
조계종曹溪宗 100, 101, 105
조동종曹洞宗 407
조사당 340
『조상경造像經』 356
조식調息 290
조신調身 290
조심調心 290
존 카밧진Jon Kabat-Zinn 296
종두鐘頭 401, 408
종밀 98, 176, 184
종파 241
종휘 선사宗暉禪師 82
좌선 명상 313

주력 308
주석 164
주석 방식 166
중도 66, 306
중도실상中道實相 281
『중변분별론소』 190
즈하나jhāna 310
지계진언 273
지눌知訥 205
지론학파 173
지안志安 206
지엄智儼 40, 58, 99, 109, 175
지장 364
『지장경』 284, 285
지장보살 365
지장신앙 308
지통智通 43
지해知解 95, 99, 105
지해종도知解宗徒 104, 105
진각 혜심眞覺慧諶 82, 288
『진기』 63
진부진관 66, 67
진수 62
『진심직설眞心直說』 87, 100, 103
진언眞言(mantra) 272
진여문 134
진여염불眞如念佛 280
진전사 339
진정괘진眞亭掛眞 394
진제眞諦 171
진표계眞表系 42
진흥왕 331
집중 295

ㅊ

차법 217
차제견次第見 268
착관着冠(모자) 398
착군着裙(속옷) 398
착융笮融 324
착의着衣(겉옷) 398
참구參句 96, 102
참선 291, 308
참의參意 96, 102
참회懺悔 282, 308
참회진언 273
창림사 341
창의唱衣 401
창혼唱魂 396
천기天其 55, 72, 73
천수대비주千手大悲呪 396
천신天信 363
『천태사교의天台四敎儀』 205
천태종天台宗 86
천태 지의天台智顗 86, 174, 271
천태학 174
천화遷化 394
철불 340~343
「첨병송종瞻病送終」 387
청규 233
청량 징관淸凉澄觀 93, 176, 184
「청허당집서淸虛堂集序」 107
청허 휴정淸虛休靜 99, 107~109, 204, 206, 361
청헌淸憲 362
청혼請魂 396
체體 88, 92, 93

체중현體中玄 96
체징體澄 339
초抄 165
초월 명상超越冥想 264
초조대장경初雕大藏經 350
최치원崔致遠 47
최행귀崔行歸 53, 57
『출삼장기집出三藏記集』 165
충렬왕 351
취봉사 345
『칙수백장청규勅修百丈淸規』 381
칠각지七覺支 263
칭명염불稱名念佛 278, 381

ㅋ

카라호토(黑水城) 125
카이묘(戒明) 116
칼 야스퍼스(Karl Jaspers) 330

ㅌ

탁트이 바히 322
『탐현기探玄記』 41
탑참법塔懺法 285
탕후湯厚 347
태고법통설太古法統說 106~108
태고 보우太古普愚 107, 108, 281
『태고화상어록』 281
태극권 299
태안사 340
태원사太原寺 40

태조 이성계 357
태종 358
태현太賢 195, 200
통찰 295
퇴옹 성철退翁性徹 104

ㅍ

팔만대장경 350
팔엽통 355
팔재계 217
팔정도八正道 263, 306
편양 언기鞭羊彦機 107
포살 218, 231
표백表白 398
표원表員 42

ㅎ

하근기 93, 96, 106
하직게下直偈 410
하택荷澤 105
하택종荷澤宗 88, 89
하화下火 400
『한국불교의 법맥』 108
한송사지 343
『한암일발록漢巖一鉢錄』 101
한암 중원漢巖重遠 100~102, 108
한화식漢化式 복제 326
합송合誦 404
합쇄合殺 404
합천 해인사 339

「해동초조海東初祖에 대하야」 100
해오解悟 90, 94, 97, 105
해인사海印寺 100, 341, 350, 361
해인삼매 61
해탈 268
행도行道 404
향가 53, 57
향단香壇 409
향목香木 391
향탕수香湯水 397
허균許筠 107
헌제獻帝 324
현전승가 219
현진玄眞 362
혜능慧能 83, 88
혜심 85, 88, 89, 99, 109, 110, 205
혜원慧遠 173, 176
호흡 명상 313
혼침昏沈 289
홍주종洪州宗 85, 88
홍척洪陟 339
화두 89, 95, 96, 99, 287
화두삼매 281
화두선 99
화두일념話頭一念 290
화엄 86, 184
『화엄경華嚴經』 40, 45, 46, 59, 61, 66, 70, 83, 88, 99, 348
『화엄경문답華嚴經問答』 43, 193, 201
『화엄교분기』 69
화엄교학 183
『화엄론華嚴論』 85
『화엄론절요華嚴論節要』 87, 88, 92, 103, 104

화엄사 361
화엄 사기私記 184
『화엄삼보장』 55
『화엄삼보장원통기』 55
『화엄연기』 191
『화엄오교장華嚴五教章』 41
화엄종 51, 52, 89
『화엄지귀』 55
화엄학 86
화엄학파 175
확심廓心 204
환귀본토진언還歸本土眞言 411
환암 혼수幻庵混修 109
환제桓帝 324
활구活句 96
황룡사 331, 332
회향廻向 282
회향回向 308, 335

회향게回向偈 410
효령대군 358
효봉 학눌曉峰學訥 101
효성왕 335
효소왕 335
후령통 355
후한後漢의 명제明帝 324
흑석사 357
흥륜사 331
흥왕사 교학 72
흥천사 357, 367
희랑希朗 49
희원希遠 196
히지리(聖) 403

32상相 80종호種好 320
33법문 131

저자 소개

김용태

동국대 HK교수, 한국불교사 전공, 서울대 국사학과 박사. 『조선불교 사상사-유교의 시대를 가로지른 불교적 사유의 지형』(2021), 『韓國佛教史』(일본 春秋社, 2017), 『토픽 한국사 12』(2016), Glocal History of Korean Buddhism(2014), 『조선후기 불교사 연구-임제법통과 교학전통』(2010), 「조선 불교, 고려 불교의 단절인가 연속인가?」, 「조선후기 불교문헌의 가치와 선과 교의 이중주」, 「역사학에서 본 한국불교사 연구 100년」, 「Buddhism, and the Afterlife in the Late Joseon Dynasty: Leading Souls to the Afterlife in a Confucian Society」, 「Formation of a Chosŏn Buddhist Tradition: Dharma Lineage and the Monastic Curriculum from a Synchronic and a Diachronic Perspective」

사토 아츠시(佐藤厚)

東洋대학대학원 문학연구과 불교학 전공 박사. 『신라고려 화엄교학의 연구-균여 『일승법계도원통기』를 중심으로(新羅高麗華嚴教學の研究-均如『一乘法界圖圓通記』を中心として)』로 박사(문학)학위를 취득. 현재 東洋大·專修大·獨協大 강사. 전공은 한국불교. 저서에 『처음 만나는 한국불교-역사와 현재』(2019), 역서에 『한국불교사』(2017), 『현대어역 불교활론서론佛教活論序論』(2012) 등이 있다.

이수미

덕성여대 글로벌융합대학 철학 전공 조교수, 동아시아 유식불교 전공, 미국 UCLA 박사, 동국대 HK연구교수 역임. "The Meaning of 'Mind-made Body'(S. *manomaya-kāya*, C. yisheng shen 意生身) in Buddhist Cosmological and Soteriological systems," 「공유논쟁空有論爭을 통해 본 원효元曉의 기신론관起信論觀 재고」, "Redefining the 'Dharma Characteristics School' and East Asian Yogācāra Buddhism," 「여래장사상과 유식사상의 전통적 이분법에 관한 제문제」, "On the *Ālayavijñāna* in the *Awakening of Faith*: Comparing and Contrasting Wŏnhyo and Fazang's Views on *Tathāgatagarbha* and *Ālayavijñāna*"

김지연

동국대 HK연구교수, 동아시아불교 전공, 동국대 불교학과 박사, 금강대 학술연구교수 역임. 「북미불교의 원효 인식과 이해」, 「그들은 동일한 텍스트를 보았는가? -『석마하연론』 텍스트 교감과 계통-」, 「중국에서 법장『기신론소』의 유통에 대해서」, 「『釈摩訶衍論』における摩訶衍と大乘」-何故「釈摩訶衍論」なのか-」, "The Understanding of the Discriminating Consciousness and the True Consciousness in the Silla Commentaries on the *Dashengqixinlun*"

김천학

동국대 불교문화연구원 HK교수 및 한문불전번역학과 교수, 한국학중앙연구원 한국학대학원에서 균여 연구로 박사학위 취득, 일본 도쿄대학대학원 인도철학불교학과에서 일본화엄사상 연구로 박사학위를 취득하였다. 화엄학을 주로 연구하면서 한국불교의 확장성을 탐구하고 있다. 주요 역서로 『화엄사상의 연구』(2020), 저서로 『平安期華嚴思想の研究 - 東アジア華嚴思想の視座より-』(2015), 『균여화엄사상연구』(2006)가 있다. 논문에 「『보살계본종요초』의 문헌적 의의와 신라 태현에 대한 인식」(2020), 「화엄경문답에 법장의 영향은 보이는가?」(2019) 등 다수가 있다.

이자랑

동국대 HK교수, 초기불교교단사 및 계율 전공, 일본 東京대학 인도철학·불교학과 박사, 일본 東京대학 외국인특별연구원 역임. 『나를 일깨우는 계율 이야기』(불교시대사, 2009), 『붓다와 39인의 제자』(한걸음 더, 2015), 『도표로 읽는 불교입문』(공저, 민족사, 2016), 『율장의 이념과 한국불교의 정향』(동국대학교출판부, 2017), 「신라사원노비의 발생과 사신」

김호귀

동국대 HK교수, 선학 전공, 동국대 선학과 박사, 동국대 불교문화연구원 전임연구원 역임.『선문답의 세계』(석란, 2005),『선과 수행』(석란, 2008),『선리연구』(하얀 연꽃, 2015),『역주 유마힐소설경』(중도, 2020),『한국선리논쟁의 전개』(중도, 2021),「용성진종의「總論禪病章」에 나타난 십종병 고찰」,「석전 박한영의 禪理 및 禪語에 대한 고찰」,「조선후기 선리논쟁의 양상과 성격 고찰」

최선아

명지대 미술사학과 부교수, 불교미술 전공, 미국 시카고대학 박사.「동아시아 7-8세기 轉法輪印 阿彌陀佛坐像 연구－안압지 출토 금동삼존판불의 도상적 원류와 관련하여」,「하나의 원류, 다양한 수용: 중국 당대唐代 보리서상菩提瑞像과 통일신라 석굴암 본존불」,「효孝 실천으로서의 불교미술－석굴암, 불국사의 창건배경과 관련하여」,「중국 보타산 불긍거관음상不肯去觀音像과 고려중기 보살상－봉정사, 보광사 목조관음보살좌상의 연원과 관련하여」,「한국 불교조각 연구의 현주소와 미래」, "Zhenrong to Ruixiang: The Medieval Chinese Reception of the Mahābodhi Buddha Statue," *A Companion to Korean Art*(공저, Wiley-Blackwell, 2020)

김성순

동국대 HK연구교수, 동아시아불교 전공, 서울대 종교학과 박사, 한국전통문화대 강사 역임. 『동아시아 염불결사의 연구: 천태교단을 중심으로』(비움과 소통, 2011), 『왕생요집往生要集』(불광출판사, 2019), 『교양으로 읽는 세계종교사』(역사산책, 2020), "Koryŏ Buddhist Ritual through the Lens of Materiality: Focusing on the Hand-held Censer,"「조선후기 염불결사의 수행문화 고찰: 재가자의 참여에 따른 영향을 중심으로」,「동아시아불교의 발우공양 의례 – 보시와 자비의 각인 – 」,「시체를 매장했던 승려들: 매골승埋骨僧과 삼매히지리(三昧聖)」,「중세 불교결사에서 근세 종단으로: 융통염불 강講과 융통염불종」, "Buddhist Societies or NGOs?: Focusing on 'Engaged and NGO-type Movements' of Modern East-Asian Buddhist Societies"

인문한국불교총서 9

테마Thema 한국불교 9

2021년 4월 20일 초판 1쇄 인쇄
2021년 4월 30일 초판 1쇄 발행

엮은이 동국대학교 불교문화연구원 HK연구단
발행인 성우
발행처 학교법인 동국대학교출판문화원

출판등록 제2020-000110호(2020. 7. 9)
주 소 04626 서울시 중구 퇴계로36길 2 신관1층 105호
전 화 02)2264-4714
팩 스 02)2268-7851
Homepage http://dgpress.dongguk.edu
E-mail abook@jeongjincorp.com
인쇄처 네오프린텍(주)

ISBN 979-11-973433-4-6 93220

값 20,000원

이 책의 무단 전재나 복제 행위는 저작권법 제98조에 따라 처벌받게 됩니다.